Präventive Aufsicht der Europäischen Union über den Bundeshaushalt

FINANZ- UND STEUERRECHT IN DEUTSCHLAND UND EUROPA

Herausgegeben von Klaus-Dieter Drüen, Hanno Kube und Rainer Wernsmann

Band 26

Zur Qualitätssicherung und Peer Review der vorliegenden Publikation

Die Qualität der in dieser Reihe erscheinenden Arbeiten wird vor der Publikation durch Herausgeber der Reihe geprüft.

Notes on the quality assurance and peer review of this publication

Prior to publication, the quality of the work published in this series is reviewed by editors of the series.

Tobias Loscher

Präventive Aufsicht der Europäischen Union über den Bundeshaushalt

PL ACADEMIC RESEARCH

Bibliografische Information der Deutschen Nationalbibliothek
Die Deutsche Nationalbibliothek verzeichnet diese Publikation in der Deutschen Nationalbibliografie; detaillierte bibliografische Daten sind im Internet über http://dnb.d-nb.de abrufbar.

Zugl.: Passau, Univ., Diss., 2014

D 739
ISSN 1863-141X
ISBN 978-3-631-65450-7 (Print)
E-ISBN 978-3-653-04641-0 (E-Book)
DOI 10.3726/978-3-653-04641-0

Peter Lang – Frankfurt am Main · Bern · Bruxelles · New York · Oxford · Warszawa · Wien

Diese Publikation wurde begutachtet.

www.peterlang.com

Vorwort

Die vorliegende Arbeit wurde im Wintersemester 2013/2014 von der Juristischen Fakultät der Universität Passau als Dissertation angenommen. Sie befindet sich auf dem Rechtsstand vom 15. Juni 2014.

Mein besonderer Dank gilt Herrn Professor Dr. Rainer Wernsmann, der die Dissertation betreut und ihr Entstehen durch wertvolle Anregungen entscheidend gefördert hat. Die Zeit, die ich als studentischer und wissenschaftlicher Mitarbeiter am Lehrstuhl für Staats- und Verwaltungsrecht, insbesondere Finanz- und Steuerrecht der Universität Passau verbringen durfte, werde ich stets in bester Erinnerung behalten.

Weiterhin bedanke ich mich bei Herrn Professor Dr. Christoph Herrmann für die Erstellung des Zweitgutachtens.

Christina Rauscheder, Georg Loscher und Marcel Sandberg haben das Manuskript kritisch gelesen. Ihnen danke ich sehr herzlich für konstruktive Anmerkungen.

Schließlich danke ich meinen Eltern Frau Maria Loscher und Herrn Dr. Georg Loscher, die mich während meines Studiums und meiner Promotion stets vorbehaltlos unterstützt haben. Ihnen ist diese Arbeit gewidmet.

Passau, den 15. September 2014 Tobias Loscher

Inhaltsübersicht

Inhaltsverzeichnis

Abkürzungsverzeichnis

A.A.	Anderer Ansicht
ABl.	Amtsblatt
Abs.	Absatz/Absätze
a.F.	alte Fassung
AöR	Archiv des öffentlichen Rechts
Art.	Artikel
AEUV	Vertrag über die Arbeitsweise der Europäischen Union
BayVBl	Bayerische Verwaltungsblätter
BHO	Bundeshaushaltsordnung
BIP	Bruttoinlandsprodukt
BTag	Bundestag
BVerfG	Bundesverfassungsgericht
BVerfGE	Entscheidungen des Bundesverfassungsgerichts
bzw.	beziehungsweise
COM	Dokumente der Europäischen Kommission
d.h.	das heißt
DÖV	Die Öffentliche Verwaltung
Drs.	Drucksache
DV	Die Verwaltung
DVBl	Deutsches Verwaltungsblatt
endg.	endgültig
EU	Europäische Union

EuGH	Gerichtshof der Europäischen Union
EuGRZ	Europäische Grundrechte-Zeitschrift
EuR	Europarecht (Zeitschrift)
EUV	Vertrag über die Europäische Union
EuZW	Europäische Zeitschrift für Wirtschaftsrecht
EWS	Europäisches Wirtschafts- und Steuerrecht (Zeitschrift)
f.	folgend
ff.	folgende
FS	Festschrift
gem.	gemäß
GG	Grundgesetz
ggf.	gegebenenfalls
HdbFW	Handbuch der Finanzwissenschaft
HdBdStR	Handbuch des Staatsrechts der Bundesrepublik Deutschland
HGrG	Haushaltsgrundsätzegesetz
h.M.	herrschende Meinung
Hrsg.	Herausgeber
HS	Halbsatz
i.d.F.	in der Fassung
i.e.S.	im engeren Sinne
i.R.d.	im Rahmen des/der
i.S.d.	im Sinne des/der
i.V.m.	in Verbindung mit
i.w.S.	im weiteren Sinne
JA	Juristische Arbeitsblätter
JuS	Juristische Schulung
JZ	Juristenzeitung

KritV	Kritische Vierteljahresschrift für Gesetzgebung und Rechtswissenschaft
lit.	litera
NATO	North Atlantic Treaty Organization
n.F.	neue Fassung
NJW	Neue Juristische Wochenschrift
Nr.	Nummer
m.w.N.	mit weiterem Nachweis
NVwZ	Neue Zeitschrift für Verwaltungsrecht
ParlBG	Parlamentsbeteiligungsgesetz
RdA	Recht der Arbeit
RL	Richtlinie
Rn.	Randnummer/Randnummern
Rs.	Rechtssache
S.	Seite/Seiten
Slg.	Sammlung
sog.	sogenannte/sogenannter/sogenanntes
StabG	Stabilitätsgesetz
StuW	Steuer und Wirtschaft (Zeitschrift)
u.a.	und andere
UAbs.	Unterabsatz
Urt.	Urteil
v.	vom
verb. Rs.	verbundene Rechtssache
VerwArch	Verwaltungsarchiv
vgl.	vergleiche
VO	Verordnung

VVDStRL	Veröffentlichungen der Vereinigung der Deutschen Staatsrechtslehrer
WM	Wertpapiermitteilungen (Zeitschrift für Wirtschafts- und Bankenrecht)
ZaöRV	Zeitschrift für ausländisches öffentliches Recht und Völkerrecht
z.B.	zum Beispiel
ZfRV	Zeitschrift für Europarecht, Internationales Privatrecht und Rechtsvergleichung
ZG	Zeitschrift für Gesetzgebung
ZJS	Zeitschrift für das Juristische Studium
ZRP	Zeitschrift für Rechtspolitik

Einführung in das Thema

A. Problemstellung

Die Haushaltshoheit ist eines der vornehmsten Rechte des Parlaments[1]. Es ist die „Grundsatzentscheidung der Verfassung, das Parlament zum Herren des Budgets zu machen“[2]. Dieses für das Grundgesetz[3] geltende Verfassungsprinzip spiegelt die Bedeutung wider, die die Haushaltshoheit als Parlamentskompetenz im Verfassungssystem einnimmt. Grundgesetzliche Hoheitsbefugnisse dürfen jedoch nicht isoliert betrachtet werden. Nach Art. 23 Abs. 1 Satz 1 GG wirkt die Bundesrepublik Deutschland an der Verwirklichung der Europäischen Union mit. Zu diesem Zweck kann der Bund Hoheitsrechte auf die Europäische Union übertragen (Art. 23 Abs. 1 Satz 2 GG). Im Zuge des europäischen Integrationsprozesses wurden der Europäischen Union mit Schaffung der Wirtschafts- und Währungsunion in Art. 119 - Art. 144 AEUV[4] auch Befugnisse übertragen, die diese zur Einwirkung auf die Wirtschafts- und Haushaltspolitik der Mitgliedstaaten berechtigen. Diese Befugnisse blieben aber im Wesentlichen koordinierender Art (vgl. Art. 119 Abs. 1 AEUV). Im Gegensatz zum Währungsrecht (vgl. Art. 119 Abs. 2 AEUV) übertrugen die Vertragsparteien der europäischen Verträge (EUV[5] und AEUV) ihre Haushaltshoheit nicht auf die Europäische Union.

Im aktuellen politischen Prozess wird eine Reform der Wirtschafts- und Währungsunion diskutiert. Ziel ist die Vertiefung der europäischen Integration im haushaltspolitischen Bereich im Sinne einer verstärkten Kontrolle der mitgliedstaatlichen Haushalte, die oft mit dem unbestimmten Begriff der „Europäischen Wirtschaftsregierung“[6] umschrieben wird. Neben die nach geltendem

---

1 BVerfG v. 14.1.1986, 2 BvE 14/83 u.a. - BVerfGE 70, 324 (338); BVerfG v. 30.3.2004, 2 BvK 1/01 - BVerfGE 110, 199 (225); *Siekmann*, in: *Sachs*, GG, 6. Auflage 2011, Art. 110 Rn. 14; *Gröpl*, AöR 133 (2008), 1 (10 f.).

2 BVerfG v. 25.5.1977, 2 BvE 1/74 - BVerfGE 45, 1 (34).

3 Grundgesetz für die Bundesrepublik Deutschland, zuletzt geändert durch Gesetz zur Änderung des Grundgesetzes v. 11.7.2012, BGBl. I 2012, 1478.

4 Vertrag über die Arbeitsweise der Europäischen Union, ABl. EU 2012 C 326, 47.

5 Vertrag über die Europäische Union, ABl. EU 2012 C 326, 13.

6 Vgl. nur *Calliess*, VVDStRL 71 (2012), 113 (163); zur Unbestimmtheit des Begriffs *Herrmann*, in: *Giegerich*, Herausforderungen und Perspektiven der EU, 2012, S. 51 (59).

Unionsrecht bestehende repressive Haushaltskontrolle des Art. 126 AEUV sollen insbesondere intensivere Kontrollrechte der Unionsorgane präventiver Art treten[7]. Intendiert ist, die Aufsicht der Europäischen Union über die mitgliedstaatlichen Haushalte durch solche unionalen Vorgaben, Überwachungs- und Sanktionsrechte zu verstärken, die das Entstehen eines Haushaltsdefizits im Sinne des Art. 126 AEUV bereits im Vorhinein verhindern. Aus rechtlicher Sicht stellt sich die Frage nach den unions- und verfassungsrechtlichen Grenzen einer solchen Reform der Wirtschafts- und Währungsunion, die zu einer intensiveren Präventivaufsicht der Europäischen Union über die mitgliedstaatlichen Haushalte führen würde.

B. Ziele der Untersuchung

Vor dem Hintergrund dieser Problemstellung verfolgt diese Untersuchung erstens das Ziel, die nach geltendem Unionsrecht bestehenden Aufsichtskompetenzen der Europäischen Union über den Bundeshaushalt aufzuzeigen. Analysiert werden soll die Reichweite der unionalen Einwirkungsrechte in das haushaltspolitische Handeln der Mitgliedstaaten nach Maßgabe des Prinzips des begrenzten Einzelermächtigung (Art. 5 EUV). Besonderes Augenmerk wird dabei auf Kontrollrechte der Unionsorgane präventiver Art gelegt, mithin solche Befugnisse, die dem Entstehen eines Haushaltsdefizits in den Mitgliedstaaten zeitlich vorgelagert sind.

Zweitens sollen die verfassungsrechtlichen Grenzen untersucht werden, die einer zukünftigen Intensivierung der unionalen Kontrolle mitgliedstaatlicher Haushaltspolitik entgegenstehen. Das Grundgesetz setzt der europäischen Integration in Art. 23 GG verfassungsrechtliche Grenzen. Zu diesen Grenzen zählen das demokratische Prinzip sowie die Staatlichkeit der Bundesrepublik Deutschland. Ziel der Arbeit ist, die verfassungsrechtlichen Beschränkungen herauszuarbeiten, die sich aus diesen Grundsätzen für die europäische Integration im Haushaltsbereich ergeben.

Anhand dieser ermittelten unions- und verfassungsrechtlichen Maßstäbe sollen drittens aktuelle Reformen der Wirtschafts- und Währungsunion beurteilt werden. Dieser Teil der Untersuchung zielt darauf, die unions- und verfassungsrechtlichen Möglichkeiten aufzuzeigen, die für intensivere unionsrechtliche Vorgaben, Überwachungs- und Sanktionsrechte im haushaltspolitischen Bereich bestehen. Auf diese Weise werden die rechtlichen Handlungsspielräume

---

7 Vgl. nur *Herrmann*, in: *Kadelbach*, Nach der Finanzkrise, 2012, S. 79 (98).

für unionale Einwirkungen auf die Haushaltspolitik der Mitgliedstaaten verdeutlicht, die bereits dem Entstehen eines Haushaltsdefizits in den Mitgliedstaaten entgegenwirken.

Ausgehend von den gefundenen Ergebnissen ist schließlich viertens ein rechtlicher Maßstab zu erörtern, der in der rechtspolitischen Diskussion eine Richtlinie für die unions- und verfassungsrechtliche Zulässigkeit solcher zukünftiger Reformen der Wirtschafts- und Währungsunion darstellen kann, die eine noch weitergehende haushaltspolitische Integration vorsehen.

Auf Grundlage dieser Zielsetzungen leistet die Untersuchung einen Beitrag zur unions- und verfassungsrechtskonformen Ausgestaltung der Wirtschafts- und Währungsunion im Sinne einer intensiveren Aufsicht der Europäischen Union über den Haushalt der Bundesrepublik Deutschland. Aus der Perspektive des Bundeshaushaltsgesetzgebers werden die unions- und verfassungsrechtlichen Möglichkeiten und Grenzen aufgezeigt, die für unionsrechtliche Vorgaben, Überwachungs- und Sanktionsrechte im haushaltspolitischen Bereich bestehen. Aus Anlass der politischen Debatte über einen zukünftigen Umbau der Wirtschafts- und Währungsunion soll diese Untersuchung die rechtlichen Rahmenbedingungen verdeutlichen, die im Reformprozess zu beachten sind.

C. Gang der Darstellung

Nach einem Überblick über die normativen Grundlagen der Haushaltshoheit des Bundestages (Kapitel 1) widmet sich die Untersuchung zunächst den Kompetenzen der Europäischen Union zur Einwirkung auf die mitgliedstaatlichen Haushalte nach geltendem Recht (Kapitel 2). Dann werden die verfassungsrechtlichen Grenzen dargestellt, die einer Vertiefung der europäischen Integration im Haushaltsbereich entgegenstehen (Kapitel 3). Schließlich soll anhand aktueller politischer Reformen und Reformoptionen die unions- und verfassungsrechtliche Zulässigkeit einer Intensivierung präventiver Aufsichtsrechte der Europäischen Union über den Bundeshaushalt aufgezeigt werden (Kapitel 4 und Kapitel 5). Den Abschluss bildet eine thesenartige Zusammenfassung der gefundenen Ergebnisse (Kapitel 6).

Kapitel 1 – Die Haushaltshoheit des Bundestages als Untersuchungsgegenstand

Zu Beginn soll die Haushaltshoheit des Bundestages als Regelungsgegenstand präzisiert werden. Dazu werden die normativen Grundlagen des Bundeshaushalts im Grundgesetz aufgezeigt, die die Haushaltshoheit im Ergebnis als Parlamentskompetenz ausweisen.

A. Der Bundeshaushalt im Grundgesetz

I. Das Haushaltsverfassungsrecht (Art. 109 - Art. 115 GG)

Die normativen Grundlagen des Bundeshaushalts im Grundgesetz finden sich in der Finanzverfassung (Art. 104a - Art. 115 GG). Die Finanzverfassung (i.w.S.) umfasst die Verfassungsnormen, die das staatliche Finanzwesen, mithin die Ausgestaltung der Einnahme, Verwaltung und Ausgabe staatlicher Finanzmittel, regeln[8]. Der X. Abschnitt des Grundgesetzes bestimmt einerseits die Finanzkompetenzen von Bund und Ländern (*Finanzverfassung i.e.S.* – Art. 104a - Art. 109 GG) sowie andererseits das „Haushaltswesen des Bundes“[9] (*Haushaltsverfassungsrecht* – Art. 109 - Art. 115 GG)[10]. Art. 109 GG regelt mit der haushaltsrechtlichen Selbstständigkeit und Unabhängigkeit des Bundes und der Länder (Art. 109 Abs. 1 GG), der Pflicht des Bundes und der Länder, das gesamtwirtschaftliche Gleichgewicht zu wahren (Art. 109 Abs. 2 GG), der Verpflichtung, den Haushalt ohne Kredite auszugleichen (Art. 109 Abs. 3 GG), sowie der Verteilung europäischer Sanktionszahlungen auf Bund und

8 *Siekmann*, in: *Sachs*, GG, 6. Auflage 2011, Vor Art. 104a Rn. 7; *Heintzen*, in: *von Münch/Kunig*, GG, Band 2, 6. Auflage 2012, Vorb. Art. 104a - 115 Rn. 1; zum weiten Begriff des Finanzwesens *Stern*, Staatsrecht, Band II, 1980, § 45 S. 1049 f., der präzisierend von Finanz- und Haushaltsverfassung spricht.

9 *Heintzen*, in: *von Münch/Kunig*, GG, Band 2, 6. Auflage 2012, Vorb. Art. 104a - 115 Rn. 1.

10 Zur Differenzierung in diesem Sinne *Heun*, in: *Dreier*, GG, Band III, 2. Auflage 2008, Vorb. zu Art. 104a - 115 Rn. 16; *Heintzen*, in: *von Münch/Kunig*, GG, Band 2, 6. Auflage 2012, Vorb. Art. 104a - 115 Rn. 1; *Siekmann*, in: *Sachs*, GG, 6. Auflage 2011, Vor Art. 104a Rn. 6; auch *Schwarz/Reimer*, JuS 2007, 119 (120), die Art. 109 GG aber als Teil des Haushaltsverfassungsrechts ansehen.

Länder (Art. 109 Abs. 5 GG) zum einen das bundesstaatliche System. Zum anderen verleiht Art. 109 GG speziell dem Bund Gesetzgebungskompetenzen zur Regelung des Haushaltssystems des Bundes und der Länder (Art. 109 Abs. 4 GG) und verbindet so beide Teile der Finanzverfassung (i.w.S)[11]. Die für diese Untersuchung maßgebenden Grundsatzregelungen zum Bundeshaushalt enthalten demnach Art. 109 - Art. 115 GG. Diese regeln das Haushaltsrecht[12] des Bundes.

II. Normative Ausgestaltung der Haushaltsverfassung

1. Der Bundeshaushalt als Regelungsgegenstand

Der Haushalt des Bundes stellt dar, wie die dem Bund zur Verfügung stehenden staatlichen Einnahmen verwendet, mithin auf die staatlichen Aufgaben verteilt werden[13]. Der Haushalt des Bundes ist ein von der Exekutive aufgestellter Plan, in dem diese sämtliche erwarteten staatlichen Einnahmen allen von ihr zu leistenden Ausgaben für einen bestimmten Zeitraum gegenübergestellt (Art. 110 Abs. 1 Satz 1 GG), der durch den Gesetzgeber im Haushaltsgesetz festgestellt wird (Art. 110 Abs. 2 Satz 1 GG) und erst mit Feststellung Rechtswirkungen entfaltet[14]. Der Begriff Haushaltsplan bezeichnet ebenso wie Budget und Etat die „normgebende Aufzeichnung"[15] der erwarteten Einnahmen und zu leistenden Ausgaben des Bundes innerhalb eines bestimmten Zeitraums, die zur staatlichen Planung und späteren Bewilligung erstellt wird[16].

Zwischen den im Haushaltsplan veranschlagten Einnahmen und Ausgaben ist zu differenzieren. Die staatlichen Einnahmen werden ausschließlich in den Haushaltsplan eingestellt, um sie den veranschlagten Ausgaben

---

11 *Stern*, Staatsrecht, Band II, 1980, § 45 S. 1052; *Siekmann*, in: *Sachs*, GG, 6. Auflage 2011, Vor Art. 104a Rn. 6; *Jarass*, in: *Jarass/Pieroth*, GG, 12. Auflage 2012, Art. 109 Rn. 1 ff.

12 Zum Begriff vgl. *Badura*, Staatsrecht, 4. Auflage 2010, I Rn. 29.

13 *Kisker*, in: *Isensee/Kirchhof*, HdBdStR, Band IV, 2. Auflage 1999, § 89 Rn. 2.

14 *Heintzen*, in: *von Münch/Kunig*, GG, Band 2, 6. Auflage 2012, Art. 110 Rn. 36; *Heintzen*, in: *Isensee/Kirchhof*, HdBdStR, Band V, 3. Auflage 2007, § 120 Rn. 1 und Rn. 50; *Kisker*, in: *Isensee/Kirchhof*, HdBdStR, Band IV, 2. Auflage 1999, § 89 Rn. 24; *Schuppert*, in: *Umbach/Clemens*, GG, Band II, 2002, Art. 110 Rn. 21 f.; vgl. auch § 11 Bundeshaushaltsordnung.

15 *Kolms*, Finanzwissenschaft, Band 1, 1974, S. 17.

16 Vgl. *Patzig*, Haushaltsrecht, 1981, Rn. 1 und Rn. 3 sowie *Strube*, Die Geschichte des Haushaltsrechts, 2002, S. 17, die auch auf den historischen Ursprung der Begriffe in Frankreich („état") und England („budge" – Tasche des Schatzkanzlers) hinweisen.

gegenüberzustellen. Sie werden nicht durch den Haushaltsgesetzgeber festgelegt, sondern liegen in der Kompetenz insbesondere des Steuergesetzgebers und sind abhängig von Konjunktur und wirtschaftlicher Entwicklung[17]. Besonderheiten gelten für die Aufnahme von Krediten als in den Haushaltsplan einzustellende[18] Staatseinnahmen[19]. Auch diese bedürfen nach Art. 115 Abs. 1 GG einer gesetzlichen Ermächtigung. Das bloße Einstellen in den Haushaltsplan genügt nicht[20]. Die gesetzliche Ermächtigung erfolgt gleichwohl regelmäßig im Haushaltsgesetz[21]. Denn das Haushaltsgesetz enthält auch Regelungen, die über den Haushaltsplan hinausgehen[22]. Zwar dürfen nach Art. 110 Abs. 4 Satz 1 GG in das Haushaltsgesetz stets nur solche Regelungen aufgenommen werden[23], die sich auf die Einnahmen und Ausgaben des Bundes im Haushaltsjahr beziehen. Zu letzteren zählen jedoch insbesondere „die gem. Art. 115 Abs. 1 Satz 1 GG [...] erforderlichen gesetzlichen Ermächtigungen zur Aufnahme von Krediten sowie [zur] Übernahme von Bürgschaften, Garantien oder sonstigen Gewährleistungen“[24].

Im Gegensatz zu den Staatseinnahmen werden mit Verabschiedung des Haushaltsplans durch das Haushaltsgesetz die darin veranschlagten staatlichen Ausgaben bewilligt[25] und zugleich parlamentarisch mitverantwortet[26]. Der Haushaltsplan und der diesen feststellende Teil des Haushaltsgesetzes bilden insofern,

---

17 *Heun*, Staatshaushalt und Staatsleitung, 1989, S. 263; *Siekmann*, in: *Sachs*, GG, 6. Auflage 2011, Art. 110 Rn. 12; *Maunz*, in: *Maunz/Dürig*, GG, Loseblatt (Mai 2013), Band VII, Art. 110 Rn. 4 sowie *Puhl*, Budgetflucht und Haushaltsverfassung, 1996, S. 4 ff.; dazu auch *Wernsmann*, Verhaltenslenkung in einem rationalen Steuersystem, 2005, S. 449 f.

18 *Jarass*, in: *Jarass/Pieroth*, GG, 12. Auflage 2012, Art. 110 Rn. 3.

19 BVerfG v. 9.7.2007, 2 BvF 1/04 - BVerfGE 119, 96 (119).

20 *Wendt*, in: *von Mangoldt/Klein/Starck*, GG, Band 3, 6. Auflage 2010, Art. 115 Rn. 16 m.w.N.

21 *Pünder*, in: *Isensee/Kirchhof*, HdBdStR, Band V, 3. Auflage 2007, § 123 Rn. 16.

22 *Heintzen*, in: *Isensee/Kirchhof*, HdBdStR, Band V, 3. Auflage 2007, § 120 Rn. 50 f.; zum Haushaltsplan als wesentlichem Bestandteil des Haushaltsgesetzes vgl. BVerfG v. 19.7.1966, 2 BvF 1/65 - BVerfGE 20, 56 (91).

23 Zur Reichweite des sogenannten Bepackungsverbots des Art. 110 Abs. 4 GG vgl. *Jarass*, in: *Jarass/Pieroth*, GG, 12. Auflage 2012, Art. 110 Rn. 9.

24 *Hillgruber*, in: *von Mangoldt/Klein/Starck*, GG, Band 3, 6. Auflage 2010, Art. 110 Rn. 104.

25 *Heun*, Staatshaushalt und Staatsleitung, 1989, S. 260; *Birk/Wernsmann*, DVBl 2005, 1 (2); zur Beschränkung des Haushalts auf die Staatsausgaben auch *Kirchhof*, in: *Isensee/Kirchhof*, HdBdStR, Band III, 2. Auflage 1996, § 59 Rn. 74.

26 *Wernsmann*, Verhaltenslenkung in einem rationalen Steuersystem, 2005, S. 449; *Waldhoff*, StuW 2002, 285 (299); dazu auch *Böhm*, NVwZ 1998, 934 (935).

trotz getrennter Veröffentlichung[27], eine Einheit, weil der Haushaltsplan die zu bewilligenden Mittel darstellt und das Haushaltsgesetz diese Mittel bewilligt[28]. Regelungsgegenstand des Haushaltsgesetzes ist damit im Kern die Feststellung und Bewilligung der im Haushaltsplan veranschlagten Staatsausgaben (vgl. § 3 Abs. 1 BHO)[29].

Systematisiert man die verfassungsrechtlichen Einzelregelungen des Bundeshaushaltsrechts, ist zwischen der Haushaltswirtschaft, den Haushaltsgrundsätzen und dem Haushaltskreislauf auf Bundesebene zu differenzieren[30]. Diese werden einfachgesetzlich im Haushaltsgrundsätzegesetz[31], im Stabilitätsgesetz[32] sowie in der Bundeshaushaltsordnung[33] konkretisiert[34], worauf an entsprechender Stelle eingegangen wird.

2. *Haushaltswirtschaft*

Art. 109 Abs. 1 GG statuiert den Grundsatz der Haushaltsautonomie[35]. Bund und Länder sind in ihrer Haushaltswirtschaft selbstständig und voneinander unabhängig. Der Begriff Haushaltswirtschaft bezeichnet die Gesamtheit aller auf die Einnahmen und Ausgaben des Staates bezogenen Vorgänge, das heißt

---

27 Dazu *Jarass*, in: *Jarass/Pieroth*, GG, 12. Auflage 2012, Art. 110 Rn. 13 sowie *Heun*, in: *Dreier*, GG, Band III, 2. Auflage 2008, Art. 110 Rn. 8.

28 BVerfG v. 19.7.1966, 2 BvF 1/65 - BVerfGE 20, 56 (91).

29 BVerfG v. 19.7.1966, 2 BvF 1/65 - BVerfGE 20, 56 (90); *Heintzen*, in: *Isensee/Kirchhof*, HdBdStR, Band V, 3. Auflage 2007, § 120 Rn. 50; *Hillgruber*, in: *von Mangoldt/Klein/Starck*, GG, Band 3, 6. Auflage 2010, Art. 110 Rn. 56.

30 Vgl. *Heintzen*, in: *Isensee/Kirchhof*, HdBdStR, Band V, 3. Auflage 2007, § 120 Rn. 8, der auf den Haushaltskreislauf und die Haushaltsgrundsätze abstellt; zwischen Haushaltswirtschaft und Haushaltskreislauf differenzierend *Schwarz/Reimer*, JuS 2007, 219 (221 ff.).

31 Gesetz über die Grundsätze des Haushaltsrechts des Bundes und der Länder - Haushaltsgrundsätzegesetz v. 19.8.1969, BGBl. I 1969, 1273, zuletzt geändert durch Gesetz v. 27.5.2010, BGBl. I 2010, 671.

32 Gesetz zur Förderung der Stabilität und des Wachstums der Wirtschaft v. 8.6.1967, BGBl. I 1967, 582, zuletzt geändert durch Gesetz v. 31.10.2006, BGBl. I 2006, 2407.

33 Bundeshaushaltsordnung v. 19.8.1969, BGBl. I 1969, 1284, zuletzt geändert durch Gesetz vom 9.12.2010, BGBl. I 2010, 1885.

34 *Heun*, in: *Dreier*, GG, Band III, 2. Auflage 2008, Vorb. zu Art. 104a - 115 Rn. 23.

35 BVerfG v. 24.6.1986, 1 BvF 1/83 u.a. - BVerfGE 72, 330 (388); vgl. auch *Arndt*, JuS 1990, 343 (343) sowie *Wiesner/Leibinger/Müller*, Öffentliche Finanzwirtschaft, 12. Auflage 2008, S. 9.

insbesondere das Haushaltswesen von der Aufstellung bis zum Vollzug des Haushalts einschließlich der staatlichen Verschuldung[36].

Grundlegende Vorgaben für die Haushaltswirtschaft des Bundes finden sich in Art. 109 Abs. 2 und 3 GG. Die Haushaltswirtschaft auf Bundesebene basiert neben der unionsrechtlichen Vorgabe zur Wahrung der Haushaltsdisziplin (Art. 109 Abs. 2 und 5 GG i.V.m. Art. 126 AEUV) auf dem Grundsatz der Wahrung des gesamtwirtschaftlichen Gleichgewichts (Art. 109 Abs. 2 GG). Danach soll der Haushaltsgesetzgeber auf die Stabilität des Preisniveaus, einen hohen Beschäftigungsstand, außenwirtschaftliches Gleichgewicht sowie stetiges und angemessenes Wirtschaftswachstum hinwirken[37]. Damit einher geht die Anforderung an die Haushaltswirtschaft des Bundes, in Haushaltsplan und Haushaltsgesetz dargestellte Einnahmen und Ausgaben ohne Kredite auszugleichen (vgl. dazu Art. 109 Abs. 3 Satz 1 GG sowie die für den Bund konkretisierende[38] Regelung des Art. 115 Abs. 2 GG). Dem ist entsprochen, wenn die Einnahmen des Bundes aus Krediten 0,35 Prozent des nominalen Bruttoinlandsproduktes nicht überschreiten (Art. 109 Abs. 3 Satz 4 GG mit Verweis auf Art. 115 Abs. 2 Satz 2 GG).

3. *Haushaltskreislauf*

a. Feststellung des Haushaltsplans

Art. 110 - Art. 113 GG regeln mit dem Verfahren der Aufstellung und Ausführung des Haushaltsplans den Haushaltskreislauf[39]. Art. 110 Abs. 3 GG normiert speziellere Normen für das Gesetzgebungsverfahren, die von den allgemeinen Regeln der Art. 76 ff. GG abweichen[40]. Nach der exekutivischen Aufstellung des Haushaltsplans steht das Recht, den Etat in das Parlament einzubringen, nach Maßgabe der Art. 110 Abs. 3 GG[41] sowie Art. 113 Abs. 1

---

36 *Kube*, in: *Maunz/Dürig*, GG, Loseblatt (Mai 2013), Band VII, Art. 109 Rn. 32 f.; *Jarass*, in: *Jarass/Pieroth*, GG, 12. Auflage 2012, Art. 109 Rn. 1; zum Begriff auch *Nebel*, in: *Piduch*, Bundeshaushaltsrecht, Loseblatt (Januar 2011), Art. 109 GG Rn. 5; präzisierend *Siekmann*, in: *Sachs*, GG, 6. Auflage 2011, Art. 109 Rn. 4.

37 Siehe dazu die einfachgesetzliche Präzisierung des Verfassungsauftrags in § 1 Satz 2 StabG; vgl. BVerfG v. 18.4.1989, 2 BvF 1/82 - BVerfGE 79, 311 (338); *Jarass*, in: *Jarass/Pieroth*, GG, 12. Auflage 2012, Art. 109 Rn. 9.

38 *Kube*, in: *Maunz/Dürig*, GG, Loseblatt (Mai 2013), Band VII, Art. 109 Rn. 6.

39 *Schwarz/Reimer*, JuS 2007, 219 (223 f.).

40 *Heun*, in: *Dreier*, GG, Band III, 2. Auflage 2008, Art. 110 Rn. 32.

41 Ausschließlich auf Art. 110 Abs. 3 GG abstellend BVerfG v. 14.1.1986, 2 BvE 14/83 u.a. - BVerfGE 70, 324 (357); so auch *Heun*, in: *Dreier*, GG, Band III, 2. Auflage 2008, Art. 110 Rn. 34.

Satz 1 GG, abweichend von Art. 76 Abs. 1 GG, ausschließlich der Bundesregierung zu[42]. Der Haushaltsentwurf ist, anders als dies in Art. 76 Abs. 2 GG vorgesehen ist, zur Beschleunigung des Gesetzgebungsverfahrens gleichzeitig Bundestag und Bundesrat zuzuleiten[43]. Der Haushaltsplan ist sodann nach öffentlicher Beratung[44] vom Bundestag durch das Haushaltsgesetz vor Beginn des Rechnungsjahres festzustellen (Art. 110 Abs. 2 Satz 1 GG), wobei es grundsätzlich keiner Zustimmung des Bundesrates bedarf[45]. Das Haushaltsgesetz ist einschließlich des Haushaltsplans im Gesetzblatt zu verkünden (Art. 82 Abs. 1 Satz 1 GG). Die Veröffentlichung des Haushaltsplans im Bundesgesetzblatt beschränkt sich dabei auf den Gesamtplan ohne Veröffentlichung der Einzelpläne[46].

b. Sonderregelungen

Sonderfälle des Haushaltskreislaufs regeln Art. 111 - Art. 113 GG.

In Art. 111 GG wird der Fall geregelt, dass zu Beginn des Haushaltsjahres, entgegen der verfassungsrechtlichen Pflicht aus Art. 110 Abs. 2 Satz 1 GG, der Haushalt für das folgende Jahr noch nicht festgestellt ist. Um ein etatloses Regieren der Exekutive zu vermeiden, ermächtigt Art. 111 GG die Regierung, bis zur Verkündung des Haushaltsgesetzes notwendige Ausgaben auch ohne parlamentarische Bewilligung zu leisten. Das Haushaltsbewilligungsrecht des Parlaments wird dadurch nicht ersetzt[47], weil mit Verabschiedung des Haushaltsgesetzes dieses Recht der Bundesregierung endet[48].

---

42 *Siekmann*, in: *Sachs*, GG, 6. Auflage 2011, Art. 110 Rn. 72 ff.; *Heun*, in: *Dreier*, GG, Band III, 2. Auflage 2008, Art. 110 Rn. 32 ff.

43 *Schwarz/Reimer*, JuS 2007, 219 (223).

44 BVerfG v. 14.1.1986, 2 BvE 14/83 u.a. - BVerfGE 70, 324 (355 ff.); *Jarass*, in: *Jarass/Pieroth*, GG, 12. Auflage 2012, Art. 110 Rn. 10.

45 BVerfG v. 14.1.1986, 2 BvE 14/83 u.a. - BVerfGE 70, 324 (361); *Schwarz/Reimer*, JuS 2007, 219 (223); zum gegebenenfalls bestehenden Zustimmungsrecht *Jarass*, in: *Jarass/Pieroth*, GG, 12. Auflage 2012, Art. 110 Rn. 10 m.w.N.

46 Zur hier bestehenden Divergenz zwischen verfassungsrechtlicher Pflicht und Staatspraxis *Siekmann*, in: *Sachs*, GG, 6. Auflage 2011, Art. 110 Rn. 85 f.; anders dagegen *Heun*, in: *Dreier*, GG, Band III, 2. Auflage 2008, Art. 110 Rn. 39 sowie *Jarass*, in: *Jarass/Pieroth*, GG, 12. Auflage 2012, Art. 110 Rn. 13; vgl. auch BVerfG v. 19.7.1966, 2 BvF 1/65 - BVerfGE 20, 56 (93).

47 BVerfG v. 25.5.1977, 2 BvE 1/74 - BVerfGE 45, 1 (33).

48 BVerfG v. 25.5.1977, 2 BvE 1/74 - BVerfGE 45, 1 (32 f.); *Siekmann*, in: *Sachs*, GG, 6. Auflage 2011, Art. 111 Rn. 9.

Grundsätzlich ist die Exekutive an die Vorgaben der Haushaltsgesetzgebung gebunden[49]. Davon macht Art. 112 GG eine Ausnahme. Nach Art. 112 GG können, auch im Anwendungsbereich des Art. 111 GG[50], sowohl Ausgaben, die über die im Haushaltsplan vorgegebenen hinausgehen (*überplanmäßige Ausgaben*), als auch solche, die nicht im Haushaltsplan vorgesehen sind (*außerplanmäßige Ausgaben*), durch die Exekutive getätigt werden[51]. Erforderlich ist die Zustimmung des Bundesministers der Finanzen, die dieser bei unvorhergesehenem und unabweisbarem Bedürfnis erteilen darf (Art. 112 GG). Die Ausgaben müssen im Haushaltsgesetzgebungsverfahren nicht vorherzusehen gewesen sowie im Interesse des Staates sachlich und zeitlich notwendig geboten sein[52].

Eine weitere Begrenzung des parlamentarischen Entscheidungsspielraums im Bundeshaushaltsverfahren normiert Art. 113 GG. Gesetze, welche die von der Bundesregierung vorgeschlagenen Ausgaben des Haushaltsplanes erhöhen oder neue Ausgaben in sich schließen oder für die Zukunft mit sich bringen, bedürfen der Zustimmung der Bundesregierung (Art. 113 Abs. 1 Satz 1 GG). Dieser räumt Art. 113 GG damit ein Vetorecht ein. Die Norm geht von der Vorstellung aus, dass das auf Wiederwahl bedachte Parlament ausgabenfreudiger ist als die Regierung[53], die das Ausgabenverhalten des Parlaments begrenzen können muss. Allerdings ist die Wirksamkeit der Norm im parlamentarischen Regierungssystem, in welchem die Regierung von einer Parlamentsmehrheit getragen werden muss und daher vom Parlament abhängt, gering[54].

---

49 *Siekmann*, in: *Sachs*, GG, 6. Auflage 2011, Art. 112 Rn. 1.

50 *Jarass*, in: *Jarass/Pieroth*, GG, 12. Auflage 2012, Art. 112 Rn. 1; *Siekmann*, in: *Sachs*, GG, 6. Auflage 2011, Art. 112 Rn. 26; anders dagegen *Heintzen*, in: *von Münch/Kunig*, GG, Band 2, 6. Auflage 2012, Art. 112 Rn. 4, der Art. 112 GG in der Situation des Art. 111 GG nicht für anwendbar hält.

51 *Jarass*, in: *Jarass/Pieroth*, GG, 12. Auflage 2012, Art. 112 Rn. 1.

52 BVerfG v. 25.5.1977, 2 BvE 1/74 – BVerfGE 45, 1 (35 ff.).

53 *Siekmann*, in: *Sachs*, GG, 6. Auflage 2011, Art. 113 Rn. 7 f.; *Schwarz/Reimer*, JuS 2007, 219 (224); *Birk/Wernsmann*, DVBl 2000, 669 (671 f.); *Wernsmann*, Verhaltenslenkung in einem rationalen Steuersystem, 2005, S. 122 f. m.w.N.

54 In diesem Sinne *Heun*, in: *Dreier*, GG, Band III, 2. Auflage 2008, Art. 113 Rn. 4 und *Siekmann*, in: *Sachs*, GG, 6. Auflage 2011, Art. 113 Rn. 8, die von „Fehlkonzeption" bzw. „Fehlkonstruktion" sprechen; so auch *Heintzen*, in: *von Münch/Kunig*, GG, Band 2, 6. Auflage 2012, Art. 113 Rn. 1; *Birk/Wernsmann*, DVBl 2000, 669 (671 f.); *Wernsmann*, Verhaltenslenkung in einem rationalen Steuersystem, 2005, S. 122 f.

c. Haushaltsvollzug und Haushaltskontrolle

Haushaltsvollzug und Haushaltskontrolle stellen die abschließenden Phasen des Haushaltskreislaufs dar. Der Vollzug des Haushalts ist Sache der Exekutive[55], wenngleich qualifizierte Sperrvermerke, parlamentarische Zustimmungsvorbehalte sowie Informationsrechte des Parlaments den Handlungsspielraum der Exekutive einschränken[56]. Der Prüfung des Vollzugs in der Haushaltskontrolle unterliegt die Regierung im Hinblick darauf, ob die Vorgaben des Haushaltsgesetzgebers erfüllt wurden. Nicht kontrolliert werden hingegen Haushaltsplan und Haushaltsgesetz, die vielmehr „Maßstab der [P]rüfung"[57] sind[58]. Zu unterscheiden sind die parlamentarische Kontrolle (Art. 114 Abs. 1 GG) sowie die Kontrolle durch den Bundesrechnungshof (Art. 114 Abs. 2 GG). Art. 114 Abs. 1 GG verpflichtet den Bundesminister der Finanzen, gegenüber Bundestag und Bundesrat über die Staatsfinanzen Rechnung zu legen, mithin den Vollzug von Haushaltsplan und Haushaltsgesetz nachzuweisen[59]. Der Bundesrechnungshof prüft sodann die Rechnungslegung (Art. 114 Abs. 2 Satz 1 GG), kontrolliert neben der genannten Prüfung generell die Wirtschaftlichkeit und Ordnungsmäßigkeit der Haushalts- und Wirtschaftsführung (Art. 114 Abs. 2 Satz 1 GG) und sichert so eine „rechnungsunabhängige Finanzkontrolle"[60] der Bundesverwaltung[61]. Auf Grundlage der Rechnungslegung und des Berichts des Bundesrechnungshofs nach Art. 114 Abs. 2 GG entlasten Bundestag und Bundesrat sodann die Bundesregierung[62]. Die Entlastung drückt den ordnungsgemäßen Vollzug der Haushaltsgesetzgebung aus, ist aber bloß politischer Natur ohne unmittelbare rechtliche Folgen[63]. Mit dem Abschluss des Haushaltskreislaufs durch die Haushaltskontrolle wird die

---

55 *Heun*, in: *Dreier*, GG, Band III, 2. Auflage 2008, Art. 110 Rn. 40; *Siekmann*, in: *Sachs*, GG, 6. Auflage 2011, Art. 110 Rn. 89; *Schwarz/Reimer*, JuS 2007, 219 (223).

56 *Heun*, in: *Dreier*, GG, Band III, 2. Auflage 2008, Art. 110 Rn. 40 mit umfassendem weiterem Nachweis.

57 BVerfG v. 19.7.1966, 2 BvF 1/65 – BVerfGE 20, 56 (96).

58 *Siekmann*, in: *Sachs*, GG, 6. Auflage 2011, Art. 114 Rn. 4.

59 BVerfG v. 18.4.1989, 2 BvF 1/82 – BVerfGE 79, 311 (328); *Jarass*, in: *Jarass/Pieroth*, GG, 12. Auflage 2012, Art. 114 Rn. 1.

60 *Siekmann*, in: *Sachs*, GG, 6. Auflage 2011, Art. 114 Rn. 12.

61 *Jarass*, in: *Jarass/Pieroth*, GG, 12. Auflage 2012, Art. 114 Rn. 5.

62 *Siekmann*, in: *Sachs*, GG, 6. Auflage 2011, Art. 114 Rn. 3 ff.; *Jarass*, in: *Jarass/Pieroth*, GG, 12. Auflage 2012, Art. 114 Rn. 2.

63 BVerfG v. 25.5.1977, 2 BvE 1/74 – BVerfGE 45, 1 (50); *Jarass*, in: *Jarass/Pieroth*, GG, 12. Auflage 2012, Art. 114 Rn. 1.

finanzielle Rechenschaftspflicht der Regierung gegenüber dem Parlament im parlamentarischen System abschließend erfüllt[64].

4. *Haushaltsgrundsätze*

Die inhaltliche Ausgestaltung des Haushaltsplans und des Haushaltsgesetzes wird maßgeblich durch sogenannte Haushaltsgrundsätze[65] bestimmt, die teils unmittelbar dem Grundgesetz, teils dem auf Grundlage des Art. 109 Abs. 4 GG erlassenen Haushaltsgrundsätzegesetz zu entnehmen sind.

a. Vollständigkeit und Einheit

Das aus dem Wortlaut des Art. 110 Abs. 1 Satz 1 GG abgeleitete[66] Einheitsprinzip verpflichtet dazu, für jedes Haushaltsjahr einen Haushaltsplan aufzustellen (§ 11 Abs. 1 BHO). Damit wird die Möglichkeit, Teilhaushalte zu verabschieden[67], eingeschränkt, um dem Parlament einen Gesamtüberblick über die Staatsfinanzen zu ermöglichen. Davon nicht erfasst sind die Bildung von Einzel- und Gesamtplänen sowie verfassungsrechtlich ausdrücklich gebilligte Sonder- und Teilhaushalte nach Art. 110 Abs. 1 Satz 1 HS 2 GG und Art. 110 Abs. 2 Satz 2 GG. Auch Nachtragshaushalte sind zulässig, da diese mit dem eigentlichen Haushaltsplan verbunden und insofern an diesen gebunden sind[68].

Das ebenfalls Art. 110 Abs. 1 Satz 1 GG zu entnehmende Vollständigkeitsprinzip besagt, dass der Haushaltsplan alle zu erwartenden Einnahmen, alle voraussichtlich zu leistenden Ausgaben sowie alle voraussichtlich benötigten Verpflichtungsermächtigungen beinhalten muss (§ 11 Abs. 2 BHO), um diese Faktoren aufeinander abstimmen zu können[69]. Von den Verpflichtungsermächtigungen des

---

64 *Heun*, in: *Dreier*, GG, Band III, 2. Auflage 2008, Art. 114 Rn. 9.

65 *Heintzen*, in: *Isensee/Kirchhof*, HdBdStR, Band V, 3. Auflage 2007, § 120 Rn. 23; zu den Haushaltsgrundsätzen im Einzelnen auch *Tappe*, Haushaltsgesetz als Zeitgesetz, 2008, S. 42 ff.

66 *Heintzen*, in: *Isensee/Kirchhof*, HdBdStR, Band V, 3. Auflage 2007, § 120 Rn. 30.

67 Teilhaushalte ablehnend *Heintzen*, in: *Isensee/Kirchhof*, HdBdStR, Band V, 3. Auflage 2007, § 120 Rn. 30; relativierend bei Dringlichkeit BVerfG v. 25.5.1977, 2 BvE 1/74 – BVerfGE 45, 1 (34).

68 Zum Ganzen *Heintzen*, in: *Isensee/Kirchhof*, HdBdStR, Band V, 3. Auflage 2007, § 120 Rn. 30.

69 *Heintzen*, in: *Isensee/Kirchhof*, HdBdStR, Band V, 3. Auflage 2007, § 120 Rn. 30; *Heun*, in: *Dreier*, GG, Band III, 2. Auflage 2008, Art. 110 Rn. 14; vgl. zum Begriff der Einnahmen und Ausgaben *Heintzen*, in: *von Münch/Kunig*, GG, Band 2, 6. Auflage 2012, Art. 110 Rn. 12; vgl. auch BVerfG v. 14.1.1986, 2 BvE 14/83 u.a. – BVerfGE 70, 324 (357).

Haushaltsplans zu unterscheiden sind Kredite sowie Bürgschaften, Garantien und sonstige Gewährleistungsübernahmen im Sinne des Art. 115 Abs. 1 GG, die zwar Teil des Haushaltsgesetzes sein können, wegen ihrer zum Teil langen Laufzeit jedoch auch durch sonstiges Bundesrecht übernommen werden können[70]. Das Vollständigkeitsprinzip verfolgt den Zweck, tatsächlich alle finanzwirksamen staatlichen Handlungen der Bewilligung durch das Parlament zu unterwerfen[71].

Beide Prinzipien zusammen schränken die Möglichkeit des Haushaltsgesetzgebers ein, Nebenhaushalte außerhalb des eigentlichen Haushaltsplans zu bilden[72]. Zwar sind diese nicht grundsätzlich verboten, sie sind im Hinblick auf die Budgethoheit des Parlaments jedoch nur durch eine parlamentarische Ermächtigung zu rechtfertigen[73].

b. Bruttoprinzip

Nach dem Bruttoprinzip müssen Einnahmen und Ausgaben in voller Höhe und ohne diese zu saldieren in den Haushaltsplan eingestellt werden (§ 15 Abs. 1 Satz 1 BHO und § 12 Abs. 1 Satz 1 HGrG)[74]. Unabhängig von der Frage, ob dieses als Verfassungsgebot aus Art. 110 Abs. 1 GG zu folgern ist[75], soll das Prinzip, in Ergänzung zur Vollständigkeit und Einheit des Haushalts, dem Parlament sämtliche Einnahmen und Ausgaben des Staates im Einzelnen vor Augen führen und diesem so eine effektive Bewertung des Haushalts ermöglichen[76].

---

70 *Nebel*, in: *Piduch*, Bundeshaushaltsrecht, Loseblatt (Januar 2011), Art. 115 GG Rn. 5 und Rn. 12; *Heintzen*, in: *Isensee/Kirchhof*, HdBdStR, Band V, 3. Auflage 2007, § 120 Rn. 4; *Jarass*, in: *Jarass/Pieroth*, GG, 12. Auflage 2012, Art. 115 Rn. 5.

71 *Heintzen*, in: *Isensee/Kirchhof*, HdBdStR, Band V, 3. Auflage 2007, § 120 Rn. 26.

72 *Heintzen*, in: *Isensee/Kirchhof*, HdBdStR, Band V, 3. Auflage 2007, § 120 Rn. 28 m.w.N., insbesondere zum Begriff; umfassend zum Begriff auch *Puhl*, Budgetflucht und Haushaltsverfassung, 1996, S. 20 ff.

73 *Hillgruber*, in: *von Mangoldt/Klein/Starck*, GG, Band 3, 6. Auflage 2010, Art. 110 Rn. 21 ff.; *Heintzen*, in: *Isensee/Kirchhof*, HdBdStR, Band V, 3. Auflage 2007, § 120 Rn. 28, der des Weiteren den Nachweis der Notwendigkeit fordert; kritisch auch *Heun*, in: *Dreier*, GG, Band III, 2. Auflage 2008, Art. 110 Rn. 20; umfassend zur haushaltsverfassungsrechtlichen Zulässigkeit *Puhl*, Budgetflucht und Haushaltsverfassung, 1996, S. 114 ff.

74 *Heintzen*, in: *Isensee/Kirchhof*, HdBdStR, Band V, 3. Auflage 2007, § 120 Rn. 31; *Heun*, in: *Dreier*, GG, Band III, 2. Auflage 2008, Art. 110 Rn. 18.

75 Dafür *Heintzen*, in: *Isensee/Kirchhof*, HdBdStR, Band V, 3. Auflage 2007, § 120 Rn. 31 sowie *Puhl*, Budgetflucht und Haushaltsverfassung, 1996, S. 254; ablehnend *Hillgruber*, in: *von Mangoldt/Klein/Starck*, GG, Band 3, 6. Auflage 2010, Art. 110 Rn. 39 ff., mit umfassendem Nachweis des Meinungsstands.

76 *Puhl*, Budgetflucht und Haushaltsverfassung, 1996, S. 254.

c. Haushaltswahrheit und Haushaltsklarheit sowie Budgetöffentlichkeit

Die Grundsätze der Haushaltsklarheit und -wahrheit besagen, dass der Staatshaushalt verständlich sowie hinsichtlich der erwarteten Einnahmen und der beabsichtigten Ausgaben möglichst genau darzustellen ist[77]. Im Hinblick auf die Wahrheit des Haushalts sind insbesondere globale Minderausgaben problematisch. Werden alle zu leistenden Ausgaben im Haushalt um einen bestimmten Prozentsatz gekürzt[78], um politische Auseinandersetzungen über das Maß der Ausgaben zu vermeiden, und geht dies über die erfahrungsgemäß zu erwartenden Minderausgaben des Haushaltsjahres hinaus, bildet der Haushalt nicht mehr die im Haushaltsjahr tatsächlich zu leistenden Ausgaben ab[79]. Dies widerspricht dem Grundsatz der Haushaltswahrheit.

Mit diesen Grundsätzen im Zusammenhang steht die Budgetöffentlichkeit, nach welcher der Haushaltskreislauf der Öffentlichkeit einsehbar sein muss[80].

d. Vorherigkeit und Periodizität sowie Fälligkeitsprinzip

Die in Art. 110 Abs. 2 Satz 1 GG normierten Prinzipien der Vorherigkeit und Periodizität des Haushaltsplans regeln, dass der Haushalt regelmäßig neu und vor Beginn des Rechnungsjahres zu verabschieden ist[81]. So wird „der Vorrang des Haushaltsgesetzgebers gegenüber der Exekutive gewahrt“ [82] und dies nicht nur einmalig, sondern kontinuierlich[83]. Das Fälligkeitsprinzip fordert konsequenterweise, dass im jeweiligen Haushaltsplan nur die in dem Haushaltsjahr fälligen Einnahmen und Ausgaben einzustellen sind, für die der Haushaltsplan vorgesehen ist[84].

---

77 *Heintzen*, in: *Isensee/Kirchhof*, HdBdStR, Band V, 3. Auflage 2007, § 120 Rn. 37 ff.

78 *Heintzen*, in: *von Münch/Kunig*, GG, Band 2, 6. Auflage 2012, Art. 110 Rn. 25; zum Begriff der globalen Minderausgaben im Einzelnen *Maunz*, in: *Maunz/Dürig*, GG, Loseblatt (Mai 2013), Band VII, Art. 110 Rn. 58.

79 So *Heun*, in: *Dreier*, GG, Band III, 2. Auflage 2008, Art. 110 Rn. 21; *Heintzen*, in: *von Münch/Kunig*, GG, Band 2, 6. Auflage 2012, Art. 110 Rn. 25; anders dagegen *Stern*, Staatsrecht, Band II, 1980, § 50 S. 1250 m.w.N.

80 *Heun*, in: *Dreier*, GG, Band III, 2. Auflage 2008, Art. 110 Rn. 22; *Heintzen*, in: *Isensee/Kirchhof*, HdBdStR, Band V, 3. Auflage 2007, § 120 Rn. 41.

81 *Heintzen*, in: *Isensee/Kirchhof*, HdBdStR, Band V, 3. Auflage 2007, § 120 Rn. 42 f.; zur Verletzung des Vorherigkeitsprinzips als Verstoß gegen das parlamentarische Budgetrecht vgl. VerfGH NRW v. 30.10.2012, VerfGH 12/11 - DÖV 2013, 198 (198).

82 *Hillgruber*, in: *von Mangoldt/Klein/Starck*, GG, Band 3, 6. Auflage 2010, Art. 110 Rn. 80.

83 *Heintzen*, in: *Isensee/Kirchhof*, HdBdStR, Band V, 3. Auflage 2007, § 120 Rn. 43.

84 *Nebel*, in: *Piduch*, Bundeshaushaltsrecht, Loseblatt (Januar 2011), Art. 110 GG Rn. 23.

e. Spezialität

Nach dem Grundsatz der Spezialität sind die vom Parlament zu bewilligenden Mittel im Haushaltsplan der Höhe und dem Zweck nach spezifiziert anzugeben (sachlicher Spezialitätsgrundsatz) und auf die dafür vorgesehene Etatperiode befristet (zeitlicher Spezialitätsgrundsatz), um die Exekutive tatsächlich daran zu binden, diese der periodischen Bewilligung des Haushaltsgesetzgebers entsprechend zu verausgaben[85].

f. Haushaltsausgleich

Nach Art. 110 Abs. 1 Satz 2 GG ist der Haushaltsplan in Einnahmen und Ausgaben auszugleichen. Zum einen ist dies formell dahingehend zu verstehen, dass sich beide Größen rechnerisch entsprechen müssen[86]. Darüber hinaus wird darin teilweise auch die Pflicht eines materiellen Ausgleichs gesehen, nach welchem Einnahmen und Ausgaben auch „wertend"[87] gegenüberzustellen seien, insbesondere Krediteinnahmen dem Ausgleich widersprächen[88]. Der Haushaltsausgleich dient dazu, Einnahmen und Ausgaben des Staates aufeinander abzustimmen und so eine sparsame Haushaltswirtschaft[89] zu erreichen.

g. Gesamtdeckung und Nonaffektation

Das Prinzip der Gesamtdeckung besagt, dass alle im Haushaltsplan vorhandenen Einnahmen für alle dort beabsichtigten Ausgaben bestimmt sind (§ 7 Satz 1 HGrG und § 8 Satz 1 BHO). Damit im Zusammenhang steht das Nonaffektionsprinzip des Haushaltsrechts, nach welchem „bestimmte Einnahmen nicht bestimmten Ausgaben"[90] zugeordnet sind. Unabhängig davon, ob diesen

---

85 *Heun*, in: *Dreier*, GG, Band III, 2. Auflage 2008, Art. 110 Rn. 23 f.; auch *Hillgruber*, in: *von Mangoldt/Klein/Starck*, GG, Band 3, 6. Auflage 2010, Art. 110 Rn. 77; vgl. auch BVerfG v. 14.1.1986, 2 BvE 14/83 u.a. – BVerfGE 70, 324 (357).

86 *Heintzen*, in: *Isensee/Kirchhof*, HdBdStR, Band V, 3. Auflage 2007, § 120 Rn. 44; *Heun*, in: *Dreier*, GG, Band III, 2. Auflage 2008, Art. 110 Rn. 25.

87 *Stern*, Staatsrecht, Band II, 1980, § 50 S. 1249.

88 Umfassender Nachweis des Meinungsstands bei *Heun*, in: *Dreier*, GG, Band III, 2. Auflage 2008, Art. 110 Rn. 25.

89 BVerfG v. 6.3.1952, 2 BvE 1/51 – BVerfGE 1, 144 (161); *Heintzen*, in: *Isensee/Kirchhof*, HdBdStR, Band V, 3. Auflage 2007, § 120 Rn. 44; anders *Hillgruber*, in: *von Mangoldt/Klein/Starck*, GG, Band 3, 6. Auflage 2010, Art. 110 Rn. 55, der auf die neben Art. 109 Abs. 2 GG sowie Art. 115 GG geringe Relevanz dieser Anforderung hinweist; dazu auch *Heun*, in: *Dreier*, GG, Band III, 2. Auflage 2008, Art. 110 Rn. 25.

90 *Heintzen*, in: *Isensee/Kirchhof*, HdBdStR, Band V, 3. Auflage 2007, § 120 Rn. 47.

Prinzipien Verfassungsrang zukommt[91], ermöglichen erst sie dem Haushaltsgesetzgeber einen hinreichenden Entscheidungsspielraum bei Verteilung der vorhandenen Einnahmen auf die Staatsaufgaben[92].

h. Wirtschaftlichkeit und Sparsamkeit sowie gesamtwirtschaftliches Gleichgewicht

Nach § 6 Abs. 1 HGrG und § 7 Abs. 1 Satz 1 BHO hat der Gesetzgeber bei Aufstellung des Haushaltsplans die in Art. 114 GG als Maßstab für die Finanzkontrolle vorgegebenen Grundsätze der Wirtschaftlichkeit und Sparsamkeit zu beachten[93]. Damit einher geht die Verpflichtung des Gesetzgebers, im Haushaltsplan dem gesamtwirtschaftlichen Gleichgewicht Rechnung zu tragen (Art. 109 Abs. 2 GG)[94].

i. Weitere Grundsätze

Weiterhin sind der „Grundsatz der Subordination des Haushaltsplans [unter das Sachgesetz sowie die] Gesetzesförmigkeit und fehlende Drittwirkung des Haushalts“ [95], wonach niemand Ansprüche aus dem Haushalt herleiten kann (§ 3 Abs. 2 HGrG und § 3 Abs. 2 BHO), als diesen prägende Prinzipien zu nennen.

B. Die Hoheit des Bundestages über den Bundeshaushalt

Die dargestellten Normen des Bundeshaushaltsrechts erläutern die Prinzipien, nach denen der Bundeshaushalt ausgestaltet wird. Bereits angesprochen wurden mit Bundestag, Bundesrat und Bundesregierung auch die Verfassungsorgane, die in Art. 110 - Art. 115 GG an Planung, Aufstellung und Vollzug des Bundeshaushalts beteiligt sind. Besonders relevant für diese Untersuchung, die die unions- und verfassungsrechtlichen Grenzen präventiver Aufsichtsrechte der Unionsorgane über den Bundeshaushalt zum Gegenstand hat, ist die Frage,

---

91 Zum Meinungsstand umfassend *Heun*, in: *Dreier*, GG, Band III, 2. Auflage 2008, Art. 110 Rn. 17; *Wernsmann*, Verhaltenslenkung in einem rationalen Steuersystem, 2005, S. 444 ff. m.w.N.

92 *Heintzen*, in: *Isensee/Kirchhof*, HdBdStR, Band V, 3. Auflage 2007, § 120 Rn. 47.

93 *Heintzen*, in: *Isensee/Kirchhof*, HdBdStR, Band V, 3. Auflage 2007, § 120 Rn. 48; *Wernsmann*, Verhaltenslenkung in einem rationalen Steuersystem, 2005, S. 230 ff.; zur geringen Bindungswirkung für den Gesetzgeber sowie der Frage des Verfassungsrangs der Prinzipien *Siekmann*, in: *Sachs*, GG, 6. Auflage 2011, Art. 110 Rn. 67.

94 Dazu *Jarass*, in: *Jarass/Pieroth*, GG, 12. Auflage 2012, Art. 110 Rn. 5 und Art. 109 Rn. 5.

95 *Heintzen*, in: *Isensee/Kirchhof*, HdBdStR, Band V, 3. Auflage 2007, § 120 Rn. 24.

welches Staatsorgan nach den grundgesetzlichen Bestimmungen die entscheidende Rolle im Bundeshaushaltsverfahren einnimmt. Denn dessen Rechtsstellung wird durch unionale Aufsichtsrechte über den Bundeshaushalt besonders berührt. Entscheidend ist zum einen, welches Staatsorgan die Hoheit über den Bundeshaushalt innehat, und zum anderen, welche Gründe es für diese verfassungsrechtliche Stellung gibt.

I. Haushaltshoheit als Parlamentskompetenz

Das Recht, den alle Einnahmen und Ausgaben des Bundes umfassenden und von der Exekutive erarbeiteten Haushaltsplan gesetzlich festzustellen und erst so periodisch zur Verwendung durch die Exekutive zu bewilligen (Art. 110 Abs. 2 GG)[96], steht dem Bundestag zu. Die Darstellung der Einnahmen im Haushaltsplan hat dabei zwar nur den Zweck, Einnahmen und Ausgaben aufeinander abzustimmen[97], denn die staatlichen Einnahmen werden durch den Haushaltsplan nicht bewilligt[98]. Die parlamentarische Grundlage der Einnahmeseite ist die Steuergesetzgebung, unabhängig vom Haushaltsplan[99]. Art. 110 Abs. 2 GG berechtigt den Bundestag aber, über die staatlichen Ausgaben konstitutiv im Haushaltsplan zu bestimmen[100]. Zudem kontrolliert der Bundestag den Haushaltsvollzug der Exekutive durch Entlastung (Art. 114 Abs. 1 GG)[101]. Diese Kompetenzen weisen die Hoheit über den Bundeshaushalt verfassungsrechtlich dem Bundestag zu. Die Haushaltshoheit – als Synonyme werden auch die Begriffe Etatrecht oder Budgetrecht[102] verwendet – wird abgesichert durch das Ausgabenbewilligungsrecht des Bundestages auch im Hinblick auf die Übernahme von Bürgschaften, Garantien und sonstigen Gewährleistungen, die zu

---

96 BVerfG v. 19.7.1966, 2 BvF 1/65 – BVerfGE 20, 56 (90); *Badura*, Staatsrecht, 4. Auflage 2010, I Rn. 26; *Siekmann*, in: *Sachs*, GG, 6. Auflage 2011, Art. 110 Rn. 12.

97 *Siekmann*, in: *Sachs*, GG, 6. Auflage 2011, Art. 110 Rn. 12.

98 *Heun*, Staatshaushalt und Staatsleitung, 1989, S. 262.

99 *Heun*, Staatshaushalt und Staatsleitung, 1989, S. 263; eingehend zur Vereinbarkeit der Zweckbindung staatlicher Einnahmen mit dem Haushaltsverfassungsrecht *Wernsmann*, Verhaltenslenkung in einem rationalen Steuersystem, 2005, S. 443 ff.

100 In diesem Sinne *Mußgnug*, Der Haushaltsplan, 1976, S. 91; vgl. auch *Heun*, in: *Dreier*, GG, Band III, 2. Auflage 2008, Art. 110 Rn. 5.

101 *Böhm*, NVwZ 1998, 934 (935); *Dolde/Porsch*, DÖV 2002, 232 (234); *Siekmann*, in: *Sachs*, GG, 6. Auflage 2011, Art. 114 Rn. 17 ff.

102 *Siekmann*, in: *Sachs*, GG, 6. Auflage 2011, Art. 110 Rn. 12; *Badura*, Staatsrecht, 4. Auflage 2010, I Rn. 26; *Kisker*, in: *Isensee/Kirchhof*, HdBdStR, Band IV, 2. Auflage 1999, § 89 Rn. 3 und Rn. 48.

Ausgabeverpflichtungen in späteren Haushaltsjahren führen können[103], das in Art. 115 Abs. 1 GG normiert ist[104]. Auch diesbezüglich bedarf es einer Ermächtigung durch den Bundestag, die im Haushaltsgesetz erfolgen kann[105]. Art. 110 Abs. 2 GG, 114 Abs. 1 GG sowie Art. 115 Abs. 1 GG[106] weisen so dem Bundestag die Hoheit über den Bundeshaushalt zu.

II. Hintergründe der Kompetenzzuweisung

Gründe für die verfassungsrechtliche Ausgestaltung des Haushaltsverfassungsrechts in dieser Form finden sich zum einen in der historischen Entwicklung des Bundeshaushaltsrechts. Zum anderen erfüllt diese Kompetenzverteilung zwischen den am Bundeshaushaltsverfahren beteiligten Staatsorganen besondere verfassungsrechtliche Funktionen.

1. Historische Ursprünge in Deutschland – das Königsrecht des Parlaments

a. Die Entwicklung bis zum Jahr 1815

Grundlegende Entwicklungen, die zur Entstehung der Haushaltshoheit im modernen Sinne beitrugen, vollzogen sich im Heiligen Römischen Reich Deutscher Nation. Ähnlich einem Staatenbund bestand das Heilige Römische Reich Deutscher Nation aus dem Reich und selbstständigen Reichsterritorien[107]. Auf Reichsebene stand dem Reichsoberhaupt der Reichstag gegenüber, der sich aus Reichsständen zusammensetzte[108]. Die Reichsstände ihrerseits regierten die einzelnen Territorien, in denen ihnen aus Landständen bestehende Landtage

---

103 Vgl. § 39 Abs. 1 BHO; vgl. *Gröpl*, Haushaltsrecht und Reform, 2001, S. 463, der diese als „Eventualverbindlichkeiten" bezeichnet; in Abgrenzung dazu führen Verpflichtungsermächtigungen mit hoher Wahrscheinlichkeit zur Inanspruchnahme des Bundes und sind daher wie Ausgaben im Haushaltsplan zu veranschlagen (§ 11 Abs. 2 BHO), vgl. *Rossi*, in: *Gröpl*, BHO/LHO, 2011, § 39 Rn. 10; Letzteres bezweifelnd *Hillgruber*, in: *von Mangoldt/Klein/Starck*, GG, Band 3, 6. Auflage 2010, Art. 110 Rn. 32.

104 *Reimer*, in: *Epping/Hillgruber*, GG, 18. Auflage 2013, Art. 115 Rn. 6.

105 *Rossi*, in: *Gröpl*, BHO/LHO, 2011, § 39 Rn. 12.

106 Ebenso *Badura*, in: FS Selmer, 2004, S. 19 (20); vgl. auch *Bergmoser*, DÖV 2012, 741 (744); kritisch im Hinblick auf die praktische Umsetzung des parlamentarischen Budgetrechts *Gröpl*, Haushaltsrecht und Reform, 2001, S. 280 ff.

107 *Kotulla*, Deutsche Verfassungsgeschichte, 2008, Rn. 20, der jedoch von einem Gebilde sui generis spricht.

108 *Stollberg-Rilinger*, Heiliges Römisches Reich, 2007, S. 15; *Kotulla*, Deutsche Verfassungsgeschichte, 2008, Rn. 16; zu den Reichsinstitutionen umfassend auch *Frotscher/Pieroth*, Verfassungsgeschichte, 9. Auflage 2010, Rn. 102 ff.

gegenüberstanden[109]. Die Standesmitgliedschaften basierten nicht auf Wahlen, sondern auf Zugehörigkeit zu einer bestimmten gesellschaftlichen Gruppe[110].

Besonders relevant ist das sich in dieser Zeit entwickelnde Steuerbewilligungsrecht der Landstände. Den Landständen wurde im Laufe der Zeit[111] das Recht zugestanden, bei Finanzbedarf der monarchischen Exekutive, den diese nicht aus eigenen Einnahmen decken konnte, weitere Steuern zu bewilligen[112]. Gleichzeitig wurden mit Bestimmung des Zwecks der bewilligten Steuern auch die Ausgaben des Staates zumindest mitbestimmt[113]. Staatsausgaben ohne Bezug zu einer bewilligten Steuer konnten von den Landständen zwar nicht beeinflusst werden[114]. Trotzdem hatten die Landstände schon zu dieser Zeit mit dem Steuerbewilligungsrecht einerseits und dem Mittel der Zweckbestimmung auf der Ausgabenseite andererseits eine Einnahmen und Ausgaben bestimmende Finanzgewalt[115].

Prägend für diese Periode ist zudem die Entstehung von Etats. Das System der Fondswirtschaft, nach welchem eine bestimmte staatliche Ausgabe an einen Fonds gebunden war, dem eine bestimmte Einnahme zustand[116], wurde im Laufe der Zeit aufgegeben. Genutzt wurden Budgets, die sämtliche Einnahmen und Ausgaben des Staates beinhalteten und alle Staatsaufgaben finanzierten. Die Etatbewilligung durch eine parlamentarische Vertretung fehlte zu dieser Zeit freilich noch[117].

b. Entwicklungen ab dem Jahr 1815

Zu Beginn des Konstitutionalismus im Jahr 1815 konnten die Landtage in den Territorialstaaten durch das Recht der Steuerbewilligung zwar die Staatseinnahmen

109 *Stollberg-Rilinger*, Heiliges Römisches Reich, 2007, S. 15 f.

110 *Achterberg*, Parlamentsrecht, 1984, S. 21 m.w.N.; in diesem Sinne auch *Friauf*, Der Staatshaushaltsplan, 1968, S. 26.

111 Zur Entwicklung im Einzelnen vgl. *Friauf*, Der Staatshaushaltsplan, 1968, S. 26 ff. sowie *Willoweit*, Deutsche Verfassungsgeschichte, 2005, S. 207 ff. und S. 252 ff.

112 *Heun*, Staatshaushalt und Staatsleitung, 1989, S. 38 f.; *Friauf*, Der Staatshaushaltsplan, 1968, S. 28 m.w.N.

113 *Vogel/Waldhoff*, Grundlagen des Finanzverfassungsrechts, 1999, Rn. 115; *Heun*, Staatshaushalt und Staatsleitung, 1989, S. 43; *Friauf*, Der Staatshaushaltsplan, 1968, S. 29 m.w.N.

114 *Friauf*, Der Staatshaushaltsplan, 1968, S. 28 f.

115 *Dreier*, in: *Hoffmann-Riem/Schmidt-Aßmann*, Verwaltungsrecht, 1998, S. 59 (72).

116 *Heun*, Staatshaushalt und Staatsleitung, 1989, S. 35; dazu auch *Waldhoff*, StuW 2002, 285 (310 f.) m.w.N.

117 *Dreier*, in: *Hoffmann-Riem/Schmidt-Aßmann*, Verwaltungsrecht, 1998, S. 59 (77); umfassende Darstellung bei *Mußgnug*, Der Haushaltsplan, 1976, S. 65 ff.

beeinflussen, ein umfassendes Recht zur Bestimmung der Staatsausgaben fehlte jedoch[118]. Diese Kompetenz gewannen die Landtage erst im Laufe des Konstitutionalismus nach und nach hinzu.

Insbesondere die Verfassungsentwicklungen ab dem Jahr 1848 führten in nahezu allen Territorialstaaten des im Jahr 1815 gegründeten Deutschen Bundes[119] zu umfassenden Mitwirkungsrechten der Volksvertretungen bei Bestimmung der Staatsausgaben[120]. Dies war der entscheidende Schritt für die Entwicklung des modernen Budgetrechts. Das System eines Budgets als Grundlage der Staatsfinanzierung entwickelte sich wie gesehen zwar schon früher[121]. Ursprünglich enthielt dieses aber eine bloße Darstellung der Staatsausgaben als Rechtfertigungsgrundlage für die zu bewilligenden Staatseinnahmen[122]. Erst mit der erweiterten Kompetenz der Landtage in Form des Ausgabenbewilligungsrechts wurde die Exekutive rechtlich gebunden, einmal veranschlagte Einnahmen und Ausgaben dem Plan entsprechend zu verteilen[123]. Für die Entwicklung waren im Wesentlichen zwei Formen der Mitentscheidung der Landtage über das Budget prägend[124]. Nach dem „bayerische[n] Modell“ [125] wurde der Etat durch die Exekutive festgestellt und die Landtage konnten nur im Hinblick auf die Steuerbewilligung Einfluss auf Einnahmen und Ausgaben nehmen[126]. Ab 1848 prägte zunehmend das „preußische Modell“[127] die rechtliche Stellung der Landtage

118 *Heun*, Staatshaushalt und Staatsleitung, 1989, S. 55; *Vogel/Waldhoff*, Grundlagen des Finanzverfassungsrechts, 1999, Rn. 117; in diesem Sinne, aber differenzierend *Friauf*, Der Staatshaushaltsplan, S. 37 ff.

119 *Kotulla*, Deutsche Verfassungsgeschichte, 2008, Rn. 1304.

120 *Friauf*, Der Staatshaushaltsplan, 1968, S. 65; so auch *Vogel/Waldhoff*, Grundlagen des Finanzverfassungsrechts, 1999, Rn. 118.

121 Zum Staatsetat der absoluten Monarchien eingehend *Mußgnug*, Der Haushaltsplan, 1976, S. 65 ff.

122 *Heun*, Staatshaushalt und Staatsleitung, 1989, S. 55; so auch *Mußgnug*, Der Haushaltsplan, 1976, S. 148.

123 *Mußgnug*, Der Haushaltsplan, 1976, S. 138; so im Ergebnis auch *Dreier*, in: *Hoffmann-Riem/Schmidt-Aßmann*, Verwaltungsrecht, S. 59 (78).

124 *Vogel/Waldhoff*, Grundlagen des Finanzverfassungsrechts, 1999, Rn. 119; *Dreier*, in: *Hoffmann-Riem/Schmidt-Aßmann*, Verwaltungsrecht, 1998, S. 59 (79).

125 *Vogel/Waldhoff*, Grundlagen des Finanzverfassungsrechts, 1999, Rn. 119.

126 *Friauf*, Der Staatshaushaltsplan, 1968, S. 38; *Mußgnug*, Der Haushaltsplan, 1976, S. 138.

127 *Vogel/Waldhoff*, Grundlagen des Finanzverfassungsrechts, 1999, Rn. 119, mit Bezug auf die Preußische Verfassung vom 31.1.1850; umfassende Darstellung der Entwicklung bis zur Verfassung vom 31.1.1850 bei *Mußgnug*, Der Haushaltsplan, 1976, S. 149 ff.

gegenüber der Exekutive, nach welchem der alle Einnahmen und Ausgaben umfassende Staatshaushalt jährlich in Gesetzesform festzustellen war und den Landtagen damit die Mitwirkungsbefugnis über die gesamten Einnahmen und Ausgaben des Staates zuerkannt wurde[128]. Damit entstand, in Überwindung der Fondswirtschaft[129], ein Etat, der alle staatlichen Einnahmen und Ausgaben erfasste und den Landtagen insgesamt zur Einwilligung oblag[130].

c. Der preußische Verfassungskonflikt (1862-1866)

Trotzdem statuierte auch die preußische Verfassung vom 31.1.1850[131] noch kein vollständiges Ausgabenbewilligungsrecht des Parlaments. Der alle staatlichen Einnahmen und Ausgaben umfassende Etat unterlag zwar der periodischen Feststellung[132] durch das Parlament (vgl. Art. 99 der preußischen Verfassung). Zugleich gewährte Art. 109 der preußischen Verfassung aber der Exekutive ein permanentes Steuererhebungsrecht[133]. Die Exekutive hatte das Recht, im Falle der Uneinigkeit mit dem Parlament über das zu verabschiedende Etatgesetz fortwährend bereits bestehende Steuern und Abgaben zu erheben. Zum einen wurden so Steuererhebungs- und Ausgabenbewilligungsrecht getrennt[134]. Zum anderen war das Ausgabenbewilligungsrecht nicht umfassend ausgestaltet. Dies zeigte sich, als im Jahr 1862 Exekutive und Parlament wegen unterschiedlicher Vorstellungen über die Heeresreform keine Einigung über den Etat erzielten. Das Parlament war der Auffassung, die Exekutive könne vor Einigung über das Etatgesetz nach der geltenden Verfassung keine staatlichen Mittel ausgeben[135].

---

128 *Heun*, Staatshaushalt und Staatsleitung, 1989, S. 61; *Vogel/Waldhoff*, Grundlagen des Finanzverfassungsrechts, 1999, Rn. 119; *Mußgnug*, Der Haushaltsplan, 1976, S. 138, S. 149 und S. 157 f.

129 *Mußgnug*, Der Haushaltsplan, 1976, S. 73.

130 *Mußgnug*, Der Haushaltsplan, 1976, S. 149 und S. 157.

131 Preußische Verfassung vom 31.1.1850, abgedruckt bei *Dürig/Rudolf*, Texte zur deutschen Verfassungsgeschichte, 3. Auflage 1996, S. 135 ff.

132 *Heun*, Staatshaushalt und Staatsleitung, 1989, S. 63; *Patzig*, Haushaltsrecht, 1981, Rn. 26; *Friauf*, Der Staatshaushaltsplan, 1968, S. 78.

133 *Dreier*, in: *Hoffmann-Riem/Schmidt-Aßmann*, Verwaltungsrecht, 1998, S. 59 (63); *Patzig*, Haushaltsrecht, 1981, Rn. 26.

134 *Dreier*, in: *Hoffmann-Riem/Schmidt-Aßmann*, Verwaltungsrecht, 1998, S. 59 (72); dazu auch *Kirchhof*, NVwZ 1983, 505 (507 f.), der auf Art. 100 der Preußischen Verfassung vom 31.1.1850 hinweist, der diese Trennung vertieft, indem der Vorbehalt des Gesetzes im Rahmen der Besteuerung erstmals auch außerhalb des Etatgesetzes verwirklicht werden kann.

135 *Friauf*, Der Staatshaushaltsplan, 1968, S. 237.

Der preußische Ministerpräsident Otto von Bismarck hingegen sah eine Lücke in der geltenden Verfassung und sprach der Regierung angesichts ihrer Pflicht, den Staat zu verwalten, das Recht zu, aus den laufenden Staatseinnahmen resultierende Staatsausgaben zu leisten[136]. Auf Grundlage dieser Verfassungsinterpretation regierte Otto von Bismarck ohne verabschiedeten Staatsetat bis zur Beilegung der Auseinandersetzung durch das sogenannte Indemnitätsgesetz vom 14.9.1866[137].

d. Verfassung des Deutschen Reiches 1871

In der weiteren Entwicklung führte erst die unter dem Eindruck des preußischen Verfassungskonflikts stehende Verfassung des Deutschen Reiches vom 16.4.1871[138] zu einem umfassenden Budgetrecht des Parlaments[139]. Art. 69 der Verfassung des Deutschen Reiches unterwarf alle staatlichen Einnahmen und Ausgaben einem jährlich zu bewilligenden Etatgesetz, das jedoch zwingend vor Beginn des Etatjahres[140] verabschiedet werden musste. Dem Kaiser stand lediglich das Recht zu, das Etatgesetz auszufertigen und zu verkünden (vgl. Art. 17 der Verfassung des Deutschen Reiches). Damit wurde die noch in der Preußischen Verfassung angelegte Trennung zwischen jährlicher Bewilligung des Etats durch das Parlament und permanentem Steuererhebungsrecht der Exekutive aufgehoben[141].

e. Entwicklungen ab dem Jahr 1918

Diese Bestimmungen der Reichsverfassung vom 16.4.1871 zum Budgetrecht des Parlaments übernahm im Wesentlichen[142] auch die Verfassung der Weimarer Republik vom 11.8.1919[143]. Erst die Verfassung der Weimarer Republik

---

136 *Friauf*, Der Staatshaushaltsplan, 1968, S. 237 f.; vgl. auch *Heun*, Staatshaushalt und Staatsleitung, 1989, S. 63; *Mußgnug*, Der Haushaltsplan, 1976, S. 158 f.

137 *Friauf*, Der Staatshaushaltsplan, 1968, S. 238; *Dreier*, in: *Hoffmann-Riem/Schmidt-Aßmann*, Verwaltungsrecht, 1998, S. 59 (67).

138 Verfassung des Deutschen Reiches vom 16.4.1871, abgedruckt bei *Dürig/Rudolf*, Texte zur deutschen Verfassungsgeschichte, 3. Auflage 1996, S. 153 ff.

139 *Mußgnug*, Der Haushaltsplan, 1976, S. 179; *Heun*, Staatshaushalt und Staatsleitung, 1989, S. 76; *Frotscher/Pieroth*, Verfassungsgeschichte, 9. Auflage 2010, Rn. 416.

140 *Mußgnug*, Der Haushaltsplan, 1976, S. 180.

141 *Mußgnug*, Der Haushaltsplan, 1976, S. 180.

142 *Mußgnug*, Der Haushaltsplan, 1976, S. 188; *Vogel/Waldhoff*, Grundlagen des Finanzverfassungsrechts, 1999, Rn. 154.

143 Verfassung des Deutschen Reiches vom 11.8.1919, abgedruckt bei *Dürig/Rudolf*, Texte zur deutschen Verfassungsgeschichte, 3. Auflage 1996, S. 176 ff.

etablierte in Deutschland zudem eine auf demokratischer Grundlage basierende Republik ohne monarchische Elemente[144]. Der demokratische Stellenwert der Haushaltshoheit war so wesentlich gestiegen, da dem Parlament als Gesetzgeber kein nicht demokratisch legitimierter Monarch mehr gegenüberstand[145]. Damit hatte das Parlament endgültig das Recht errungen, den alle staatlichen Einnahmen und Ausgaben umfassenden Etat zu bestimmen[146], und es wurde „Herr des Budgets"[147]. Von diesem Zeitpunkt an vollzogen sich Budgetkonflikte nur noch zwischen demokratisch gewählten Staatsorganen als Konflikte um die „staatliche Steuerungsherrschaft"[148], ohne dass das Ringen um die Haushaltshoheit Teil der Auseinandersetzung um den demokratischen Parlamentarismus an sich war[149].

f. Zusammenfassung

Die Haushaltshoheit des Parlaments als verfassungsrechtliches Instrument der Staatsleitung im modernen Sinn entwickelte sich in Deutschland insbesondere in der Epoche des Konstitutionalismus ab dem Jahr 1815[150]. Prägend für diese Entwicklung war die Auseinandersetzung zwischen Volksvertretung und Regierung um das Recht, über Einnahmen und Ausgaben des Staates verbindlich zu entscheiden[151]. Für die Entstehung der Haushaltshoheit im heutigen Sinne waren zwei Vorgänge grundlegend. Es bildeten sich Budgets, die staatliche Einnahmen und Ausgaben mit verbindlicher Wirkung für einen bestimmten Zeitraum feststellten[152], und aus dem ursprünglich ausschließlichen Recht zur Steuerbewilligung entwickelte sich ein vollständiges Ausgabenbewilligungsrecht der Volksvertretung[153].

---

144 *Frotscher/Pieroth*, Verfassungsgeschichte, 9. Auflage 2010, Rn. 519.

145 *Heun*, Staatshaushalt und Staatsleitung, 1989, S. 83; *Dreier*, in: *Hoffmann-Riem/Schmidt-Aßmann*, Verwaltungsrecht, 1998, S. 59 (87); *Mußgnug*, Der Haushaltsplan, 1976, S. 188 f.; *Vogel/Waldhoff*, Grundlagen des Finanzverfassungsrechts, 1999, Rn. 154.

146 *Dreier*, in: *Hoffmann-Riem/Schmidt-Aßmann*, Verwaltungsrecht, 1998, S. 59 (87); *Vogel/Waldhoff*, Grundlagen des Finanzverfassungsrechts, 1999, Rn. 154 ff.

147 BVerfG v. 25.5.1977, 2 BvE 1/74 - BVerfGE 45, 1 (34); *Dreier*, in: *Hoffmann-Riem/Schmidt-Aßmann*, Verwaltungsrecht, 1998, S. 59 (87 f.).

148 *Dreier*, in: *Hoffmann-Riem/Schmidt-Aßmann*, Verwaltungsrecht, 1998, S. 59 (87).

149 *Dreier*, in: *Hoffmann-Riem/Schmidt-Aßmann*, Verwaltungsrecht, 1998, S. 59 (90).

150 *Friauf*, Der Staatshaushaltsplan, 1968, S. 15.

151 *Maunz*, in: *Maunz/Dürig*, GG, Loseblatt (Mai 2013), Band VII, Art. 110 Rn. 3; *Hettlage*, DÖV 1955, 1 (2).

152 *Heun*, Staatshaushalt und Staatsleitung, 1989, S. 33 und S. 36 f.

153 *Heun*, in: *Dreier*, GG, Band III, 2. Auflage 2008, Art. 110 Rn. 1; *Gumboldt*, NVwZ 2005, 36 (40).

2. Haushaltsfunktionen

Die Haushaltsverfassung der Weimarer Republik wird in der Bundesrepublik Deutschland im Wesentlichen übernommen[154] und bildet auch dort ein konstitutives Element der parlamentarischen Demokratie[155]. Welcher Zweck wird aber damit verfolgt, periodisch einen Staatsetat zu bilden und durch das Parlament bewilligen zu lassen? Wieso war das Etatrecht, also das Recht, den Etat zu bewilligen, jahrhundertelang Kern der Auseinandersetzung zwischen Volksvertretung und Regierung um die Macht im Staat[156] und Teil der Entstehung des modernen Parlamentarismus[157]?

a. Allgemeine Bedeutung des Etats für das staatliche Gemeinwesen

Der Bundestag „trifft mit der Entscheidung über den Haushaltsplan, der ein Wirtschaftsplan und zugleich ein staatsleitender Hoheitsakt in Gesetzesform ist, eine wirtschaftliche Grundsatzentscheidung für zentrale Bereiche der Politik während des Planungszeitraums“[158]. Zum Ausdruck kommen hier die Funktionen, die ein Staatsetat erfüllt und die es notwendig erscheinen lassen, diesen periodisch zu bilden und zu bewilligen. Im Wesentlichen werden, im Anschluss an *Fritz Neumark*[159], grundsätzlich folgende vier Funktionen des Budgets unterschieden.

Die *politische Funktion* des Budgets besteht darin, das exekutivische Handeln der Regierung, das Ausdruck im Budget findet, Teil der politischen Auseinandersetzung zwischen Parlament und Regierung werden zu lassen[160]. Schon das Volumen des Staatsetats[161] zeigt seine enorme politische Gestaltungsmacht[162].

---

154 *Heun*, Staatshaushalt und Staatsleitung, 1989, S. 83.

155 BVerfG v. 14.1.1986, 2 BvE 14/83 u.a. - BVerfGE 70, 324 (356).

156 *Maunz*, in: *Maunz/Dürig*, GG, Loseblatt (Mai 2013), Band VII, Art. 110 Rn. 3; dazu auch *Jahndorf*, Grundlagen der Staatsfinanzierung, 2003, S. 38.

157 *Dreier*, in: *Hoffmann-Riem/Schmidt-Aßmann*, Verwaltungsrecht, 1998, S. 59 (87); *Isensee*, JZ 2005, 971 (971).

158 BVerfG v. 25.5.1977, 2 BvE 1/74 - BVerfGE 45, 1 (32).

159 Grundlegend *Neumark*, Reichshaushaltsplan, 1929, S. 15 ff.

160 *Stern*, Staatsrecht, Band II, 1980, § 49 S. 1196.

161 Das Bundeshaushaltsgesetz 2011 nennt einen Betrag von ca. 305 Milliarden Euro (Gesetz über die Feststellung des Bundeshaushaltsplans für das Haushaltsjahr 2011 - Haushaltsgesetz 2011, BGBl. I 2010, 2228); in diesem Sinne auch BVerfG v. 18.4.1989, 2 BvF 1/82 - BVerfGE 79, 311 (329).

162 *Badura*, in: FS Selmer, 2004, S. 19 (21); vgl. dazu auch *Badura*, Wirtschaftsverfassung und Wirtschaftsverwaltung, 4. Auflage 2011, Rn. 139.

Finanzpolitisch soll sichergestellt werden, dass die für die Exekutivvorhaben und Staatsaufgaben notwendigen Finanzmittel im Bedarfsfall auch konkret zur Verfügung stehen, indem „Bedarf und Deckung [...] ökonomisch“[163] aufeinander abgestimmt und in die politische Diskussion einbezogen werden[164]. Damit im Zusammenhang steht die *wirtschaftspolitische Funktion* des Etats. Denn dieser soll ein Mittel darstellen, um die „gesamtwirtschaftliche“[165] und „volkswirtschaftliche“[166] Entwicklung des Staates zu beeinflussen[167]. Weiterhin wird durch Verabschiedung eines Etats die Exekutive an die im Etat bewilligten Mittel gebunden und insofern parlamentarisch *kontrolliert*[168].

b. Verfassungsrechtliche Funktionen des Etats

Für diese Untersuchung sind darüber hinaus die spezifisch staatsrechtlichen[169] Funktionen des Etats bedeutsam, die in der soeben beschriebenen klassischen Differenzierung nur anklingen. Staatsrechtlich ist das Recht, den Etat zu bestimmen, für die parlamentarische Demokratie des Grundgesetzes deswegen prägend[170], weil die Haushaltshoheit grundlegende verfassungsrechtliche Funktionen erfüllt[171]. Die verfassungsrechtlichen Funktionen dienen vornehmlich

---

163 *Senf*, in: *Neumark*, HdbFW, Band 1, 1977, S. 371 (376).

164 *Stern*, Staatsrecht, Band II, 1980, § 49 S. 1196.

165 *Senf*, in: *Neumark*, HdbFW, Band 1, 1977, S. 371 (377).

166 *Nebel*, in: *Piduch*, Bundeshaushaltsrecht, Loseblatt (Januar 2011), Art. 110 GG Rn. 10, der zudem auf den finanziellen Umfang des Bundeshaushalts als volkswirtschaftlichen Faktor hinweist.

167 *Stern*, Staatsrecht, Band II, 1980, § 49 S. 1196; *Heun*, Staatshaushalt und Staatsleitung, 1989, S. 279 spricht von Außensteuerungsfunktion.

168 *Nebel*, in: *Piduch*, Bundeshaushaltsrecht, Loseblatt (Januar 2011), Art. 110 GG Rn. 10, der die Verbindung zwischen Kontrollfunktion und sonstiger juristischer Funktion andeutet; in diesem Sinne auch *Stern*, Staatsrecht, Band II, 1980, § 49 S. 1196; zwischen Kontrollfunktion und juristischer Funktion aber differenzierend *Heun*, in: *Dreier*, GG, Band III, 2. Auflage 2008, Art. 110 Rn. 11 sowie *Puhl*, Budgetflucht und Haushaltsverfassung, 1996, S. 3; auf den Kontrollaspekt im politischen Sinn hinweisend auch *Senf*, in: *Neumark*, HdbFW, Band 1, 1977, S. 371 (375), der das Budget zudem als Koordinationsinstrument aller staatlichen Stellen ansieht.

169 Differenzierend in diesem Sinne *Puhl*, Budgetflucht und Haushaltsverfassung, 1996, S. 3.

170 BVerfG v. 14.1.1986, 2 BvE 14/83 u.a. - BVerfGE 70, 324 (356); BVerfG v. 8.8.1978, 2 BvL 8/77 - BVerfGE 49, 89 (125); BVerfG v. 10.12.1980, 2 BvF 3/77 - BVerfGE 55, 274 (303).

171 Auf die spezifisch verfassungsrechtliche Funktion des Budgets hinweisend *Heun*, in: *Dreier*, GG, Band III, 2. Auflage 2008, Art. 110 Rn. 11 f.; *Heun*, Staatshaushalt

der Kompetenzverteilung zwischen Exekutive und Legislative (Art. 20 Abs. 3 GG). Der Staatshaushalt verwirklicht insbesondere im Gewaltenteilungssystem des Grundgesetzes einen spezifisch kompetenzbegründenden, -lenkenden sowie -sichernden Zweck. Trotz unterschiedlicher Bezeichnungen sind im Wesentlichen folgende Funktionen[172] zu unterscheiden.

aa. Legitimationsfunktion

Der Haushaltsplan und das diesen feststellende Haushaltsgesetz verkörpern die parlamentarische Ermächtigung der Regierung, staatliche Ausgaben zu tätigen[173]. Mit Verabschiedung des Etats bewilligt das Parlament sämtliche für das Staatshandeln in einem bestimmten Zeitraum vorgesehenen Ausgaben und nennt zugleich die dafür notwendigen Einnahmen[174]. Dem Parlament alleine obliegt in dieser Hinsicht die verfassungsrechtliche Pflicht der Staatslenkung[175], indem es die „etatisierten Staatsaufgaben“[176] festlegt und zur Finanzierung bewilligt. Diese Funktion erfüllt Art. 110 Abs. 2 Satz 1 GG, der die Exekutive verpflichtet, jedes Ausgabeverhalten des Bundes auf eine parlamentarische Ermächtigung zu stützen[177]. Die gesetzesförmliche Verabschiedung des Etats verwirklicht mithin den Vorbehalt des Gesetzes als Ausdruck des Prinzips der Gesetzmäßigkeit der Verwaltung nach Art. 20 Abs. 3 GG[178].

---

und Staatsleitung, 1989, S. 269; auch *Puhl*, Budgetflucht und Haushaltsverfassung, 1996, S. 3 m.w.N.

172 Dazu eingehend *Puhl*, Budgetflucht und Haushaltsverfassung, 1996, S. 3 ff.; *Kirchhof*, NVwZ 1983, 505 (508 f.) sowie *Kirchhof*, in: *Isensee/Kirchhof*, HdBdStR, Band III, 2. Auflage 1996, § 59 Rn. 74; auch *Heun*, Staatshaushalt und Staatsleitung, 1989, S. 269 ff. und *Heun*, in: *Dreier*, GG, Band III, 2. Auflage 2008, Art. 110 Rn. 11 f. m.w.N.

173 *Heun*, Staatshaushalt und Staatsleitung, 1989, S. 280; *Puhl*, Budgetflucht und Haushaltsverfassung, 1996, S. 4; auch *Kirchhof*, in: *Isensee/Kirchhof*, HdBdStR, Band III, 2. Auflage 1996, § 59 Rn. 74, der von parlamentsrechtlicher Funktion spricht.

174 *Heintzen*, in: *von Münch/Kunig*, GG, Band 2, 6. Auflage 2012, Vorb. Art. 110 - 115 Rn. 4 und Art. 110 Rn. 3 m.w.N.

175 *Isensee*, JZ 2005, 971 (973).

176 *Heintzen*, in: *von Münch/Kunig*, GG, Band 2, 6. Auflage 2012, Art. 110 Rn. 3.

177 *Heun*, in: *Dreier*, GG, Band III, 2. Auflage 2008, Art. 110 Rn. 36; *Puhl*, Budgetflucht und Haushaltsverfassung, 1996, S. 177; auch *Jarass*, NVwZ 1984, 473 (478) sowie *Gröpl*, Haushaltsrecht und Reform, 2001, S. 71.

178 Zum Vorbehalt des Gesetzes *Voßkuhle*, JuS 2007, 118 (118 ff.); zur Frage der Ermächtigungswirkung des Etats bei staatlicher Leistungsgewährung *Jarass*, NVwZ 1984, 473 (473 ff.) sowie *Heun*, Staatshaushalt und Staatsleitung, 1989, S. 419 (419 ff.).

bb. Koordinationsfunktion

Die Verabschiedung eines Etats erfüllt eine Koordinationsfunktion. Nur durch die Gegenüberstellung aller staatlichen Einnahmen und Ausgaben kann das „finanzwirksame"[179] staatliche Handeln aufeinander abgestimmt[180] und langfristig geplant werden[181]. Zu koordinieren ist dabei einerseits, welche Ausgaben getätigt werden, andererseits sind die erwarteten Einnahmen mit den beabsichtigten Ausgaben abzugleichen[182]. So schafft der Haushaltsplan einen Gesamtüberblick über die Staatsfinanzen[183]. Insbesondere die Abstimmung der staatlichen Einnahmen mit den Ausgaben hat dabei eine spezifisch verfassungsrechtliche Dimension. Prinzipiell sind Steuergesetzgebung und Haushaltsgesetzgebung voneinander getrennt[184]. Die zumindest einmalige Abstimmung der geplanten Ausgaben mit den erwarteten Einnahmen im Haushaltsjahr ermöglicht dem Parlament jedoch eine fundiertere Entscheidungsmöglichkeit[185] im Hinblick auf die Verabschiedung eines in Einnahmen und Ausgaben ausgeglichenen Haushalts (Art. 110 Abs. 1 Satz 2 GG)[186].

cc. Steuerungsfunktion

Zwar ist die Struktur des Etats bereits umfassend durch Sachgesetze[187] sowie notwendig zu bewilligende Ausgaben[188] wie finanzielle Verpflichtungen des Staates determiniert. Der Haushaltsgesetzgeber entscheidet im Übrigen jedoch frei darüber, welche Staatsaufgaben finanziert werden[189]. Durch die Verteilung

---

179 *Heun*, Staatshaushalt und Staatsleitung, 1989, S. 270.

180 *Puhl*, Budgetflucht und Haushaltsverfassung, 1996, S. 6; *Gröpl*, Haushaltsrecht und Reform, 2001, S. 84 m.w.N., der dies finanzwirtschaftliche Ordnungsfunktion oder Bedarfsdeckungsfunktion nennt.

181 *Kirchhof*, in: *Isensee/Kirchhof*, HdBdStR, Band III, 2. Auflage 1996, § 59 Rn. 74, der von Planungsfunktion spricht.

182 Diese Unterscheidung aufzeigend *Heun*, Staatshaushalt und Staatsleitung, 1989, S. 274.

183 *Heun*, Staatshaushalt und Staatsleitung, 1989, S. 273.

184 Dazu *Maunz*, in: *Maunz/Dürig*, GG, Loseblatt (Mai 2013), Band VII, Art. 110 Rn. 12; auch *Kirchhof*, in: *Isensee/Kirchhof*, HdBdStR, Band III, 2. Auflage 1996, § 59 Rn. 74.

185 *Heun*, Staatshaushalt und Staatsleitung, 1989, S. 270 und S. 273.

186 *Gröpl*, Haushaltsrecht und Reform, 2001, S. 84.

187 Vgl. dazu nur *Maunz*, in: *Maunz/Dürig*, GG, Loseblatt (Mai 2013), Band VII, Art. 110 Rn. 13.

188 *Puhl*, Budgetflucht und Haushaltsverfassung, 1996, S. 6 und S. 8 m.w.N.

189 *Gröpl*, Haushaltsrecht und Reform, 2001, S. 85.

verfügbarer Mittel auf bestimmte Ausgabentitel im Haushalt kann so das staatliche Handeln[190] gesteuert werden, weil die Exekutive auf die Zuweisung von Finanzmitteln im Haushalt angewiesen ist, um handlungsfähig[191] zu sein. Gleichzeitig wird durch die Teilnahme des Staates am Wirtschaftssystem, beispielsweise in Form gezielter Subventionen der Marktteilnehmer[192], auf gesellschaftliche Entwicklungen eingewirkt.

dd. Kontrollfunktion

Weiterhin ist der Staatshaushaltsplan Grundlage einer umfassenden rechtlichen Kontrolle[193] des staatlichen Finanzwesens. Zum einen können das Parlament, aber auch die Öffentlichkeit insgesamt, die Regierung politisch insofern kontrollieren, als die konkrete Verteilung der Finanzmittel im Haushaltsplan vor Feststellung durch das Haushaltsgesetz (Art. 110 Abs. 2 Satz 1 GG) zu einer politischen Debatte[194] über das genaue Regierungsprogramm führt. Zum anderen ist der Haushaltsplan Grundlage der Kontrolle durch Bundestag und Bundesrat (Art. 114 Abs. 1 GG) sowie durch den Bundesrechnungshof (Art. 114 Abs. 2 GG) über die Ordnungsmäßigkeit sowie Wirtschaftlichkeit des Haushaltsvollzugs durch die Exekutive[195]. Kontrolliert wird, ob ausschließlich die bewilligten Mittel ausgegeben wurden und diese zukünftig noch notwendig sind[196].

---

190 *Puhl*, Budgetflucht und Haushaltsverfassung, 1996, S. 8; *Frömel*, DVBl 1974, 65 (67); auch *Heun*, Staatshaushalt und Staatsleitung, 1989, S. 276, der von Staatslenkungsfunktion spricht; *Gröpl*, Haushaltsrecht und Reform, 2001, S. 85 nennt dies Gestaltungs- oder Steuerungsfunktion; vgl. auch *Vogel*, in: *Isensee/Kirchhof*, HdBdStR, Band I, 1987, § 27 Rn. 28 ff.

191 Vgl. *Krebs*, in: *Isensee/Kirchhof*, HdBdStR, Band III, 2. Auflage 1996, § 69 Rn. 84 sowie *Böckenförde*, Organisationsgewalt, 1964, S. 107 ff.

192 *Puhl*, Budgetflucht und Haushaltsverfassung, 1996, S. 8.

193 *Puhl*, Budgetflucht und Haushaltsverfassung, 1996, S. 9; *Gröpl*, Haushaltsrecht und Reform, 2001, S. 86; *Kirchhof*, in: *Isensee/Kirchhof*, HdBdStR, Band III, 2. Auflage 1996, § 59 Rn. 74 spricht von rechtsstaatlicher Funktion.

194 *Heun*, Staatshaushalt und Staatsleitung, 1989, S. 286; *Puhl*, Budgetflucht und Haushaltsverfassung, 1996, S. 9 f. m.w.N.; damit einher geht eine umfassende Information der Öffentlichkeit durch den Haushaltsplan; dies als Informationsfunktion besonders herausstellend insbesondere *Heun*, Staatshaushalt und Staatsleitung, 1989, S. 282 ff.; differenzierend in diesem Sinne auch *Puhl*, Budgetflucht und Haushaltsverfassung, 1996, S. 11.

195 *Puhl*, Budgetflucht und Haushaltsverfassung, 1996, S. 9.

196 *Heun*, Staatshaushalt und Staatsleitung, 1989, S. 286 f. und S. 503; *Puhl*, Budgetflucht und Haushaltsverfassung, 1996, S. 9; so auch BVerfG v. 14.1.1986, 2 BvE 14/83 u.a. - BVerfGE 70, 324 (356).

ee. Finanzausgleichsfunktion

Die Haushalte des Bundes und der Länder erfüllen des Weiteren eine spezifische Funktion im primär vertikalen Finanzausgleich des Art. 106 GG[197]. Denn die Aufkommensverteilung im Finanzausgleich des Art. 106 GG berücksichtigt die jeweils notwendig zu deckenden Ausgaben in den Gebietskörperschaften (vgl. Art. 106 Abs. 3 Satz 3 Nr. 1 GG). Den Gesamtbedarf ihrer Ausgaben weisen Bund und Länder periodisch in ihren jeweiligen Haushaltsplänen nach. Dieser Gesamtbedarf ist vom notwendigen Bedarf zwar zu unterscheiden[198]. Denn es muss sichergestellt werden können, dass Bund und Länder anhand objektiver und einheitlich festgelegter Kriterien über einen langfristigen Zeitraum hinweg den für sie tatsächlich notwendigen Bedarf ermitteln[199], ohne überhöhte Ausgaben durch die „Umsatzsteuerzuteilung [zu] refinanzieren"[200]. Die jeweiligen Haushaltspläne liefern aber zumindest Auskunft über den – regelmäßig geringer als den Gesamtbedarf anzusetzenden – notwendigen Bedarf und dienen insofern als Orientierungspunkt für den primär vertikalen Finanzausgleich[201].

ff. Verschuldensbegrenzende Funktion

Mit Neufassung des Art. 115 GG[202] wurde als Grenze der Neuverschuldung des Bundes die Summe der im Haushaltsplan veranschlagten Ausgaben für Investitionen aufgegeben[203]. Ursprünglich hatte der Haushaltsplan insofern eine verschuldensbegrenzende Funktion, als die Höhe der verfassungsrechtlich

---

197 *Kirchhof*, in: *Isensee/Kirchhof*, HdBdStR, Band III, 2. Auflage 1996, § 59 Rn. 74; *Gröpl*, Haushaltsrecht und Reform, 2001, S. 89; *Puhl*, Budgetflucht und Haushaltsverfassung, 1996, S. 12 f.; umfassend zu den weiteren Formen des Finanzausgleichs *Wernsmann*, in: Bonner Kommentar, GG, Loseblatt (Juni 2012), Art. 107 Rn. 18 ff.; zur Begriffsbestimmung auch *Heintzen*, in: *von Münch/Kunig*, GG, Band 2, 6. Auflage 2012, Art. 106 Rn. 6.

198 BVerfG v. 11.11.1999, 2 BvF 2/98 u.a. – BVerfGE 101, 158 (220).

199 BVerfG v. 11.11.1999, 2 BvF 2/98 u.a. – BVerfGE 101, 158 (220).

200 BVerfG v. 11.11.1999, 2 BvF 2/98 u.a. – BVerfGE 101, 158 (220).

201 *Gröpl*, Haushaltsrecht und Reform, 2001, S. 89; eingehend zur verfassungsrechtlichen Problematik, bei Bestimmung der notwendigen Ausgaben i.S.d. Art. 106 Abs. 3 Satz 4 Nr. 1 Satz 1 GG an die Haushaltspläne von Bund und Ländern anzuknüpfen, *Puhl*, Budgetflucht und Haushaltsverfassung, 1996, S. 12 mit umfassendem Nachweis.

202 Gesetz zur Änderung des Grundgesetzes v. 29.7.2009, BGBl. I 2009, 2248.

203 Zur ursprünglichen Fassung des Art. 115 GG siehe das Gesetz zur Änderung des Grundgesetzes v. 12.5.1969, BGBl. I 1969, 357; zur Neuregelung ausführlich *Tappe*, DÖV 2009, 881 (881 ff.).

zulässigen Kreditaufnahme an den Investitionsausgaben des Bundes gemessen wurde[204]. Die Neufassung des Art. 115 GG orientiert demgegenüber die Grenze der zulässigen Kreditaufnahme am nominalen Bruttoinlandsprodukt (Art. 115 Abs. 2 Satz 2 GG). Insofern dient der Haushaltsplan nicht mehr unmittelbar der Berechnung der zulässigen Kreditaufnahme des Bundes. Gleichwohl gewährt der Haushaltsplan periodisch einen umfassenden Überblick über die Einnahmen und Ausgaben des Bundes. Regelungsgegenstand der Verschuldungsgrenze des Art. 115 Abs. 2 GG n.F. ist aber der Ausgleich der Einnahmen und Ausgaben des Staates ohne Einnahmen aus Krediten (Art. 115 Abs. 2 Satz 1 GG). Insofern hat der Haushaltsplan auch weiterhin eine verschuldensbegrenzende Funktion[205], weil nur im Haushaltsplan die beabsichtigten Staatsausgaben den vorhandenen Staatseinnahmen des Bundes gegenübergestellt werden.

gg. Demokratische Funktion

Schließlich erfüllt der Etat eine demokratische Funktion[206]. Eine demokratische Beteiligung der Bürger bei Verteilung der staatlichen Ausgaben im Sinne des Art. 20 Abs. 2 Satz 1 GG ist nur zu erreichen, wenn die staatlichen Ausgaben in einem Etat parlamentarisch bewilligt werden[207], der dem Vollständigkeitsprinzip folgt[208]. Nur in diesem Fall werden alle staatlichen Aufgaben gleichermaßen berücksichtigt und objektiv bewertet[209]. Denn die genaue Art, wie das Parlament Staatsausgaben verteilt, ist Folge eines von der Öffentlichkeit begleiteten politischen Prozesses, der sich am Mehrheitswillen orientiert, ohne Einzelne zu begünstigen[210]. Die Bildung eines Etats trägt mithin dazu bei, Ausgaben gleichmäßig verteilen zu können und die Allgemeinheit insofern gleichmäßig zu berücksichtigen. Im Ergebnis sichert die Verteilung der Staatsausgaben durch

---

204 *Puhl*, Budgetflucht und Haushaltsverfassung, 1996, S. 15 f.; *Gröpl*, Haushaltsrecht und Reform, 2001, S. 89; *Kirchhof*, in: *Isensee/Kirchhof*, HdBdStR, Band III, 2. Auflage 1996, § 59 Rn. 74; jeweils noch zur ursprünglichen Fassung des Art. 115 GG.

205 Auf die Verbindung zwischen Art. 115 GG und dem Bundeshaushaltsplan hinweisend auch *Reimer*, in: *Epping/Hillgruber*, GG, 18. Auflage 2013, Art. 110 Rn. 6.

206 *Kirchhof*, in: *Isensee/Kirchhof*, HdBdStR, Band III, 2. Auflage 1996, § 59 Rn. 74, der dies zudem formalegalitäre Funktion nennt; *Gröpl*, Haushaltsrecht und Reform, 2001, S. 90 und *Puhl*, Budgetflucht und Haushaltsverfassung, 1996, S. 11 f. sprechen von gleichheitsunterstützender bzw. freiheits- und gleichheitssichernder Funktion.

207 *Gröpl*, Haushaltsrecht und Reform, 2001, S. 90.

208 *Gröpl*, Haushaltsrecht und Reform, 2001, S. 90; zum Vollständigkeitsprinzip *Jarass*, in: *Jarass/Pieroth*, GG, 12. Auflage 2012, Art. 110 Rn. 3.

209 *Puhl*, Budgetflucht und Haushaltsverfassung, 1996, S. 11 f.

210 *Puhl*, Budgetflucht und Haushaltsverfassung, 1996, S. 11 f.

einen Etat, der durch das Parlament in Gesetzesform festzustellen ist, dass der Bürger in das staatliche Finanzwesen einbezogen wird[211].

c. Zusammenfassung

Periodisch einen Etat zu bilden, der das dem „Staat verfügbare Finanzvolumen"[212] abbildet, dient einer Vielzahl insbesondere politischer, ökonomischer und rechtlicher Funktionen. Verfassungsrechtlich erfüllt der Bundeshaushaltsplan vornehmlich eine besondere Aufgabe im Gewaltenteilungssystem des Grundgesetzes (Art. 20 Abs. 3 GG), weil das finanzwirksame Handeln der Exekutive parlamentarisch gebunden wird.

3. Zwischenergebnis

Zusammenfassend ist das parlamentarische Budgetrecht als das Recht des Bundestages zu bezeichnen, den Haushaltsplan durch Gesetz festzustellen (Art. 110 Abs. 2 Satz 1 GG) und dessen Vollzug zu kontrollieren (Art. 114 Abs. 1 GG). Es wird abgesichert in Art. 115 Abs. 1 GG, nach dem die Aufnahme von Krediten sowie die Übernahme von Bürgschaften, Garantien und sonstigen Gewährleistungen einer gesetzlichen Ermächtigung in Form eines Bundesgesetzes bedürfen[213].

Diese besondere Stellung des Bundestages im Bundeshaushaltsverfahren ist zum einen historisch bedingt und zum anderen der besonderen verfassungsrechtlichen Funktion der Haushaltshoheit des Parlaments im parlamentarischen Regierungssystem geschuldet. Die Funktion des parlamentarischen Budgetrechts im Gewaltenteilungssystem liegt insbesondere in einer effektiven Regierungskontrolle[214] sowie politischen Steuerung exekutivischen Handelns[215]

---

211 *Gröpl*, Haushaltsrecht und Reform, 2001, S. 90.

212 BVerfG v. 31.5.1990, 2 BvL 12/88 u.a. - BVerfGE 82, 159 (178).

213 *Waldhoff*, in: *Isensee/Kirchhof*, HdBdStR, Band V, 3. Auflage 2007, § 116 Rn. 123; vgl. auch *Kisker*, in: *Isensee/Kirchhof*, HdBdStR, Band IV, 2. Auflage 1999, § 89 Rn. 3.

214 BVerfG v. 14.1.1986, 2 BvE 14/83 u.a. - BVerfGE 70, 324 (356); BVerfG v. 10.12.1980, 2 BvF 3/77 - BVerfGE 55, 274 (303) sowie BVerfG v. 8.8.1978, 2 BvL 8/77 - BVerfGE 49, 89 (125); *Morlok/Hientzsch*, JuS 2011, 1 (6); damit einher geht zudem das Entlastungsrecht des Art. 114 GG, dazu *Dolde/Porsch*, DÖV 2002, 232 (234) sowie *Neidhardt*, Staatsverschuldung und Verfassung, 2010, S. 306 m.w.N.

215 BVerfG v. 18.4.1989, 2 BvF 1/82 - BVerfGE 79, 311 (329 f.); *Wernsmann*, Verhaltenslenkung in einem rationalen Steuersystem, 2005, S. 449; *Gröpl*, Haushaltsrecht und Reform, 2001, S. 267; *Heun*, Staatshaushalt und Staatsleitung, 1989, S. 262 f.; *Siekmann*, in: *Sachs*, GG, 6. Auflage 2011, Art. 110 Rn. 12.

durch das Parlament. Dem Haushaltsgesetzgeber wird das ausschließliche Recht zuerkannt, die Staatsausgaben festzulegen[216], womit das Parlament die entscheidende Kompetenz zur Bestimmung des Staatshandelns gewinnt. Die Haushaltshoheit des Parlaments ist für die parlamentarische Demokratie insofern konstitutiv[217]. Denn erst der Etat unterwirft Exekutivvorhaben der parlamentarischen Bewilligung in Gesetzesform[218].

C. Präzisierung des Untersuchungsgegenstandes

I. Staatsausgabenseite des Bundeshaushalts

Diese Arbeit untersucht das parlamentarische Recht des Bundeshaushaltsgesetzgebers, die staatlichen Ausgaben zu bestimmen (Art. 110 Abs. 2 Satz 1 GG; Art. 114 Abs. 1 GG).

Die davon zu unterscheidende Kompetenz des Gesetzgebers, die staatlichen Einnahmen festzulegen[219], wird an den relevanten Stellen in die Betrachtung einbezogen. Die verfassungsrechtliche Differenzierung (vgl. Art. 104a - Art. 108 GG im Gegensatz zu Art. 109 - Art. 115 GG) zwischen beiden Gesetzgebungsrechten des Parlaments verpflichtet im Grundsatz zu einer getrennten Untersuchung. Besonderheiten gelten für die Aufnahme von Krediten sowie die Übernahme von Bürgschaften, Garantien und sonstigen Gewährleistungen. Nach Art. 115 Abs. 1 GG bedürfen diese gesetzlicher Ermächtigungen, die auch im Haushaltsgesetz erfolgen können. Insoweit diese die Haushaltshoheit des Parlaments absichern, werden auch sie in die Betrachtung einbezogen.

Die Untersuchung richtet ihr Augenmerk zudem auf die Haushaltshoheit des Bundestages. Das Prinzip der Haushaltsautonomie[220], das besagt, dass die Haushalte des Bundes und der Länder selbstständig und voneinander unabhängig sind (Art. 109 Abs. 1 GG), sowie die grundlegende Trennung der Verfassungsräume[221] verpflichten zu einer eigenständigen Betrachtung des Bundeshaushalts gegenüber den Länderhaushalten. Das Verhältnis zwischen Bund und Ländern

---

216 BVerfG v. 25.5.1977, 2 BvE 1/74 – BVerfGE 45, 1 (32).

217 *Kirchhof*, NJW 2001, 1332 (1333); *Neidhardt*, Staatsverschuldung und Verfassung, 2010, S. 307; *Müller-Franken*, Der Staat 44 (2005), 19 (22) m.w.N.

218 BVerfG v. 18.4.1989, 2 BvF 1/82 – BVerfGE 79, 311 (329).

219 Vgl. dazu nur *Heun*, Staatshaushalt und Staatsleitung, 1989, S. 263 f. sowie *Kirchhof*, NVwZ 1983, 505 (509).

220 Dazu *Jarass*, in: *Jarass/Pieroth*, GG, 12. Auflage 2012, Art. 109 Rn. 1.

221 BVerfG v. 7.5.2001, 2 BvK 1/00 – BVerfGE 103, 332 (350) m.w.N.; *Pieroth*, in: *Jarass/Pieroth*, GG, 12. Auflage 2012, Art. 20 Rn. 17.

im Bundesstaat des Grundgesetzes (Art. 20 GG) wird jedoch insoweit in die Untersuchung einbezogen, als dieses Orientierungsmaßstab für die Ausgestaltung des rechtlichen Verhältnisses zwischen der Europäischen Union und ihren Mitgliedstaaten sein kann.

II. Kompetenzverluste im europäischen Integrationsprozess

Die Haushaltsverfassung weist dem Parlament in Art. 110 - Art. 115 GG bei Bestimmung des Staatshaushalts im Grundsatz eine „überragende verfassungsrechtliche Stellung"[222] zu. Diese Hoheit über den Etat ist die historische Errungenschaft des Parlaments und erfüllt grundsätzlich nur als Recht des Parlaments die ihr zukommenden verfassungsrechtlichen Funktionen. Es bestehen dennoch in verschiedener Hinsicht Einwirkungen auf die budgetäre Gesetzgebungskompetenz des Haushaltsgesetzgebers[223].

Diese ergeben sich bereits aus der Verfassung selbst. Art. 110 - Art. 115 GG normieren mit den verfassungsrechtlichen Regelungen zu Haushaltswirtschaft, Haushaltskreislauf und Haushaltsgrundsätzen präzise Vorgaben sowie Kompetenzeinschränkungen für den Haushaltsgesetzgeber im Hinblick auf die Ausübung der Haushaltshoheit. So obliegt der Exekutive beispielsweise haushaltsverfassungsrechtlich „die Planaufstellung, der Haushaltsvollzug und die Rechnungslegung"[224] und aus Art. 111 - Art. 113 GG folgen in begrenztem Maße weitere Kompetenzen der Bundesregierung zur Bestimmung des Staatshaushalts. Die hervorgehobene Stellung der Legislative bei Bestimmung des Staatshaushalts ist damit schon verfassungsrechtlich verschiedentlich insbesondere zugunsten der Exekutive – freilich im Sinne einer Reserve- oder Notkompetenz – durchbrochen.

Zum anderen schwindet die Bedeutung des Parlaments als Legislativorgan in zunehmendem Maße gerade auch außerhalb der haushaltsverfassungsrechtlichen Regelungen.

Dies folgt in budgetärer Hinsicht zum einen aus einem rein tatsächlichen Verlust der Entscheidungskompetenz des Haushaltsgesetzgebers über den

---

222 BVerfG v. 25.5.1977, 2 BvE 1/74 – BVerfGE 45, 1 (32).

223 Verschiedene Konstellationen aufzeigend *Puhl*, in: *Isensee/Kirchhof*, HdBdStR, Band III, 3. Auflage 2005, § 48 Rn. 2 ff. sowie *Kube*, AöR 137 (2012), 205 (206); ebenso *Klein*, in: *Maunz/Dürig*, GG, Loseblatt (Mai 2013), Band IV, Art. 38 Rn. 64 f.; vgl. auch *Soppe*, Parlamentarische Selbstentmachtung, 2002, S. 34 f.

224 *Gröpl*, Haushaltsrecht und Reform, 2001, S. 281.

Staatshaushalt. Verschiedene Formen „budgetärer Entparlamentarisierung“[225] bewirken, dass dem Haushaltsgesetzgeber faktisch nicht mehr periodisch der entscheidende Einfluss auf den festzustellenden Staatsetat zukommt. Die Erscheinungsformen des modernen Haushaltsrechts, die zu einem Bedeutungsverlust des Haushaltsgesetzgebers im Hinblick auf den Staatshaushalt führen, sind vielfältig und können nur beispielhaft aufgezählt werden: Finanzielle Leistungsverpflichtungen, zweckgebundene Staatseinnahmen sowie steuerrechtliche Subventionstatbestände stehen nicht zur Disposition des Haushaltsgesetzgebers[226]. Weiterhin binden Kredite und finanzielle Gewährleistungen des Staates weite Teile des Staatshaushalts. Zudem führen moderne Formen der „Budgetierung“[227]wie die „Vergröberung der Haushaltstitelstrukturen“[228], globale Minderausgaben sowie Nebenhaushalte zu einem steten budgetären Kompetenzverlust des Haushaltsgesetzgebers[229]. Kompetenzeinbußen des Gesetzgebers dieser Art in seiner Funktion als Haushaltsgesetzgeber sind verfassungsrechtlich aber nicht unbegrenzt möglich. Insbesondere bindet Art. 20 Abs. 3 GG den Gesetzgeber selbst an die verfassungsmäßige Ordnung und verpflichtet ihn damit zur Wahrung der Kompetenzstruktur der Art. 109 - Art. 115 GG, die von einer prägenden Rolle des Parlaments zur Bestimmung des Staatshaushalts ausgeht.

Neben diesen spezifisch haushaltsrechtlichen Formen der Verlagerung legislativer Entscheidungskompetenz bewirkt zum anderen insbesondere die Vertiefung der europäischen Integration, dass der Haushaltsgesetzgeber in seiner Entscheidung über den Staatshaushalt beeinflusst wird. Denn die Europäische Union leitet als „Staatenverbund“[230] ihre Hoheitsgewalt jedenfalls im Ursprung

---

225 *Ruffert*, DVBl 2002, 1145 (1148); zur folgenden Auswahl der vielfältigen Erscheinungsformen budgetärer Entparlamentarisierung auch *Klein*, in: *Maunz/Dürig*, GG, Loseblatt (Mai 2013), Band IV, Art. 38 Rn. 64; zum verfassungsrechtlichen Problem der Entparlamentarisierung im Allgemeinen *Puhl*, in: *Isensee/Kirchhof*, HdBdStR, Band III, 3. Auflage 2005, § 48.

226 *Puhl*, in: *Isensee/Kirchhof*, HdBdStR, Band III, 3. Auflage 2005, § 48 Rn. 34; *Klein*, in: *Maunz/Dürig*, GG, Loseblatt (Mai 2013), Band IV, Art. 38 Rn. 64; anders als bei direkten Subventionen besteht bei steuerrechtlichen Subventionstatbeständen kein Vorbehalt der Mittelerschöpfung vgl. *Wernsmann*, Verhaltenslenkung in einem rationalen Steuersystem, 2005, S. 417 f.

227 *Puhl*, in: *Isensee/Kirchhof*, HdBdStR, Band III, 3. Auflage 2005, § 48 Rn. 35 m.w.N.

228 *Kube*, DÖV 2000, 810 (811).

229 Vgl. dazu *Puhl*, in: *Isensee/Kirchhof*, HdBdStR, Band III, 3. Auflage 2005, § 48 Rn. 37 ff.; *Dolde/Porsch*, DÖV 2002, 232 (232 ff.).

230 BVerfG v. 12.10.1993, 2 BvR 2134/92 u.a. - BVerfGE 89, 155 (190).

von den Mitgliedstaaten ab[231]. Die bringt bereits Art. 1 Abs. 1 EUV zum Ausdruck, der klarstellt, dass die Mitgliedstaaten als Vertragsparteien die Europäische Union gegründet und ihr Hoheitsrechte übertragen haben. Durch die dafür notwendige Übertragung von Gesetzgebungskompetenzen nach Art. 23 Abs. 1 Satz 2 GG auf die supranationale Ebene der Europäischen Union wird aber „der ausschließliche Herrschaftsanspruch der Bundesrepublik Deutschland im Geltungsbereich des Grundgesetzes zurückgenommen und der unmittelbaren Geltung und Anwendbarkeit eines Rechts aus anderer Quelle innerhalb des staatlichen Herrschaftsbereichs Raum gelassen“[232]. Die Europäische Union wird zur Einwirkung auf deutsches Recht legitimiert, indem mit Übertragung nationaler Kompetenzen auf die Ausübung dieser Rechte zugunsten der Europäischen Union verzichtet wird[233]. Insofern bewirkt die Übertragung von Hoheitsrechten, die die Europäische Union zur Einflussnahme auf das budgetäre Handeln der Mitgliedstaaten berechtigt, dass die Bedeutung der mitgliedstaatlichen Parlamente in Budgetfragen abnimmt.

Im aktuellen rechtspolitischen Prozess sind insbesondere diese zuletzt beschriebenen budgetären Kompetenzverluste, die aus dem europäischen Integrationsprozess resultieren, diskussionsbestimmend[234]. Untersucht werden daher im Schwerpunkt zum einen die unionsrechtlichen Grenzen der Einflussnahme der Europäischen Union auf das haushaltspolitische Handeln des Bundes nach geltendem Unionsrecht (Grenzen nach geltendem Unionsrecht). Zum anderen werden die verfassungsrechtlichen Grenzen geprüft, die solchen Kompetenzübertragungen im Budgetbereich entgegenstehen, die über das bestehende Maß hinausgehen (Grenzen des Grundgesetzes für weitere Kompetenzübertragungen). Die Ausführungen nehmen Haushaltsaufsichtsrechte der europäischen Ebene in den Blick, in denen der Bundeshaushaltsgesetzgeber an unionale Vorgaben sowie Überwachungs- und Sanktionsmaßnahmen gebunden wird.

---

231 BVerfG v. 30.6.2009, 2 BvE 2/08 u.a. – BVerfGE 123, 267 (348).

232 BVerfG v. 29.5.1974, BvL 52/71 – BVerfGE 37, 271 (280), dort zu Art. 24 GG; vgl. auch *König*, Die Übertragung von Hoheitsrechten, 2000, S. 59 ff.

233 *Jarass*, in: *Jarass/Pieroth*, GG, 12. Auflage 2012, Art. 23 Rn. 25.

234 Vgl. *Kube*, AöR 137 (2012), 205 (206).

Kapitel 2 – Die unionale Aufsicht über den Bundeshaushalt

Grundlegende Bedingung der unionalen Aufsicht über den Bundeshaushalt ist, dass unionsrechtliche Vorgaben, Überwachungs- und Sanktionsrechte bestehen, die durch den Bundeshaushaltsgesetzgeber zu beachten sind. Das bedeutet, dass die Mitgliedstaaten der Europäischen Union hoheitliche Kompetenzen in diesem Bereich staatlichen Handelns übertragen haben müssen, denen im Grundsatz ein Vorrang vor einer mitgliedstaatlichen Entscheidung zukommt. Dieses Kapitel untersucht zunächst den Tatbestand der Übertragung von Hoheitsrechten und den damit im Zusammenhang stehenden Anwendungsvorrang des Unionsrechts vor mitgliedstaatlichem Recht als Grundvoraussetzungen unionaler Haushaltskontrolle. Dann werden die nach aktuell geltendem Unionsrecht bestehenden Haushaltskontrollrechte der Europäischen Union aufgezeigt.

A. Voraussetzungen unionaler Aufsicht

I. Die Öffnung der deutschen Rechtsordnung für das Unionsrecht

Das Grundgesetz ist durch das „Prinzip der ‚offenen Staatlichkeit'"[235] geprägt. Zum einen befähigt das Grundgesetz die Bundesrepublik Deutschland, Teil der Völkerrechtsordnung zu sein. Art. 59 GG und Art. 32 GG normieren die innerstaatlichen Rechte des Bundes und der Länder hinsichtlich ihrer völkerrechtlichen Beziehungen zu anderen Staaten[236]. Art. 24 GG ermöglicht beiden Gebietskörperschaften, Hoheitsrechte auf völkerrechtliche Einrichtungen zu übertragen. Zum anderen berechtigt das Grundgesetz zur Teilnahme am europäischen Integrationsprozess. Schon die Präambel des Grundgesetzes bringt zum Ausdruck, dass die Bundesrepublik Deutschland Teil eines vereinten Europas ist. Art. 23 Abs. 1 Satz 1 GG ermächtigt die Bundesrepublik Deutschland sodann,

235 *Scholz*, in: *Maunz/Dürig*, GG, Loseblatt (Mai 2013), Band IV, Art. 23 Rn. 3; dazu *Stern*, Staatsrecht, Band I, 2. Auflage 1984, § 15 S. 516 ff.; auch *Kirchhof*, in: *Isensee/Kirchhof*, HdBdStR, Band VII, 1992, § 183 Rn. 3 und Rn. 57 sowie *Huber*, Recht der Europäischen Integration, 2. Auflage 2002, § 4 Rn. 3.

236 Vgl. BVerfG v. 29.7.1952, 2 BvE 3/51 – BVerfGE 1, 351 (369); *Jarass*, in: *Jarass/Pieroth*, GG, 12. Auflage 2012, Art. 59 Rn. 1.

an der Entwicklung der Europäischen Union mitzuwirken. Diese vollzieht sich erstens durch die Öffnung der deutschen Rechtsordnung für die Unionsrechtsordnung[237]. Dazu regelt Art. 23 GG, als gegenüber Art. 32 GG und Art. 59 GG grundsätzlich speziellere Norm[238], die Kompetenzen des Bundes und der Länder bei Abschluss der vertraglichen Grundlagen der Europäischen Union. Zudem eröffnet Art. 23 Abs. 1 Satz 2 GG als Spezialregelung zu Art. 24 Abs. 1 GG die Möglichkeit, der Europäischen Union Hoheitsrechte zu übertragen[239]. Art. 23 Abs. 1 GG und die Präambel des Grundgesetzes zusammen führen zu einem „Verfassungsauftrag zur Verwirklichung“ [240] der Europäischen Union. Die deutschen Staatsorgane sind zweitens berechtigt und verpflichtet, am europäischen Rechtsetzungsprozess mitzuwirken. Dies regeln vornehmlich Art. 23 Abs. 1a bis 7 GG[241]. Art. 23 GG stellt insofern die verfassungsrechtliche Grundlage der europäischen Integration dar[242]. Auf dieser verfassungsrechtlichen Grundlage öffnet sich die deutsche Rechtsordnung für die Unionsrechtsordnung.

II. Die Übertragung von Hoheitsrechten

Grundvoraussetzung für das Recht der Europäischen Union zur Aufsicht über den Bundeshaushalt ist die Übertragung von Hoheitsrechten in diesem Bereich staatlichen Handelns nach Art. 23 Abs. 1 Satz 2 GG. Denn nur die Übertragung von Hoheitsrechten hat zur Folge, dass der „ausschließliche Herrschaftsanspruch der Bundesrepublik Deutschland im Geltungsbereich des Grundgesetzes zurückgenommen und der unmittelbaren Geltung und Anwendbarkeit eines

---

237 *Heintschel v. Heinegg*, in: *Epping/Hillgruber*, GG, 18. Auflage 2013, Art. 23 Rn. 3.

238 *Uerpmann-Wittzack*, in: *von Münch/Kunig*, GG, Band 1, 6. Auflage 2012, Art. 23 Rn. 115; *Schorkopf*, in: Bonner Kommentar, GG, Loseblatt (Juni 2012), Art. 23 Rn. 73 m.w.N.; zur parallelen Anwendung des Art. 59 GG neben Art. 23 GG *Jarass*, in: *Jarass/Pieroth*, GG, 12. Auflage 2012, Art. 23 Rn. 4; vgl. auch *Wernsmann/Sandberg*, DÖV 2014, 49 (51).

239 *Uerpmann-Wittzack*, in: *von Münch/Kunig*, GG, Band 1, 6. Auflage 2012, Art. 23 Rn. 115; *Streinz*, in: *Sachs*, GG, 6. Auflage 2011, Art. 23 Rn. 9; zur parallelen Anwendung des Art. 24 Abs. 1a GG neben Art. 23 GG *Jarass*, in: *Jarass/Pieroth*, GG, 12. Auflage 2012, Art. 23 Rn. 4.

240 BVerfG v. 30.6.2009, 2 BvE 2/08 u.a. – BVerfGE 123, 267 (346).

241 Dazu insgesamt *Jarass*, in: *Jarass/Pieroth*, GG, 12. Auflage 2012, Art. 23 Rn. 13 und Rn. 46 ff.; *Uerpmann-Wittzack*, in: *von Münch/Kunig*, GG, Band 1, 6. Auflage 2012, Art. 23 Rn. 3 ff. und Rn. 10.

242 *Pernice*, in: *Dreier*, GG, Band II, 2. Auflage 2006, Art. 23 Rn. 17, der Art. 23 GG als verfassungsrechtliche „Grundnorm“ der europäischen Integration bezeichnet; zur Entwicklung des Art. 23 GG *Di Fabio*, Der Staat 32 (1993), 191 (191 ff.).

Rechts aus anderer Quelle innerhalb des staatlichen Herrschaftsbereichs Raum gelassen wird“[243].

1. Hoheitsrechte

a. Der Begriff Hoheitsrecht

Unter den Begriff Hoheitsrecht im Sinne des Art. 23 Abs. 1 Satz 2 GG fällt die Gesamtheit der öffentlichen Staatsgewalt des Bundes und der Länder, mithin jede Form der Legislative, Exekutive und Judikative (Art. 20 Abs. 2 GG)[244], wenngleich die Formulierung des Art. 23 Abs. 1 Satz 2 GG, die von Hoheitsrechten und nicht von Hoheitsgewalt spricht, zugleich deutlich macht, dass Art. 23 Abs. 1 Satz 2 GG nicht zur Übertragung der Staatsgewalt insgesamt ermächtigt[245]. Erfasst sind zum einen sämtliche „Befugnisse [...] zum Erlass von Rechtssätzen und Einzelfallregelungen, deren Adressaten unmittelbar die Rechtssubjekte und Rechtsanwendungsorgane der staatlichen Rechtsordnung sind“[246]. Zum anderen betroffen ist die Gesamtheit der Rechte, die dazu berechtigen, im staatlichen Herrschaftsbereich zu befolgende „Gestaltungsentscheidungen“[247] politischer Art zu treffen.

b. Die Haushaltshoheit als Hoheitsrecht

Auch die den Staatshaushalt betreffenden Regelungen des Grundgesetzes fallen unter den Begriff des Hoheitsrechts. Art. 110 Abs. 1 GG berechtigt die Bundesregierung zur Aufstellung des Haushaltsplans, der nach Art. 110 Abs. 2 GG dem Parlament zur Feststellung in Form des Haushaltsgesetzes obliegt. Art. 114 GG berechtigt Parlament und Bundesrechnungshof zur Prüfung und Entlastung der Rechnungslegung der Bundesregierung. Weiterhin normiert auch Art. 115 GG Möglichkeiten und Grenzen des Bundes zur Aufnahme von Krediten und Gewährleistungen. Diesen Tatbeständen ist gemeinsam, dass sie Bundesorganen hinsichtlich der Aufstellung, Feststellung und Kontrolle des Staatshaushalts Rechte gewähren und insofern dazu berechtigen, Staatsgewalt auszuüben sowie politische Entscheidungen zu treffen.

---

243 BVerfG v. 29.5.1974, BvL 52/71 - BVerfGE 37, 271 (280).

244 *Jarass*, in: *Jarass/Pieroth*, GG, 12. Auflage 2012, Art. 23 Rn. 24.

245 *Mosler*, in: *Isensee/Kirchhof*, HdBdStR, Band VII, 1992, § 175 Rn. 28; kritisch zu dieser Auslegung *König*, Die Übertragung von Hoheitsrechten, 2000, S. 97.

246 *Scholz*, in: *Maunz/Dürig*, GG, Loseblatt (Mai 2013), Band IV, Art. 23 Rn. 65; dazu auch *Uerpmann-Wittzack*, in: *von Münch/Kunig*, GG, Band 1, 6. Auflage 2012, Art. 23 Rn. 37.

247 *Schorkopf*, in: Bonner Kommentar, GG, Loseblatt (Juni 2012), Art. 23 Rn. 65; so auch BVerfG v. 30.6.2009, 2 BvE 2/08 u.a. - BVerfGE 123, 267 (348).

2. *Unmittelbare Geltung und Anwendbarkeit des Unionsrechts*

Aus der Übertragung von Hoheitsrechten nach Art. 23 Abs. 1 Satz 2 GG folgt, dass „der unmittelbaren Geltung und Anwendbarkeit eines Rechts aus anderer Quelle innerhalb des staatlichen Herrschaftsbereichs Raum gelassen wird“[248]. Das bedeutet, dass deutsche Staatsorgane ihren staatlichen Herrschaftsanspruch zurücknehmen oder auf diesen verzichten, um einer fremden Hoheitsgewalt die Ausübung von Staatsgewalt im Geltungsbereich des Grundgesetzes zu ermöglichen[249]. Wenn eine fremde Hoheitsgewalt so auf deutsches Recht „durchgreifen“[250] kann, übt sie Hoheitsrechte im Geltungsbereich des Grundgesetzes aus.

Grundsätzlich sind damit solche Gesetze als Hoheitsrechte übertragende Gesetze im Sinne des Art. 23 Abs. 1 Satz 2 GG anzusehen, die dazu führen, dass die Rechtsakte der Europäischen Union die soeben beschriebene „Durchgriffswirkung“[251] im innerstaatlichen Bereich entfalten, weil sie unmittelbare Geltung und Anwendbarkeit des Unionsrechts im innerstaatlichen Bereich bewirken. Art. 23 Abs. 1 Satz 2 GG erfasst zudem jede Form der Rechtsetzung als Übertragung von Hoheitsrechten, die die Ausübung fremder Hoheitsgewalt im Geltungsbereich des Grundgesetzes zu Lasten nationaler Hoheitsgewalt ermöglicht[252]. Gemeint sind Fälle, in denen einer fremden Hoheitsgewalt zwar keine „unmittelbare Durchgriffsbefugnis gegenüber [dem] Einzelnen eingeräumt wird“[253], in denen diese gleichwohl innerhalb der innerstaatlichen Rechtsordnung rechtsverbindlich handelt, indem sie den Staatsorganen in der Ausübung ihrer Staatsgewalt Grenzen setzt[254].

---

248 BVerfG v. 29.5.1974, BvL 52/71 – BVerfGE 37, 271 (280).

249 BVerfG v. 23.6.1981, 2 BvR 1107/77 u.a. – BVerfGE 58, 1 (28); BVerfG v. 10.11.1981, 2 BvR 1058/79 – BVerfGE 59, 63 (90); BVerfG v. 22.10.1986, 2 BvR 197/83 – BVerfGE 73, 339 (374); *Jarass*, in: *Jarass/Pieroth*, GG, 12. Auflage 2012, Art. 24 Rn. 5; jeweils zu Art. 24 Abs. 1 GG, dessen Begriff der Übertragung mit dem Begriff der Übertragung in Art. 23 Abs. 1 Satz 2 GG in dieser Hinsicht aber deckungsgleich ist, vgl. *Classen*, in: *von Mangoldt/Klein/Starck*, GG, Band 2, 6. Auflage 2010, Art. 23 Abs. 1 Rn. 9.

250 *Jarass*, in: *Jarass/Pieroth*, GG, 12. Auflage 2012, Art. 23 Rn. 26 (im Original fett gedruckt).

251 *Di Fabio*, Der Staat 32 (1993), 191 (192).

252 BVerfG v. 18.12.1984, 2 BvE 13/83 – BVerfGE 68, 1 (90 f.); *Jarass*, in: *Jarass/Pieroth*, GG, 12. Auflage 2012, Art. 23 Rn. 26 und Art. 24 Rn. 5; kritisch *Streinz*, in: *Sachs*, GG, 6. Auflage 2011, Art. 24 Rn. 36.

253 *Möllers/Reinhardt*, JZ 2012, 693 (695).

254 *Mosler*, in: *Isensee/Kirchhof*, HdBdStR, Band VII, 1992, § 175 Rn. 20; *Hillgruber*, in: *Schmidt-Bleibtreu/Hofmann/Hopfauf*, GG, 12. Auflage 2011, Art. 24 Rn. 6; *Kube*, WM 2012, 245 (248); *Möllers/Reinhardt*, JZ 2012, 693 (695).

a. Anwendungsfälle im Unionsrecht

Unmittelbare Geltung und Anwendbarkeit in der deutschen Rechtsordnung, als Folgen der Übertragung von Hoheitsrechten nach Art. 23 Abs. 1 Satz 2 GG, kommen sowohl primärem als auch sekundärem Unionsrecht zu.

aa. Primäres Unionsrecht

Die Geltung eines völkerrechtlichen Vertrages, der die politischen Beziehungen des Bundes regelt oder sich auf Gegenstände der Bundesgesetzgebung bezieht, in der innerstaatlichen Rechtsordnung ist durch das nationale Zustimmungsgesetz nach Art. 59 Abs. 2 Satz 1 GG bedingt[255], unabhängig davon, ob darin eine Adoption, eine Transformation oder ein Vollzug der völkerrechtlichen Norm gesehen wird[256]. Auch die europäischen Verträge gelten als völkerrechtliche Verträge[257] (vgl. Art. 1 Abs. 1 EUV) auf Grundlage des für diese anzuwendenden Art. 59 Abs. 2 Satz 1 GG in der deutschen Rechtsordnung. Die der Geltung nachgelagerte unmittelbare Anwendbarkeit des primären Unionsrechts hängt ab von der Ausgestaltung der Vertragsnormen im Einzelfall, insbesondere davon, ob diese hinreichend bestimmt sind und sich insofern bereits aus den Vertragsnormen Rechtsfolgen für nationale Tatbestände ergeben, ohne dass es dafür eines weiteren innerstaatlichen Rechtsaktes bedarf[258]. Ist eine „Vertragsbestimmung [nach] Wortlaut, Zweck und Inhalt wie eine innerstaatliche Gesetzesvorschrift rechtliche Wirkungen auszulösen geeignet“[259], ist sie unmittelbar anwendbar. Eine davon zu unterscheidende[260] Frage ist, ob Vertragsnormen dieser Art über Geltung und unmittelbare Anwendbarkeit hinaus – als Folge ihrer Anwendbarkeit – auch eine unmittelbare Wirkung zukommt. Die unmittelbare Wirkung einer Rechtsnorm bedeutet, dass diese in der Rechtsordnung ohne weiteren Rechtsakt

---

255 Zum Verhältnis zwischen Völkerrecht und nationalem Recht und dort insbesondere zu den Theorien des Monismus und Dualismus *Pfeffer*, Das Verhältnis von Völkerrecht und Landesrecht, 2009, S. 81 ff. sowie *Schweitzer*, Staatsrecht III, 10. Auflage 2010, Rn. 23 ff.

256 *Streinz*, in: *Sachs*, GG, 6. Auflage 2011, Art. 23 Rn. 60 ff.; zu den genannten Theorien als Grundlage der innerstaatlichen Geltung einer völkerrechtlichen Vertragsnorm im Einzelnen *Schweitzer*, Staatsrecht III, 10. Auflage 2010, Rn. 418 ff.

257 *Calliess*, in: *Calliess/Ruffert*, EUV/AEUV, 4. Auflage 2011, Art. 1 EUV Rn. 2.

258 EuGH v. 5.2.1963, Rs. 26/62 – *van Gend & Loos/Niederländische Finanzverwaltung*, Slg. 1963, 3 (25); *Rojahn*, in: *von Münch/Kunig*, GG, Band 1, 6. Auflage 2012, Art. 59 Rn. 37.

259 BVerfG v. 9.12.1970, 1 BvL 7/66 - BVerfGE 29, 348 (360).

260 Vgl. nur *Herrmann*, Richtlinienumsetzung, 2003, S. 32 f.

Rechtssubjekten Rechte verleiht oder Pflichten auferlegt[261]. Bei Vorliegen dieser Voraussetzungen kann der Einzelne aus dem primären Unionsrecht Rechte gegenüber der Union, den Mitgliedstaaten oder gegenüber den Staatsorganen der Mitgliedstaaten ableiten oder mit Rechtspflichten belastet werden[262]. Die zuletzt genannte Wirkung kommt insbesondere den unionsrechtlichen Grundfreiheiten (Art. 28 ff. AEUV, Art. 45 AEUV, Art. 49 AEUV, Art. 56 AEUV und Art. 63 AEUV) zu[263].

bb. Sekundäres Unionsrecht

Folge der Übertragung von Hoheitsrechten nach Art. 23 Abs. 1 Satz 2 GG ist, dass der fremden Hoheitsgewalt die Kompetenz eingeräumt wird, in der deutschen Rechtsordnung unmittelbar geltendes und anwendbares Recht zu setzen, ohne dass es eines weiteren „Umsetzungs- oder Durchführungsakts“[264] bedarf. In der Unionsrechtsordnung wird dies insbesondere in den Rechtswirkungen unionaler Verordnungen im Sinne des Art. 288 Abs. 2 AEUV deutlich[265]. Die Verordnung gilt mit ihrem Erlass unmittelbar in jedem Mitgliedstaat (Art. 288 Abs. 2 AEUV), ohne dass es eines weiteren mitgliedstaatlichen Rechtsaktes bedarf[266]. Enthält sie ein „hinreichend bestimmt[es] und unbedingt[es]“[267] Recht, ist die Verordnung auch von Exekutive und Judikative der Mitgliedstaaten unmittelbar anzuwenden sowie von der Legislative zu beachten[268]. Infolge ihrer Anwendbarkeit

---

261 EuGH v. 5.2.1963, Rs. 26/62 – *van Gend & Loos/Niederländische Finanzverwaltung*, Slg. 1963, 3 (25); so auch *Ehlers*, in: *Schulze/Zuleeg/Kadelbach*, Europarecht, 2. Auflage 2010, § 11 Rn. 8 f., der aber die unmittelbare Wirksamkeit der unmittelbaren Anwendbarkeit einer Rechtsnorm gleichsetzt.

262 Vgl. EuGH v. 10.3.2011, Rs. C-379/09 – *Casteels*, Slg. 2011, I-1379 Rn. 13 ff.; *Nettesheim*, in: *Grabitz/Hilf/Nettesheim*, Recht der EU, Loseblatt (Mai 2013), Art. 288 AEUV Rn. 98; vgl. auch *Huber*, Recht der Europäischen Integration, 2. Auflage 2002, § 8 Rn. 92 f.

263 *Haratsch/Koenig/Pechstein*, Europarecht, 8. Auflage 2012, Rn. 371.

264 *Lorz/Sauer*, DÖV 2012, 573 (576).

265 Zu den Rechtsquellen des Unionsrechts sowie deren innerstaatlichen Vollzug im Einzelnen *Schroeder*, in: *Streinz*, EUV/AEUV, 2. Auflage 2012, Art. 288 AEUV Rn. 15 ff. sowie *Schweitzer*, Staatsrecht III, 10. Auflage 2010, Rn. 319 ff. und Rn. 513 ff.; eingehend zur unmittelbaren Wirkung von Richtlinien im Sinne des Art. 288 Abs. 3 AEUV *Herrmann*, Richtlinienumsetzung, 2003, S. 31 ff.

266 EuGH v. 31.1.1978, Rs. 94/77 – *Fratelli Zerbone*, Slg. 1978, 99 (115 f.); *Schweitzer*, Staatsrecht III, 10. Auflage 2010, Rn. 342 f.

267 *Herrmann*, Staatsrecht III, 4. Auflage 2013, Rn. 44.

268 EuGH v. 31.1.1978, Rs. 94/77 – *Fratelli Zerbone*, Slg. 1978, 99 (115 f.); EuGH v. 10.10.1973, Rs. 34/73 – *Variola*, Slg. 1973, 981 (990); BVerfG v. 9.6.1971, 2 BvR

können sich unmittelbar aus der Verordnung Rechte oder Rechtspflichten des Einzelnen gegenüber der Union, den Mitgliedstaaten oder gegenüber den Staatsorganen der Mitgliedstaaten ergeben[269]. Eine Verordnung im Sinne des Art. 288 Abs. 2 AEUV kann insofern auch eine unmittelbare Wirkung in der innerstaatlichen Rechtsordnung entfalten. In unionalen Kompetenzen zum Verordnungserlass zeigen sich die Folgen der Übertragung von Hoheitsrechten nach Art. 23 Abs. 1 Satz 2 GG auf die Europäische Union damit besonders deutlich.

b. Rechtliche Grundlage

Problematisch ist, auf welche rechtliche Grundlage eine Rechtsnorm des Unionsrechts, der unmittelbare Geltung, Anwendbarkeit und Wirkung in der deutschen Rechtsordnung zukommt, rechtsdogmatisch zurückzuführen ist.

aa. Diskussionsstand

Das BVerfG sowie Teile der Literatur sehen die rechtliche Grundlage im nationalen Rechtsanwendungsbefehl. Die Übertragung von Hoheitsrechten im europäischen Integrationsprozess unterscheide sich nicht grundlegend von der Übertragung von Hoheitsrechten auf völkerrechtliche Einrichtungen[270]. Dort besteht die Übertragung von Hoheitsrechten aus einer vertraglichen Vereinbarung zwischen den Staaten sowie der Öffnung der nationalen Rechtsordnung für das Völkerrecht[271]. Ausgangspunkt ist ein völkerrechtlicher Vertrag nach Art. 59 Abs. 2 Satz 1 GG[272], der Hoheitsbefugnisse einer

---

255/69 - BVerfGE 31, 145 (173 ff.); *Schweitzer*, Staatsrecht III, 10. Auflage 2010, Rn. 342 ff.

269 *Nettesheim*, in: *Grabitz/Hilf/Nettesheim*, Recht der EU, Loseblatt (Mai 2013), Art. 288 AEUV Rn. 98; zu Rechtspflichten des Einzelnen aus einer Verordnung nach Art. 288 Abs. 2 AEUV vgl. auch *Huber*, Recht der Europäischen Integration, 2. Auflage 2002, § 8 Rn. 92 f.

270 *Huber*, Recht der Europäischen Integration, 2. Auflage 2002, § 7 Rn. 5 ff.

271 BVerfG v. 23.6.1981, 2 BvR 1107/77 u.a. - BVerfGE 58, 1 (28); *Rojahn*, in: *von Münch/Kunig*, GG, Band 1, 6. Auflage 2012, Art. 24 Rn. 39.

272 *Randelzhofer*, in: *Maunz/Dürig*, GG, Loseblatt (Mai 2013), Band IV, Art. 24 Rn. 63; *Rojahn*, in: *von Münch/Kunig*, GG, Band 1, 6. Auflage 2012, Art. 24 Rn. 39; für Art. 24 Abs. 1 GG als gegenüber Art. 59 Abs. 2 Satz 1 GG speziellerer verfassungsrechtlicher Grundlage für völkerrechtliche Verträge, die die Übertragung von Hoheitsrechten zum Inhalt haben *Tomuschat*, in: Bonner Kommentar, GG, Loseblatt (Juni 2012), Art. 24 Rn. 26 ff.; ebenso *Pernice*, in: *Dreier*, GG, Band II, 2. Auflage 2006, Art. 24 Rn. 30, dort auch zur Frage der Zustimmungspflicht des Bundesrates als Auswirkung dieses Streits.

völkerrechtlichen Einrichtung normiert. Die unmittelbare innerstaatliche Geltung, Anwendbarkeit und Wirkung der vertraglichen Primärbestimmungen bedingt ein Zustimmungsgesetz nach Art. 59 Abs. 2 GG[273]. Hinsichtlich der unmittelbaren Geltung, Anwendbarkeit und Wirkung sekundärer Rechtsakte des Hoheitsträgers in der innerstaatlichen Rechtsordnung, die aus der Übertragung von Hoheitsrechten folgen, bedarf es zudem eines Gesetzes nach Art. 24 Abs. 1 GG, das zur innerstaatlichen Anwendung der Normen in dieser Hinsicht verpflichtet[274]. Als besondere Form des Vertragsschlusses zwischen Völkerrechtssubjekten sei auch die Übertragung deutscher Hoheitsrechte auf die Europäische Union ein mehrseitiger Akt. Ausgangspunkt der Übertragung sei die Zustimmung der Bundesrepublik Deutschland zu einem „Vertragsgesetz“ [275] im Sinne des Art. 23 Abs. 1 GG, das die Europäische Union konstituiert. Der Übertragungsakt ende jedoch nicht an dieser Stelle. Vielmehr legitimiere der Bund durch ein „Integrationsgesetz“ [276] nach Art. 23 Abs. 1 Satz 2 GG und den darin enthaltenen „Rechtsanwendungsbefehl“[277] die unmittelbare Geltung, Anwendbarkeit und Wirkung des Unionsrechts in der deutschen Rechtsordnung. So schaffen die Mitgliedstaaten, regelmäßig in einem

---

273 Vgl. *Schweitzer*, Staatsrecht III, 10. Auflage 2010, Rn. 418 ff. und Rn. 444 ff.

274 *Randelzhofer*, in: *Maunz/Dürig*, GG, Loseblatt (Mai 2013), Band IV, Art. 24 Rn. 63; *Rojahn*, in: *von Münch/Kunig*, GG, Band 1, 6. Auflage 2012, Art. 24 Rn. 39; *Tomuschat*, in: Bonner Kommentar, GG, Loseblatt (Juni 2012), Art. 24 Rn. 28.

275 *Schorkopf*, in: Bonner Kommentar, GG, Loseblatt (Juni 2012), Art. 23 Rn. 73, der Art. 23 Abs. 1 GG diesbezüglich als gegenüber Art. 59 Abs. 2 GG speziellere Verfassungsnorm ansieht; so auch *Pernice*, in: *Dreier*, GG, Band II, 2. Auflage 2006, Art. 23 Rn. 80; für die Anwendung von Art. 59 Abs. 2 GG *Streinz*, in: *Sachs*, GG, 6. Auflage 2011, Art. 23 Rn. 63 sowie *Scholz*, in: *Maunz/Dürig*, GG, Loseblatt (Mai 2013), Band IV, Art. 23 Rn. 68; zu den unterschiedlichen Ratifikationsanforderungen in Art. 23 Abs. 1 GG und Art. 59 Abs. 2 GG *Wollenschläger*, NVwZ 2012, 713 (714).

276 *Schorkopf*, in: Bonner Kommentar, GG, Loseblatt (Juni 2012), Art. 23 Rn. 73; so auch *Pernice*, in: *Dreier*, GG, Band II, 2. Auflage 2006, Art. 23 Rn. 80; *Tomuschat*, in: Bonner Kommentar, GG, Loseblatt (Juni 2012), Art. 24 Rn. 16; *Streinz*, in: *Sachs*, GG, 6. Auflage 2011, Art. 23 Rn. 63; ebenso *Scholz*, in: *Maunz/Dürig*, GG, Loseblatt (Mai 2013), Band IV, Art. 23 Rn. 68; hier verdrängt Art. 23 GG Art. 24 Abs. 1 GG als lex specialis, vgl. *Jarass*, in: *Jarass/Pieroth*, GG, 12. Auflage 2012, Art. 23 Rn. 4.

277 BVerfG v. 22.10.1986, 2 BvR 197/83 – BVerfGE 73, 339 (375); BVerfG v. 12.10.1993, 2 BvR 2134/92 u.a. – BVerfGE 89, 155 (190); BVerfG v. 30.6.2009, 2 BvE 2/08 u.a. – BVerfGE 123, 267 (355); so auch *Huber*, Recht der Europäischen Integration, 2. Auflage 2002, § 7 Rn. 12 sowie *Kirchhof*, in: *Isensee/Kirchhof*, HdBdStR, Band VII, 1992, § 183 Rn. 63 ff.

einzigen Gesetz mit beiden Funktionen[278], die Unionsrechtsordnung und legitimieren Geltung und Anwendbarkeit der aus dieser hervorgehenden Rechtsakte im innerstaatlichen Rechtsraum[279]. Danach folgen unmittelbare Geltung, Anwendbarkeit und Wirkung des Unionsrechts in seiner Gesamtheit aus dem nationalen Rechtsanwendungsbefehl.

Der EuGH und Teile der Literatur sehen die Unionsrechtsordnung selbst als rechtliche Grundlage der Geltung, Anwendbarkeit und Wirkung des Unionsrechts. Die Unionsrechtsordnung sei eine „eigene Rechtsordnung"[280], die weder dem Völkerrecht noch dem nationalen Recht zuzuordnen ist. Insofern bedürfe die Frage der innerstaatlichen Wirksamkeit unionalen Rechts besonderer Maßstäbe. Die Unionsrechtsordnung sei zwar im Ursprung durch eine völkervertragliche Vereinbarung zwischen den Mitgliedstaaten geschaffen worden. In ihrer Existenz sei sie jedoch gegenüber dem mitgliedstaatlichen Recht selbstständig. Die unmittelbare Geltung und Anwendbarkeit des primären Unionsrechts sowie der unionalen Rechtsakte folgen aus der Unionsrechtsordnung selbst. Dies sei durch die Hoheitsrechtsübertragung nach Art. 23 Abs. 1 Satz 2 GG (früher: Art. 24 Abs. 1 GG) bewirkt worden[281]. Unmittelbare Geltung und Anwendbarkeit des Unionsrechts in seiner Gesamtheit folgen danach aus der Unionsrechtsordnung als „autonome[r] Rechtsquelle"[282], die nach dem Gesetzgebungsakt der Mitgliedstaaten gegenüber dem mitgliedstaatlichen Recht eigenständig handelt.

---

278 *Streinz*, in: *Sachs*, GG, 6. Auflage 2011, Art. 23 Rn. 63, der Vertragsgesetz und Integrationsgesetz zusammen als ein Gesetz mit „Doppelfunktion" bezeichnet.

279 *Tomuschat*, in: Bonner Kommentar, GG, Loseblatt (Juni 2012), Art. 24 Rn. 17; *König*, Die Übertragung von Hoheitsrechten, 2000, S. 99 f., dort zu Art. 24 Abs. 1 GG; so auch *Kirchhof*, in: FS Klein, 1994, S. 61 (66).

280 EuGH v. 15.7.1964, Rs. 6/64 – *Costa/E.N.E.L.*, Slg. 1964, 1141 (1269); vgl. auch EuGH v. 5.2.1963, Rs. 26/62 – *van Gend & Loos/Niederländische Finanzverwaltung*, Slg. 1963, 3 (26).

281 EuGH v. 15.7.1964, Rs. 6/64 – *Costa/E.N.E.L.*, Slg. 1964, 1141 (1269 f.); *Stern*, Staatsrecht, Band I, 2. Auflage 1984, § 15 S. 540 ff.; *Classen*, in: *von Mangoldt/Klein/Starck*, GG, Band 2, 6. Auflage 2010, Art. 23 Abs. 1 Rn. 9 und Art. 24 Abs. 1 Rn. 17 ff.; im Ergebnis ebenso *Everling*, JZ 2000, 217 (225 f.); *Pernice*, in: *Dreier*, GG, Band II, 2. Auflage 2006, Art. 24 Rn. 20 f.; vgl. auch *Ipsen*, Gemeinschaftsrecht, 1972, S. 61 und S. 71, der von einem *„Gesamtakt staatlicher Integrationsgewalt"* spricht; dazu auch *Bosco*, in: FS Everling, Band I, 1995, S. 149 (155 f.) sowie *Hobe*, in: *Friauf/Höfling*, Berliner Kommentar, GG, Loseblatt (August 2012), Art. 24 Rn. 17.

282 EuGH v. 15.7.1964, Rs. 6/64 – *Costa/E.N.E.L.*, Slg. 1964, 1141 (1270).

bb. Stellungnahme

Verfassungsrechtlich richtet sich das innerstaatliche Vertragsabschlussverfahren völkerrechtlicher Verträge nach Art. 59 Abs. 2 GG und auch die innerstaatliche Geltung und Anwendbarkeit völkerrechtlicher Vertragsnormen basiert auf Art. 59 Abs. 2 GG[283]. Sollen einem völkerrechtlichen Rechtsträger Hoheitsrechte übertragen werden, sodass die von diesem erlassenen Rechtsakte innerstaatlich unmittelbare Geltung und Anwendbarkeit erlangen, ist zudem eine gesetzliche Legitimation nach Art. 24 Abs. 1 GG erforderlich. Diese Unterscheidung zwischen Art. 59 GG und Art. 24 GG grenzt den Anwendungsbereich beider Normen voneinander ab und erklärt ihre parallele Normierung.

Aus verfassungsrechtlicher Perspektive ist auch das Unionsrecht so zu beurteilen. Die Europäische Union ist eine sich aus einem völkerrechtlichen Vertrag konstituierende Rechtsordnung (vgl. Art. 1 Abs. 1 EUV), deren vertragliche Grundlagen verfassungsrechtlich in Art. 23 GG eine – gegenüber Art. 59 Abs. 2 GG spezielle – innerstaatliche Legitimation erfahren. Der Europäischen Union können nach Art. 23 Abs. 1 Satz 2 GG zudem in ähnlicher Weise Hoheitsrechte übertragen werden wie zwischenstaatlichen Einrichtungen im Sinne des Art. 24 Abs. 1 GG. Diese Parallelität zeigt ein Vergleich des Wortlauts von Art. 23 Abs. 1 Satz 2 GG mit Art. 24 Abs. 1 GG, der in beiden Fällen von der Übertragung von Hoheitsrechten spricht[284]. Insofern sind in Fortführung dieser parallelen Normierung unmittelbare Geltung und Anwendbarkeit sekundärer Rechtsakte der Europäischen Union in der deutschen Rechtsordnung entsprechend Art. 24 Abs. 1 GG auf eine innerstaatliche gesetzliche Legitimation zurückzuführen. Diese Auslegung steht zudem auch im Einklang mit dem Zweck der Übertragung von Hoheitsrechten. Die Übertragung von Hoheitsrechten führt dazu, dass ein fremder Rechtsträger im innerstaatlichen Bereich unmittelbar geltendes und anwendbares Recht setzen kann. Insofern besteht in dieser Hinsicht eine Privilegierung der fremden Rechtsordnung gegenüber der innerstaatlichen Rechtsordnung. Eine Übertragung von Hoheitsrechten auf die Europäische Union bedeutet gleichwohl, dass die Mitgliedstaaten insoweit die Ausübung ihrer Hoheitsgewalt lediglich zurücknehmen. Dies zeigt, dass es im Grundsatz die Mitgliedstaaten sind, die den Geltungsanspruch der fremden Hoheitsgewalt im innerstaatlichen Bereich ermöglichen und legitimieren. Im Übrigen muss die Wirkung der Unionsrechtsordnung, die sich insbesondere durch die unmittelbare Geltung und

283 *Schweitzer*, Staatsrecht III, 10. Auflage 2010, Rn. 444 ff.

284 Die Parallelität beider Vorschriften herausstellend auch *Möllers/Reinhardt*, JZ 2012, 693 (694).

Anwendbarkeit des Unionsrechts in der deutschen Rechtsordnung definiert, auch auf Grundlage dieser verfassungsrechtlichen Konstruktion begründet werden, ohne der Europäischen Union eine gegenüber anderem zwischenstaatlichen Recht gesonderte Stellung zuzuordnen. Denn es waren im Grundsatz die Mitgliedstaaten als Herren der Verträge, ausgehend von den sie selbst legitimierenden nationalen Verfassungen, die die Europäische Union konstituierten (Art. 1 Abs. 1 EUV), sodass die Unionsrechtsordnung stets im Ausgangspunkt auf die Legitimation der nationalen Verfassungen zurückzuführen ist.

3. Formelle Anforderungen an eine Übertragung

a. Anforderungen des Art. 23 Abs. 1 Satz 2 GG

Art. 23 Abs. 1 Satz 2 GG erfordert zur Übertragung von Hoheitsrechten ein Bundesgesetz, das mit Zustimmung des Bundesrates erlassen wird.

aa. Bundesgesetz

(a) Bestimmtheitserfordernis und Grundsatz der begrenzten Einzelermächtigung

Ein Gesetz im Sinne des Art. 23 Abs. 1 Satz 2 GG muss hinreichend bestimmt sein[285]. Das Bestimmtheitserfordernis folgt aus der Funktion, die die Übertragung von Hoheitsrechten nach Art. 23 Abs. 1 Satz 2 GG erfüllt. Die Europäische Union ist nur in dem Umfang zur Ausübung von Hoheitsgewalt im innerstaatlichen Bereich legitimiert, in dem ihr Hoheitsrechte von den Mitgliedstaaten übertragen wurden[286]. Sie verfügt nicht über die Kompetenz zur Begründung eigener Hoheitsgewalt, sondern ist an die ihr durch die Mitgliedstaaten zugewiesenen Hoheitsrechte gebunden (Art. 1 Abs. 1 EUV i.V.m. Art. 4 Abs. 1 EUV). Dem entspricht auf unionsrechtlicher Ebene der Grundsatz der begrenzten Einzelermächtigung (Art. 5 Abs. 1 Satz 1 EUV). Dieser Grundsatz besagt, dass die Europäische Union nur innerhalb der Grenzen der Zuständigkeiten tätig werden darf, die die Mitgliedstaaten ihr übertragen haben (Art. 5 Abs. 2 Satz 1 EUV). Alle weiteren staatlichen Kompetenzen hingegen, die der Europäischen Union nicht übertragen wurden, verbleiben mitgliedstaatliche Rechte (Art. 5 Abs. 2

---

285 BVerfG v. 23.6.1981, 2 BvR 1107/77 u.a. – BVerfGE 58, 1 (37); BVerfG v. 18.12.1984, 2 BvE 13/83 – BVerfGE 68, 1 (98); BVerfG v. 12.10.1993, 2 BvR 2134/92 u.a. – BVerfGE 89, 155 (191); BVerfG v. 30.6.2009, 2 BvE 2/08 u.a. – BVerfGE 123, 267 (351).

286 *Uerpmann-Wittzack*, in: *von Münch/Kunig*, GG, Band 1, 6. Auflage 2012, Art. 23 Rn. 45; ebenso EuGH v. 5.10.2000, Rs. C-376/98 – *Deutschland/Parlament und Rat*, Slg. 2000, I-8419 (8524).

Satz 2 EUV). Damit verbleibt die staatliche Allzuständigkeit bei den Mitgliedstaaten, denen alleine die Kompetenz-Kompetenz, mithin das Recht, selbst staatliche Kompetenzen zu begründen, zusteht[287]. Trotz eigener Rechtspersönlichkeit (Art. 47 EUV) der Europäischen Union sind es die Mitgliedstaaten, die der Europäischen Union Hoheitsrechte zur eigenen Ausübung übertragen, und dies in begrenztem Maße[288]. Dieses System der Kompetenzaufteilung zwischen der Europäischen Union und den Mitgliedstaaten nach dem Grundsatz der begrenzten Einzelermächtigung funktioniert aber nur, wenn genau feststeht, welche Kompetenzen den Mitgliedstaaten und der Europäischen Union jeweils zustehen[289]. Dem Grundsatz der begrenzten Einzelermächtigung insofern vorgelagert ist eine hinreichend bestimmte Übertragung von Hoheitsrechten im innerstaatlichen Bereich. Denn erst aus der Bestimmtheit der Übertragung folgen begrenzte Kompetenzen. Das „Integrationsprogramm der Europäischen Union"[290], also die der Europäischen Union zustehenden Kompetenzen sowie das Ausmaß in dem diese ausgeübt werden, muss bereits das Zustimmungsgesetz ausreichend bestimmbar festlegen[291].

(b) Anwendungsfälle

Vor dem Bestimmtheitserfordernis des Art. 23 Abs. 1 Satz 2 GG insbesondere zu rechtfertigen sind Kompetenzübertragungen, die der Europäischen Union unbestimmte oder solche Kompetenzen zuweisen, aus deren Grundlage sich weitere Kompetenzen ergeben[292]. Denn diese Normen berechtigen die Europäische Union zu einem eigenständigen Handeln, das im Einzelnen

---

287 *Streinz*, in: *Streinz*, EUV/AEUV, 2. Auflage 2012, Art. 5 AEUV Rn. 5; *König*, in: *Schulze/Zuleeg/Kadelbach*, Europarecht, 2. Auflage 2010, § 2 Rn. 5; zum Begriff der Kompetenz-Kompetenz BVerfG v. 12.10.1993, 2 BvR 2134/92 u.a. – BVerfGE 89, 155 (173); auch *Di Fabio*, Der Staat 32 (1993), 191 (201) sowie *Lerche*, in: FS Carl Heymanns Verlag, 1995, S. 409 (409 ff.).

288 *Everling*, DVBl 1993, 936 (942).

289 So auch *Pernice*, in: *Dreier*, GG, Band II, 2. Auflage 2006, Art. 23 Rn. 85.

290 BVerfG v. 23.6.1981, 2 BvR 1107/77 u.a. – BVerfGE 58, 1 (37); BVerfG v. 12.10.1993, 2 BvR 2134/92 u.a. – BVerfGE 89, 155 (187); BVerfG v. 30.6.2009, 2 BvE 2/08 u.a. – BVerfGE 123, 267 (351).

291 Vgl. BVerfG v. 7.5.2008, 2 BvE 1/03 – BVerfGE 121, 135 (157); *Wernsmann/Sandberg*, DÖV 2014, 49 (54).

292 Neben Formen der Übertragung von Hoheitsrechten stehen Vertragsänderungen und -auslegungen in einem Spannungsverhältnis zum Grundsatz der begrenzten Einzelermächtigung, vgl. *König*, in: *Schulze/Zuleeg/Kadelbach*, Europarecht, 2. Auflage 2010, § 2 Rn. 7 ff.

noch nicht festgelegt ist[293], weil sich „Art und Ausmaß“[294] des Handelns nicht unmittelbar aus den Verträgen ergeben. Solche Vertragsnormen berechtigen die Europäische Union zu einem im Vorhinein nicht feststellbaren Handeln[295] und werden daher eigentlich dem Bestimmtheitserfordernis des Art. 23 Abs. 1 Satz 2 GG nicht gerecht. Gleichwohl muss auch die Übertragung dieser Vertragsnormen vor dem Bestimmtheitserfordernis des Art. 23 Abs. 1 Satz 2 GG zu rechtfertigen sein. Denn die Europäische Union ist gerade zur Rechtsetzung von in der deutschen Rechtsordnung unmittelbar geltendem und anwendbarem Recht ermächtigt. Der Europäischen Union stehen damit zwar Hoheitsrechte erst nach Übertragung durch die Mitgliedstaaten zu, sie verfügt aber über eine gewisse Autonomie in ihrer Rechtsetzung. Autonomes Handeln erfordert in gewissem Maße Kompetenznormen, die dieses Handeln ermöglichen und dennoch innerstaatlich legitimiert sind[296]. Entsprechend dem Konzept der „Integrationsverantwortung“[297] kann eine innerstaatliche Legitimationshandlung nationaler Staatsorgane im europäischen Rechtsetzungsprozess im Rahmen der Ausübung dieser Kompetenznormen ihre fehlende Bestimmtheit kompensieren. Eine „mangelnde Vorhersehbarkeit [der] Vertragsentwicklun[g]“[298] der europäischen Verträge, die aus einer dem Bestimmtheitserfordernis nicht genügenden Vertragsnorm der europäischen Verträge resultiert, kann danach durch eine fortdauernde Einbindung der nationalen Gesetzgebungsorgane in den europäischen Rechtsetzungsprozess ausgeglichen werden[299]. Erfüllt die Ausübung der Kompetenznorm die Voraussetzungen des Art. 23 Abs. 1 Satz 2 GG, wird dem Bestimmtheitserfordernis genügt.

Vor diesem Hintergrund problematisch sind insbesondere Kompetenzausübungen auf Grundlage der Vertragsänderungsklausel des Art. 48 Abs. 6 EUV,

---

293 *Schorkopf*, in: Bonner Kommentar, GG, Loseblatt (Juni 2012), Art. 23 Rn. 71.

294 *Classen*, in: *von Mangoldt/Klein/Starck*, GG, Band 2, 6. Auflage 2010, Art. 23 Abs. 1 Rn. 13.

295 Vgl. BVerfG v. 30.6.2009, 2 BvE 2/08 u.a. - BVerfGE 123, 267 (352); *Wernsmann/Sandberg*, DÖV 2014, 49 (53 f.).

296 Einen ähnlichen Gedanken äußert *Schorkopf*, in: Bonner Kommentar, GG, Loseblatt (Juni 2012), Art. 23 Rn. 70.

297 BVerfG v. 30.6.2009, 2 BvE 2/08 u.a. - BVerfGE 123, 267 (351); *Schorkopf*, in: Bonner Kommentar, GG, Loseblatt (Juni 2012), Art. 23 Rn. 72; *Calliess*, Die neue Europäische Union, 2010, S. 249 f.

298 *Voßkuhle*, in: *Axer* u.a., Das Europäische Verwaltungsrecht, 2010, S. 229 (232).

299 Vgl. BVerfG v. 30.6.2009, 2 BvE 2/08 u.a. - BVerfGE 123, 267 (434 ff.); *Wernsmann/Sandberg*, DÖV 2014, 49 (54).

der Klauseln der Art. 48 Abs. 7 EUV und Art. 81 Abs. 3 UAbs. 2 AEUV sowie der Kompetenznorm des Art. 352 AEUV[300].

Das einfache Vertragsänderungsverfahren nach Art. 48 Abs. 6 EUV ermöglicht Änderungen des primären Unionsrechts[301]. Zwar käme für diese auch eine Zustimmung in Form eines Bundesgesetzes auf Grundlage von Art. 59 Abs. 2 Satz 1 GG in Betracht[302]. Art. 23 Abs. 1 Satz 2 GG ist jedoch – als in dieser Hinsicht gegenüber Art. 59 Abs. 2 Satz 1 GG grundsätzlich speziellere Norm[303] – die verfassungsrechtliche Grundlage für die Schaffung des primären Unionsrechts. Werden die Verträge geändert, ist dies aber von der auf Grundlage des Art. 23 Abs. 1 Satz 2 GG erfolgten Zustimmung nicht mehr erfasst. Insofern ist es nur folgerichtig, die verfassungsrechtlich erforderliche erneute Zustimmung zu jeder Änderung des primären Unionsrechts wiederum auf Art. 23 Abs. 1 Satz 2 GG zu stützen[304].

Ebenso grundsätzlich den Anforderungen des Art. 23 Abs. 1 Satz 2 GG zu unterstellen sind Vertragsänderungen auf Grundlage der Brückenklauseln des Art. 48 Abs. 7 EUV und Art. 81 Abs. 3 UAbs. 2 AEUV[305], in denen das europäische Rechtsetzungsverfahren geändert werden kann[306]. Zwar sind hier auch andere Formen der Beteiligung der nationalen Gesetzgebungsorgane vorgesehen (vgl. Art. 48 Abs. 7 UAbs. 3 EUV) und zudem handelt es sich nicht um die originäre Begründung neuer Kompetenzen der Europäischen Union[307]. Jedoch kommt

---

300 Umfassend zu den Anwendungsfällen des Art. 23 Abs. 1 Satz 2 GG im Einzelnen *Streinz*, in: *Sachs*, GG, 6. Auflage 2011, Art. 23 Rn. 66 ff.

301 BVerfG v. 30.6.2009, 2 BvE 2/08 u.a. – BVerfGE 123, 267 (355), bezogen auf Änderungen der Vertragstexte; *Wollenschläger*, NVwZ 2012, 713 (714).

302 *Uerpmann-Wittzack*, in: *von Münch/Kunig*, GG, Band 1, 6. Auflage 2012, Art. 23 Rn. 46; relativierend für materielle Vertragsänderungen *Classen*, JZ 2009, 881 (884 ff.).

303 *Uerpmann-Wittzack*, in: *von Münch/Kunig*, GG, Band 1, 6. Auflage 2012, Art. 23 Rn. 115.

304 So auch *Lorz/Sauer*, DÖV 2012, 573 (576 ff.), die darunter auch materielle Änderungen des Unionsrechts fassen; zu den unter Art. 23 Abs. 1 Satz 2 GG fallenden Formen der Änderungen des primären Unionsrechts im Einzelnen *Jarass*, in: *Jarass/Pieroth*, GG, 12. Auflage 2012, Art. 23 Rn. 28.

305 BVerfG v. 30.6.2009, 2 BvE 2/08 u.a. – BVerfGE 123, 267 (391); ebd. S. 391 f. aber relativierend für weitere spezielle Brückenklauseln, die lediglich einen Beschluss der gesetzgebenden Körperschaften erfordern.

306 *Jarass*, in: *Jarass/Pieroth*, GG, 12. Auflage 2012, Art. 23 Rn. 32.

307 *Lorz/Sauer*, DÖV 2012, 573 (578); *Classen*, in: *von Mangoldt/Klein/Starck*, GG, Band 2, 6. Auflage 2010, Art. 23 Abs. 1 Rn. 15.

es auch durch diese Vertragsbestimmungen zu einer Änderung des primären Unionsrechts, die von der ursprünglich erfolgten nationalen Zustimmung nicht mehr erfasst ist, und insofern entspricht einzig eine erneute Zustimmung nach Art. 23 Abs. 1 Satz 2 GG dem erforderlichen Beteiligungsrecht des Parlaments[308].

Gleiches gilt in besonderem Maße auch für die „Flexibilitätsklausel“[309] des Art. 352 AEUV, da diese jedenfalls in ihren Wirkungen gerade eine Übertragung von Hoheitsrechten ersetzt[310] und ihre Rechtsakte daher die Legitimation entsprechend einer Zuständigkeitsübertragung erfordern. Art. 352 Abs. 1 AEUV berechtigt erst zur Anwendung der Kompetenzgrundlage, wenn dies im Rahmen der vertraglich festgelegten Politikbereiche erforderlich ist, um die Ziele der Europäischen Union zu verwirklichen und keine spezielle Befugnisnorm eingreift. Insofern ist der Anwendungsbereich des Art. 352 AEUV in dieser Hinsicht in gewissem Maße begrenzt. Auch legitimiert erst die Zustimmung des Europäischen Parlaments die Ausübung des Art. 352 AEUV[311]. Zudem verbietet Art. 352 AEUV gerade eine indirekte Vertragsänderung auf seiner Grundlage unter Umgehung der eigentlich dafür vorgesehenen Verfahren[312]. Trotzdem ersetzt das Tätigwerden der Europäischen Union nach Art. 352 AEUV im Ergebnis die Übertragung weiterer unionsrechtlicher Befugnisse. Denn Art. 352 Abs. 1 AEUV berechtigt allgemein zu einem Tätigwerden, wenn sich aus den Verträgen keine spezielle Befugnis ergibt, aber das Handeln der Verwirklichung der Unionsziele dient. Die Ziele der Europäischen Union (vgl. Art. 3 EUV) sind aber insgesamt weiter und unbestimmter gefasst als der der Europäischen Union ausdrücklich zustehende Kompetenzkatalog (vgl. Art. 2 - Art. 6 AEUV). Art. 352 AEUV berechtigt die Europäische Union zur Rechtsetzung entsprechend einer Befugnisnorm[313]. Obwohl das Handeln der Europäischen Union

---

308 BVerfG v. 30.6.2009, 2 BvE 2/08 u.a. - BVerfGE 123, 267 (389 ff.); im Ergebnis ebenso *Pernice*, in: *Dreier*, GG, Band II, 2. Auflage 2006, Art. 23 Rn. 86.

309 *Rossi*, in: *Calliess/Ruffert*, EUV/AEUV, 4. Auflage 2011, Art. 352 AEUV Rn. 2.

310 BVerfG v. 30.6.2009, 2 BvE 2/08 u.a. - BVerfGE 123, 267 (395); *Lorz/Sauer*, DÖV 2012, 573 (578), dort in Fn. 43; *Daiber*, DÖV 2010, 293 (297 f.); im Ergebnis ebenso *Jarass*, in: *Jarass/Pieroth*, GG, 12. Auflage 2012, Art. 23 Rn. 28; relativierend *Uerpmann-Wittzack*, in: *von Münch/Kunig*, GG, Band 1, 6. Auflage 2012, Art. 23 Rn. 45.

311 Zu dieser Kritik insgesamt *Winkler*, EuR 2011, 384 (398 f.); kritisch auch *Halberstam/Möllers*, GLJ 2009, 1241 (1254 f.); ablehnend auch *Pernice*, in: *Dreier*, GG, Band II, 2. Auflage 2006, Art. 23 Rn. 86.

312 EuGH v. 28.3.1996, Gutachten 2/94 - *EMRK-Beitritt*, Slg. 1996, I-1759 (1788), dort noch zu Art. 235 EWGV.

313 Vgl. *Rossi*, in: *Calliess/Ruffert*, EUV/AEUV, 4. Auflage 2011, Art. 352 AEUV Rn. 76 ff.

nach Art. 352 AEUV im Vergleich zu anderen Befugnisnormen unbestimmter ist, ermächtigt Art. 352 AEUV die Europäische Union gleichermaßen zur Rechtsetzung. Diese mangelnde Bestimmtheit wird aber durch eine Zustimmung der innerstaatlichen Gesetzgebungsorgane zu den auf Art. 352 AEUV gestützten Rechtsakten nach Maßgabe des Art. 23 Abs. 1 Satz 2 GG ausgeglichen. Denn speziell Art. 23 Abs. 1 Satz 2 GG normiert das innerstaatliche Verfahren der Übertragung von Befugnissen auf die Europäische Union. Dies erfüllt auch die nach Art. 352 Abs. 1 AEUV notwendige Zustimmung des Europäischen Parlaments nicht in gleicher Weise. Die Übertragung hoheitlicher Befugnisse erfordert die innerstaatliche parlamentarische Legitimation nach Art. 23 Abs. 1 Satz 2 GG. Die Übertragung von Hoheitsrechten erfolgt im Ausgangspunkt durch die Mitgliedstaaten (vgl. Art. 1 Abs. 1 EUV), sodass die Zustimmung des Europäischen Parlaments zwar eine weitere Form der Legitimation darstellt, aber eben nicht die nach Art. 23 Abs. 1 Satz 2 GG zur Übertragung von Befugnissen im Ursprung maßgebliche Legitimation des nationalen Parlaments. Art. 352 Abs. 1 AEUV wurde der Europäischen Union als Kompetenzgrundlage zwar bereits übertragen. Bei Sekundärrechtsetzung auf Grundlage des Art. 352 Abs. 1 AEUV müssen nur die Voraussetzungen dieser Kompetenzgrundlage erfüllt sein. Ein auf Grundlage des Art. 352 Abs. 1 AEUV erlassener Sekundärrechtsakt wäre anderenfalls unionsrechtswidrig. Das Problem liegt jedoch in der fehlenden Erkennbarkeit der Sekundärrechtsetzung auf Grundlage des Art. 352 Abs. 1 AEUV für das nationale Parlament bei Erlass des Zustimmungsgesetzes zu den europäischen Verträgen[314]. Insofern erfordert die Legitimation eines Rechtsaktes nach Art. 352 AEUV ein Gesetz nach Art. 23 Abs. 1 Satz 2 GG.

bb. Zustimmung des Bundesrates

Ein Gesetz nach Art. 23 Abs. 1 Satz 2 GG bedarf – anders als ein Gesetz nach Art. 24 Abs. 1 GG – in jedem Fall der Zustimmung des Bundesrates. Die Beteiligung des Bundesrates soll den Bundesländern einen Ausgleich[315] dafür bieten, dass die Übertragung von Hoheitsrechten nicht zwischen der innerstaatlichen Zuständigkeitsverteilung zwischen Bund- und Länderkompetenzen unterscheidet und der Bund so berechtigt ist, den Ländern zustehende Hoheitsrechte zu übertragen.

314 *Wernsmann/Sandberg*, DÖV 2014, 49 (58).

315 *Scholz*, in: *Maunz/Dürig*, GG, Loseblatt (Mai 2013), Band IV, Art. 23 Rn. 64; dazu eingehend *Uhrig*, Die Schranken des Grundgesetzes für die Europäische Integration, 2000, S. 60.

b. Besondere Anforderungen des Art. 23 Abs. 1 Satz 3 GG

Die Prüfung der formellen Anforderungen an eine Übertragung von Hoheitsrechten als besonderen Rechtsakt des europäischen Integrationsprozesses erfolgt am Maßstab des Art. 23 Abs. 1 Satz 3 GG. Denn neben Art. 23 Abs. 1 Satz 2 GG normiert Art. 23 Abs. 1 Satz 3 GG formelle Anforderungen an die im Rahmen des europäischen Integrationsprozesses erlassenen Bundesgesetze. Nach Art. 23 Abs. 1 Satz 3 GG i.V.m. Art. 79 Abs. 2 GG bedürfen die Begründung der Europäischen Union sowie Änderungen ihrer vertraglichen Grundlagen und vergleichbare Regelungen, durch die das Grundgesetz seinem Inhalt nach geändert oder ergänzt wird oder solche Änderungen oder Ergänzungen ermöglicht werden, einer Zwei-Drittel-Mehrheit in Bundestag und Bundesrat. Im Falle einer Änderung des Grundgesetzes ist Art. 79 Abs. 1 GG zu beachten, der bestimmt, dass das Grundgesetz nur durch ein Gesetz geändert werden kann, das den Wortlaut des Grundgesetzes ausdrücklich ändert oder ergänzt.

aa. Das Verhältnis zu Art. 23 Abs. 1 Satz 2 GG

Zu untersuchen ist, inwiefern die formellen Anforderungen des Art. 23 Abs. 1 Satz 3 GG im Rahmen der Übertragung von Hoheitsrechten nach Art. 23 Abs. 1 Satz 2 GG zu erfüllen sind. Dies beurteilt sich aus dem Verhältnis des Art. 23 Abs. 1 Satz 2 GG zu Art. 23 Abs. 1 Satz 3 GG. Es stellt sich die Frage, ob jede Übertragung nach Art. 23 Abs. 1 Satz 2 GG in den Anwendungsbereich des Art. 23 Abs. 1 Satz 3 GG fällt[316]. In diesem Fall wäre jede Übertragung von Hoheitsrechten den formellen Anforderungen des Art. 23 Abs. 1 Satz 3 GG, d.h. einer Zwei-Drittel-Mehrheit in Bundestag und Bundesrat (Art. 79 Abs. 2 GG), zu unterstellen.

(a) Meinungsstand

Art. 23 Abs. 1 Satz 3 GG wird zum Teil als besonderer Fall des Art. 23 Abs. 1 Satz 2 GG angesehen, sodass nicht jede Übertragung von Hoheitsrechten in den Anwendungsbereich des Art. 23 Abs. 1 Satz 3 GG fällt, sondern Art. 23 Abs. 1 Satz 3 GG Anforderungen an bestimmte Konstellationen der Übertragung von

316 Eine davon zu unterscheidende Frage ist, ob der Anwendungsbereich des Art. 23 Abs. 1 Satz 3 GG über die in dieser Arbeit untersuchte Übertragung von Hoheitsrechten hinaus andere Rechtsakte erfasst, die im Zusammenhang mit dem europäischen Integrationsprozess erlassen werden; dazu ausführlich *König*, Die Übertragung von Hoheitsrechten, 2000, S. 298 ff. m.w.N.

Hoheitsrechten normiert[317]. Erst wenn die Übertragung von Hoheitsrechten die besonderen Tatbestandsmerkmale des Art. 23 Abs. 1 Satz 3 GG erfüllt, ist dessen Anwendungsbereich eröffnet. Dafür spricht bereits die getrennte Normierung von Art. 23 Abs. 1 Sätze 2 und 3 GG, die nur Sinn ergibt, wenn für Art. 23 Abs. 1 Satz 2 ein eigener Anwendungsbereich besteht[318]. Danach wäre Art. 23 Abs. 1 Satz 2 GG der Grundfall zu Art. 23 Abs. 1 Satz 3 GG.

Demgegenüber wird teilweise jede Übertragung von Hoheitsrechten nach Art. 23 Abs. 1 Satz 2 GG als Anwendungsfall des Art. 23 Abs. 1 Satz 3 GG angesehen[319]. Denn mit der Übertragung von Hoheitsrechten gehe stets – gleich in welcher Form – eine Änderung des Grundgesetzes einher[320]. In der Folge hätten Art. 23 Abs. 1 Sätze 2 und 3 GG den gleichen Anwendungsbereich.

(b) Stellungnahme

Tatsächlich sind die formellen Anforderungen der Sätze 2 und 3 des Art. 23 Abs. 1 GG voneinander zu unterscheiden. Dafür spricht zum einen bereits der Wortlaut beider Vorschriften. Denn dieser lässt keinen Rückschluss darauf zu, dass Art. 23 Abs. 1 GG die Übertragung von Hoheitsrechten nach Satz 2 mit den in Satz 3 genannten Tatbeständen, insbesondere mit der Änderung des Grundgesetzes, gleichsetzen will. Dies wäre aber die Folge daraus, beiden Vorschriften einen identischen Anwendungsbereich zuzumessen. Dies bestätigt auch die Systematik der Norm, die die Übertragung von Hoheitsrechten vor Satz 3 normiert und Satz 3 damit als speziellen Anwendungsfall des Satzes 2 darstellt. Auch ein Vergleich des Art. 23 Abs. 1 GG mit Art. 24 Abs. 1 GG zeigt, dass das Grundgesetz die Übertragung von Hoheitsrechten auf völkerrechtliche Einrichtungen auch mit einfacher Mehrheit erlaubt. Zwar geht mit der Übertragung von Hoheitsrechten regelmäßig, jedenfalls „materiell [,] eine

317 *Jarass*, in: *Jarass/Pieroth*, GG, 12. Auflage 2012, Art. 23 Rn. 34; im Ergebnis ebenso BVerfG v. 12.10.1993, 2 BvR 2134/92 u.a. – BVerfGE 89, 155 (190 f.); wohl auch BVerfG v. 30.6.2009, 2 BvE 2/08 u.a. – BVerfGE 123, 267 (387); *Flint*, Die Übertragung von Hoheitsrechten, 1998, S. 176; *Ehlers*, in: *Schulze/Zuleeg/Kadelbach*, Europarecht, 2. Auflage 2010, § 11 Rn. 16.

318 *Scholz*, in: *Maunz/Dürig*, GG, Loseblatt (Mai 2013), Band IV, Art. 23 Rn. 118.

319 *Streinz*, in: *Sachs*, GG, 6. Auflage 2011, Art. 23 Rn. 72; *König*, Die Übertragung von Hoheitsrechten, 2000, S. 309.

320 *Hillgruber*, in: *Schmidt-Bleibtreu/Hofmann/Hopfauf*, GG, 12. Auflage 2011, Art. 23 Rn. 18; *Heintschel v. Heinegg*, in: *Epping/Hillgruber*, GG, 18. Auflage 2013, Art. 23 Rn. 24; *Uerpmann-Wittzack*, in: *von Münch/Kunig*, GG, Band 1, 6. Auflage 2012, Art. 23 Rn. 52.

Verfassungsänderung"[321] einher. Eine schlichte Gleichsetzung der Übertragung von Hoheitsrechten mit einer Änderung des Grundgesetzes ist in Art. 23 Abs. 1 GG jedoch nicht angelegt. Dies hätte jedenfalls einer ausdrücklichen verfassungsrechtlichen Normierung in diesem Sinne bedurft. Denn eine Gleichbehandlung beider Tatbestände erklärt nicht, aus welchem Grund Satz 2 andere Mehrheitserfordernisse als Satz 3 normiert. Erkennt man Satz 3 aber als besonderen Anwendungsfall des Satzes 2, kann begründet werden, dass die darin normierten Tatbestände wegen ihrer besonderen Auswirkungen auf das Grundgesetz einer speziellen verfassungsrechtlichen Legitimation bedürfen. Die formellen Anforderungen des Art. 23 Abs. 1 Satz 3 GG sind damit nur nach Eröffnung des spezifischen Anwendungsbereichs der Norm zu erfüllen, was noch nicht allein bei Übertragung von Hoheitsrechten der Fall ist. Dafür spricht zudem auch die weite Auslegung des Begriffs der Übertragung von Hoheitsrechten nach Art. 23 Abs. 1 Satz 2 GG[322]. Denn diese führt dazu, dass auch der Anwendungsbereich des Art. 23 Abs. 1 Satz 2 GG grundsätzlich weit zu verstehen ist und damit als Grundfall zu Art. 23 Abs. 1 Satz 3 GG angesehen werden kann. Dies bestätigt im Übrigen eine systematische Auslegung des Wortlauts beider Sätze. Die in Art. 23 Abs. 1 Satz 3 genannten Tatbestände der Begründung der Europäischen Union, der Änderung ihrer vertraglichen Grundlagen sowie die damit vergleichbaren Regelungen sind differenzierter beschrieben als der allgemeine Begriff der Übertragung in Art. 23 Abs. 1 Satz 2 GG. Diese Begriffe sind aber voneinander abzugrenzen. Dies bestätigt auch das in Art. 23 Abs. 1 Satz 3 GG genannte Kriterium der Verfassungsänderung. Dessen Einschlägigkeit muss zusätzlich begründet werden, wenn einer der in Satz 3 genannten Tatbestände gegeben ist. Die Tatbestandsmerkmale des Art. 23 Abs. 1 Satz 3 GG sind insofern differenzierter als diejenigen des Art. 23 Abs. 1 Satz 2 GG.

Im Ergebnis sind die Anwendungsbereiche des Art. 23 Abs. 1 Sätze 2 und 3 GG und die aus diesen folgenden unterschiedlichen formellen Anforderungen voneinander zu unterscheiden. Es ist genau zu begründen, ob die Übertragung im Sinne des Art. 23 Abs. 1 Satz 2 GG einem der Tatbestände des Art. 23 Abs. 1 Satz 3 GG unterfällt und eine Verfassungsänderung bewirkt. Erst dann sind der Anwendungsbereich des Art. 23 Abs. 1 Satz 3 GG und die darin normierten formellen Anforderungen an die Übertragung von Hoheitsrechten einschlägig.

---

321 BVerfG v. 23.6.1981, 2 BvR 1107/77 u.a. – BVerfGE 58, 1 (36).

322 So auch *Jarass*, in: *Jarass/Pieroth*, GG, 12. Auflage 2012, Art. 23 Rn. 34.

bb. Der Anwendungsbereich des Art. 23 Abs. 1 Satz 3 GG

Entscheidend für die Anwendung der formellen Anforderungen des Art. 23 Abs. 1 Satz 3 GG auf die Übertragung von Hoheitsrechten nach Art. 23 Abs. 1 Satz 2 GG ist, dass dessen spezielle Tatbestandsmerkmale erfüllt werden. Der Begriff der Begründung der Europäischen Union in Art. 23 Abs. 1 Satz 3 GG erfasst die vertragliche Gründung der Europäischen Union mit dem Vertrag von Maastricht 1992[323] sowie die daran anschließenden Vertragserneuerungen[324]. Als Änderungen der vertraglichen Grundlagen der Europäischen Union nach Art. 23 Abs. 1 Satz 3 GG sind alle Änderungen des primären Unionsrechts durch die Mitgliedstaaten anzusehen[325]. Diese folgen beispielsweise aus dem einfachen Vertragsänderungsverfahren nach Art. 48 Abs. 6 EUV. Unter dem in Art. 23 Abs. 1 Satz 3 GG genannten Begriff der vergleichbaren Regelungen sind Bestimmungen zu verstehen, die mit einer Änderung der vertraglichen Grundlagen der Europäischen Union vergleichbar sind[326]. Dies sind zum einen die bereits beschriebenen Brückenklauseln, in denen Änderungen des primären Unionsrechts bereits im Unionsrecht angelegt sind und insofern aus dem Unionsrecht selbst folgen, diese Ergänzungen aber von den Mitgliedstaaten entsprechend ihrer verfassungsrechtlichen Bestimmungen anzunehmen sind[327]. Ebenso einer Änderung des primären Unionsrechts vergleichbar und damit im Anwendungsbereich des Art. 23 Abs. 1 Satz 3 GG sind Rechtsakte, die auf Grundlage des Art. 352 AEUV erlassen werden[328].

Art. 23 Abs. 1 Satz 3 GG ist des Weiteren aber nur anwendbar, wenn durch einen der beschriebenen Rechtsakte das Grundgesetz geändert, ergänzt oder eine solche Änderung oder Ergänzung ermöglicht wird. Die Begründung der Europäischen Union, die Änderungen ihrer vertraglichen Grundlagen oder die vergleichbaren Regelungen unterliegen mithin nur dem Mehrheitserfordernis

323 Gesetz zum Vertrag über die Europäische Union vom 7.2.1992, BGBl. II 1992, 1251.

324 *Jarass*, in: *Jarass/Pieroth*, GG, 12. Auflage 2012, Art. 23 Rn. 35.

325 Vgl. *Heintschel v. Heinegg*, in: *Epping/Hillgruber*, GG, 18. Auflage 2013, Art. 23 Rn. 26; *Uerpmann-Wittzack*, in: *von Münch/Kunig*, GG, Band 1, 6. Auflage 2012, Art. 23 Rn. 49 subsumiert Art. 48 Abs. 6 AEUV hingegen unter vergleichbare Regelungen im Sinne des Art. 23 Abs. 1 Satz 3 GG.

326 *Jarass*, in: *Jarass/Pieroth*, GG, 12. Auflage 2012, Art. 23 Rn. 35.

327 *Streinz*, in: *Sachs*, GG, 6. Auflage 2011, Art. 23 Rn. 84; a.A. *Uerpmann-Wittzack*, in: *von Münch/Kunig*, GG, Band 1, 6. Auflage 2012, Art. 23 Rn. 49.

328 Vgl. BVerfG v. 30.6.2009, 2 BvE 2/08 u.a. - BVerfGE 123, 267 (395); zustimmend *Wernsmann/Sandberg*, DÖV 2014, 49 (54); ablehnend *Pernice*, in: *Dreier*, GG, Band II, 2. Auflage 2006, Art. 23 Rn. 88.

des Art. 79 Abs. 2 GG, wenn eine der beschriebenen Einwirkungen auf die Verfassung stattfindet. Dieses Kriterium charakterisiert den spezifischen Anwendungsbereich des Art. 23 Abs. 1 Satz 3 GG. Denn nicht notwendigerweise jeder der in Art. 23 Abs. 1 Satz 3 GG genannten Tatbestände hat Auswirkungen auf das verfassungsrechtliche Kompetenzgefüge. Art. 23 Abs. 1 Satz 3 GG erfasst vielmehr ausschließlich Rechtsakte, die die bestehende Kompetenzordnung des Grundgesetzes berühren oder zu einer solchen Einwirkung berechtigen[329]. Konkret ist dies der Fall, wenn der deutsche Gesetzgeber das Grundgesetz ändert. Aber auch Rechtsakte, die dazu führen, dass im Ergebnis das Unionsrecht deutsches Verfassungsrecht „verdrängt“[330] und somit eine materielle Verfassungsänderung bewirkt wird, werden erfasst. Eine Ergänzung des Grundgesetzes folgt insbesondere aus Kompetenzerweiterungen der Europäischen Union[331]. Der Anwendungsbereich des Art. 23 Abs. 1 Satz 3 GG ist zudem eröffnet, wenn Änderungen der vertraglichen Grundlagen der Europäischen Union oder dem vergleichbare Regelungen dazu führen, dass die Europäische Union zu solchen Verfassungsänderungen oder -ergänzungen berechtigt wird[332]. Insgesamt rechtfertigt damit erst eine „qualifiziert[e] Verfassungsbedeutung“[333] das gegenüber Art. 23 Abs. 1 Satz 2 GG erhöhte Legitimationserfordernis des Art. 23 Abs. 1 Satz 3 GG.

4. Der Übertragung gleichzusetzende Rechtsakte

Im Zusammenhang mit der Übertragung von Hoheitsrechten problematisch sind solche Konstellationen, die lediglich „in ihren Auswirkungen einer Übertragung von Hoheitsrechten gleichkommen [, weil ihre Folgen] der Ausgestaltung oder Umformung übertragener Hoheitsrechte i.S. des Art. 23 I GG entspreche[n]“[334]. Dies ist beispielsweise bei gesetzlichen Ermächtigungen für

329 *Jarass*, in: *Jarass/Pieroth*, GG, 12. Auflage 2012, Art. 23 Rn. 36; *Scholz*, in: *Maunz/Dürig*, GG, Loseblatt (Mai 2013), Band IV, Art. 23 Rn. 119 ff.

330 *Uerpmann-Wittzack*, in: *von Münch/Kunig*, GG, Band 1, 6. Auflage 2012, Art. 23 Rn. 51; dazu auch *Hillgruber*, in: *Isensee/Kirchhof*, HdBdStR, Band II, 3. Auflage 2004, § 32 Rn. 105; zur Unterscheidung zwischen formellen und materiellen Verfassungsänderungen in diesem Zusammenhang *König*, Die Übertragung von Hoheitsrechten, 2000, S. 307 ff.

331 *Uerpmann-Wittzack*, in: *von Münch/Kunig*, GG, Band 1, 6. Auflage 2012, Art. 23 Rn. 52.

332 *Heintschel v. Heinegg*, in: *Epping/Hillgruber*, GG, 18. Auflage 2013, Art. 23 Rn. 27.

333 *Jarass*, in: *Jarass/Pieroth*, GG, 12. Auflage 2012, Art. 23 Rn. 36.

334 BVerfG v. 7.9.2011, 2 BvR 987/10 u.a. – BVerfGE 129, 124 (171 f.).

außerstaatlich wirksame Gewährleistungsübernahmen von erheblichem Umfang der Fall, bei denen der Eintritt des Gewährleistungsfalls vom Verhalten anderer Staaten abhängig ist[335]. Diese führen zwar nicht notwendigerweise zu unmittelbarer Geltung und Anwendbarkeit fremder Hoheitsakte oder Ausübung fremder Hoheitsgewalt im innerstaatlichen Bereich und führen nicht stets zu Änderungen des primären Unionsrechts. Damit stellen diese Tatbestände an sich keine Übertragung im Sinne des Art. 23 Abs. 1 Satz 2 GG dar, sollen aber – wegen ihrer im Ergebnis gleichen Auswirkungen auf das nationale Recht sowie die bestehende Kompetenzverteilung zwischen der Europäischen Union und den Mitgliedstaaten – gleichwohl dem Anwendungsbereich des Art. 23 GG unterfallen, weil sie rein tatsächlich einer Übertragung im Sinne des Art. 23 Abs. 1 Satz 2 GG gleichzusetzen sind[336]. Denn auch in diesem Fall könne der europäische Integrationsprozess zur Begrenzung nationaler Hoheitsgewalt führen, sodass die besonderen Voraussetzungen des Art. 23 Abs. 1 GG als verfassungsrechtliche Grundlagen der europäischen Integration zu beachten sind[337]. Zwar räumen deutsche Staatsorgane der Europäischen Union in diesem Fall nicht das Recht ein, über die bestehende Kompetenzverteilung zwischen Europäischer Union und Mitgliedstaaten hinaus weitere hoheitliche Kompetenzen im innerstaatlichen Bereich auszuüben, sodass Art. 23 Abs. 1 Satz 2 unmittelbar einschlägig wäre. Es werden jedoch durch ein Gesetz völkerrechtliche Verpflichtungen eingegangen, die dieselben Auswirkungen auf nationale Hoheitsrechte haben. Werden die Verpflichtungen erfüllt, wirkt dies im Ergebnis so, als ob die Hoheitsrechte auf die Europäische Union übertragen worden wären. Denn auch dann folgt aus einer völkerrechtlichen Vereinbarung die „Rücknahme“[338] der innerstaatlichen Hoheitsgewalt.

Übernimmt der Bundestag beispielsweise aufgrund einer völkerrechtlichen Verpflichtung eine finanzielle Gewährleistungsübernahme nach Art. 115 Abs. 1 GG, führt diese völkerrechtliche Vereinbarung dazu, dass die nationale

335 BVerfG v. 7.9.2011, 2 BvR 987/10 u.a. – BVerfGE 129, 124 (171).

336 *Wollenschläger*, NVwZ 2012, 713 (714 f.); unabhängig von der Frage, ob jede Übertragung im Sinne von Art. 23 Abs. 1 Satz 2 GG dem Anwendungsbereich des Art. 23 Abs. 1 Satz 3 GG unterfällt, verpflichtet die Anwendbarkeit des Art. 23 Abs. 1 Satz 2 GG jedenfalls zur Beachtung der Vorgaben des Art. 23 Abs. 1 Satz 1 GG, vgl. *Streinz*, in: *Sachs*, GG, 6. Auflage 2011, Art. 23 Rn. 72 ff. sowie *Jarass*, in: *Jarass/Pieroth*, GG, 12. Auflage 2012, Art. 23 Rn. 33.

337 *Wollenschläger*, NVwZ 2012, 713 (714 f.); *Kube*, WM 2012, 245 (248); *Lorz/Sauer*, DÖV 2012, 573 (577 f.); dazu auch *Ruffert*, EuR 2011, 842 (844 f.).

338 *Jarass*, in: *Jarass/Pieroth*, GG, 12. Auflage 2012, Art. 24 Rn. 5.

Budgethoheit als Hoheitsrecht in bestimmtem Maße nicht mehr ausgeübt werden kann, wenn die Gewährleistungsübernahme zu erfüllen ist[339]. Damit ist zu untersuchen, ob nicht die besonderen Voraussetzungen des Art. 23 GG einzuhalten sind, der in Abs. 1 Satz 2 die verfassungsrechtliche Grundlage für die Übertragung von Hoheitsrechten normiert. Dies stünde auch im Einklang mit einer insgesamt weiten Auslegung des Begriffs der Übertragung von Hoheitsrechten[340]. Eigentlich findet keine Übertragung von Hoheitsrechten im Sinne des Art. 23 Abs. 1 Satz 2 GG statt, da „lediglich eine völkerrechtliche Verpflichtung"[341] geschaffen wird, deren nationale Zustimmung sich grundsätzlich nach Art. 59 Abs. 2 Satz 1 GG richtet. Fraglich ist also, ob es gerechtfertigt erscheint, solche nationalen Gesetze dem Tatbestand des Art. 23 Abs. 1 Satz 2 GG zu unterwerfen und so den Anwendungsbereich des Art. 23 Abs. 1 GG zu eröffnen. Nur in diesem Fall hat der Gesetzgeber die bereits beschriebenen besonderen Anforderungen, die sich aus Art. 23 Abs. 1 Sätze 2 und 3 GG ergeben, zu beachten.

Sieht man das Kriterium der Durchgriffswirkung im nationalen Hoheitsbereich als unabdingbare Voraussetzung für die Übertragung von Hoheitsrechten[342], ist der Anwendungsbereich von Art. 23 Abs. 1 Satz 2 GG nur solchen Gesetzen vorbehalten, die diese Wirkung entfalten. Damit fallen zum einen bereits alle Gesetze, die die schlichte Ausübung fremder Hoheitsgewalt im innerstaatlichen Bereich ermöglichen, ohne aber insbesondere unmittelbare Geltung und Anwendbarkeit zwischenstaatlichen Rechts in der deutschen Rechtsordnung zur Folge zu haben (beispielsweise NATO-Einsatz auf deutschem Hoheitsgebiet), nicht in den Anwendungsbereich des Art. 23 Abs. 1 Satz 2 GG[343]. Aber zum anderen können auch Regelungen, deren Folgen lediglich einer Übertragung von Hoheitsrechten entsprechen, nicht als Übertragung von Hoheitsrechten im Sinne des Art. 23 Abs. 1 Satz 2 GG angesehen werden, weil die für die Übertragung von Hoheitsrechten charakteristische Durchgriffswirkung fehlt. Konsequenz dessen ist, dass Art. 23 Abs. 1 Satz 2 GG und die darin enthaltenen Anforderungen an ein Gesetz nur in eng begrenzten Fällen zur Anwendung kommen. Zudem eröffnen sich auch insgesamt seltener der Anwendungsbereich des Art. 23 GG und die darin normierten verfassungsrechtlichen Vorgaben an die europäische Integration formeller und materieller Art.

339 Vgl. BVerfG v. 7.9.2011, 2 BvR 987/10 u.a. – BVerfGE 129, 124 (171).

340 So *Jarass*, in: *Jarass/Pieroth*, GG, 12. Auflage 2012, Art. 23 Rn. 29.

341 *Jarass*, in: *Jarass/Pieroth*, GG, 12. Auflage 2012, Art. 24 Rn. 5.

342 Vgl. nur *Streinz*, in: *Sachs*, GG, 6. Auflage 2011, Art. 24 Rn. 13 und Rn. 35 f. sowie Art. 23 Rn. 54.

343 *Streinz*, in: *Sachs*, GG, Art. 24 Rn. 36.

Diese Auslegung entspricht jedoch nicht der Intention des Art. 23 Abs. 1 Satz 2 GG. Denn Art. 23 Abs. 1 Satz 2 GG soll auch allgemein Tatbestände erfassen, in denen deutsche Staatsorgane ihren „Herrschaftsanspruch [...] zugunsten nichtdeutscher Hoheitsgewalt [zurücknehmen]"[344]. Damit erfüllen aber auch Gesetze, die lediglich „in ihren Auswirkungen einer Übertragung von Hoheitsrechten gleichkommen können"[345], die Voraussetzungen des Art. 23 Abs. 1 Satz 2 GG. Denn die Vergleichbarkeit beider Tatbestände rechtfertigt ihre Beurteilung anhand gleicher rechtlicher Maßstäbe. Dies folgt bereits aus einer Auslegung des Art. 23 Abs. 1 Satz 2 GG vor dem Hintergrund der Gesamtsystematik des Art. 23 Abs. 1 GG. Nach Art. 23 Abs. 1 Satz 1 GG wirkt die Bundesrepublik Deutschland an der Entwicklung der Europäischen Union mit. Zur Verwirklichung dieser verfassungsrechtlichen Vorgabe ermächtigt Art. 23 Abs. 1 Satz 2 GG den Bund zur Übertragung von Hoheitsrechten. Gleichzeitig normieren Art. 23 Abs. 1 bis 7 GG insbesondere formelle und materielle Vorgaben an die Entwicklung der Europäischen Union. Insofern enthält Art. 23 GG insgesamt die entscheidenden verfassungsrechtlichen Regelungen zur europäischen Integration. Dies bestätigt auch ein Blick auf die weiteren Grundgesetzbestimmungen. Eine Regelung zur Übertragung von Hoheitsrechten auf die Europäische Union findet sich einzig in Art. 23 GG. Dies zeigt, dass das Grundgesetz die Berührung deutscher Hoheitsrechte im europäischen Integrationsprozess nur nach Maßgabe des Art. 23 GG erlaubt. Auch der Wortlaut „Übertragung" in Art. 23 Abs. 1 Satz 2 GG ist weit gefasst. Dieser beschreibt alleine die Situation, dass Hoheitsrechte nicht mehr von deutschen Staatsorganen ausgeübt werden, ohne dass eine Eingrenzung auf bestimmte Formen unionaler Rechtsetzung erfolgt. Die Nichtausübung von Hoheitsgewalt erfolgt aber nicht erst dann, wenn die Europäische Union im innerstaatlichen Bereich Recht setzt, sondern sie kann auch durch sonstiges Handeln erreicht werden, das zur Nichtausübung von Hoheitsgewalt im innerstaatlichen Bereich führt.

Diese Auslegung entspricht darüber hinaus auch dem Sinn und Zweck des Art. 23 Abs. 1 Satz 2 GG. Denn die beschriebenen Tatbestände unterscheiden sich in ihren Voraussetzungen und Folgen nicht von Gesetzen, die zu unmittelbarer Geltung und Anwendbarkeit des Unionsrechts im innerstaatlichen Bereich führen. Es handelt sich jeweils um ein nationales Gesetz, das im Ergebnis dazu führt, dass deutsche Staatsorgane Hoheitsgewalt, jedenfalls in begrenztem Maße, einbüßen. Gesetze, die unmittelbare Geltung und Anwendbarkeit des

344 BVerfG v. 18.12.1984, 2 BvE 13/83 – BVerfGE 68, 1 (91).
345 BVerfG v. 7.9.2011, 2 BvR 987/10 u.a. – BVerfGE 129, 124 (171).

Unionsrechts in der deutschen Rechtsordnung bewirken, führen dazu, dass insoweit deutsche Hoheitsgewalt nicht zur Anwendung kommt. Gleiches gilt für solche Gesetze, in denen der nationale Herrschaftsanspruch zugunsten fremder Hoheitsgewalt zurückgenommen wird, ohne dass diese in ihrer Rechtsetzung auf den innerstaatlichen Bereich „durchgreif[t]"[346]. Denn auch in diesem Fall wird nationale Hoheitsgewalt in begrenztem Maße nicht mehr ausgeübt und fremde Staatsgewalt kommt an ihrer Stelle zur Anwendung. Eine entsprechende „Rücknahme"[347] hoheitlicher Gewalt entsteht aber auch, wenn deutsche Staatsgewalt aufgegeben wird, ohne dass unmittelbar fremde Hoheitsgewalt ausgeübt wird. Ein Unterschied besteht nur insofern, als in letzterem Fall fremde Hoheitsgewalt nicht im innerstaatlichen Bereich zur Anwendung kommt. Aber auch dann sind es deutsche Staatsorgane, die in einem nationalen Gesetz Hoheitsgewalt zurücknehmen, und dies im Zuge des europäischen Integrationsprozesses. Dies rechtfertigt es, völkerrechtliche Verpflichtungen in eng begrenzten Fällen jedenfalls in ihren Auswirkungen der Übertragung von Hoheitsrechten auf die Europäische Union gleichzusetzen. Zwar ist grundsätzlich eine Vielzahl völkerrechtlicher Verträge erfasst. Nur völkerrechtliche Verpflichtungen, die entsprechend den Erweiterungen der unionalen Kompetenzen oder Änderungen des primären Unionsrechts nach Art. 23 Abs. 1 Satz 2 GG die bestehende Kompetenzverteilung zwischen Europäischer Union und ihren Mitgliedstaaten berühren, werden aber gleichgesetzt[348]. Damit erfolgt die Nichtausübung deutscher Hoheitsgewalt im Zuge des europäischen Integrationsprozesses. Aufgrund dieser Vergleichbarkeit ist es nicht gerechtfertigt, an die jeweiligen Gesetze unterschiedliche formelle und materielle Anforderungen zu stellen[349]. Die formellen und materiellen Vorgaben der Verfassung für ein Handeln deutscher Staatsorgane in dieser Hinsicht ergeben sich vielmehr einheitlich aus Art. 23 GG. Nationale Gesetze, in denen deutsche Staatsorgane ihre Staatsgewalt zurücknehmen und dies aus einer völkerrechtlichen Verpflichtung folgt, die in spezifischem Zusammenhang mit dem europäischen Integrationsprozess steht, stellen zwar keine Übertragung von Hoheitsrechten im Sinne des Art. 23 Abs. 1 Satz 2 GG dar, sind aber gleichwohl den Vorgaben des Art. 23 GG zu unterstellen, sodass Art. 23 GG entsprechend anwendbar ist.

---

346 *Jarass*, in: *Jarass/Pieroth*, GG, 12. Auflage 2012, Art. 24 Rn. 5.

347 *Jarass*, in: *Jarass/Pieroth*, GG, 12. Auflage 2012, Art. 24 Rn. 5.

348 BVerfG v. 7.9.2011, 2 BvR 987/10 u.a. – BVerfGE 129, 124 (171 ff.); *Wollenschläger*, NVwZ 2012, 713 (714 f.); *Kube*, WM 2012, 245 (247).

349 So im Ergebnis auch *Wollenschläger*, NVwZ 2012, 713 (715).

5. *Zwischenergebnis*

Das Grundgesetz berechtigt den Gesetzgeber in Art. 23 Abs. 1 GG, der Europäischen Union Hoheitsrechte zu übertragen. Der Begriff der Übertragung ist dabei in einem weiten Sinne zu verstehen und erfasst die Gesamtheit der Rechtsakte, die die Verlagerung staatlicher Herrschaftsgewalt auf Institutionen der Europäischen Union zu Lasten nationaler Hoheitsträger zur Folge haben. Der Übertragung von Hoheitsrechten gleichgestellt werden darüber hinaus Rechtsakte, die in ihren Auswirkungen einer Übertragung von Hoheitsrechten entsprechen. Diese sind dann ebenfalls den Anforderungen des Art. 23 GG zu unterwerfen.

6. *Anwendungsvorrang des Unionsrechts*

Bereits festgestellt wurde, dass die Übertragung von Hoheitsrechten nach Erfüllung der Voraussetzungen des Art. 23 Abs. 1 GG die Europäische Union zur Rechtsetzung mit unmittelbarer Geltung, Anwendbarkeit und Wirkung[350] in der deutschen Rechtsordnung berechtigt. Das Recht der Europäischen Union verdrängt mitgliedstaatliche Entscheidungsgewalt tatsächlich aber erst, wenn das Unionsrecht im Falle des Widerspruchs mit der mitgliedstaatlichen Rechtsordnung darüber hinaus eine vorrangige Stellung einnimmt[351]. Der Übertragungstatbestand (Art. 23 Abs. 1 Satz 2 GG) vervollständigt sich, wenn „der ausschließliche Herrschaftsanspruch der Bundesrepublik Deutschland im Geltungsbereich des Grundgesetzes zurückgenommen“[352] wird, sodass dem Rangverhältnis zwischen mitgliedstaatlichem Recht und Unionsrecht entscheidende Bedeutung zukommt. Trifft eine nationale Regelung auf eine Regelung des Unionsrechts und sehen beide Normen für einen gleich gelagerten Sachverhalt verschiedene Rechtsfolgen vor, tritt die mitgliedstaatliche Regelung nur im Fall der Vorrangigkeit des Unionsrechts zurück[353]. Erst wenn unionale Vorgaben bindend sind, wird mitgliedstaatliche Entscheidungsgewalt in dieser Hinsicht zu Gunsten

---

350 Die unmittelbare Anwendbarkeit wirtschafts- und währungsrechtlicher Regelungen (insbesondere Art. 126 AEUV; Art. 130 AEUV) bejahend *Selmayr*, Das Recht der Wirtschafts- und Währungsunion, 2002, S. 253 ff.; dies ablehnend *Häde*, WM 2008, 1717 (1718).

351 *Huber*, Recht der Europäischen Integration, 2. Auflage 2002, § 9 Rn. 2; auf diesen Zusammenhang zwischen unmittelbarer Rechtsetzung und Rangverhältnis hinweisend auch *Beljin*, EuR 2002, 351 (352 ff.).

352 BVerfG v. 29.5.1974, BvL 52/71 – BVerfGE 37, 271 (280).

353 Zu den Konstellationen *Huber*, Recht der Europäischen Integration, 2. Auflage 2002, § 9 Rn. 1; ebd. auch zu bloß indirekten Kollisionen.

des Unionsrechts tatsächlich zurückgenommen. Damit kennzeichnen aber erst unmittelbare Wirkung und Vorrangstellung des Unionsrechts zusammen eine wirkliche Verlagerung staatlicher Entscheidungsgewalt auf die Ebene der Europäischen Union durch die Übertragung von Hoheitsrechten gem. Art. 23 Abs. 1 Satz 2 GG[354].

Die Grundlage der Unionsrechtsordnung, einen für die Mitgliedstaaten und ihre Bürger gemeinsamen Rechtsraum zu schaffen[355], entscheidet die Frage des Rangverhältnisses zwischen Unionsrechtsordnung und mitgliedstaatlicher Rechtsordnung im Ergebnis auch zu Gunsten Ersterer[356]. Dem entspricht die Sicht des Unionsrechts selbst[357]. Fraglich ist nur, auf welche rechtliche Grundlage eine vorrangige Stellung des Unionsrechts zu stützen ist und welche konkreten Rechtsfolgen sich daraus für das Verhältnis zwischen Unionsrechtsordnung und mitgliedstaatlicher Rechtsordnung ergeben. Denn aus der dogmatischen Ableitung des Rangverhältnisses zwischen Unionsrechtsordnung und mitgliedstaatlicher Rechtsordnung bestimmen sich unterschiedliche Rechtsfolgen, die aus dem Vorrang des Unionsrechts abzuleiten sind. Gerade diese Folge der Übertragung von Hoheitsrechten prägt das Verhältnis zwischen Unionsrechtsordnung und nationaler Rechtsordnung und stellt die Übertragung von Hoheitsrechten unter einen besonderen verfassungsrechtlichen Rechtfertigungsbedarf.

a. Rechtliche Grundlage des Rangverhältnisses

Eine vorrangige Stellung des Unionsrechts vor der nationalen Rechtsordnung kann auf unterschiedliche rechtliche Grundlagen gestützt werden.

aa. Die Autonomie der Unionsrechtsordnung

Der EuGH sieht die Grundlage des Vorrangs des Unionsrechts in der Autonomie der unionalen Rechtsordnung. Mit der Schaffung der Unionsrechtsordnung

---

354 Zu diesem Zusammenhang BVerfG v. 22.10.1986, 2 BvR 197/83 – BVerfGE 73, 339 (375).

355 Vgl. EuGH v. 5.2.1963, Rs. 26/62 – *van Gend & Loos/Niederländische Finanzverwaltung*, Slg. 1963, 3 (24).

356 Im Ergebnis allgemeine Meinung, vgl. nur BVerfG v. 30.6.2009, 2 BvE 2/08 u.a. – BVerfGE 123, 267 (398) sowie *Nettesheim*, in: *Grabitz/Hilf/Nettesheim*, Recht der EU, Loseblatt (Mai 2013), Art. 1 AEUV Rn. 71 m.w.N.; so auch *Wernsmann*, JURA 2000, 657 (659) und *Funke*, DÖV 2007, 733 (733).

357 Vgl. dazu die Erklärung Nr. 17 der Erklärungen zum Vertrag von Lissabon, ABl. 2008 C 115, 335 (344); EuGH v. 15.7.1964, Rs. 6/64 – *Costa/E.N.E.L.*, Slg. 1964, 1141 (1270); zum Verhältnis der unionsrechtlichen Rechtsquellen untereinander *Nettesheim*, EuR 2006, 737 (737 ff.); dazu auch *Wernsmann*, NZG 2011, 1241 (1243).

und der Übertragung mitgliedstaatlicher Hoheitsrechte haben die Mitgliedstaaten Recht geschaffen, das auch für sie selbst verbindlich ist. Die effektive und einheitliche Durchsetzung des Unionsrechts sowie dessen unmittelbare Geltung, Anwendbarkeit und Wirkung für und in den Mitgliedstaaten könnten nur erreicht werden, wenn dem Unionsrecht gegenüber mitgliedstaatlichem Recht Vorrang zukomme. Dieser Vorrang sei in der Unionsrechtsordnung selbst begründet und nicht von mitgliedstaatlichem Recht abhängig[358]. Insofern sei die Frage der „Rechtmäßigkeit unionaler Rechtsakte"[359] stets ausschließlich aus dem Unionsrecht heraus zu beantworten.

bb. Der nationale Rechtsanwendungsbefehl

Das BVerfG führt die vorrangige Stellung des Unionsrechts auf den im nationalen Zustimmungsgesetz zur Übertragung unionaler Hoheitsrechte enthaltenen Rechtsanwendungsbefehl zurück. Es sei das nationale Recht, das dem Unionsrecht im innerstaatlichen Bereich einen grundsätzlichen Vorrang zuerkenne[360]. Konsequenterweise finde der Vorrang des Unionsrechts damit aber seine Grenze im nationalen Zustimmungsgesetz und in der Folge im Verfassungsrecht, an das das Zustimmungsgesetz gebunden sei[361].

cc. Stellungnahme

Als die „Herren der Verträge"[362] müssen es im Ergebnis auch die Mitgliedstaaten sein, die über den Vorrang des Unionsrechts bestimmen[363]. Denn die Europäische Union ist zwar als „supranationale"[364] Rechtsordnung von völkerrechtlichen Rechtsquellen zu unterscheiden. Ihr kommt mit der Befugnis zur Rechtsetzung mit unmittelbarer Geltung, Anwendbarkeit und Wirkung im innerstaatlichem Bereich und einer grundsätzlich gegenüber der mitgliedstaatlichen Rechtsordnung vorrangigen Stellung ein besonderer Stellenwert zu. In diesem Sinne ist die Europäische Union eine im Verhältnis zu Völkerrecht und nationalem Recht

---

358 Dazu insgesamt EuGH v. 15.7.1964, Rs. 6/64 – *Costa/E.N.E.L.*, Slg. 1964, 1141 (1269 f.); vgl. auch *Frenz*, Der Staat 34 (1995), 586 (591 ff.).

359 *Terhechte*, JuS 2008, 403 (404).

360 Dazu BVerfG v. 9.6.1971, 2 BvR 255/69 – BVerfGE 31, 145 (173 ff.); BVerfG v. 8.4.1987, 2 BvR 687/85 – BVerfGE 75, 223 (244); BVerfG v. 30.6.2009, 2 BvE 2/08 u.a. – BVerfGE 123, 267 (354); *Rupp*, AöR 120 (1995), 269 (275).

361 BVerfG v. 30.6.2009, 2 BvE 2/08 u.a. – BVerfGE 123, 267 (400).

362 BVerfG v. 12.10.1993, 2 BvR 2134/92 u.a. – BVerfGE 89, 155 (190).

363 So im Ergebnis auch *Isensee*, in: FS Stern, 1997, S. 1239 (1261 ff.), der dies aber mit der rechtspolitisch entscheidenden Stellung der Mitgliedstaaten begründet.

364 *Calliess*, Die neue Europäische Union, 2010, S. 50.

„eigene Rechtsordnung“[365]. Dass der Europäischen Union eine weitreichende Rechtsetzungsbefugnis im innerstaatlichen Bereich zusteht, deren „praktische Wirksamkeit [und] einheitliche Geltung“[366] durchzusetzen ist, und dem Unionsrecht zu diesem Zweck eine vorrangige Stellung zustehen muss, ist daher im Ergebnis unbestritten.

Der besondere Stellenwert der Unionsrechtsordnung im Vergleich zu nationalem Recht und Völkerrecht ist aber von der Frage zu unterscheiden, auf welche rechtliche Grundlage das Unionsrecht zurückzuführen ist. Dies gilt für die oben bereits diskutierte Rechtsgrundlage der unionalen Rechtsetzung mit unmittelbarer Geltung, Anwendbarkeit und Wirkung gleichermaßen wie für den Vorrang des Unionsrechts.

Die Europäische Union hat den Schritt zur Staatlichkeit noch nicht überschritten[367]. Ihr fehlt die „Kompetenz-Kompetenz“[368] und damit gerade das Recht, aus sich selbst heraus Kompetenzen zu begründen. Dieses Prinzip muss aber für die Bestimmung des Rangverhältnisses ihres Rechts zur mitgliedstaatlichen Rechtsordnung weitergedacht werden. Bestimmt die Europäische Union den Rang ihres Rechts aus sich selbst heraus, handelt sie gleich einer Rechtsordnung, die ihre Kompetenzen selbst bestimmt. Dies steht damit aber jedenfalls im Wertungswiderspruch zur fehlenden Kompetenz-Kompetenz der Europäischen Union. Dieses Prinzip ist gerade durch die Rückbindung unionaler Kompetenzen an das mitgliedstaatliche Recht gekennzeichnet. Eine solche Auslegung wird durch den Grundsatz der begrenzten Einzelermächtigung (Art. 5 Abs. 1 EUV) bestätigt, da dieser auch unionsrechtlich die Rückbeziehung des Unionsrechts zum Recht der Mitgliedstaaten bei Kompetenzerwerb statuiert. Dass die Unionsrechtsordnung eine von den Mitgliedstaaten abgeleitete Rechtsordnung ist, muss dann aber konsequenterweise auch die Frage entscheiden, aus welcher rechtlichen Grundlage der Vorrang des Unionsrechts herzuleiten ist. Auch hier muss die Rückbindung des Unionsrechts an die mitgliedstaatliche Rechtsordnung beachtet werden. Insofern ist es richtig, den Vorrang des Unionsrechts auf den im Zustimmungsgesetz enthaltenen Rechtsanwendungsbefehl zurückzuführen und ihn damit jedenfalls im Ausgangspunkt auf das Recht der Mitgliedstaaten zu beziehen. Zwar ist Folge dieser Auslegung, dass der Vorrang des Unionsrechts an Grenzen gebunden ist. Eine begrenzte Kompetenzausübung ist dem Unionsrecht aber nicht fremd, sondern spiegelt sich im Prinzip der begrenzten

365 EuGH v. 15.7.1964, Rs. 6/64 – *Costa/E.N.E.L.*, Slg. 1964, 1141 (1269).
366 *Terhechte*, JuS 2008, 403 (403).
367 *Isensee*, in: FS Everling, Band I, 1995, S. 567 (572).
368 BVerfG v. 12.10.1993, 2 BvR 2134/92 u.a. – BVerfGE 89, 155 (181).

Einzelermächtigung (Art. 5 Abs. 1 EUV) wider. Es sind die Mitgliedstaaten, die die Grundlagen der Unionsrechtsordnung in ihrer Gesamtheit schaffen (vgl. Art. 1 Abs. 1 EUV)[369], den Vorrang des Unionsrechts eingeschlossen.

b. Rechtsfolgen des Rangverhältnisses

Mit der Entscheidung für einen grundsätzlichen Vorrang des Unionsrechts vor mitgliedstaatlichem Recht ist noch keine Aussage über die konkrete Ausgestaltung des Vorrangverhältnisses getroffen.

aa. Unanwendbarkeit nationalen Rechts

Grundsätzlich wird im Falle des Widerspruchs einer nationalen Regelung mit dem Unionsrecht die nationale Regelung „ohne weiteres unanwendbar"[370]. Der damit verbundene „Anwendungsvorrang"[371] des Unionsrechts vor mitgliedstaatlichem Recht bedeutet, dass in dieser Konstellation nationales Recht von den Rechtsanwendern in den Mitgliedstaaten nicht anzuwenden ist[372]. Alle nationale Hoheitsgewalt ausübenden Staatsorgane haben das nationale Recht zu Gunsten des Unionsrechts außer Anwendung zu lassen[373]. Dagegen folgt aus dem Anwendungsvorrang des Unionsrechts gerade nicht die Nichtigkeit der nationalen Regelung, die Folge eines „Geltungsvorrangs"[374] unionalen Rechts wäre.

Der Anwendungsvorrang ist damit als „Kollisionsregel"[375] zu verstehen, nach der im Kollisionsfall zwischen einer unionsrechtlichen und einer nationalen

369 Darauf explizit hinweisend auch *Isensee*, in: FS Stern, 1997, S. 1239 (1247).

370 EuGH v. 9.3.1978, Rs. 106/77 – *Simmenthal*, Slg. 1978, 629 (644); ebenso EuGH v. 22.10.1998, Rs. C-10/97 bis C-22/97 – *IN.CO.GE.*, Slg. 1998, I-6307 (6332) sowie BVerfG v. 30.6.2009, 2 BvE 2/08 u.a. – BVerfGE 123, 267 (398).

371 BVerfG v. 30.6.2009, 2 BvE 2/08 u.a. – BVerfGE 123, 267 (354).

372 EuGH v. 22.10.1998, Rs. C-10/97 bis C-22/97 – *IN.CO.GE.*, Slg. 1998, I-6307 (6333).

373 Zu den Folgen des Anwendungsvorrangs für die Staatsorgane der Judikative und Exekutive *Streinz/Herrmann*, BayVBl 2008, 1 (4 ff.).

374 EuGH v. 7.2.1984, Rs. 237/82 – *Jongeneel Kaas*, Slg. 1984, 483 (500); *Streinz*, Europarecht, 8. Auflage 2008, S. 78; *Streinz/Herrmann*, BayVBl 2008, 1 (3 f.); *Terhechte*, JuS 2008, 403 (404); anders aber *Grabitz*, Gemeinschaftsrecht bricht nationales Recht, 1966, S. 98 ff.; damit verhindert entgegenstehendes Unionsrecht auch nicht die legislative Entstehung unionsrechtswidrigen nationalen Rechts, vgl. nur EuGH v. 22.10.1998, Rs. C-10/97 bis C-22/97 – *IN.CO.GE.*, Slg. 1998, I-6307 (6332 f.) sowie *Ipsen*, Gemeinschaftsrecht, 1972, S. 288.

375 *Funke*, DÖV 2007, 733 (735).

Regelung das nationale Recht für den Einzelfall unanwendbar wird[376]. Das bedeutet, dass zwar im Ergebnis Unionsrecht nationalem Recht vorgehen muss, die konkrete Ausgestaltung der Kollisionsfolgen auf nationaler Ebene aber den Mitgliedstaaten obliegt[377]. Mithin steht es den Mitgliedstaaten zu, die Art und Weise zu bestimmen, wie dem Unionsrecht entgegenstehendes nationales Recht nicht zur Anwendung gelangt.

bb. Reichweite des Anwendungsvorrangs

Die entscheidende Problematik des Anwendungsvorrangs liegt in der Frage nach der letztverbindlichen Entscheidungskompetenz über die Rechtmäßigkeit unionaler Rechtsakte, mithin über die Grenzen des Übertragenen[378].

Der EuGH geht auf Grundlage der Autonomie der Unionsrechtsordnung davon aus, dass der Anwendungsvorrang tatbestandlich absolut zu verstehen sei, mit der Folge, dass Unionsrecht gleich welcher Art jedem nationalen Recht in der Anwendung vorgehe[379]. Die letztverbindliche Entscheidung über die rechtmäßige Anwendung übertragener Kompetenzen könne daher ausschließlich das Unionsrecht selbst treffen[380].

---

376 *Zuleeg*, Das Recht der Europäischen Gemeinschaften, 1969, S. 146 ff.; *Ipsen*, in: FS Scheuner, 1973, S. 211 (223 f.); *Stern*, Staatsrecht, Band I, 2. Auflage 1984, § 15 S. 544; *Ipsen*, in: *Isensee/Kirchhof*, HdBdStR, Band VII, 1992, § 181 Rn. 58 f.; anders aber *Niedobitek*, VerwArch 2001, 58 (65), der im Anwendungsvorrang eine Rangregel sieht und ähnlich dem Geltungsvorrang die generelle Unwirksamkeit der nationalen Norm für den Rechtsanwender annimmt; zu dieser Differenzierung *Funke*, DÖV 2007, 733 (735).

377 EuGH v. 4.4.1968, Rs. 34/67 - *Lück*, Slg. 1968, 359 (373); *Isensee*, in: FS Stern, 1997, S. 1239 (1243).

378 So auch *Terhechte*, JuS 2008, 403 (404); an späterer Stelle ist die davon zu unterscheidende Frage nach den verfassungsrechtlichen Grenzen des Übertragbaren zu behandeln; differenzierend in diesem Sinne auch *Wernsmann*, JZ 2005, 224 (225), dort in Fn. 7.

379 EuGH v. 17.12.1970, Rs. 11/70 - *Internationale Handelsgesellschaft*, Slg. 1970, 1125 (1135); EuGH v. 9.3.1978, Rs. 106/77 - *Simmenthal*, Slg. 1978, 629 (644); der Anwendungsvorrang erfasst auch konkret-individuelle Regelungen, dazu EuGH v. 29.4.1999, Rs. C-224/97 - *Ciola*, Slg. 1999, I-2517 (2540); zur unionsrechtlichen Sicht des EuGH vgl. auch *Jarass*, DVBl 1995, 954 (958 f.); *Schweitzer*, Staatsrecht III, 10. Auflage 2010, Rn. 48a und Rn. 49a; *Huber*, Recht der Europäischen Integration, 2. Auflage 2002, § 9 Rn. 9.

380 Vgl. EuGH v. 22.10.1987, Rs. 314/85 - *Foto-Frost*, Slg. 1987, 4199 (4231).

Auch das BVerfG anerkennt im Grundsatz die Zuständigkeit der Unionsorgane zur Auslegung der tatbestandlichen Reichweite unionaler Zuständigkeiten[381]. Jedoch gelte der Anwendungsvorrang des Unionsrechts nur „im Rahmen der fortbestehenden verfassungsrechtlichen Ermächtigung“[382]. Dies gilt insbesondere bei Auslegung der europäischen Verträge im Hinblick auf die Reichweite übertragener Kompetenznormen.

Das BVerfG behält sich zum einen die Prüfungskompetenz darüber vor, ob bei Inanspruchnahme unionaler Zuständigkeiten das Prinzip der begrenzten Einzelermächtigung (Art. 5 Abs. 1 Satz 1 EUV) verletzt wird. Ergibt die sogenannte „Ultra-vires-Kontrolle“[383], dass ein „ausbrechende[r] Rechtsakt“[384] der Europäischen Union vorliegt, ist dieser im Geltungsbereich des Grundgesetzes nicht anwendbar. Diese Kontrollkompetenz greift aber nur, wenn auf Unionsrechtsebene kein Rechtsschutz zu erlangen ist[385] und ihr Anwendungsbereich ist eng begrenzt. Erstens sei zunächst dem EuGH die „Gelegenheit zur Vertragsauslegung sowie zur Entscheidung über die Gültigkeit und die Auslegung“[386] des Rechtsaktes zu geben. Zweitens sei ein ausbrechender Rechtsakt ausschließlich bei „ersichtlich[en]“[387] Kompetenzüberschreitungen oder Kompetenzausübungen der Unionsorgane anzunehmen, die sich außerhalb der vertraglichen Grundlagen bewegen. Das bedeutet, dass ein Kompetenzverstoß der Unionsorgane „hinreichend qualifiziert“[388] sein muss, um in den Anwendungsbereich der Ultra-vires-Kontrolle durch das BVerfG zu fallen.

Zum anderen findet die Anwendung des Unionsrechts ihre Grenze im „unantastbare[n] Kerngehalt der Verfassungsidentität des Grundgesetzes nach Art. 23 Abs. 1 Satz 3 GG in Verbindung mit Art. 79 Abs. 3 GG“ [389]. Letzteres

---

381 Vgl. BVerfG v. 6.7.2010, 2 BvR 2661/06 - BVerfGE 126, 286 (303).

382 BVerfG v. 30.6.2009, 2 BvE 2/08 u.a. - BVerfGE 123, 267 (354).

383 *Jarass*, in: *Jarass/Pieroth*, GG, 12. Auflage 2012, Art. 23 Rn. 42 (im Original kursiv gedruckt); dazu eingehend *Proelß*, EuR 2011, 241 (242 ff.) sowie *Pötters/Traut*, EuR 2011, 580 (580 ff.).

384 BVerfG v. 30.6.2009, 2 BvE 2/08 u.a. - BVerfGE 123, 267 (354); BVerfG v. 12.10.1993, 2 BvR 2134/92 u.a. - BVerfGE 89, 155 (188).

385 BVerfG v. 30.6.2009, 2 BvE 2/08 u.a. - BVerfGE 123, 267 (353).

386 BVerfG v. 6.7.2010, 2 BvR 2661/06 - BVerfGE 126, 286 (304).

387 BVerfG v. 6.7.2010, 2 BvR 2661/06 - BVerfGE 126, 286 (302); dazu *Seifert*, EuR 2010, 802 (809).

388 BVerfG v. 6.7.2010, 2 BvR 2661/06 - BVerfGE 126, 286 (304).

389 BVerfG v. 30.6.2009, 2 BvE 2/08 u.a. - BVerfGE 123, 267 (353).

wird in der sogenannten „Identitätskontrolle“[390] überprüft[391]. Die Prüfungskompetenz des BVerfG in dieser Form entwickelte sich erst im Laufe des europäischen Integrationsprozesses. Ursprünglich sah das BVerfG die äußerste Grenze der Verfassungsstruktur jedenfalls im Grundrechtsteil des Grundgesetzes, der eine Grenze für den Anwendungsvorrang des Unionsrechts ziehe, solange auf Ebene der Europäischen Union kein adäquater Grundrechtsschutz vorhanden sei[392]. Später relativierte das Gericht seine Rechtsprechung und nahm einen dem Grundrechtsschutz des Grundgesetzes vergleichbar zu bewertenden Grundrechtsschutz auch auf unionaler Ebene an, sodass insoweit die Gerichtsbarkeit über die Anwendbarkeit des Unionsrechts in der deutschen Rechtsordnung zurückgenommen wurde[393]. Diese Rechtsprechung wurde im Folgenden bestätigt, als das BVerfG seine Prüfungskompetenz auf die „generelle Gewährleistung der unabdingbaren Grundrechtsstandards [...] beschränk[te]“[394], wie sie jedenfalls eine Grenze für den verfassungsändernden Gesetzgeber darstellen (vgl. Art. 79 Abs. 3 GG i.V.m. Art. 1 GG). Diese begrenzte Prüfungskompetenz wurde in der Folge konsequenterweise auch im Hinblick auf die Wahrung der in Art. 79 Abs. 3 GG i.V.m. Art. 20 GG geschützten Staatsstrukturprinzipien angenommen[395]. Erfasst von der Identitätskontrolle als äußerster Grenze des Anwendungsvorrangs werden so die Grenzen des Art. 79 Abs. 3 GG und damit zum einen die „generelle Gewährleistung der unabdingbaren Grundrechtsstandards“[396] sowie zum anderen die Staatsstrukturprinzipien[397] (vgl. Art. 79 Abs. 3 GG i.V.m. Art. 1 GG und Art. 79 Abs. 3 GG i.V.m. Art. 20 GG).

---

390 *Jarass*, in: *Jarass/Pieroth*, GG, 12. Auflage 2012, Art. 23 Rn. 41 (im Original kursiv gedruckt).

391 Dazu insgesamt *Huber*, Recht der Europäischen Integration, 2. Auflage 2002, § 9 Rn. 15 f.; die dem BVerfG obliegenden unterschiedlichen Kontrollen unterscheidet auch *Sauer*, EuZW 2011, 94 (94).

392 BVerfG v. 29.5.1974, BvL 52/71 - BVerfGE 37, 271 (280).

393 BVerfG v. 22.10.1986, 2 BvR 197/83 - BVerfGE 73, 339 (378); relativierend auch bereits BVerfG v. 25.7.1979, 2 BvL 6/77 - BVerfGE 52, 187 (202 f.); BVerfG v. 23.6.1981, 2 BvR 1107/77 u.a. - BVerfGE 58, 1 (40 f.); BVerfG v. 10.11.1981, 2 BvR 1058/79 - BVerfGE 59, 63 (86).

394 BVerfG v. 12.10.1993, 2 BvR 2134/92 u.a. - BVerfGE 89, 155 (175); entsprechend wurden auch die Zulässigkeitsanforderungen einer gerichtlichen Kontrolle erhöht, dazu BVerfG v. 7.6.2000, 2 BvL 1/97 - BVerfGE 102, 147 (164).

395 BVerfG v. 30.6.2009, 2 BvE 2/08 u.a. - BVerfGE 123, 267 (354).

396 BVerfG v. 12.10.1993, 2 BvR 2134/92 u.a. - BVerfGE 89, 155 (175); vgl. auch *Schweitzer*, Staatsrecht III, 10. Auflage 2010, Rn. 86 ff.

397 BVerfG v. 30.6.2009, 2 BvE 2/08 u.a. - BVerfGE 123, 267 (354).

III. Zwischenergebnis

Erst die Übertragung von Hoheitsrechten auf die Europäische Union nach Art. 23 Abs. 1 Satz 2 GG führt dazu, dass der mitgliedstaatliche Herrschaftsanspruch in diesem Hoheitsbereich gegenüber dem Unionsrecht zurückgenommen wird. Dem Unionsrecht kommt sodann insoweit im Grundsatz ein Anwendungsvorrang vor entgegenstehendem mitgliedstaatlichem Recht zu. Dieser Anwendungsvorrang des Unionsrechts gilt aber nur, soweit das Unionsrecht seinerseits kompetenzgerecht erlassen wurde. Die Kompetenzgrenze findet sich im Prinzip der begrenzten Einzelermächtigung (Art. 5 Abs. 1 und 2 EUV). Bezogen auf den Untersuchungsgegenstand bedeutet das, dass ausschließlich die der Europäischen Union übertragenen Zuständigkeiten, die in ihrem Anwendungsbereich eine unionale Aufsicht über den Bundeshaushalt statuieren, durch den Bundeshaushaltsgesetzgeber vorrangig zu berücksichtigen sind.

B. Unionale Aufsichtsrechte nach geltendem Recht

Zu untersuchen sind daher die unionalen Kompetenzen im AEUV, die im Hinblick auf den Bundeshaushalt unionsrechtliche Vorgaben, Überwachungs- oder Sanktionsrechte statuieren. Diese sind von rechtlichen Begrenzungen der mitgliedstaatlichen Budgethoheit zu differenzieren, die sich die Mitgliedstaaten aufgrund einer völkerrechtlichen Vertragsverpflichtung selbst auferlegen, weil diese, anders als das Unionsrecht, erst eines transformierenden Zustimmungsgesetzes in Form eines Bundesgesetzes bedürfen (Art. 59 Abs. 2 Satz 1 GG), um innerstaatliche Geltung zu erlangen. Damit folgen in letzterem Fall Begrenzungen des haushaltsgesetzgeberischen Entscheidungsspielraums unmittelbar aus bundesrechtlichen Vorgaben, sodass eine nähere Untersuchung in dieser Arbeit, die Grenzen unionaler Kompetenzen in den Blick nimmt, dahinstehen kann. Eine Differenzierung in der beschriebenen Form ist insbesondere vor dem Hintergrund angezeigt, dass dem Unionsrecht auch ein Anwendungsvorrang vor bundesrechtlichen Regelungen im zuletzt genannten Sinn zusteht[398], sodass für den Bundeshaushaltsgesetzgeber die unionalen Kompetenzen entscheidend bleiben.

---

398 Vgl. nur *Ohler*, in: *Siekmann*, Kommentar zur EWU, 2013, Art. 121 AEUV Rn. 36 und *Calliess*, DÖV 2013, 785 (787 f.), dort bezogen auf den Vertrag über Stabilität, Koordinierung und Steuerung in der Wirtschafts- und Währungsunion v. 2.3.2012 (SKS-Vertrag), BTag-Drs. 17/9046; zu Letzterem im Hinblick auf verfassungsrechtliche Fragen ausführlich *Möllers/Reinhardt*, JZ 2012, 693 (693 ff.); zur Europarechtskonformität *Antpöhler*, ZaöRV 2012, 353 (382 ff.).

I. Einnahmenseite des Bundeshaushalts

Der Vollständigkeit halber sei überblicksartig auf die Kompetenzgrundlagen hingewiesen, die die Europäische Union dazu berechtigen, auf die mitgliedstaatlichen Staatseinnahmen einzuwirken. Denn in dieser Hinsicht beeinflusst die Europäische Union die Einnahmenseite des Bundeshaushalts und damit auch die Budgethoheit der Mitgliedstaaten. Die Europäische Union reglementiert das nationale Abgabensystem nur begrenzt. Zum einen ermächtigt Art. 113 AEUV die Europäische Union zur Harmonisierung der indirekten Steuern der Mitgliedstaaten. Kompetenzen zur Rechtsangleichung der direkten Steuern folgen nur in sehr begrenztem Maße aus Art. 114 AEUV sowie Art. 115 AEUV[399]. Hervorzuheben ist im vorliegenden Zusammenhang vor allem, dass selbst bei einer weitgehend harmonisierten Steuer wie der Umsatzsteuer die Mitgliedstaaten weiterhin größte Spielräume bei der Festlegung des Steuertarifs und damit bei der Bestimmung der Gesamtsteuerbelastung haben. Zum anderen sind die Mitgliedstaaten in Abgabenangelegenheiten an das Unionsrecht insgesamt und dort insbesondere an die unionsrechtlichen Grundfreiheiten (Art. 34 ff. AEUV) sowie Sekundärrechtsakte der Europäischen Union (Art. 288 AEUV) gebunden[400]. Die Wahrung der „mitgliedstaatliche[n] Finanzsouveränität“[401] im Bereich der Staatseinnahmen zeigt sich letztlich zudem in der Steuerverwaltungshoheit, die grundsätzlich den Mitgliedstaaten zusteht[402].

II. Ausgabenseite des Bundeshaushalts

Im Gegensatz zu den weitreichenden Kompetenzen der Europäischen Union im Bereich des Währungsrechts (vgl. Art. 3 Abs. 1 lit. c AEUV; Art. 127 - Art. 133 AEUV) ist die Wirtschaftspolitik und dort insbesondere die Haushaltspolitik[403] grundsätzlich im Kompetenzbereich der Mitgliedstaaten verblieben

---

399 *Wernsmann*, in: *Schulze/Zuleeg/Kadelbach*, Europarecht, 2. Auflage 2010, § 30 Rn. 2; ebd. Rn. 1 ff. umfassend zu den Einflüssen des Unionsrechts auf das Abgabensystem der Bundesrepublik Deutschland.

400 *Wernsmann*, in: *Schulze/Zuleeg/Kadelbach*, Europarecht, 2. Auflage 2010, § 30 Rn. 4 f.

401 *Waldhoff*, in: *Calliess/Ruffert*, EUV/AEUV, 4. Auflage 2011, Art. 311 AEUV Rn. 7.

402 *Gröpl*, DVBl 2006, 1079 (1085); zu den unionsrechtlichen Einflüssen auf die Verwaltungshoheit *Waldhoff*, in: *Calliess/Ruffert*, EUV/AEUV, 4. Auflage 2011, Art. 310 AEUV Rn. 7 sowie *Wernsmann*, in: *Schulze/Zuleeg/Kadelbach*, Europarecht, 2. Auflage 2010, § 30 Rn. 10 f. und Rn. 123 ff.

403 Zur Fiskal- und Haushaltspolitik als Teil der Wirtschaftspolitik im Sinne der Art. 119 ff. AEUV vgl. *Siekmann*, in: *Möllers/Zeitler*, Europa als Rechtsgemeinschaft, 2013, S. 101 (125).

(vgl. Art. 5 Abs. 1 Satz 1 AEUV; Art. 120 - Art. 126 AEUV)[404]. Art. 119 AEUV bringt diese Differenzierung zum Ausdruck, indem dieser in Abs. 1 von einer bloßen Koordinierung der Wirtschaftspolitik der Mitgliedstaaten spricht, Abs. 2 jedoch ein für die teilnehmenden Mitgliedstaaten einheitliches Währungssystem vorsieht[405]. Unionsrechtliche Einflüsse auf die mitgliedstaatliche Wirtschafts- und Haushaltspolitik aller EU-Mitgliedstaaten folgen insbesondere aus Art. 120 - Art. 126 AEUV[406]. Neben den besonderen Gesetzgebungszuständigkeiten für den Fall gravierender Schwierigkeiten eines Mitgliedstaats (Art. 122 AEUV[407]) begrenzen Art. 123 - Art. 125 AEUV das finanzpolitische Handeln der Mitgliedstaaten. Das Verbot der monetären Staatsfinanzierung[408] (Art. 123 AEUV), das Verbot des bevorrechtigten Zugangs zu Finanzinstituten für Hoheitsträger (Art. 124 AEUV) und der Ausschluss einer Haftung zwischen Europäischer Union und Mitgliedstaaten sowie zwischen den Mitgliedstaaten untereinander für Verbindlichkeiten (Art. 125 AEUV)[409] sollen eine

---

404 *Häde*, in: *Calliess/Ruffert*, EUV/AEUV, 4. Auflage 2011, Art. 119 AEUV Rn. 5 und Rn. 13 ff.; *Mestmäcker*, EuR-Bei 2011, 7 (19); *Häde*, EuZW 2009, 399 (399); zum Hintergrund dieser Unterscheidung *Koch*, in: *Lenz/Borchardt*, EU-Verträge, 6. Auflage 2013, Vorb. Art. 119 - 144 AEUV Rn. 8 und Art. 123 - 126 AEUV Rn. 1; *Häde*, in: *Calliess/Ruffert*, EUV/AEUV, 4. Auflage 2011, Art. 126 AEUV Rn. 1 ff.; kritisch dazu *von Bogdandy*, EuZW 2001, 449 (449); umfassend zu Entwicklung und Ausgestaltung der europäischen Wirtschafts- und Währungsunion *Herrmann*, Währungshoheit, Währungsverfassung und subjektive Rechte, 2010, S. 195 ff.; auch *Selmayr*, Das Recht der Wirtschafts- und Währungsunion, 2002, S. 81 ff.

405 *Kahn*, in: *Geiger/Kahn/Kotzur*, EUV/AEUV, 5. Auflage 2010, Art. 119 AEUV Rn. 3 ff.; zu Art. 119 AEUV im Einzelnen *Wichard/Häde*, in: *Calliess/Ruffert*, EUV/AEUV, 4. Auflage 2011, Art. 119 AEUV; zur Asymmetrie der Wirtschafts- und Währungsunion *Häde*, EuR 2009, 200 (202).

406 Art. 119 ff. AEUV gehen als speziellere Vertragsbestimmungen der Anwendung der Kompetenzen aus Art. 114 AEUV und Art. 352 AEUV vor; zur Anwendung dieser Kompetenznormen im Verhältnis zu anderen Bestimmungen der europäischen Verträge *Leible/Streinz*, in: *Streinz*, EUV/AEUV, 2. Auflage 2012, Art. 114 AEUV Rn. 9 sowie *Rossi*, in: *Calliess/Ruffert*, EUV/AEUV, 4. Auflage 2011, Art. 352 AEUV Rn. 58 ff.

407 Zur Reichweite des Art. 122 Abs. 2 AEUV im Hinblick auf Hilfen bei finanziellen Schwierigkeiten eines Mitgliedstaats *Häde*, EuR 2010, 854 (857 ff.).

408 *Siekmann*, in: *Möllers/Zeitler*, Europa als Rechtsgemeinschaft, 2013, S. 101 (127).

409 Zur Vereinbarkeit der Verordnung zur Einführung eines europäischen Finanzstabilisierungsmechanismus (EFSM) v. 11.5.2010 [VO (EU) Nr. 407/2010, ABl. EU 2010 L 118, 1] mit Art. 123 - Art. 125 AEUV vgl. *Korioth*, in: *Pache/Schwarz*, Perspektiven der Europäischen Währungsunion, 2012, S. 61 (71 ff.).

„disziplinierte[e] Haushaltsführung“[410] der Mitgliedstaaten sicherstellen, indem diese zu eigenverantwortlichem haushaltspolitischem Handeln verpflichtet werden.

Zuständigkeiten der Europäischen Union zur Aufsicht über die nationalen Staatshaushalte folgen vornehmlich aus Art. 120 AEUV i.V.m. Art. 121 AEUV und Art. 126 AEUV. Auf Grundlage des Art. 136 AEUV[411] können für Euro-Mitgliedstaaten zudem Regelungen zu den Verfahren der wirtschaftspolitischen Koordinierung (Art. 121 AEUV) sowie der Vermeidung eines übermäßigen Defizits (Art. 126 AEUV) erlassen werden, die unterschiedlich intensive Maßnahmen[412] für Euro-Mitgliedstaaten und Mitgliedstaaten, die den Euro nicht eingeführt haben, ermöglichen. Damit korrespondierend nimmt Art. 139 AEUV Mitgliedstaaten, die den Euro nicht eingeführt haben, von einzelnen Regelungen der Art. 121 AEUV und Art. 126 AEUV aus, wozu insbesondere die Zwangsmittel zum Abbau eines übermäßigen Defizits in Art. 126 Abs. 9 und 11 AEUV sowie die Grundzüge der Wirtschaftspolitik nach Art. 121 Abs. 2 AEUV zählen.

Zusammenfassend ist festzustellen, dass unionale Kompetenzen zur Einwirkung auf die Wirtschafts- und Haushaltspolitik aller EU-Mitgliedstaaten vornehmlich aus Art. 120 - Art. 126 AEUV folgen, die jedoch durch Bestimmungen in Art. 136 AEUV sowie durch Ausnahmeregelungen in Art. 139 AEUV modifiziert werden, die den Status der einzelnen Mitgliedstaaten als Euro-Mitglied berücksichtigen. Im Folgenden sollen überblicksartig die für diese Untersuchung maßgeblichen Rechte der Europäischen Union zur Aufsicht über die mitgliedstaatlichen Haushalte sowie die wesentlichen Verfahrensschritte der jeweiligen Aufsichtsverfahren, die sich aus primär- und sekundärrechtlichen Bestimmungen ergeben, aufgezeigt werden.

1. Präventive Aufsicht über den Bundeshaushalt

a. Primäres Unionsrecht

Vorgaben für die mitgliedstaatliche Haushaltspolitik ergeben sich zunächst aus Art. 120 AEUV sowie Art. 121 Abs. 1 und 2 AEUV. Art. 120 Satz 1 AEUV verpflichtet die Mitgliedstaaten dazu, im Rahmen der nach Maßgabe des Art. 121

---

410 *Hattenberger*, in: *Schwarze*, EU-Kommentar, 3. Auflage 2012, Art. 125 AEUV Rn. 1.

411 Zu verfassungs- und europarechtlichen Fragen des auf Grundlage des Art. 136 Abs. 3 AEUV erlassenen Vertrags zur Errichtung des europäischen Stabilitätsmechanismus v. 2.2.2012 (ESM-Vertrag), BTag-Drs. 17/9045, ausführlich *Kube*, WM 2012, 245 (245 ff.) sowie *Faßbender*, NVwZ 2010, 799 (799 ff.).

412 *Ohler*, in: *Siekmann*, Kommentar zur EWU, 2013, Art. 136 AEUV Rn. 1.

Abs. 2 AEUV festgelegten Grundzüge der Wirtschaftspolitik der Mitgliedstaaten, ihre Wirtschaftspolitik an den in Art. 3 EUV normierten Zielen der Europäischen Union auszurichten. Auch Art. 120 Satz 2 AEUV bestimmt Grundsätze für das „wirtschaftspolitisch[e] Handeln“[413] der Mitgliedstaaten. Damit korrespondierend verpflichtet Art. 121 Abs. 1 AEUV die Mitgliedstaaten zur gegenseitigen Koordinierung ihrer am Maßstab des Art. 120 AEUV ausgerichteten Wirtschaftspolitik. Der Begriff der Koordinierung ist unionsrechtlich nicht definiert. Im Rahmen der Art. 119 ff. AEUV zielt die Koordinierungsverpflichtung der Mitgliedstaaten darauf, die Wirtschafts- und Haushaltspolitiken der Mitgliedstaaten durch wechselseitige Information aufeinander abzustimmen und so in unverbindlicher Weise gegenseitig anzunähern[414].

Die allgemeine Koordinierungsverpflichtung[415] wird in Art. 121 Abs. 2 AEUV konkretisiert. Im Verfahren des Art. 121 Abs. 2 AEUV kann der Rat im Zusammenwirken mit der Kommission eine rechtlich unverbindliche[416] Empfehlung (Art. 288 Abs. 5 AEUV) an die Mitgliedstaaten richten, die diesen die Grundzüge ihrer Wirtschaftspolitik vorgibt. Diese Grundzüge richten sich auch an die Haushaltspolitik[417] der Mitgliedstaaten, wenngleich hiervon den Haushalt konkret betreffende Entscheidungen nicht vorgegeben werden dürfen[418]. Folge ist zwar keine Rechtsvereinheitlichung der Staatshaushalte, jedoch eine Annäherung der verschiedenen Haushaltspolitiken aneinander[419].

Die in Art. 120 AEUV und Art. 121 Abs. 1 und 2 AEUV normierten Vorgaben für die Haushaltspolitik der Mitgliedstaaten werden in Art. 121 Abs. 3 und 4 AEUV um ein Überwachungs- und Sanktionsreglement ergänzt. Nach Art. 121 Abs. 3 AEUV überwachen Rat und Kommission zunächst die wirtschaftliche Entwicklung in den Mitgliedstaaten sowie die Einhaltung der nach Art. 121 Abs. 2 AEUV aufgestellten Grundzüge. Die Mitgliedstaaten sind zu diesem

---

413 *Häde*, in: *Calliess/Ruffert*, EUV/AEUV, 4. Auflage 2011, Art. 120 AEUV Rn. 4.

414 *Bandilla*, in: *Grabitz/Hilf/Nettesheim*, Recht der EU, Loseblatt (Mai 2013), Art. 121 AEUV Rn. 6.

415 A.A. *Häde*, in: *Calliess/Ruffert*, EUV/AEUV, 4. Auflage 2011, Art. 121 AEUV Rn. 1, der die Koordinierungsverpflichtung des Art. 121 Abs. 1 AEUV neben Art. 121 Abs. 2 - 5 AEUV treten lässt; demgegenüber wie hier *Hattenberger*, in: *Schwarze*, EU-Kommentar, 3. Auflage 2012, Art. 121 AEUV Rn. 5.

416 *Ohler*, in: *Siekmann*, Kommentar zur EWU, 2013, Art. 121 AEUV Rn. 6.

417 *Hattenberger*, in: *Schwarze*, EU-Kommentar, 3. Auflage 2012, Art. 121 AEUV Rn. 15; *Ohler*, in: *Siekmann*, Kommentar zur EWU, 2013, Art. 121 AEUV Rn. 8.

418 *Ohler*, in: *Siekmann*, Kommentar zur EWU, 2013, Art. 121 AEUV Rn. 11.

419 *Kempen*, in: *Streinz*, EUV/AEUV, 2. Auflage 2012, Art. 120 AEUV Rn. 2.

Zweck zur Informationsübermittlung an die Kommission verpflichtet (Art. 121 Abs. 3 UAbs. 2 AEUV). Der Rat nimmt auf dieser Grundlage in regelmäßigen Abständen eine Gesamtbewertung vor (Art. 121 Abs. 3 UAbs. 1 AEUV), ob die vorgegebenen Grundzüge der Wirtschaftspolitik eingehalten werden oder die wirtschaftliche Entwicklung in den Mitgliedstaaten das ordnungsgemäße Funktionieren[420] der Wirtschafts- und Währungsunion zu gefährden droht. Art. 121 Abs. 4 AEUV berechtigt sodann zum einen die Kommission, Mitgliedstaaten zu verwarnen, und zum anderen den Rat, eine Empfehlung gegenüber Mitgliedstaaten auszusprechen, wenn diese die unionalen Vorgaben missachten (Art. 121 Abs. 4 UAbs. 1 AEUV). Weiterhin kann der Rat auf Vorschlag der Kommission beschließen, die von ihm ausgesprochene Empfehlung zu veröffentlichen (Art. 121 Abs. 4 UAbs. 1 Satz 3 AEUV), um öffentlichen Druck auf den Mitgliedstaat auszuüben[421].

Dieses Verfahren der multilateralen Überwachung (Art. 121 Abs. 3 UAbs. 2 AEUV) weist im Ergebnis vier Schritte auf. Den Mitgliedstaaten werden Vorgaben für ihre Wirtschafts- und insbesondere Haushaltspolitik gemacht, deren Einhaltung durch Rat und Kommission anhand der durch die Mitgliedstaaten übermittelten Informationen überwacht und sanktioniert werden können. Dabei gehen Sanktionen primärrechtlich jedoch über bloße Empfehlungen oder Verwarnungen nicht hinaus. Empfindlichere Sanktionsrechte, die beispielsweise unmittelbar in die mitgliedstaatliche Haushaltsplanung eingreifen, sind primärrechtlich nicht vorgesehen.

b. Sekundäres Unionsrecht

Diese einzelnen Schritte des multilateralen Überwachungsverfahrens des Art. 121 AEUV konkretisieren verschiedene Sekundärrechtsakte, die auf Grundlage des Art. 121 Abs. 6 AEUV (zum Teil in Verbindung mit Art. 136 AEUV) erlassen wurden. Zu nennen sind die einschlägigen Vorschriften des sogenannten Stabilitäts- und Wachstumspaktes[422].

---

420 Zum Begriff vgl. *Ohler*, in: *Siekmann*, Kommentar zur EWU, 2013, Art. 121 AEUV Rn. 11.

421 Vgl. *Ohler*, in: *Siekmann*, Kommentar zur EWU, 2013, Art. 121 AEUV Rn. 20.

422 Zum Begriff Stabilitäts- und Wachstumspakt vgl. *Hattenberger*, in: *Schwarze*, EU-Kommentar, 3. Auflage 2012, Art. 121 AEUV Rn. 20; zur Entwicklung des Paktes eingehend *Gaitanides*, in: *Siekmann*, Kommentar zur EWU, 2013, Art. 126 AEUV Rn. 6 - 67; ausführlich dazu auch *Hentschelmann*, Der Stabiliäts- und Wachstumspakt, 2009, S. 205 ff.

Die Verordnung (EU) Nr. 1175/2011[423] verpflichtet jeden Mitgliedstaat, sich ein mittelfristiges Haushaltsziel zu setzen [Art. 2a VO (EU) 1175/2011] und diesbezüglich Rat und Kommission ein Stabilitäts- bzw. Konvergenzprogramm [Art. 3 und Art. 7 VO (EU) 1175/2011] vorzulegen. Das mittelfristige Haushaltsziel der Mitgliedstaaten hat dabei einen ausgeglichenen oder einen Überschuss aufweisenden Haushalt aufzuweisen, wobei eine Sicherungsmarge von 3 Prozent bzw., für Euro-Mitgliedstaaten, von 1 Prozent des Bruttoinlandsprodukts vorzusehen ist. Insoweit wird die Angabenübermittlungspflicht des Art. 121 Abs. 3 UAbs. 2 AEUV konkretisiert. In der Entschließung des Europäischen Rates über den Stabilitäts- und Wachstumspakt[424] verpflichten sich die Mitgliedstaaten dazu, die in diesen Programmen festgelegten Ziele eines Haushaltsüberschusses oder eines nahezu ausgeglichenen Haushalts zu verfolgen. Die tatsächliche Einhaltung dieser Vorgaben können Kommission und Rat prüfen [Art. 5 Abs. 1 und Art. 9 Abs. 1 VO (EU) 1175/2011] sowie durch Verwarnungen und Empfehlungen sanktionieren [Art. 6 Abs. 2 und Art. 10 Abs. 2 VO (EU) 1175/2011]. Insoweit wird das Verfahren des Art. 121 Abs. 4 UAbs. 1 AEUV konkretisiert[425]. Bei Nichtbeachtung einer Empfehlung berechtigt die Verordnung (EU) Nr. 1173/2011[426] auf Grundlage des Art. 136 Abs. 1 AEUV, Mitgliedstaaten des Euroraums zur Leistung einer verzinslichen Einlage zu verpflichten [Art. 4 Abs. 1 VO (EU) 1173/2011]. Besonderheiten weist auch das diesbezügliche Abstimmungsverfahren auf (sog. reverse voting[427]), das eine qualifizierte Mehrheit im Rat erfordert, um einen Sanktionsbeschluss der Kommission zu verhindern [Art. 4 Abs. 2 VO (EU) 1173/2011].

Eine ähnliche Vorgehensweise sieht das Verfahren des sogenannten Europäischen Semesters vor, das auch zur Konkretisierung des Überwachungsverfahrens der Art. 121 Abs. 3 und 4 AEUV erlassen wurde. Den Mitgliedstaaten werden Leitlinien für ihre Wirtschaftspolitik vorgegeben [Art. 2-a Abs. 3 VO (EU) 1175/2011], deren Einhaltung durch Empfehlungen und Verwarnungen sowie weitere Sanktionen erreicht werden soll [Art. 2-a Abs. 3 VO (EU) 1175/2011]. Weitere Einwirkungen der Europäischen Union in die mitgliedstaatliche Haushaltsplanung folgen aus der VO (EU) 473/2013[428]. Nach dieser Verordnung

423 VO (EU) Nr. 1466/97 i.d.F. der VO (EU) Nr. 1175/2011, ABl. EU 2011 L 306, 12.

424 Entschließung des Europäischen Rates, ABl. EG 1997 C 236, 1.

425 *Hattenberger*, in: *Schwarze*, EU-Kommentar, 3. Auflage 2012, Art. 121 AEUV Rn. 41.

426 VO (EU) Nr. 1173/2011, ABl. EU 2011 L 306, 1.

427 *Ohler*, in: *Siekmann*, Kommentar zur EWU, 2013, Art. 121 AEUV Rn. 29.

428 VO (EU) Nr. 473/2013, ABl. EU 2013 L 140, 11; zu weiteren Präzisierungen vgl. auch VO (EU) Nr. 472/2013, ABl. EU 2013 L 140, 1, die haushaltspolitische

haben die Mitgliedstaaten im Euro-Währungsgebiet ihre Haushaltsplanentwürfe bis 15. Oktober des Vorjahres zu veröffentlichen und eine Übersicht über die Haushaltsplanung an die Kommission zu übermitteln [Art. 4 Abs. 2 und Art. 6 Abs. 1 VO (EU) 473/2013], die eine Stellungnahme zur gesamtstaatlichen Haushaltsplanung abgibt [Art. 7 Abs. 1 VO (EU) 473/2013]. Auf dieser Grundlage kann die Kommission den Mitgliedstaat nach Anhörung zur Überarbeitung seiner Haushaltsplanung auffordern, wenn ein schwerwiegender Verstoß gegen die haushaltspolitischen Verpflichtungen des Stabilitäts- und Wachstumspaktes festgestellt wird [Art. 7 Abs. 2 UAbs. 1 VO (EU) 473/2013].

Die genannten primär- und sekundärrechtlichen Vorschriften berechtigen die Europäische Union, durch Vorgaben, Überwachungs- und Sanktionsmaßnahmen die mitgliedstaatlichen Haushalte zu beaufsichtigen, um bereits „präventi[v]“[429] die Entstehung eines Defizits im Sinne des Art. 126 Abs. 1 AEUV zu verhindern[430].

2. *Makroökonomische Überwachung*

Weiterhin auf die Gesetzgebungskompetenz des Art. 121 Abs. 6 AEUV (zum Teil in Verbindung mit Art. 136 AEUV) gestützt wird das Verfahren zur Vermeidung und Korrektur makroökonomischer Ungleichgewichte, das durch die Verordnung (EU) 1174/2011[431] und die Verordnung (EU) 1176/2011[432] etabliert wird. Dieses sieht einen wirtschaftspolitischen Überwachungs- und Sanktionsmechanismus[433] vor, der neben das Verfahren zur Aufsicht über die mitgliedstaatliche Haushaltsführung tritt. Die Besonderheit des letztgenannten Verfahrens besteht darin, dass nicht die Haushaltsführung, sondern die wirtschaftliche Entwicklung in den Mitgliedstaaten insgesamt beaufsichtigt wird. Das Verfahren der makroökonomischen Überwachung ergänzt insofern das haushaltspolitische

---

Überwachungsmaßnahmen vorsieht, die speziell für Mitgliedstaaten mit gravierenden finanziellen Schwierigkeiten gelten; diese beiden Verordnungen werden auf politischer Ebene als sogenanntes Twopack bezeichnet, vgl. *Ruffert*, ZG 2013, 1 (13).

429 *Ohler*, in: *Kahl*, Nachhaltige Finanzstrukturen, 2011, S. 208 (225); vgl. auch EuGH v. 27.11.2012, Rs. C-370/12 – *Pringle*, JZ 2013, 248 (250); präventive und repressive Aufsichtsmaßnahmen unterscheidend auch *Gaitanides*, in: *Siekmann*, Kommentar zur EWU, 2013, Art. 126 AEUV Rn. 6.

430 *Ohler*, in: *Siekmann*, Kommentar zur EWU, 2013, Art. 121 AEUV Rn. 4.

431 VO (EU) Nr. 1174/2011, ABl. EU 2011 L 306, 8.

432 VO (EU) Nr. 1176/2011, ABl. EU 2011 L 306, 25.

433 Kritisch zur Kompetenzkonformität *Ohler*, in: *Möllers/Zeitler*, Europa als Rechtsgemeinschaft, 2013, S. 277 (292 f.).

Überwachungsverfahren, weil dieses dazu dient, wirtschaftliche Fehlentwicklungen in den Mitgliedstaaten zu erkennen, die sich im Haushalt nicht abbilden.

3. *Korrektive Aufsicht über den Bundeshaushalt*

Ein „korrektive[s]"[434] Aufsichtsverfahren über die Staatshaushalte der Mitgliedstaaten sieht Art. 126 AEUV vor. Art. 126 Abs. 1 AEUV enthält die unionsrechtliche Vorgabe an die Mitgliedstaaten, übermäßige öffentliche Defizite zu vermeiden. Dies ist als Rechtspflicht[435] zu verstehen. Als übermäßiges öffentliches Defizit ist ein Finanzierungsdefizit im Staatshaushalt anzusehen, das die langfristige Finanzierung des Staates gefährdet[436]. Dabei ist das alleinige Überschreiten der Referenzwerte des Art. 126 Abs. 2 AEUV nicht ausschlaggebend[437], vielmehr ist auf die „wirtschaftliche Gesamtlage"[438] des Mitgliedstaates abzustellen. Detaillierte Begriffskonkretisierungen finden sich im Protokoll (Nr. 12) über das Verfahren bei einem übermäßigen Defizit[439], das nach Art. 51 EUV dem Primärrecht zuzuordnen ist, sowie der auf Grundlage des Art. 126 Abs. 14 AEUV erlassenen Verordnung (EU) Nr. 479/2009[440]. Die Richtlinie 2011/85/EU[441] sieht darüber hinaus einheitliche Mindeststandards für den haushaltspolitischen Rahmen der Mitgliedstaaten vor, um eine Vergleichbarkeit der Mitgliedstaaten durch einheitliche Finanzdaten zu gewährleisten.

Die Einhaltung der Haushaltsdisziplin wird im Überwachungsverfahren des Art. 126 Abs. 2 - 9 AEUV i.V.m. Art. 126 Abs. 12 und 13 AEUV überprüft. Die Kommission überwacht die Entwicklung der Haushaltslage und die Höhe des öffentlichen Schuldenstands der Mitgliedstaaten anhand des Verhältnisses zwischen öffentlichem Defizit bzw. öffentlichem Schuldenstand und Bruttoinlandsprodukt (Art. 126 Abs. 2 AEUV). Referenzwerte ergeben sich aus dem Protokoll (Nr. 12) über das Verfahren bei einem übermäßigen Defizit (Art. 126 Abs. 2

---

434 *Ohler*, in: *Kahl*, Nachhaltige Finanzstrukturen, 2011, S. 208 (225).

435 *Streinz/Ohler/Herrmann*, NJW 2004, 1553 (1554).

436 Vgl. *Hattenberger*, in: *Schwarze*, EU-Kommentar, 3. Auflage 2012, Art. 126 AEUV Rn. 17; *Gaitanides*, in: *Siekmann*, Kommentar zur EWU, 2013, Art. 126 AEUV Rn. 76.

437 *Kempen*, in: *Streinz*, EUV/AEUV, 2. Auflage 2012, Art. 126 AEUV Rn. 15; anders aber *Hartmann*, Budgetautonomie der deutschen Länder, 1994, S. 69 ff.

438 *Hattenberger*, in: *Schwarze*, EU-Kommentar, 3. Auflage 2012, Art. 126 AEUV Rn. 76.

439 ABl. EU 2010 C 83, 279; dazu im Einzelnen *Häde*, in: *Calliess/Ruffert*, EUV/AEUV, 4. Auflage 2011, Art. 126 AEUV Rn. 76 ff.

440 VO (EU) Nr. 479/2009, ABl. EU 2009 L 145, 1.

441 RL 2011/85/EU, Abl. EU 2011 L 306, 41.

Satz 3 AEUV i.V.m. Art. 1 des Protokolls Nr. 12 über das Verfahren bei einem übermäßigen Defizit). Prüfung und Durchsetzung der unionalen Vorgaben erfolgen in einem in Art. 126 Abs. 3 bis 9 ausführlich normierten Verfahren. Sekundärrechtlich wird das Überwachungsverfahren der Art. 126 Abs. 2 - 9 AEUV detailliert durch Rechtsakte des Stabilitäts- und Wachstumspaktes, insbesondere durch Bestimmungen der Verordnung (EU) Nr. 1177/2011[442] ausgestaltet, die auf Grundlage des Art. 126 Abs. 14 AEUV erlassen wurden. Das Überwachungsverfahren kann gegenüber Euro-Mitgliedstaaten in einem Inverzugsetzungsbeschluss des Rates (Art. 126 Abs. 9 AEUV) sowie gegenüber Mitgliedstaaten, die dem Euro-Währungsgebiet nicht angehören, in einer Empfehlungsveröffentlichung des Rates im Sinne des Art. 126 Abs. 8 AEUV resultieren (Art. 139 Abs. 2 lit. b AEUV).

Die Nichteinhaltung der unionalen Vorgaben berechtigt den Rat nach Maßgabe des Art. 126 Abs. 11 AEUV i.V.m. Art. 126 Abs. 12 und 13 AEUV zur Verhängung von Sanktionen gegenüber Euro-Mitgliedstaaten (Art. 139 Abs. 2 lit. b AEUV). Dem Rat steht dabei sowohl ein Entschließungs- als auch ein Auswahlermessen zu[443]. Das Sanktionenregime des Art. 126 Abs. 11 AEUV wird durch Bestimmungen der Verordnung (EU) Nr. 1177/2011 sowie der Verordnung (EU) Nr. 1173/2011 ausgestaltet. Anders als dies in Art. 126 Abs. 11 AEUV angelegt ist, der erst bei Nichtbefolgung des Inverzugsetzungsbeschlusses i.S.d. Art. 126 Abs. 9 AEUV sonstige Sanktionen vorsieht, werden Sanktionsmöglichkeiten nach Maßgabe der Verordnung (EU) Nr. 1173/2011 in ein früheres Stadium des Überwachungsverfahrens vorverlagert. Auf Grundlage von Art. 121 Abs. 6 AEUV i.V.m. Art. 136 AEUV legt die Verordnung (EU) Nr. 1173/2011 den möglichen Zeitpunkt der Hinterlegung einer unverzinslichen Einlage gegenüber Euro-Mitgliedstaaten auf die Verfahrensstufe des Art. 126 Abs. 6 AEUV vor [vgl. Art. 5 VO (EU) 1173/2011]. Entsprechendes gilt für die Verhängung einer Geldbuße als Sanktion, die bereits im Verfahrensstadium des Art. 126 Abs. 8 AEUV möglich ist [vgl. Art. 6 VO (EU) 1173/2011]. In beiden Fällen gilt das Verfahren des sog. reverse voting, nach dem ein Beschluss der Kommission zur Verhängung einer Sanktion als angenommen gilt, wenn der Rat diesen nicht innerhalb einer Frist von zehn Tagen mit qualifizierter Mehrheit ablehnt[444] [Art. 5 Abs. 2

442 VO (EU) Nr. 1467/1997 i.d.F. der VO (EU) Nr. 1177/2011, ABl. EU 2011 L 306, 33.

443 *Kempen*, in: *Streinz*, EUV/AEUV, 2. Auflage 2012, Art. 126 AEUV Rn. 36.

444 Kritisch zur Kompetenzkonformität wegen der damit verbundenen Verschiebung des Kräfteverhältnisses zugunsten der Kommission entgegen der primärrechtlichen Ausgangslage in Art. 126 AEUV *Hattenberger*, in: *Schwarze*, EU-Kommentar, 3. Auflage 2012, Art. 126 AEUV Rn. 38.

und Art. 6 Abs. 2 VO (EU) 1173/2011]. Insgesamt verbindet die Verordnung (EU) Nr. 1173/2011 das präventive Aufsichtsverfahren über die mitgliedstaatlichen Haushalte nach Art. 121 AEUV mit dem korrektiven Aufsichtsverfahren des Art. 126 AEUV[445] durch die Eröffnung von Sanktionsmöglichkeiten auf beiden Verfahrensstufen. Nach Art. 10 VO (EU) 473/2013[446] müssen die Mitgliedstaaten, die Gegenstand einer Inverzugsetzung im Sinne des Art. 126 Abs. 9 AEUV sind, der Kommission regelmäßig über die Maßnahmen berichten, die zum Defizitabbau getroffen werden.

C. Zwischenergebnis

Die Bedeutung der Hoheitsrechtsübertragung für den Staatshaushalt der Mitgliedstaaten zeigt sich in ihren Folgen. Den verfassungsrechtlichen Ausgangspunkt bildet Art. 23 GG. Danach wirkt die Bundesrepublik Deutschland bei der Entwicklung der Europäischen Union mit (Art. 23 Abs. 1 Satz 1 GG), die insbesondere durch die Übertragung nationaler Hoheitsrechte (Art. 23 Abs. 1 Satz 2 GG) auf die Europäische Union erfolgt. Folge dieser Art der Entwicklung der Europäischen Union ist, dass die der Europäischen Union zustehenden Kompetenzen ausschließlich durch die Mitgliedstaaten bestimmt und begrenzt werden, da nur die Mitgliedstaaten durch Übertragung von Hoheitsrechten der Europäischen Union Hoheitsgewalt verleihen können[447]. Gleichzeitig öffnet sich die deutsche Rechtsordnung durch Übertragung von Hoheitsrechten für die daraus folgenden Einwirkungen des Unionsrechts auf das nationale Recht[448]. Die Übertragung von Hoheitsrechten im Zuge des europäischen Integrationsprozesses berechtigt die Europäische Union zur Rechtsetzung mit unmittelbarer Geltung, Anwendbarkeit und Wirkung in der mitgliedstaatlichen Rechtsordnung und es gilt im Grundsatz ein Anwendungsvorrang übertragener Hoheitsrechte sowie auf ihrer Grundlage erlassener Regelungen vor nationalem Recht[449]. Diese Prinzipien kennzeichnen den Rechtscharakter der Europäischen Union als

445 Vgl. *Gaitanides*, in: *Siekmann*, Kommentar zur EWU, 2013, Art. 126 AEUV Rn. 104.

446 VO (EU) Nr. 473/2013, ABl. EU 2013 L 140, 11; zu weiteren Präzisierungen vgl. auch VO (EU) Nr. 472/2013, ABl. EU 2013 L 140, 1.

447 *Gröpl*, DVBl 2006, 1079 (1084).

448 BVerfG v. 29.5.1974, BvL 52/71 – BVerfGE 37, 271 (280), dort zu Art. 24 GG.

449 EuGH v. 5.2.1963, Rs. 26/62 – *van Gend & Loos/Niederländische Finanzverwaltung*, Slg. 1963, 3 (25); EuGH v. 15.7.1964, Rs. 6/64 – *Costa/E.N.E.L.*, Slg. 1964, 1141 (1270); EuGH v. 5.4.1979, Rs. 148/78 – *Tullio Ratti*, Slg. 1979, 1629 (1646); dazu auch *Schulze-Steinen*, Rechtsfragen zur Wirtschaftsunion, 1997/1998, S. 317.

supranationale Organisation[450] und bewirken, dass die Mitgliedstaaten in übertragenen Kompetenzbereichen eigene Hoheitsgewalt einbüßen, wenn die Europäische Union von ihren Rechtsetzungskompetenzen Gebrauch macht[451].

Die Mitgliedstaaten beschränkten sich darauf, nur bestimmte Politikbereiche in die Kompetenz der Europäischen Union zu stellen. Dies gilt auch für den Bereich der Finanzhoheiten. Zwar wurde im Rahmen der Wirtschafts- und Währungsunion (vgl. Art. 119 - Art. 144 AEUV) die „Währungshoheit"[452] auf die EU verlagert. Das nationale staatliche Finanzwesen, mithin das umfassende Recht, die staatlichen Einnahmen und Ausgaben zu bestimmen[453], behielten sich die Mitgliedstaaten aber im Wesentlichen vor. Insbesondere Art. 121 AEUV und Art. 126 AEUV berechtigen die Europäische Union gleichwohl in begrenztem Maße auch zur Aufsicht über die Haushalte der Mitgliedstaaten. Es werden unionale Vorgaben für die Staatshaushalte statuiert, deren Einhaltung in präventiven und korrektiven Überwachungs- und Sanktionsverfahren eingefordert werden kann. Die „abnehmende nationalstaatliche Handlungsfähigkeit"[454] zu Gunsten supranationaler Organisationsformen zeigt sich in dieser Hinsicht im Hinblick auf die Kompetenz des Bundestages zur Bestimmung des Staatshaushalts, weil der Bundestag bei haushaltspolitischem Handeln unionale Vorgaben zu wahren hat.

---

450 Zum Begriff BVerfG v. 30.6.2009, 2 BvE 2/08 u.a. – BVerfGE 123, 267 (381).

451 Vgl. nur *Häde*, in: *Junkernheinrich/Scheller/Woisin*, Zwischen Reformidee und Funktionsanspruch, 2007, S. 133 (137).

452 *Birk*, Handbuch des Europäischen Steuer- und Abgabenrechts, 1995, § 5 Rn. 2.

453 *Birk*, Handbuch des Europäischen Steuer- und Abgabenrechts, 1995, § 5 Rn. 2.

454 *Puhl*, in: *Isensee/Kirchhof*, HdBdStR, Band III, 3. Auflage 2005, § 48 Rn. 3; zur Problematik der Entparlamentarisierung im europäischen Integrationsprozess vgl. auch *Kirchhof*, in: FS Kielmansegg, 2004, S. 359 (368 ff.).

Kapitel 3 – Die verfassungsrechtlichen Grenzen der europäischen Integration im Haushaltsbereich

Die europäische Integration ist aus verfassungsrechtlicher Perspektive nicht grenzenlos möglich. Zwar gestattet Art. 23 Abs. 1 Satz 2 GG Kompetenzverlagerungen auf die Europäische Union. Art. 23 Abs. 1 Sätze 1 und 3 GG zeigen der Übertragung von Hoheitsrechten aber verfassungsrechtliche Grenzen auf. Nach Art. 23 Abs. 1 Satz 1 GG setzt eine Mitwirkung der Bundesrepublik Deutschland an der Entwicklung der Europäischen Union voraus, dass diese demokratischen, rechtsstaatlichen, sozialen und föderativen Grundsätzen sowie dem Grundsatz der Subsidiarität verpflichtet ist und einen dem Grundgesetz im Wesentlichen vergleichbaren Grundrechtsschutz gewährleistet. Art. 23 Abs. 1 Satz 3 GG verpflichtet den verfassungsändernden Gesetzgeber bei Begründung der Europäischen Union sowie bei Änderung der europäischen Verträge oder vergleichbaren Regelungen, durch die das Grundgesetz inhaltlich geändert oder ergänzt oder jedenfalls die Möglichkeit zur Änderung oder Ergänzung geschaffen wird, zur Einhaltung der in Art. 79 Abs. 3 GG normierten materiellen Grenzen für Verfassungsänderungen.

Nach einem Überblick über das Regelungssystem des Art. 23 GG widmet sich dieses Kapitel zunächst den verfassungsrechtlichen Grenzen, die unionalen Haushaltskontrollrechten entgegenstehen. Sodann werden die sich aus diesen Grenzen ergebenden Handlungsbegrenzungen für den Bundeshaushaltsgesetzgeber aufgezeigt.

A. Art. 23 GG als Grenze der europäischen Integration

Art. 23 Abs. 1 Sätze 1 und 3 GG normieren jeweils für sich betrachtet verfassungsrechtliche Grenzen für den parlamentarischen Gesetzgeber im europäischen Integrationsprozess.

Die „Struktursicherungsklausel“[455] des Art. 23 Abs. 1 Satz 1 GG berechtigt die Bundesrepublik Deutschland und damit auch den Gesetzgeber, am europäischen Integrationsprozess mitzuwirken, aber nur dann, wenn die Europäische Union den dort normierten Strukturvorgaben entspricht. Damit bezieht

455 *Breuer*, NVwZ 1994, 417 (421).

sich Art. 23 Abs. 1 Satz 1 GG grundsätzlich auf die gegenwärtige Struktur der Europäischen Union selbst. Der nationale Gesetzgeber wird aber insoweit in Art. 23 Abs. 1 Satz 1 GG einbezogen, als dieser bei Mitwirkung im europäischen Integrationsprozess die aus Art. 23 Abs. 1 Satz 1 GG folgenden Vorgaben für die Struktur der Europäischen Union zu bewerten hat. Werden die in Art. 23 Abs. 1 Satz 1 GG normierten Strukturprinzipien auf europäischer Ebene nicht erfüllt, sind die nationalen Verfassungsorgane nicht berechtigt, am europäischen Integrationsprozess durch Übertragung von Hoheitsrechten mitzuwirken. Insofern sind Strukturvorgaben, die das Grundgesetz an die Europäische Union stellt, auch vom nationalen Gesetzgeber zu beachten[456]. Dennoch betreffen die Strukturvorgaben stets nur die Ausgestaltung der Europäischen Union. Einen Schutz der Verfassungsstruktur des Grundgesetzes bewirken sie nicht, jedenfalls nicht nach ihrer unmittelbaren Zielrichtung[457]. Denn das Recht der Europäischen Union wirkt zwar, wie bereits gezeigt, auf den innerstaatlichen Bereich ein, sodass die Art der rechtlichen Ausgestaltung der Europäischen Union mittelbar auch Auswirkungen auf das Grundgesetz hat[458]. Dementsprechend fordert Art. 23 Abs. 1 Satz 1 GG auch eine „strukturangepasste Grundsatzkongruenz“[459] der rechtlichen Strukturen auf Ebene von Grundgesetz und Europäischer Union. Unmittelbar schreibt Art. 23 Abs. 1 Satz 1 GG jedoch nur eine bestimmte rechtliche Struktur der Europäischen Union und nicht des Grundgesetzes vor. Klar wird dies, wenn man die sich aus Art. 23 Abs. 1 Satz 1 GG ergebenden Rechtsfolgen in die Betrachtung miteinbezieht. Hätten die nationalen Verfassungsorgane einzig die sich aus Art. 23 Abs. 1 Satz 1 GG ergebenden verfassungsrechtlichen Grenzen bei Mitwirkung im europäischen Integrationsprozess zu beachten, müssten sie auf die Wahrung der „Verfassungsstruktur“[460] des Grundgesetzes keine unmittelbare Rücksicht nehmen. Art. 23 Abs. 1 Satz 1 GG erfasst vielmehr einzig die rechtliche Struktur der Europäischen Union und zieht im Hinblick auf deren derzeitige Ausgestaltung Grenzen für die Mitwirkung nationaler Verfassungsorgane. Solange die Europäische Union den in Art. 23 Abs. 1 Satz 1 GG vorgegebenen Strukturprinzipien entspricht, könnten nationale Hoheitsrechte ohne Maß übertragen werden, unabhängig von den Folgen dieser Mitwirkung auf

456 *Scholz*, in: *Maunz/Dürig*, GG, Loseblatt (Mai 2013), Band IV, Art. 23 Rn. 70 f.
457 *Scholz*, in: *Maunz/Dürig*, GG, Loseblatt (Mai 2013), Band IV, Art. 23 Rn. 70 f.
458 So auch *Pernice*, in: *Dreier*, GG, Band II, 2. Auflage 2006, Art. 23 Rn. 92.
459 *Streinz*, in: *Sachs*, GG, 6. Auflage 2011, Art. 23 Rn. 22.
460 *Voßkuhle*, NVwZ 2010, 1 (6).

die Verfassungsstruktur des Grundgesetzes[461]. Die Wahrung der verfassungsrechtlichen Struktur des Grundgesetzes selbst wird damit in Art. 23 Abs. 1 Satz 1 GG nicht in den Blick genommen. Insofern bedarf es für deren Wahrung einer weiteren verfassungsrechtlichen Grenze. Diese Funktion erfüllt Art. 23 Abs. 1 Satz 3 GG i.V.m. Art. 79 Abs. 3 GG. Diese Normen zielen unmittelbar auf die Wahrung der verfassungsrechtlichen Struktur des Grundgesetzes im europäischen Integrationsprozess. Der nationale Gesetzgeber hat bei jeder Mitwirkung, die zu einem der in Art. 23 Abs. 1 Satz 3 GG genannten Fälle der Verfassungsänderung oder -ergänzung führt, die Grenze des Art. 79 Abs. 3 GG zu beachten.

Trotz dieser dogmatischen Unterschiede sind Art. 23 Abs. 1 Sätze 1 und 3 GG tatsächlich nicht voneinander zu trennen. Die Vorgaben der Art. 23 Abs. 1 Satz 1 GG und Art. 23 Abs. 1 Satz 3 i.V.m. Art. 79 Abs. 3 GG korrespondieren vielmehr. Zum einen decken sie sich inhaltlich im Wesentlichen, unabhängig davon, dass Art. 23 Abs. 1 Satz 1 GG die Struktur der Europäischen Union betrifft und dort eine dem Grundgesetz kongruente rechtliche Ausgestaltung erfordert, Art. 23 Abs. 1 Satz 3 GG aber die verfassungsrechtliche Struktur der Bundesrepublik Deutschland auf Grundlage des Grundgesetzes im Blick hat. Denn den Anforderungen des Art. 23 Abs. 1 Satz 3 GG i.V.m. 79 Abs. 3 GG wird grundsätzlich Rechnung getragen, wenn die Strukturvorgaben des Art. 23 Abs. 1 Satz 1 GG erfüllt werden[462]. Zum anderen stehen beide Sätze in Beziehung zueinander. Denn die Grenzen, die Art. 79 Abs. 3 GG dem verfassungsändernden Gesetzgeber im europäischen Integrationsprozess aufzeigt, sind stets im Zusammenhang mit der Struktur der Europäischen Union auszulegen. Die verfassungsrechtlichen Vorgaben, die an die Verfassungsstruktur des Grundgesetzes sowie die Europäischen Union gestellt werden, bedingen sich vielmehr gegenseitig[463]. So ist beispielsweise die demokratische Struktur des Grundgesetzes im fortschreitenden europäischen Integrationsprozess stets nur im Zusammenhang mit der demokratischen Legitimation der Europäischen Union zu sehen. Insofern sind bei Prüfung der verfassungsrechtlichen

---

461 *Schorkopf*, in: Bonner Kommentar, GG, Loseblatt (Juni 2012), Art. 23 Rn. 87.

462 So *Jarass*, in: *Jarass/Pieroth*, GG, 12. Auflage 2012, Art. 23 Rn. 38; für Art. 23 Abs. 1 Satz 1 GG als vorrangigen Prüfungsmaßstab auch *Uerpmann-Wittzack*, in: *von Münch/Kunig*, GG, Band 1, 6. Auflage 2012, Art. 23 Rn. 57 f.

463 Ähnlich zu diesem Punkt *Scholz*, in: *Maunz/Dürig*, GG, Loseblatt (Mai 2013), Band IV, Art. 23 Rn. 71; zum Verhältnis der Strukturanforderungen des Art. 23 Abs. 1 Satz 1 GG zum Recht der Mitgliedstaaten auch *Pernice*, in: *Dreier*, GG, Band II, 2. Auflage 2006, Art. 23 Rn. 78.

Grenzen einer fortschreitenden Integration für den verfassungsändernden Gesetzgeber des Grundgesetzes auch die Vorgaben des Art. 23 Abs. 1 Satz 1 GG in die Betrachtung miteinzubeziehen, auch wenn die verfassungsrechtliche Struktur des Grundgesetzes vornehmlich in Art. 23 Abs. 1 Satz 3 GG i.V.m. Art. 79 Abs. 3 GG geschützt wird.

Für diese Untersuchung sind im Ergebnis gleichwohl die verfassungsrechtlichen Grenzen maßgeblich, die sich aus Art. 23 Abs. 1 Satz 3 GG ergeben. Denn fraglich ist, inwiefern die Verfassungsstruktur des Grundgesetzes einer Übertragung budgetärer Zuständigkeiten im europäischen Integrationsprozess entgegensteht. Es werden die verfassungsrechtlichen Grenzen budgetärer Kompetenzverlagerungen (Art. 23 Abs. 1 Satz 2 GG) und solcher Vertragsänderungen der europäischen Verträge im Haushaltsbereich untersucht, die zu Änderungen des Grundgesetzes führen (Art. 23 Abs. 1 Satz 3 GG). Die verfassungsrechtlichen Grenzen für den verfassungsändernden Gesetzgeber folgen aber ausschließlich aus Art. 79 Abs. 3 GG, der gegenüber sonstigem Verfassungsrecht höherrangig ist[464]. Im Ergebnis bedarf es daher zunächst einer spezifischen Betrachtung der aus Art. 23 Abs. 1 Satz 3 GG i.V.m. Art. 79 Abs. 3 GG folgenden Maßstäbe für den verfassungsändernden Gesetzgeber, die diesem eine Grenze für die Vertiefung der europäischen Integration im Budgetbereich aufzeigen.

B. Staatlichkeit und Demokratieprinzip als Grenzen

Art. 23 Abs. 1 Satz 3 GG verweist auf Art. 79 Abs. 3 GG als materielle Grenze für den verfassungsändernden Gesetzgeber im europäischen Integrationsprozess. Dieser normiert den verfassungsrechtlichen Maßstab, an dem verfassungsändernde Gesetze zu messen sind, den unabänderlichen Kerngehalt der Verfassung[465], der auch im Zuge der Europäischen Integration nicht aufgegeben werden darf. Gegen Art. 79 Abs. 3 GG verstoßende Gesetze sind nichtig[466].

Art. 79 Abs. 3 GG verhindert eine Änderung des Grundgesetzes, die eines der dort genannten Prinzipien „berührt". Zum Teil wird wegen des Wortlauts des Begriffs „Berühren" von einem weiten Anwendungsbereich des Art. 79

---

464 BVerfG v. 6.10.1992, 1 BvR 1586/89 – BVerfGE 87, 181 (196); *Stern*, Staatsrecht, Band I, 2. Auflage 1984, § 4 S. 113 ff.

465 *Dreier*, in: *Dreier*, GG, Band II, 2. Auflage 2006, Art. 79 III Rn. 1; *Bryde*, in: *von Münch/Kunig*, GG, Band 2, 6. Auflage 2012, Art. 79 Rn. 29.

466 Vgl. nur BVerfG v. 15.12.1970, 2 BvF 1/69 u.a. – BVerfGE 30, 1 (33).

Abs. 3 GG ausgegangen. Der verfassungsändernde Gesetzgeber sei in vollem Umfang an die genannten Prinzipien gebunden, ohne dass ihre Auslegung im Anwendungsbereich des Art. 79 Abs. 3 GG eingeschränkt werden müsse[467]. Der Zweck des Art. 79 Abs. 3 GG sei nicht bloß auf die Verhinderung totalitärer Regime zu reduzieren[468]. Gefahr einer solchen Auslegung des Begriffs ist demgegenüber jedoch eine Fixierung des verfassungsrechtlichen Zustandes, weil dem verfassungsändernden Gesetzgeber weitgehend der Handlungsspielraum zur Verfassungsänderung genommen wird[469]. Zutreffend geht das BVerfG daher davon aus, dass der Anwendungsbereich des Art. 79 Abs. 3 GG lediglich vor einer „prinzipiellen Preisgabe“[470] der genannten Prinzipien schützt. Eine Berührung komme nicht in Betracht, wenn den Prinzipien „im allgemeinen Rechnung getragen wird und sie nur für eine Sonderlage entsprechend deren Eigenart aus evident sachgerechten Gründen modifiziert werden“[471]. Die Auslegung ist daher eng vorzunehmen[472]. Dies entspricht nicht zuletzt dem Regelungskontext des Art. 79 Abs. 3 GG, der ausschließlich die Kerngehalte der Verfassung bewahren soll und im Grundsatz eine Ausnahmevorschrift[473] darstellt. Gleichwohl darf auch in dieser Auslegung der Sinn und Zweck des Art. 79 Abs. 3 GG nicht außer Acht gelassen werden. Es ist gerade der Regelungsgegenstand dieser Norm, den verfassungsändernden Gesetzgeber von zu weitgehenden Modifikationen der Verfassung abzuhalten[474].

Nach Art. 79 Abs. 3 GG ist eine Änderung des Grundgesetzes, durch welche die Gliederung des Bundes in Länder, die grundsätzliche Mitwirkung der Länder bei der Gesetzgebung oder die in Art. 1 GG und Art. 20 GG niedergelegten Grundsätze berührt werden, unzulässig. Damit schützt Art. 79 Abs. 3 GG die Verfassungsentscheidung insbesondere für einen republikanischen,

---

467 BVerfG v. 15.12.1970, 2 BvF 1/69 u.a. - BVerfGE 30, 1 (38 ff.) - Sondervotum Geller, v. Schlabrendorff, Rupp; *Pieroth*, in: *Jarass/Pieroth*, GG, 12. Auflage 2012, Art. 79 Rn. 7.

468 BVerfG v. 15.12.1970, 2 BvF 1/69 u.a. - BVerfGE 30, 1 (38) - Sondervotum Geller, v. Schlabrendorff, Rupp.

469 *Bryde*, in: *von Münch/Kunig*, GG, Band 2, 6. Auflage 2012, Art. 79 Rn. 29.

470 BVerfG v. 15.12.1970, 2 BvF 1/69 u.a. - BVerfGE 30, 1 (24); anders aber *Bryde*, in: *von Münch/Kunig*, GG, Band 2, 6. Auflage 2012, Art. 79 Rn. 29.

471 BVerfG v. 15.12.1970, 2 BvF 1/69 u.a. - BVerfGE 30, 1 (24); ebenso BVerfG v. 14.5.1996, 2 BvR 1938/93 u.a. - BVerfGE 94, 49 (103).

472 So auch *Wernsmann*, Der Staat 44 (2005), 43 (53).

473 BVerfG v. 3.3.2004, 1 BvR 2378/98 u.a. - BVerfGE 109, 279 (310).

474 Vgl. auch *Bryde*, in: *von Münch/Kunig*, GG, Band 2, 6. Auflage 2012, Art. 79 Rn. 29 sowie *Pernice*, in: *Dreier*, GG, Band II, 2. Auflage 2006, Art. 79 III Rn. 19.

demokratischen, rechtsstaatlichen und sozialstaatlichen Bundesstaat, der die Menschenwürde als obersten Grundwert anerkennt. Besonders relevante Grenzen für die Übertragung budgetärer Gesetzgebungszuständigkeiten im europäischen Integrationsprozess sind das grundgesetzliche Demokratieprinzip sowie die Staatlichkeit der Bundesrepublik Deutschland[475]. Auf diese Gewährleistungsgehalte des Art. 23 Abs. 1 Satz 3 GG i.V.m. Art. 79 Abs. 3 GG wird im Folgenden das Augenmerk gelegt.

I. Staatlichkeit

Zweck des Art. 79 Abs. 3 GG ist der Schutz der Verfassungsstruktur des Grundgesetzes. Die Pflicht des verfassungsändernden Gesetzgebers, die darin ausdrücklich normierten Gehalte auch bei Änderungen des Grundgesetzes zu wahren, soll die grundlegenden rechtlichen Wertungen der Verfassung einer „Ewigkeitsgarantie"[476] unterstellen. Nicht ausdrücklich in Art. 79 Abs. 3 GG genannt ist das Merkmal der Staatlichkeit der Bundesrepublik Deutschland. Gleichwohl wird als Bestandteil der in Art. 79 Abs. 3 GG gewährleisteten Verfassungsstruktur des Grundgesetzes auch die Staatlichkeit der Bundesrepublik Deutschland diskutiert[477]. Dem verfassungsändernden Gesetzgeber wäre vor diesem Hintergrund die Aufgabe deutscher Staatlichkeit im europäischen Integrationsprozess verboten. Bezogen auf den Gegenstand dieser Untersuchung ist zu fragen, ob Art. 79 Abs. 3 GG einen Staatlichkeitsbegriff gewährleistet, der einer Übertragung nationaler Gesetzgebungszuständigkeiten, konkret der Budgethoheiten, entgegensteht.

1. *Maßgebliche Perspektive*

Eine einheitliche Definition des Begriffs Staat fehlt[478]. Vielmehr erfährt dieser eine jeweils unterschiedliche inhaltliche Konturierung je nach Perspektive, von der aus die Kriterien von Staatlichkeit untersucht werden. Die Frage nach dem Gewährleistungsgehalt des Art. 79 Abs. 3 GG unterscheidet sich dabei von Untersuchungen, die sich gemeinhin mit Staatlichkeit als Rechtsbegriff beschäftigen und dort den verfassungsrechtlichen Wertungen vorgelagert

---

475 Ebenso *Haug*, AöR 138 (2013), 435 (451 ff.).

476 BVerfG v. 30.6.2009, 2 BvE 2/08 u.a. – BVerfGE 123, 267 (343); kritisch zu der Bezeichnung als Ewigkeitsklausel *Rupp*, NJW 1993, 38 (39).

477 Diese Frage aufwerfend *Kirchhof*, in: *Isensee/Kirchhof*, HdBdStR, Band VII, 1992, § 183 Rn. 60.

478 *Isensee*, in: *Isensee/Kirchhof*, HdBdStR, Band II, 3. Auflage 2004, § 15 Rn. 46.

Voraussetzungen von Staatlichkeit als „Faktizität"[479] bewerten. Maßstäbe dieser Form finden sich insbesondere im Völkerrecht.

Die Völkerrechtsebene erfordert eine übergeordnete, grundsätzlich einheitliche Definition des Staates, weil ohne allgemeingültige Bestimmung der das Völkerrecht maßgeblich prägenden Völkerrechtssubjekte eine Regelung der Völkerrechtsordnung als zwischen diesen bestehender Rechtsordnung nicht möglich ist[480].

Die klassische Völkerrechtslehre definiert den Staat als ein aus drei „Elemente[n]"[481] bestehendes Konstrukt. Danach konstituiert sich ein Staat völkerrechtlich aus einem Staatsgebiet, einem Staatsvolk und einer Staatsgewalt[482]. Das Staatsgebiet ist ein „Teil der Erdoberfläche, auf dem die Staatsgewalt sich behauptet und entfaltet"[483]. Als Staatsvolk ist ein „dauerhafter Personenverband, der auf dem Staatsgebiet se[ss]haft ist und über den die Regierung Personalhoheit ausübt"[484], anzusehen. Nach dem Kriterium der Staatsgewalt kennzeichnen einen Staat im Sinne des Völkerrechts des Weiteren insbesondere „innere [und] äußere Souveränität"[485]. Äußere Souveränität bedeutet letztlich die nach außen gerichtete rechtliche „Unabhängigkeit [eines Staates von einer] übergeordneten

---

479 *Kirchhof*, in: *Isensee*, Europa als politische Idee, 1993, S. 63 (85); dazu *Möllers*, Staat als Argument, 2. Auflage 2011, S. 379 f.; *Kirchhof*, in: FS Schambeck, 1994, S. 947 (951 ff.); vgl. auch *Kirchhof*, in: *Depenheuer* u.a., Die Einheit des Staates, 1998, S. 51 (51 ff.); zu den unterschiedlichen Staatsbegriffen vgl. nur *Isensee*, in: *Isensee/Kirchhof*, HdBdStR, Band II, 3. Auflage 2004, § 15 Rn. 46 ff. sowie *Isensee*, in: Staatslexikon, Band V, 7. Auflage 1989, Sp. 133 (144 ff.); ebenso *Möllers*, Staat als Argument, 2. Auflage 2011, S. 9 ff. sowie *Doehring*, Allgemeine Staatslehre, 3. Auflage 2004, Rn. 27 ff.; auch *Haack*, Der Staat 49 (2010), 107 (107 ff.).

480 *Doehring*, Allgemeine Staatslehre, 3. Auflage 2004, Rn. 33.

481 *Jellinek*, Allgemeine Staatslehre, 3. Auflage 1976, S. 394.

482 Grundlegend dazu *Jellinek*, Allgemeine Staatslehre, 3. Auflage 1976, S. 394 ff.

483 *Isensee*, in: *Isensee/Kirchhof*, HdBdStR, Band II, 3. Auflage 2004, § 15 Rn. 51; zu diesem Begriff im Einzelnen *Graf Vitzthum*, in: *Isensee/Kirchhof*, HdBdStR, Band II, 3. Auflage 2004, § 18.

484 *Isensee*, in: *Isensee/Kirchhof*, HdBdStR, Band II, 3. Auflage 2004, § 15 Rn. 48; zu diesem Begriff im Einzelnen *Grawert*, in: *Isensee/Kirchhof*, HdBdStR, Band II, 3. Auflage 2004, § 16.

485 *Isensee*, in: *Isensee/Kirchhof*, HdBdStR, Band II, 3. Auflage 2004, § 15 Rn. 53; so auch *Hillgruber*, JZ 2002, 1072 (1074); zu diesen Begriffen umfassend *Randelzhofer*, in: *Isensee/Kirchhof*, HdBdStR, Band II, 3. Auflage 2004, § 17 Rn. 25 ff.; kritisch zum Souveränitätsmerkmal *Kokott*, ZaöRV 64 (2004), 517 (521 ff.) sowie *Kokott*, VVDStRL 63 (2004), 7 (19 ff.); vgl. auch *Denninger*, JZ 2000, 1121 (1125).

Autorität"[486]. Unabdingbare Voraussetzung dafür ist innere Souveränität, die innerstaatlich die Staatsgewalt als „zentrale Letztentscheidungsgewalt"[487] ausweist.

Das Völkerrecht verschließt sich bei Beurteilung dieser Merkmale aber grundsätzlich[488] der verfassungsrechtlichen Lage innerhalb eines Staates, es definiert das Vorliegen der Elemente vielmehr „verfassungsneutral"[489].

Ist zu untersuchen, inwiefern dem Gewährleistungsgehalt des Art. 79 Abs. 3 GG auch die Staatlichkeit der Bundesrepublik Deutschland zu entnehmen ist, bedarf es aber einer auf die Verfassung bezogenen Argumentation. Es ist keine gegenüber der Verfassung abstrakte Prüfung angezeigt, die deutsche Staatlichkeit losgelöst von verfassungsrechtlichen Maßstäben bewertet. Vielmehr ist auf das Verhältnis von Staatlichkeit und Art. 79 Abs. 3 GG einzugehen. Art. 79 Abs. 3 GG hat normativ Staatlichkeit zu gewährleisten, um dem verfassungsändernden Gesetzgeber in der Entstaatlichung eine weitere verfassungsrechtliche Grenze zu ziehen.

Diese Differenzierung berührt in der Konsequenz auch den Prüfungsmaßstab des hier zu untersuchenden Problems. In der Frage, inwiefern Staatlichkeit eine verfassungsrechtliche Grenze der Übertragung budgetärer Gesetzgebungskompetenzen im europäischen Integrationsprozess darstellt, ist ein verfassungsrechtlicher Maßstab entscheidend, hingegen nicht maßgeblich ist die Definition von Staatlichkeit losgelöst von der Verfassung. Diese ist nicht Gegenstand der Untersuchung. Nur diese Staatlichkeit, die als Bestandteil der Verfassungsstruktur anzusehen ist, stellt eine verfassungsrechtliche Grenze der Übertragung bestimmter Gesetzgebungszuständigkeiten dar. Verfassungsrechtlich ist nicht entscheidend, ob aus völkerrechtlicher Perspektive nach der Übertragung von Zuständigkeiten noch deutsche Staatlichkeit gegeben ist, sondern ob Art. 79 Abs. 3 GG grundsätzlich einer Entstaatlichung entgegensteht und inwiefern in dem Verlust von Gesetzgebungskompetenzen ein solcher Verlust von Staatlichkeit zu sehen ist. Die bei Auslegung des Art. 79 Abs. 3 GG maßgebliche Perspektive ist die der Verfassung. Folglich bedarf es für die Prüfung, inwiefern Art. 79

---

486 *Kokott*, ZaöRV 64 (2004), 517 (519); ebd. S. 518 ff. auch zu den Ausprägungen der Unabhängigkeit im Einzelnen; ebenso *Dreier*, in: Staatslexikon, Band IV, 7. Auflage 1988, Sp. 1203 (1203).

487 *Dreier*, in: Staatslexikon, Band IV, 7. Auflage 1988, Sp. (1203) 1204.

488 Gleichwohl bestehen auch völkerrechtliche Einflüsse auf die verfassungsrechtliche Struktur innerhalb der Staaten wie z.B. Demokratisierungstendenzen, vgl. nur *Kokott*, ZaöRV 64 (2004), 517 (525 ff.) sowie *Isensee*, in: *Isensee/Kirchhof*, HdBdStR, Band II, 3. Auflage 2004, § 15 Rn. 58.

489 *Isensee*, in: *Isensee/Kirchhof*, HdBdStR, Band II, 3. Auflage 2004, § 15 Rn. 48.

Abs. 3 GG dem verfassungsändernden Gesetzgeber die Entstaatlichung der Bundesrepublik Deutschland untersagt, einer Auslegung des Art. 79 Abs. 3 GG. Eine von der Verfassung losgelöste Definition von Staatlichkeit wäre hingegen nicht zielführend.

Im Ergebnis ist verfassungsrechtlich zu begründen, inwiefern Art. 79 Abs. 3 GG einen Staatlichkeitsbegriff gewährleistet, der dem Verlust parlamentarischer Gesetzgebungszuständigkeiten entgegensteht, unabhängig von einer gegenüber der Verfassung abstrakten Definition von Staatlichkeit.

2. Staatlichkeit als Gewährleistungsgehalt des Art. 79 Abs. 3 GG

Art. 79 Abs. 3 GG beinhaltet die Verpflichtung des verfassungsändernden Gesetzgebers, im europäischen Integrationsprozess deutsche Staatlichkeit jedenfalls insofern zu bewahren, als diese eine Grundvoraussetzung der in Art. 79 Abs. 3 GG gewährleisteten Verfassungsstruktur darstellt[490]. Denn Art. 79 Abs. 3 GG nennt Staatlichkeit zwar nicht ausdrücklich als Grenze für den verfassungsändernden Gesetzgeber, sodass der normative Anknüpfungspunkt der Staatlichkeitsfrage in Art. 79 Abs. 3 GG fraglich erscheint[491]. Als verfassungsrechtliche Grundlage der in Art. 79 Abs. 3 GG einer Verfassungsänderung entzogenen Verfassungsstruktur bedarf es jedoch jedenfalls eines Mindestmaßes an Staatlichkeit[492]. Art. 79 Abs. 3 GG gewährleistet jedenfalls grundsätzlich eine Form von Staatlichkeit, weil ohne diese die in Art. 79 Abs. 3 GG gewährleisteten Staatsstrukturprinzipien nicht zu erfüllen sind. Problematisch ist hingegen, welche

---

490 Demgegenüber zur Staatlichkeit als Voraussetzung der Verfassung in ihrer Gesamtheit ausführlich *Möllers*, Staat als Argument, 2. Auflage 2011, S. 256 ff. und S. 380 ff.

491 Die normative Anknüpfung des Staatlichkeitsbegriffs in Art. 79 Abs. 3 GG bejahend *Kirchhof*, in: *Isensee/Kirchhof*, HdBdStR, Band VII, 1992, § 183 Rn. 59 f.; *Hain*, in: *von Mangoldt/Klein/Starck*, GG, Band 2, 6. Auflage 2010, Art. 79 Abs. 3 Rn. 135; *Huber*, Recht der Europäischen Integration, 2. Auflage 2002, § 4 Rn. 54; *Isensee*, in: FS Everling, Band I, 1995, S. 567 (588); *Pernice*, in: *Isensee/Kirchhof*, HdBdStR, Band VIII, 1995, § 191 Rn. 43; *Rupp*, NJW 1993, 38 (39); kritisch *Möllers*, Staat als Argument, 2. Auflage 2011, S. 383 ff.; die Anwendung des Art. 79 Abs. 3 GG in diesem Zusammenhang verneinend aber *Bryde*, in: *von Münch/Kunig*, GG, Band 2, 6. Auflage 2012, Art. 79 Rn. 53.

492 Die völlige Aufgabe deutscher Staatlichkeit wird allgemein als mit Art. 79 Abs. 3 GG unvereinbar angesehen, vgl. *Pernice*, in: *Dreier*, GG, Band II, 2. Auflage 2006, Art. 23 Rn. 92; *Schliesky*, Souveränität, 2004, S. 471; *Kirchhof*, in: *Isensee/Kirchhof*, HdBdStR, Band VII, 1992, § 183 Rn. 60; *Fink*, DÖV 1998, 133 (139); *Siekmann*, in: FS Stern, 1997, S. 341 (359); kritisch, aber im Ergebnis auch *Möllers*, Staat als Argument, 2. Auflage 2011, S. 389 ff., S. 405 und S. 416 f.

Form von Staatlichkeit, welcher konkrete Staatlichkeitsbegriff von Art. 79 Abs. 3 GG gewährleistet wird. Die für den Untersuchungsgegenstand entscheidende Frage ist, inwieweit Art. 79 Abs. 3 GG eine Form von Staatlichkeit gewährleistet, die inhaltlich der Übertragung budgetärer Gesetzgebungszuständigkeiten im europäischen Integrationsprozess entgegensteht.

3. *Staatlichkeit im Sinne des Art. 79 Abs. 3 GG*

Die Interpretation des Gewährleistungsgehalts des Art. 79 Abs. 3 GG entscheidet sich maßgebend danach, welche Art von Staatlichkeit dem Anwendungsbereich der Norm entnommen wird.

a. Souveräne Staatlichkeit als Gewährleistungsgehalt des Art. 79 Abs. 3 GG

Insbesondere das BVerfG versteht Art. 79 Abs. 3 GG als Norm, die die „souveräne Staatlichkeit“[493] als Teil der Verfassungsstruktur erfasst. Grundvoraussetzung der in Art. 79 Abs. 3 GG i.V.m. Art. 20 Abs. 1 GG zu gewährleistenden Prinzipien sei der Staat Bundesrepublik Deutschland[494]. Merkmal der dem Gewährleistungsgehalt des Art. 79 Abs. 3 GG zu entnehmenden Staatlichkeit sei aber nicht bloß eine beliebige Form der Staatlichkeit, sondern konstituierendes Merkmal des Staates in diesem Sinne sei dessen Souveränität. Ausgeschlossen sei damit eine Aufgabe oder Teilung nationaler Souveränität im europäischen Integrationsprozess[495]. Art. 79 Abs. 3 GG garantiere damit Staatlichkeit verstanden als nationale Souveränität[496]. Die Pflicht zur Wahrung der Souveränität bedeute damit zugleich, dass Deutschland seine völkerrechtliche Staatlichkeit innerhalb der Europäischen Union nicht verlieren dürfe, weil gerade die Souveränität Ausdruck eines Staates im völkerrechtlichen Sinne sei[497]. Diese Auslegung erkennt als entscheidenden Gewährleistungsgehalt des Art. 79 Abs. 3 GG damit die nationale Souveränität, die auch durch den verfassungsändernden Gesetzgeber im europäischen Integrationsprozess nicht aufgegeben werden darf. Staatlichkeit verstanden als Souveränität ist das einer Verfassungsänderung entzogene Kriterium und Grundlage dieser Auslegung. Fraglich ist jedoch, ob eine so verstandene Staatlichkeit dem Gewährleistungsgehalt des Art. 79 Abs. 3 GG entnommen werden kann.

---

493 BVerfG v. 30.6.2009, 2 BvE 2/08 u.a. - BVerfGE 123, 267 (343).

494 *Kirchhof*, in: *Isensee/Kirchhof*, HdBdStR, Band VII, 1992, § 183 Rn. 60 f.

495 *Hillgruber*, in: *Isensee/Kirchhof*, HdBdStR, Band II, 3. Auflage 2004, § 32 Rn. 108.

496 BVerfG v. 30.6.2009, 2 BvE 2/08 u.a. - BVerfGE 123, 267 (343).

497 *Hillgruber*, in: *Isensee/Kirchhof*, HdBdStR, Band II, 3. Auflage 2004, § 32 Rn. 108.

aa. Der Begriff Souveränität

Grundlage dieser Auslegung ist das Merkmal der Souveränität als Kennzeichen der von Art. 79 Abs. 3 GG vorausgesetzten Staatlichkeit. Eine allgemeingültige Definition des Begriffs Souveränität fehlt[498].

Das Völkerrecht unterscheidet gemeinhin zwischen äußerer und innerer Souveränität als Kennzeichen der Staatsgewalt, die einen Bestandteil des völkerrechtlichen Staatsbegriffes bildet[499].

Auch das Verfassungsrecht als Gegenstand dieser Untersuchung betrachtet den Souveränitätsbegriff in seinem Verhältnis zur Staatsgewalt[500]. Verfassungsrechtlich ist zwar nicht die Unterscheidung zwischen äußerer und innerer Souveränität maßgebend[501]. Das Verfassungsrecht fragt aber entsprechend dem Völkerrecht nach bestimmten Eigenschaften, die der Staatsgewalt des Staates insgesamt zuzuschreiben sind. Letztlich betrachtet auch das Verfassungsrecht einen Staat in seiner Gesamtheit als souverän, wenn dieser näher zu definierende Merkmale aufweist.

Der Begriff Souveränität bezeichnet verfassungsrechtlich gemeinhin eine rechtlich „höchste, unabgeleitete staatliche Herrschaftsgewalt"[502]. Eine souveräne

---

498 Vgl. nur *Randelzhofer*, in: *Isensee/Kirchhof*, HdBdStR, Band II, 3. Auflage 2004, § 17 Rn. 1; auch *Haltern*, Souveränität, 2007, S. 1 ff. sowie *Grimm*, Souveränität, 2009, S. 9 ff.; vgl. auch *Dreier*, in: Staatslexikon, Band IV, 7. Auflage 1988, Sp. 1203 (1203 f.) sowie *Hillgruber*, JZ 2002, 1072 (1073), die auf die aus rechtlicher Perspektive maßgebliche Differenzierung zwischen völkerrechtlichem und verfassungsrechtlichem Souveränitätsbegriff eingehen; aus der Schwierigkeit, den Souveränitätsbegriff zu bestimmen, folgen gar Forderungen nach dessen Aufgabe, vgl. nur *Oeter*, ZaöRV 55 (1995), 659 (704).

499 *Isensee*, in: *Isensee/Kirchhof*, HdBdStR, Band II, 3. Auflage 2004, § 15 Rn. 53; *Haack*, Verlust der Staatlichkeit, 2007, S. 105; *Hillgruber*, JZ 2002, 1072 (1073).

500 *Randelzhofer*, in: *Isensee/Kirchhof*, HdBdStR, Band II, 3. Auflage 2004, § 17 Rn. 3; *Hillgruber*, JZ 2002, 1072 (1073); *Schliesky*, Souveränität, 2004, S. 57; *Flint*, Die Übertragung von Hoheitsrechten, 1998, S. 135; auf die Notwendigkeit der Unterscheidung beider Begriffe aber ausdrücklich hinweisend bereits *Jellinek*, Allgemeine Staatslehre, 3. Auflage 1976, S. 461 ff.; ebenso *Denninger*, JZ 2000, 1121 (1125).

501 *Hillgruber*, JZ 2002, 1072 (1073); im Ergebnis auch *Haack*, Verlust der Staatlichkeit, 2007, S. 105 ff.

502 *Schliesky*, Souveränität, 2004, S. 57; ebd. S. 59 ff. eingehend zur historischen Entwicklung des Souveränitätsbegriffs; *Krüger*, Allgemeine Staatslehre, 2. Auflage 1966, S. 851 f.; vgl. auch *Randelzhofer*, in: *Isensee/Kirchhof*, HdBdStR, Band II, 3. Auflage 2004, § 17 Rn. 23; *Baldus*, Der Staat 36 (1997), 381 (381); *Dreier*, in: Staatslexikon, Band IV, 7. Auflage 1988, Sp. 1203 (1203); in diese Richtung auch BVerfG v. 30.6.2009, 2 BvE 2/08 u.a. - BVerfGE 123, 267 (345 f.).

Staatsgewalt handelt auf Grundlage ihrer rechtlichen Stellung „einseitig“[503]: Sie bedarf für ihr Handeln nicht der „Zustimmung oder Mitwirkung“[504]. Diese Kompetenz äußert sich insbesondere in einer einseitigen Rechtsetzungs- sowie Rechtsdurchsetzungbefugnis[505]. Gleichzeitig ist sie durch die Kriterien der „Einzigkeit“[506] und „Einheitlichkeit“[507] gekennzeichnet: Eine souveräne Staatsgewalt sieht sich keiner gleichgeordneten Gewalt gegenüber und begründet eine einheitliche, unveräußerliche und unteilbare Staatsgewalt[508]. Eine souveräne Staatsgewalt charakterisiert sich damit im Ergebnis im Wesentlichen durch ihre Stellung als letzte Entscheidungsinstanz im Staat[509].

Eine abweichende Bestimmung des Souveränitätsbegriffs ist für die hier zu untersuchende Fragestellung auch unerheblich. Denn die Definition des Souveränitätsbegriffs in der genannten Form ist für den Gegenstand dieser Fragestellung die maßgebliche Definition. Für die Frage, ob souveräne Nationalstaatlichkeit eine verfassungsrechtliche Grenze für den europäischen Integrationsprozess darstellt, sind nicht unterschiedliche Vorstellungen des Souveränitätsbegriffs entscheidend[510]. Ein Souveränitätsbegriff, der Souveränität nicht in der beschriebenen Eigenschaft der Staatsgewalt definiert, ist für diese Fragestellung nicht weiterführend. Vielmehr ist für das hier interessierende Problem letztlich das Merkmal deutscher Staatsgewalt und welche Stellung diese im europäischen Integrationsprozess einnimmt entscheidend[511]. Es geht um die inhaltliche Frage, welche Stellung die deutsche Staatsgewalt im Verhältnis zur europäischen Herrschaftsgewalt nach den verfassungsrechtlichen

503 *Krüger*, Allgemeine Staatslehre, 2. Auflage 1966, S. 879.

504 *Randelzhofer*, in: *Isensee/Kirchhof*, HdBdStR, Band II, 3. Auflage 2004, § 17 Rn. 38; vgl. auch *Buchwald*, Der Staat 37 (1998), 189 (203); *Schliesky*, Souveränität, 2004, S. 144.

505 *Schliesky*, Souveränität, 2004, S. 145; *Randelzhofer*, in: *Isensee/Kirchhof*, HdBdStR, Band II, 3. Auflage 2004, § 17 Rn. 39.

506 *Krüger*, Allgemeine Staatslehre, 2. Auflage 1966, S. 847.

507 *Schliesky*, Souveränität, 2004, S. 146.

508 BVerfG v. 31.10.1990, 2 BvF 3/89 - BVerfGE 83, 60 (75); *Quaritsch*, Der Staat 35 (1996), 1 (22); *Schliesky*, Souveränität, 2004, S. 145 ff.; dazu auch *Grawert*, Der Staat 51 (2012), 189 (207).

509 Vgl. nur *Schliesky*, Souveränität, 2004, S. 144 f.

510 Vgl. beispielsweise nur *Carl Schmitt*, Politische Theologie, 1934, S. 13: „Souverän ist, wer über den Ausnahmezustand entscheidet.“; dazu eingehend *Quaritsch*, Der Staat 35 (1996), 1 (1 ff.); auch *Schliesky*, Souveränität, 2004, S. 125 ff.

511 Vgl. nur BVerfG v. 30.6.2009, 2 BvE 2/08 u.a. - BVerfGE 123, 267 (346); auch *Denninger*, JZ 2000, 1121 (1125 f.) sowie *Nicolaysen*, EuR-Bei 2010, 9 (20).

Vorgaben des Art. 79 Abs. 3 GG einnehmen muss. Der Souveränitätsbegriff erlangt insofern Bedeutung, als dieser gemeinhin die Staatsgewalt als eine „höchste Gewalt“[512] charakterisiert. Die hier zu untersuchende Frage entscheidet sich folglich nicht nach einer davon verschiedenen Definition von Souveränität, sondern danach, ob die mit dem Souveränitätsbegriff gemeinhin inhaltlich bezweckte Aussage erfüllt ist.

Umstritten ist, welches Verhältnis deutscher Staatsgewalt zu europäischer Herrschaftsgewalt Art. 79 Abs. 3 GG gewährleistet und einer Verfassungsänderung entzieht[513]. Gewährleistet Art. 79 Abs. 3 GG, dass deutsche Staatsgewalt im Verhältnis zu europäischer Herrschaftsgewalt die oben genannten Kriterien einer souveränen Staatsgewalt erfüllt?

Namentlich das BVerfG entnimmt dem Gewährleistungsgehalt des Art. 79 Abs. 3 GG ein an den verfassungsändernden Gesetzgeber gerichtetes Verbot, die Souveränität deutscher Staatsgewalt im europäischen Integrationsprozess aufzugeben. Letztlich dürfe das Abhängigkeitsverhältnis europäischer Herrschaftsgewalt von deutscher Staatsgewalt nicht zugunsten ersterer verändert werden[514].

Zu prüfen ist damit, inwiefern und gegebenenfalls mit welchen konkret inhaltlichen Vorgaben Art. 79 Abs. 3 GG dem verfassungsändernden Gesetzgeber eine Verfassungsänderung untersagt, die die Souveränität deutscher Staatsgewalt zu Gunsten der Europäischen Union verändert.

bb. Grundlegende Begriffsdifferenzierung als Ausgangspunkt

Zunächst ist die Souveränität der Staatsgewalt im an dieser Stelle interessierenden Sinne von anderen Zusammenhängen, in denen der Souveränitätsbegriff verfassungsrechtlich bedeutsam ist, abzugrenzen.

(a) Legitimation von Staatsgewalt

Eine unmittelbar normative Bestimmung der Staatsgewalt im Sinne des Grundgesetzes findet sich in Art. 20 Abs. 2 GG. Nach Art. 20 Abs. 2 Satz 1 GG gründet die Staatsgewalt im Volk und wird nach Art. 20 Abs. 2 Satz 2 GG vom Volk in Wahlen und Abstimmungen sowie durch Organe der Legislative, Exekutive und Judikative ausgeübt. Das Volk ist Grundlage der staatlichen Gewalt und es übt

512 *Schliesky*, Souveränität, 2004, S. 57.

513 In diesem Sinne ähnlich *Ruffert*, EuR-Bei 2010, 83 (93); ebenso *Grimm*, Der Staat 48 (2009), 475 (481) sowie *Schliesky*, Souveränität, 2004, S. 507 f.

514 Vgl. nur BVerfG v. 30.6.2009, 2 BvE 2/08 u.a. – BVerfGE 123, 267 (343, 345, 348 und 349).

diese aus, in Wahlen und durch Staatsorgane[515]. Nach Art. 20 Abs. 2 GG ist damit verfassungsrechtlich das Volk der Inhaber der Staatsgewalt in ihrer Gesamtheit, weil diese insgesamt durch den Volkswillen bestimmt wird[516].

Der Volkswille ist damit verfassungsrechtlich stets Ausgangspunkt von Staatsgewalt. Gleichzeitig wird aber deutlich, dass diese Stellung des Volkes die Frage betrifft, in welcher Form staatliche Gewalt im Geltungsbereich des Grundgesetzes legitimiert ist. Der in Art. 20 Abs. 2 GG normierte Grundsatz der Volkssouveränität[517] normiert ein Legitimationskonzept von Staatsgewalt für das Grundgesetz. Die Legitimation von Staatsgewalt fragt danach, wer nach geltender Verfassungsordnung die Gesamtheit der Staatsgewalt bestimmt. Die Souveränitätsproblematik hingegen befasst sich mit bestimmten Merkmalen der Staatsgewalt, unabhängig davon, wie diese legitimiert ist. Die Frage nach der Legitimation von Staatsgewalt ist daher von der Frage nach der Souveränität der Staatsgewalt zu unterscheiden[518].

Daher ist aus verfassungsrechtlicher Sicht bei Bestimmung des Souveränitätsbegriffs die Frage nach der Souveränität des Staates („Verbandssouveränität“[519]) von derjenigen nach der Souveränität im Staat („Organsouveränität“[520]) zu unterscheiden[521]. Letztere Frage nach einer souveränen Herrschaftsgewalt im Staat ist nicht abstrakt von der dem Grundgesetz zugrunde liegenden Staatsform und damit nicht unabhängig vom Demokratieprinzip zu beantworten und wird daher an späterer Stelle behandelt. Denn der Grundsatz der Volkssouveränität als Legitimationskonzept ist in Art. 79 Abs. 3 GG i.V.m. Art. 20 Abs. 1 GG eigenständig im dort normierten Demokratieprinzip verfassungsrechtlich geregelt. Maßstäbe für den verfassungsändernden Gesetzgeber in dieser Hinsicht folgen

515 Vgl. dazu BVerfG v. 31.10.1990, 2 BvF 3/89 – BVerfGE 83, 60 (71) sowie *Sachs*, in: *Sachs*, GG, 6. Auflage 2011, Art. 20 Rn. 28.

516 *Böckenförde*, in: *Isensee/Kirchhof*, HdBdStR, Band II, 3. Auflage 2004, § 24 Rn. 1.

517 *Dreier*, in: *Dreier*, GG, Band II, 2. Auflage 2006, Art. 20 (Demokratie) Rn. 86.

518 *Schliesky*, Souveränität, 2004, S. 511 f.

519 *Haack*, Verlust der Staatlichkeit, 2007, S. 102.

520 *Haack*, Verlust der Staatlichkeit, 2007, S. 102.

521 Differenzierend *Hillgruber*, JZ 2002, 1072 (1074); *Haack*, Verlust der Staatlichkeit, 2007, S. 101 ff.; *Randelzhofer*, in: *Isensee/Kirchhof*, HdBdStR, Band II, 3. Auflage 2004, § 17 Rn. 4; vgl. auch *Schliesky*, Souveränität, 2004, S. 140 ff. und S. 511 f.; vgl. *Beaud*, Der Staat 35 (1996), 45 (55); beide Ausprägungen des Souveränitätsprinzips ausdrücklich unterscheidend auch BVerfG v. 30.6.2009, 2 BvE 2/08 u.a. – BVerfGE 123, 267 (344 ff. und 356 f.); undeutlich, aber im Ergebnis auch differenzierend *Di Fabio*, Der Staat 32 (1993), 191 (200 ff.); vgl. auch *Lepsius*, EuGRZ 2004, 370 (376 ff.).

mithin aus einer speziellen verfassungsrechtlichen Grenze des europäischen Integrationsprozesses. An diesem Punkt stellt sich aber erstere Frage nach der Souveränität des Staates selbst: Weist die Bundesrepublik Deutschland im Verhältnis zur Europäischen Union die oben beschriebenen Merkmale souveräner Staatlichkeit auf?

(b) Die verfassungsgebende Gewalt des Volkes

Aber auch eine souveräne Stellung des Volkes im Akt der Verfassungsgebung unterscheidet sich von der Souveränität des Staates in seiner Gesamtheit und insofern vom Souveränitätsbegriff, wie er an dieser Stelle der Untersuchung interessiert[522]. Dabei bedarf es der Differenzierung: Das Volk ist als Verfassungsorgan bereits innerhalb der Verfassung eine verfassungsgebende Gewalt (vgl. die Präambel des Grundgesetzes sowie Art. 146 GG). Als Verfassungsorgan ist das Volk in diesem Sinne eine verfasste Gewalt, ein pouvoir constitué, die, wenngleich sie keinen verfassungsrechtlichen Bindungen unterliegt, doch aber Gegenstand einer verfassungsrechtlichen Regelung ist[523]. Die durch das Grundgesetz garantierte Stellung des Volkes als verfassungsgebende Gewalt ist vielmehr keine von der Verfassung völlig losgelöste Stellung.

Eine auch gegenüber der Verfassung souveräne Stellung hat das Volk jedenfalls aber als ursprünglich verfassungsgebende Gewalt, als pouvoir constituant, im Akt der Verfassungsgebung[524]. In dieser Stellung handelt das Volk losgelöst von jeder verfassungsrechtlichen Bindung oder eingrenzenden verfassungsrechtlichen Regelung. Zwar handelt es sich um eine der Verfassung

---

522 Vgl. nur *Hillgruber*, JZ 2002, 1072 (1074).

523 *Schneider*, in: *Isensee/Kirchhof*, HdBdStR, Band VII, 1992, § 158 Rn. 36; *Hillgruber*, JZ 2002, 1072 (1074); *Huber*, in: *Sachs*, GG, 6. Auflage 2011, Art. 146 Rn. 9 sowie *Jarass*, in: *Jarass/Pieroth*, GG, 12. Auflage 2012, Art. 146 Rn. 5 sehen die verfassungsgebende Gewalt bei einer Verfassungsrevision nach Art. 146 GG keinen Bindungen aus Art. 79 Abs. 3 GG unterworfen; dies ablehnend *Isensee*, in: *Isensee/Kirchhof*, HdBdStR, Band VII, 1992, § 166 Rn. 67 sowie *Isensee*, ZRP 2010, 33 (36), der einen revolutionären Akt für notwendig erachtet; vgl. auch *Grawert*, Der Staat 51 (2012), 189 (213); zur Stellung des Volkes als Verfassungsorgan in Art. 20 GG vgl. *Dreier*, in: *Dreier*, GG, Band II, 2. Auflage 2006, Art. 20 (Demokratie) Rn. 86.

524 *Hillgruber*, JZ 2002, 1072 (1074); im Ergebnis auch *Haack*, Verlust der Staatlichkeit, 2007, S. 97 f.; *Schneider*, in: *Isensee/Kirchhof*, HdBdStR, Band VII, 1992, § 158 Rn. 1 und Rn. 39; ebd. Rn. 30 ff. aber zu sonstigen Grenzen für die verfassungsgebende Gewalt formeller und materieller Art; dazu auch *Murswiek*, Der Staat 32 (1993), 161 (171); vgl. auch *Böckenförde*, in: *Isensee/Kirchhof*, HdBdStR, Band II, 3. Auflage 2004, § 24 Rn. 5.

vorgelagerte Position[525]. Jedoch anerkennt auch die Verfassung selbst den Akt der Verfassungsgebung als ihre Entstehungsvoraussetzung (vgl. nur die Präambel des Grundgesetzes). Diese besondere Stellung der ursprünglich verfassungsgebenden Gewalt wird auch durch das Verhältnis der verfassten Gewalt zur Möglichkeit der Verfassungsänderung in Art. 79 Abs. 3 GG bestätigt. Denn eine Verfassungsänderung durch die verfasste Gewalt ist nur in den Grenzen des Art. 79 Abs. 3 GG zulässig. Art. 79 Abs. 3 GG aber ist Ausdruck des ursprünglichen Volkswillens, der sich im Akt der Verfassungsgebung manifestierte[526]. In dieser Position handelt das Volk als tatsächlicher Souverän.

Souveränität des Staates in der an dieser Stelle interessierenden Bedeutung fragt aber nicht nach einer souveränen Stellung des Volkes, sondern nach der Souveränität des durch diese Verfassungsgebung geschaffenen Staates in Abgrenzung zur Europäischen Union, nach Charakteristiken der staatlichen Herrschaftsgewalt, die diese von europäischer Herrschaftsgewalt unterscheiden. Der Souveränitätsbegriff, wie er für das Abgrenzungsverhältnis deutscher Staatsgewalt zu europäischer Herrschaftsgewalt maßgeblich ist, fragt nach der Staatsgewalt des Gesamtstaates, die sich aus der verfassungsrechtlichen Grundordnung ergibt[527]. In Abgrenzung zu der beschriebenen souveränen Stellung des Volkes ist im Ergebnis die souveräne Stellung der Bundesrepublik Deutschland als Mitgliedstaat der Europäischen Union Untersuchungsgegenstand.

cc. Souveränität der Bundesrepublik Deutschland in der Europäischen Union

Untersuchungsgegenstand an dieser Stelle ist folglich die Souveränität der Bundesrepublik Deutschland als Staat in der Europäischen Union. Nach Maßgabe des oben beschriebenen Souveränitätsverständnisses, das eine souveräne Staatsgewalt als letzte Entscheidungsgewalt im Staat charakterisiert, ist die souveräne Staatlichkeit der Bundesrepublik Deutschland in diesem Sinne auch in Abgrenzung zur Europäischen Union zu bejahen. Zwar bildet die Unionsrechtsordnung eine autonome Rechtsordnung[528]. Die nationale Souveränität ist aber mit

525 *Pechstein/Koenig*, EU, 3. Auflage 2000, Rn. 574 f.

526 BVerfG v. 30.6.2009, 2 BvE 2/08 u.a. – BVerfGE 123, 267 (344); *Janssen*, DÖV 2010, 949 (954); *Murswiek*, Der Staat 32 (1993), 161 (163).

527 Ähnlich *Randelzhofer*, in: *Isensee/Kirchhof*, HdBdStR, Band II, 3. Auflage 2004, § 17 Rn. 23.

528 EuGH v. 5.2.1963, Rs. 26/62 – *van Gend & Loos/Niederländische Finanzverwaltung*, Slg. 1963, 3 (25); EuGH v. 15.7.1964, Rs. 6/64 – *Costa/E.N.E.L.*, Slg. 1964, 1141 (1270); vgl. auch *Baldus*, Der Staat 36 (1997), 381 (392 f.), der einen Widerspruch

dem Geltungsgrund des Unionsrechts in der deutschen Rechtsordnung sowie mit Übertragungstatbestand zu begründen, die bereits oben näher dargestellt wurden. Zum einen bildet der Rechtsanwendungsbefehl des deutschen Zustimmungsgesetzes letztlich den Geltungsgrund für das Unionsrecht in der deutschen Rechtsordnung[529]. Zum anderen nimmt die deutsche Staatsgewalt durch die Übertragung von Hoheitsrechten nach Art. 23 Abs. 1 Satz 2 GG ihren Herrschaftsanspruch für den Geltungsbereich des Grundgesetzes nur in begrenztem Maße zurück[530]. Die Souveränität der Bundesrepublik Deutschland ist damit auch im europäischen Integrationsprozess gewahrt[531], weil aus verfassungsrechtlicher Perspektive die deutsche Staatsgewalt im Ergebnis die maßgebende Staatsgewalt für den Geltungsbereich des Grundgesetzes darstellt. Die Bundesrepublik Deutschland und die weiteren Mitgliedstaaten verfügen im Verhältnis zur Europäischen Union über die Kompetenz-Kompetenz.

b. Stimmigkeit des Souveränitätskonzeptes?

aa. Souveräne Staatlichkeit als unaufgebbarer Verfassungsgehalt?

Auf Grundlage dieses Verständnisses souveräner Staatsgewalt im Sinne des Grundgesetzes unterstellen das BVerfG und Teile der Literatur die Souveränität der Bundesrepublik Deutschland dem Gewährleistungsgehalt des Art. 79

darin sieht, die Autonomie der Unionsrechtsordnung anzuerkennen, aber gleichzeitig das nationale Zustimmungsgesetz als Geltungsgrund für das Unionsrecht anzusehen; für das aus der Autonomie der Unionsrechtsordnung folgende Nebeneinander deutscher und europäischer Rechtsordnung im Geltungsbereich des Grundgesetzes *Grussmann*, in: *von Danwitz* u.a., Auf dem Wege zu einer Europäischen Staatlichkeit, 1993, S. 47 (57 ff.); in diesem Sinne auch *Heintzen*, AöR 119 (1994), 564 (578 ff.); auf die Unvereinbarkeit beider Position hinweisend auch *Isensee*, in: FS Stern, 1997, S. 1239 (1265), der aber bezogen auf das Rangverhältnis zwischen mitgliedstaatlichem Recht und Unionsrecht die Frage im Ergebnis zu Gunsten der Mitgliedstaaten entscheidet.

529 BVerfG v. 12.10.1993, 2 BvR 2134/92 u.a. - BVerfGE 89, 155 (190); BVerfG v. 30.6.2009, 2 BvE 2/08 u.a. - BVerfGE 123, 267 (398); *Huber*, AöR 116 (1991), 210 (223); *Kirchhof*, DVBl 1999, 637 (649); vgl. auch *Enders*, in: FS Böckenförde, 1995, S. 29 (44 f.).

530 BVerfG v. 29.5.1974, BvL 52/71 - BVerfGE 37, 271 (280); BVerfG v. 23.6.1981, 2 BvR 1107/77 - BVerfGE 58, 1 (28); BVerfG v. 22.10.1986, 2 BvR 197/83 - BVerfGE 73, 339 (374); *Schilling*, AöR 116 (1991), 32 (39).

531 So auch *Steinberger*, VVDStRL 50 (1991), 9 (17); im Ergebnis auch *Möllers*, Staat als Argument, 2. Auflage 2011, S. 399; ebenso *Starck*, in: FS Delbrück, 2005, S. 711 (723).

Abs. 3 GG[532]. Art. 79 Abs. 3 GG erkläre die Souveränität der Staatsgewalt in diesem Sinne auch im europäischen Integrationsprozess für unabänderbar. Der souveränen Staatsgewalt vorbehaltene Rechte seien der Verfügungsbefugnis des verfassungsändernden Gesetzgebers entzogen[533]. Souveräne Staatlichkeit sei unabdingbarer Bestandteil der verfassungsrechtlichen Struktur des Grundgesetzes, wie sie in Art. 79 Abs. 3 GG verfassungsrechtlich geschützt sei[534].

bb. Souveräne Nationalstaatlichkeit als überholtes Prinzip?

Zum Teil wird die Gewährleistung souveräner Staatlichkeit durch Art. 79 Abs. 3 GG dagegen bereits im Grundsatz abgelehnt:

Art. 79 Abs. 3 GG schütze ausschließlich davor, im Zuge der Europäischen Integration die „substantielle [Eigens]taatlichkeit"[535] der Bundesrepublik Deutschland aufzugeben. Von Art. 79 Abs. 3 GG hingegen nicht erfasst sei aber ein Schutz nationaler Souveränität. Denn es finde sich in Art. 79 Abs. 3 GG schon kein normativer Anknüpfungspunkt für ein bestimmtes Maß oder eine bestimmte Qualität an Staatlichkeit, die vom verfassungsändernden Gesetzgeber nicht aufgegeben werden dürfe. Vielmehr bleibe der Regelungsgegenstand des Art. 79 Abs. 3 GG weiterhin erhalten, auch wenn diesem keine bestimmte Qualität von Staatlichkeit entnommen werde. Insofern sei eine Aufgabe nationaler Souveränität im europäischen Integrationsprozess verfassungsrechtlich zulässig. Art. 79 Abs. 3 GG verbiete ausschließlich das vollständige Aufgehen der Bundesrepublik Deutschland in einem „europäischen Zentralstaat"[536], ohne jedoch Einschränkungen hinsichtlich eines Souveränitätsverlusts zu normieren. Denn

532 Vgl. nur BVerfG v. 12.10.1993, 2 BvR 2134/92 u.a. - BVerfGE 89, 155 (186); BVerfG v. 30.6.2009, 2 BvE 2/08 u.a. - BVerfGE 123, 267 (343, 348 und 349 f.); *Huber*, Maastricht - ein Staatsstreich?, 1993, S. 22; *Isensee*, in: FS Everling, Band I, 1995, S. 567 (589); wohl auch *Ossenbühl*, DVBl 1993, 629 (632).

533 BVerfG v. 30.6.2009, 2 BvE 2/08 u.a. - BVerfGE 123, 267 (349 f.); vgl. auch *Hillgruber*, in: *Isensee/Kirchhof*, HdBdStR, Band II, 3. Auflage 2004, § 32 Rn. 41.

534 *Hillgruber*, in: *Isensee/Kirchhof*, HdBdStR, Band II, 3. Auflage 2004, § 32 Rn. 41; *Murswiek*, Der Staat 32 (1993), 161 (162); vgl. auch *Breuer*, NVwZ 1994, 417 (423); im Ergebnis auch *Fink*, DÖV 1998, 133 (139); ebenso *Di Fabio*, Der Staat 32 (1993), 191 (200 f.).

535 *Pernice*, in: *Dreier*, GG, Band II, 2. Auflage 2006, Art. 23 Rn. 92; zum Begriff der Eigenstaatlichkeit als dem Status der Länder im Bundesstaat entlehnter Begriff *Kirchhof*, in: *Isensee/Kirchhof*, HdBdStR, Band II, 3. Auflage 2004, § 21 Rn. 51.

536 *Pernice*, in: *Dreier*, GG, Band II, 2. Auflage 2006, Art. 23 Rn. 36.

der Begriff der Staatlichkeit sei weit zu verstehen. Auch den Bundesländern der Bundesrepublik Deutschland werde innerhalb des Bundesstaats Staatscharakter zugesprochen, obwohl diesen Souveränität und damit völkerrechtliche Staatlichkeit fehle[537] und diesen auch keine Kompetenz-Kompetenz (vgl. Art. 30, 70 GG; Art. 83 ff. GG; Art. 92 ff. GG) zustehe. Insofern könne auch Deutschland in einem europäischen Bundestaat integriert werden, solange seine Eigenstaatlichkeit entsprechend den Bundesländern innerhalb des Bundesstaats gewahrt werde[538]. Die Auslegung der in Art. 79 Abs. 3 GG genannten Staatsstrukturprinzipien sei von der Frage der Staatlichkeit Deutschlands zu trennen[539].

Das Konzept souveräner Staatlichkeit im europäischen Integrationsprozess sei einer Modifikation zu unterwerfen. Nationale Souveränität im europäischen Integrationsprozess sei ein überholtes Prinzip, das einer modernen Interpretation bedürfe. Nehme die Bundesrepublik Deutschland an der europäischen Integration teil, sei zwar weiterhin davon auszugehen, dass eine souveräne Staatsgewalt bestehe. Jedoch sei diese zwischen nationaler und europäischer Herrschaftsgewalt zu teilen. Diese Interpretation des Souveränitätskonzeptes sei vor dem Hintergrund des verfassungsrechtlichen Auftrages zur Teilnahme an der europäischen Integration (vgl. Art. 23 Abs. 1 Satz 1 GG) zwingend und zeitgemäß[540]. Vielmehr setze die Staatlichkeit Deutschlands nicht ihre alleinige Souveränität voraus, sondern könne in einem Mehrebenensystem auch in Form einer „geteilten Souveränität“[541] verwirklicht werden. Gerade im europäischen Integrationsprozess sei souveräne Nationalstaatlichkeit ein überholtes Prinzip, das dem verfassungsrechtlichen Auftrag der Verwirklichung eines

537 Zu diesem Verhältnis von Staatlichkeit und Souveränität der Bundesländer vgl. BVerfG v. 29.1.1974, 2 BvN 1/69 – BVerfGE 36, 342 (360 f.) sowie *Randelzhofer*, in: *Isensee/Kirchhof*, HdBdStR, Band II, 2004, § 17 Rn. 25 und Rn. 35; zur Staatlichkeit der Bundesländer *Jestaedt*, in: *Isensee/Kirchhof*, HdBdStR, Band II, 3. Auflage 2004, § 29 Rn. 64 ff.

538 Dazu insgesamt *Pernice*, in: *Dreier*, GG, Band II, 2. Auflage 2006, Art. 23 Rn. 36; vgl. dazu auch *Möllers*, Staat als Argument, 2. Auflage 2011, S. 384.

539 Vgl. *Bryde*, in: *von Münch/Kunig*, GG, Band 2, 6. Auflage 2012, Art. 79 Rn. 53; vgl. auch *Jarass*, in: *Jarass/Pieroth*, GG, 12. Auflage 2012, Art. 23 Rn. 40.

540 Zu diesem Konzept eingehend *Schliesky*, Souveränität, 2004, S. 507 ff. (insbesondere S. 515 ff. und S. 529 ff.); kritisch dazu *Ohler*, AöR 135 (2010), 153 (173 f.); *Denninger*, JZ 2000, 1121 (1123 f.).

541 *Pernice*, in: *Isensee/Kirchhof*, HdBdStR, Band VIII, 1995, § 191 Rn. 44; den Souveränitätsbegriff in diesem Zusammenhang relativierend auch *Lerche*, in: FS Redeker, 1993, S. 131 (142); ähnlich *Stern*, Staatsrecht, Band I, 2. Auflage 1984, § 15 S. 521.

vereinten Europas (Art. 23 Abs. 1 Satz 1 GG) entsprechend ausgelegt werden müsse[542].

(a) Der deutsche Bundesstaat als Referenzpunkt?

Ausgangspunkt dieser Interpretation des von Art. 79 Abs. 3 GG gewährleisteten Staatlichkeitsbegriffs ist die Überlegung, dass Art. 79 Abs. 3 GG keine bestimmte Qualität von Staatlichkeit erfasse, sondern nur ein Mindestmaß an Staatlichkeit. Hingewiesen wird auf die Staatsqualität der deutschen Bundesländer, die auch nicht anzuzweifeln sei[543] und insofern einen Referenzpunkt auch für die Staatlichkeit der Bundesrepublik Deutschland in der Europäischen Union biete[544]. Fraglich ist jedoch, ob die Staatsqualität der Länder schon im Ansatz als Maßstab für die Garantie von Staatlichkeit im europäischen Integrationsprozess dienen kann.

(aa) Die Staatlichkeit der deutschen Bundesländer als Maßstab

Nach dem in Art. 20 Abs. 1 GG normierten und in Art. 79 Abs. 3 GG auch einer Verfassungsänderung entzogenen Bundesstaatsprinzip gliedert sich der Staat Bundesrepublik Deutschland in Bund und Länder, denen jeweils für sich genommen Staatsqualität zukommt[545]. Die Staatsqualität der Länder weist dabei Besonderheiten auf. Denn diese sind nach Maßgabe des völkerrechtlichen Staatlichkeitsbegriffs keine Staaten[546], ihnen fehlt innere und äußere Souveränität als Kennzeichen der Staatlichkeit in diesem Sinne[547]. Sie verfügen insbesondere

542 *Dreier*, in: Staatslexikon, Band IV, 7. Auflage 1988, Sp. 1203 (1208); ähnlich *Stern*, Staatsrecht, Band I, 2. Auflage 1984, § 15 S. 522; in diese Richtung auch *Tomuschat*, EuGRZ 1993, 489 (496).

543 Vgl. nur *Maurer*, Staatsrecht I, 6. Auflage 2010, § 10 Rn. 1.

544 *Pernice*, in: *Dreier*, GG, Band II, 2. Auflage 2006, Art. 23 Rn. 36; vgl. dazu auch *Möllers*, Staat als Argument, 2. Auflage 2011, S. 384.

545 BVerfG v. 29.1.1974, 2 BvN 1/69 - BVerfGE 36, 342 (360 f.); BVerfG v. 11.7.1961, 2 BvG 2/58 - BVerfGE 13, 54 (77 ff.); BVerfG v. 11.11.1999, 2 BvF 2/98 - BVerfGE 101, 158 (222); *Bauer*, in: *Dreier*, GG, Band II, 2. Auflage 2006, Art. 20 (Bundesstaat) Rn. 31 f.; *Sachs*, in: *Sachs*, GG, 6. Auflage 2011, Art. 20 Rn. 65 ff.; kritisch *Hanebeck*, Der demokratische Bundesstaat, 2004, S. 64; zu den Gewährleistungsgehalten des Bundesstaatsprinzips im Einzelnen *Jestaedt*, in: *Isensee/Kirchhof*, HdBdStR, Band II, 3. Auflage 2004, § 29 Rn. 64 ff.

546 *Sommermann*, DÖV 2013, 708 (711).

547 *Isensee*, in: *Isensee/Kirchhof*, HdBdStR, Band IV, 2. Auflage 1999, § 98 Rn. 66 ff.; ebd. aber auch kritisch zum Souveränitätsmerkmal als Beurteilungskriterium der Länderstaatlichkeit; *Sachs*, in: *Sachs*, GG, 6. Auflage 2011, Art. 20 Rn. 65; *Di Fabio*, Der Staat 32 (1993), 191 (201); *Fassbender*, NVwZ 2009, 737 (739).

über keine Kompetenz-Kompetenz. Vielmehr anerkennt ausschließlich das Grundgesetz mit der Entscheidung für den Bundesstaat die Staatlichkeit der Länder. Konsequenz dessen ist, dass die Länder eine spezifisch verfassungsrechtliche Staatsqualität aufweisen, deren Merkmale aus dem Verhältnis zum Bund resultieren[548].

Die Staatsqualität der Länder charakterisiert sich insbesondere durch eine gegenüber dem Bund eigene und von diesem unabgeleitete begrenzte staatliche Hoheitsmacht[549]. Das Bundesstaatsprinzip gewährleistet dabei, dass den Ländern ein bestimmtes Maß und eine bestimmte Qualität von Hoheitsrechten zustehen müssen, um die ihnen verfassungsrechtlich garantierte Staatlichkeit nicht als bloß „leere Hülse von Eigenstaatlichkeit“[550] erscheinen zu lassen. Den Ländern muss im Verhältnis zum Bund ein „Kernbestand [bestimmter] eigener Aufgaben“[551] unentziehbar verbleiben, um noch von eigener und unabgeleiteter Hoheitsmacht als Charakteristikum ihrer Staatlichkeit sprechen zu können. Jedenfalls davon erfasst ist das Recht der Länder zur eigenen Verfassungsgebung sowie die Garantie der Zuweisung „eines angemessenen Anteils am Gesamtsteueraufkommen im Bundesstaat“[552]. Die inhaltliche Gewährleistung bestimmter Gesetzgebungszuständigkeiten lässt sich dem Begriff der Eigenstaatlichkeit darüber hinaus hingegen nicht unmittelbar entnehmen[553]. Ob beispielsweise auch das Recht zur Staatsverschuldung diesem Grundbestand an Zuständigkeiten zuzurechnen ist, ist bereits fraglich[554]. Doch auch unabhängig davon, ob und welche Zuständigkeiten

---

548 *Jestaedt*, in: *Isensee/Kirchhof*, HdBdStR, Band II, 3. Auflage 2004, § 29 Rn. 65; *Isensee*, in: *Isensee/Kirchhof*, HdBdStR, Band IV, 2. Auflage 1999, § 98 Rn. 68; vgl. auch BVerfG v. 26.7.1972, 2 BvF 1/71 - BVerfGE 34, 9 (19 f.).

549 BVerfG v. 23.10.1951, 2 BvG 1/51 - BVerfGE 1, 14 (34).

550 BVerfG v. 26.7.1972, 2 BvF 1/71 - BVerfGE 34, 9 (20).

551 *Bauer*, in: *Dreier*, GG, Band II, 2. Auflage 2006, Art. 20 (Bundesstaat) Rn. 36; BVerfG v. 26.7.1972, 2 BvF 1/71 - BVerfGE 34, 9 (19 f.).

552 BVerfG v. 26.7.1972, 2 BvF 1/71 - BVerfGE 34, 9 (20); *Sachs*, GG, 6. Auflage 2011, Art. 20 Rn. 65.

553 *Jestaedt*, in: *Isensee/Kirchhof*, HdBdStR, Band II, 3. Auflage 2004, § 29 Rn. 65.

554 Dafür *Fassbender*, NVwZ 2009, 737 (740); dagegen *Häde*, in: FS Brünneck, 2011, S. 130 (143); zur Vereinbarkeit verfassungsrechtlicher Staatsschuldengrenzen mit dem Bundesstaatsprinzip (Art. 20 Abs. 1 GG) vgl. *Wernsmann*, in: *Junkernheinrich/Korioth/Lenk/Scheller/Woisin*, Jahrbuch für öffentliche Finanzen 2011, S. 417 (420 f.); das BVerfG hat aus prozessualen Gründen nicht entschieden, vgl. BVerfG v. 19.8.2011, 2 BvG 1/10 - BVerfGE 129, 108 (115 ff.); zur Zulässigkeit der verfassungsrechtlichen Vorgabe eines bestimmten Maßes der Staatsverschuldung vgl. BVerfG v. 18.4.1989, 2 BvF 1/82 - BVerfGE 79, 311 (333 ff.).

konkret inhaltlicher Art den Ländern aufgrund ihrer Eigenstaatlichkeit verfassungsrechtlich garantiert sind, stellt sich die Frage, ob die verfassungsrechtlich garantierte Staatlichkeit der Länder schon grundsätzlich dem Normzweck des Art. 79 Abs. 3 GG gerecht wird, mithin der Staatlichkeitsbegriff erfasst ist, der einer Verfassungsänderung entzogen sein soll.

(bb) Bewertung

Die Interpretation des Staatlichkeitsbegriffs in dieser Form verkennt die verfassungsrechtliche Bedeutung, die mit der Garantie von Staatlichkeit in Art. 79 Abs. 3 GG erreicht werden soll. Zweck des Art. 79 Abs. 3 GG ist der Schutz der Verfassungsstruktur des Grundgesetzes. Die verfassungsgebende Gewalt („pouvoir constituant"[555]) bindet darin die verfasste Gewalt („pouvoir constitué"[556]) insofern, als eine Änderung der grundlegenden Verfassungsstruktur der ursprünglich verfassungsgebenden Gewalt vorbehalten bleibt[557]. Die Entscheidung über die grundlegenden Verfassungsprinzipien, dies bringt Art. 79 Abs. 3 GG zum Ausdruck, steht der verfassungsgebenden Gewalt zu. Die verfasste Gewalt hat kein solches Verfügungsrecht.

Die verfassungsrechtliche Struktur des Grundgesetzes im europäischen Integrationsprozess wird aber durch einen bloßen Schutz eines Mindestmaßes an Staatlichkeit nicht gewährleistet. Dies zeigt bereits ein Blick auf das bundesstaatliche Verhältnis zwischen Bund und Ländern. Das dort den Ländern in Art. 20 Abs. 1 GG als Gewährleistungsgehalt ihrer Eigenstaatlichkeit garantierte Recht zur Verfassungsgebung wird durch die Vorgaben des Art. 28 Abs. 1 Satz 1 GG insofern beschränkt, als dort den Ländern jedenfalls eine grundsätzliche Verfassungsstruktur durch das Grundgesetz vorgegeben ist. Damit verdeutlicht bereits das bundesstaatliche Verhältnis, dass ein Schutz von Eigenstaatlichkeit einem Schutz der Verfassungsstruktur, wie er von Art. 79 Abs. 3 GG intendiert wird, jedenfalls nicht gleichzusetzen ist.

Unabhängig davon wird zudem insbesondere die Entscheidungskompetenz über die Verfassung, wie sie nach Art. 79 Abs. 3 GG der verfassten Gewalt gerade entzogen sein soll, durch die Garantie deutscher Eigenstaatlichkeit nicht erfasst. Stünde ausschließlich die Aufgabe der Eigenstaatlichkeit der Bundesrepublik Deutschland im europäischen Integrationsprozess nicht zur Disposition

---

555 *Janssen*, DÖV 2010, 949 (954).

556 *Janssen*, DÖV 2010, 949 (954).

557 *Dreier*, in: *Dreier*, GG, Band II, 2. Auflage 2006, Art. 79 III Rn. 14; *Janssen*, DÖV 2010, 949 (954); *Herdegen*, in: *Maunz/Dürig*, GG, Loseblatt (Mai 2013), Band V, Art. 79 Rn. 7 ff.

des verfassungsändernden Gesetzgebers, wäre dieser nicht daran gehindert, diese Entscheidungsbefugnis zu Gunsten der Europäischen Union aufzugeben, solange die Eigenstaatlichkeit Deutschlands gewahrt bleibt. Dies widerspricht aber erkennbar dem Regelungszweck des Art. 79 Abs. 3 GG. Denn dieser gewährt der ursprünglich verfassungsgebenden Gewalt dieses Recht, nur sie ist nicht an die Verfassung selbst gebunden[558], unabhängig davon, ob darin ein revolutionärer Akt außerhalb der Verfassung zu sehen ist[559] oder der Weg über Art. 146 GG für möglich erachtet wird[560]. Art. 79 Abs. 3 GG erschöpft sich damit nicht bloß in dem an den verfassungsändernden Gesetzgeber gerichteten Verbot, die Eigenstaatlichkeit Deutschlands im europäischen Integrationsprozess aufzugeben, vielmehr wird dem verfassungsändernden Gesetzgeber die Entscheidungsbefugnis über die Verfassung aus der Hand genommen. Folglich ist es diese Entscheidungskompetenz, die in die Auslegung des Art. 79 Abs. 3 GG als Grenze für den verfassungsändernden Gesetzgeber einzubeziehen ist. Diesem Zweck wird aber die Interpretation des Art. 79 Abs. 3 GG als Schutz der Eigenstaatlichkeit nicht gerecht.

Schließlich legt diese Auslegung dem Verhältnis der Bundesrepublik Deutschland zur Europäischen Union den Maßstab zu Grunde, der für das bundesstaatliche Verhältnis zwischen Bund und Ländern auf Ebene des Grundgesetzes gilt. Dies verbietet sich aber angesichts der Unterschiede, die zwischen beiden Rechtsverhältnissen bestehen. Denn die Staatlichkeit der Länder im Verhältnis zum Bund bestimmt sich nach den Vorgaben des Grundgesetzes. Diese verfügen zwar über eine nicht vom Bund abgeleitete, jedoch verfassungsrechtlich begrenzte staatliche Herrschaftsmacht. Kein solches Verhältnis besteht aber zwischen den Mitgliedstaaten und der Europäischen Union. Vielmehr übertrugen die Mitgliedstaaten der Europäischen Union ursprünglich Hoheitsgewalt (vgl. nur Art. 1 Abs. 1 EUV) und nicht umgekehrt, was sich im Grundsatz der begrenzten Einzelermächtigung (Art. 5 Abs. 2 Satz 1 EUV) widerspiegelt. Die Definition des Staatsbegriffs im Sinne des Art. 79 Abs. 3 GG hat diesen qualitativen Unterschied im Verhältnis beider Rechtsverhältnisse zu beachten. Eine schlichte Gleichsetzung widerspricht dem aber[561].

558 *Bryde*, in: *von Münch/Kunig*, GG, Band 2, 6. Auflage 2012, Art. 79 Rn. 3; *Dreier*, in: *Dreier*, GG, Band II, 2. Auflage 2006, Art. 79 III Rn. 14.

559 In diesem Sinne *Isensee*, in: FS Everling, Band I, 1995, S. 567 (589 f.); auch *Herbst*, ZRP 2012, 33 (35).

560 So *Huber*, in: *Sachs*, GG, 6. Auflage 2011, Art. 146 Rn. 7 ff.

561 Im Ergebnis ablehnend auch *Dreier*, in: *Dreier*, GG, Band II, 2. Auflage 2006, Art. 79 III Rn. 56.

(b) Das Prinzip geteilter Souveränität

Steht die Aufgabe souveräner Staatlichkeit im Widerspruch zu den verfassungsrechtlichen Vorgaben des Art. 79 Abs. 3 GG, stellt sich die Frage, ob Art. 79 Abs. 3 GG auch einer Teilung von Souveränität entgegensteht.

(aa) Die Teilung von Souveränität als Lösungsansatz

Die Vorstellung geteilter Souveränität geht davon aus, dass die Mitgliedstaaten im europäischen Integrationsprozess durch die Übertragung von Hoheitsrechten ihre Souveränität in diesem Maße aufgegeben haben. In einem Mehrebenensystem sei Souveränität zwischen den Mitgliedstaaten und der Europäischen Union geteilt[562]. Der deutsche Staat übe im Geltungsbereich des Grundgesetzes nicht mehr alleine staatliche Gewalt aus, vielmehr sei dieser im Bereich übertragener Zuständigkeiten auf ein „Zusammenwirken"[563] mit der Europäischen Union angewiesen, die ihrerseits Herrschaftsgewalt ausübe. Der überkommene, auf den Nationalstaat abstellende Souveränitätsbegriff sei aufzugeben und ausschließlich zwischen deutscher Staatsgewalt und europäischer Herrschaftsgewalt zu unterscheiden[564].

(bb) Bewertung

Der Überlegung, dass Souveränität im europäischen Integrationsprozess zwischen den Mitgliedstaaten und der Europäischen Union zu teilen sei, stellt nicht auf das oben beschriebene Verständnis von Souveränität ab. Versteht man Souveränität als Charakteristikum der Staatsgewalt, das diese als „rechtlich höchste Gewalt"[565] im Staat ausweist, der keine gleichgeordnete Gewalt gegenübersteht, ist Souveränität nicht teilbar. Wäre sie dies, wäre die staatliche Gewalt nicht souverän[566]. Denn die „Unteilbarkeit"[567] ist gerade Definitionsmerkmal von Souveränität im beschriebenen Sinne. Von der Souveränität der Staatsgewalt an sich zu unterscheiden ist aber die Ausübung von Staatsgewalt. Die geteilte Ausübung

---

562 *Doehring*, ZRP 1993, 98 (99 f.); ähnlich *Weber*, JZ 1993, 325 (328), der aber den Nutzen des Begriffs in Frage stellt; dazu auch *Schliesky*, Souveränität, 2004, S. 529 f.

563 *Pernice*, in: *Isensee/Kirchhof*, HdBdStR, Band VIII, 1995, § 191 Rn. 44; ähnlich auch *Everling*, DVBl 1993, 936 (943); dazu auch *Pernice*, AöR 136 (2011), 185 (209 ff.).

564 *Blanke*, DÖV 1993, 412 (420).

565 *Schliesky*, Souveränität, 2004, S. 57.

566 So im Ergebnis auch *Haack*, Verlust der Staatlichkeit, 2007, S. 109 ff.; vgl. auch *Wahl*, in: FS Hofmann, 2005, S. 113 (130); auch *Ronellenfitsch*, in: FS Oppermann, 2001, S. 65 (81 f.); auf dieses Souveränitätsverständnis hinweisend, jedoch bezogen auf den Bundesstaat *Graf Vitzthum*, VVDStRL 46 (1988), 7 (17).

567 *Schliesky*, Souveränität, 2004, S. 146.

von Herrschaftsgewalt ändert nichts an der Souveränität der Staatsgewalt an sich[568]. Wer die Souveränität als zwischen den Mitgliedstaaten und der Europäischen Union geteilt ansieht, beschäftigt sich daher tatsächlich mit der geteilten Ausübung von Hoheitsrechten. In diesem Sinne ist sehr wohl von einer geteilten Zuständigkeit zwischen Mitgliedstaaten und Europäischer Union auszugehen. Souveränität als Gewährleistungsgehalt des Art. 79 Abs. 3 GG und damit als Maßstab für den verfassungsändernden Gesetzgeber im europäischen Integrationsprozess fragt aber nicht nach einer bestimmten Art der Ausübung von Herrschaftsgewalt, sondern nach der rechtlichen Stellung deutscher Staatsgewalt im Verhältnis zu europäischer Herrschaftsgewalt[569]. In der Souveränitätsproblematik interessiert gerade, in welchem Verhältnis beide Gewalten zueinander stehen und dabei insbesondere, welches Verhältnis Art. 79 Abs. 3 GG festschreibt. Deutsche Staatsgewalt unterliegt vielfachen rechtlichen Bindungen, auch durch das Unionsrecht. Eine souveräne Staatsgewalt ist aber durch eine „rechtlich höchste"[570] Stellung, insbesondere im Sinne eines „Letztentscheidungsrechts"[571] gekennzeichnet. Das bedeutet, dass Souveränität als Gewährleistungsgehalt des Art. 79 Abs. 3 GG danach fragt, ob der verfassungsändernde Gesetzgeber daran gehindert ist, diese besondere Stellung im europäischen Integrationsprozess zugunsten der Europäischen Union aufzugeben. Inwiefern die Ausübung von Herrschaftsgewalt zwischen der Europäischen Union und den Mitgliedstaaten geteilt werden kann, ist letztlich auf ein anderes Verständnis des Souveränitätsbegriffs zurückzuführen[572].

Die hier maßgebliche Frage ist aber gerade, ob der hier beschriebene, auf die Souveränität der Staatsgewalt abstellende Souveränitätsbegriff dem Anwendungsbereich des Art. 79 Abs. 3 GG zu entnehmen ist. Denn mit einem Konzept geteilter Souveränität zwischen Mitgliedstaaten und Europäischer Union kann

---

568 *Schliesky*, Souveränität, 2004, S. 146; *Randelzhofer*, in: *Isensee/Kirchhof*, HdBdStR, Band II, 3. Auflage 2004, § 17 Rn. 38; auch *Steinberger*, VVDStRL 50 (1991), 9 (18); vgl. auch *Starck*, in: FS Delbrück, 2005, S. 711 (723).

569 So im Ergebnis auch *Ohler*, AöR 135 (2010), 153 (173 f.); ebenso *Hobe*, Verfassungsstaat, 1998, S. 433 ff.

570 *Schliesky*, Souveränität, 2004, S. 57.

571 *Ohler*, AöR 135 (2010), 153 (174).

572 So auch *Haack*, Verlust der Staatlichkeit, 2007, S. 109 ff.; ein weiteres Konzept entwickelt *Schliesky*, Souveränität, 2004, S. 530 f. und S. 546 ff., der die beschriebenen Eigenschaften souveräner Gewalt zwar nicht durch eine geteilte, jedoch durch eine gemeinsame Souveränität von Mitgliedstaaten und Europäischer Union erfüllt sieht.

nicht begründet werden, inwiefern Souveränität der Übertragung bestimmter Gesetzgebungszuständigkeiten entgegenstehen soll. Zuständigkeiten sind dort gerade zwischen beiden Ebenen geteilt.

cc. Stellungnahme

Die Frage ist also, ob der dieser Untersuchung zugrunde gelegte Souveränitätsbegriff vom Gewährleistungsgehalt des Art. 79 Abs. 3 GG erfasst ist: Fällt die Unabgeleitetheit[573] deutscher Staatsgewalt in den Anwendungsbereich des Art. 79 Abs. 3 GG? Zählt diese Eigenschaft deutscher Staatsgewalt zu der von Art. 79 Abs. 3 GG gewährleisteten Verfassungsstruktur, die außerhalb der Regelungsbefugnis des verfassungsändernden Gesetzgebers liegt?

Bereits der Normkontext des Art. 79 Abs. 3 GG spricht dafür, in der Aufgabe nationaler Souveränität eine Überschreitung der Grenze durch den verfassungsändernden Gesetzgeber zu sehen[574]. In Art. 79 Abs. 3 GG wird der verfassungsändernde Gesetzgeber darin begrenzt, die Grundstrukturen der Verfassung aufzugeben. Insofern widerspräche es dem Regelungszweck des Art. 79 Abs. 3 GG, den Staatsorganen zwar die Aufgabe bestimmter Staatsstrukturprinzipien zu verbieten, ihnen jedoch die viel grundlegendere Stellung der deutschen Staatsgewalt in ihrer Gesamtheit zur Disposition zu stellen. Nach der derzeitigen Konstruktion ist die Europäische Union jedenfalls im Ursprung eine abgeleitete Rechtsordnung (vgl. Art. 1 EUV), der ihre Mitglieder Hoheitsrechte übertragen (vgl. Art. 23 Abs. 1 Satz 2 GG). Stünde es dem verfassungsändernden Gesetzgeber zu, dieses Verhältnis zu Gunsten der Europäischen Union umzukehren, indem das Grundgesetz zu einer abgeleiteten Grundordnung wird, bedeutet dies eine grundlegende Änderung des Verhältnisses zwischen Grundgesetz und Europäischer Union. Insofern ist mit einer Verfassungsänderung dieser Art auch die grundlegende Struktur der Verfassung berührt, die gerade Regelungsgegenstand des Art. 79 Abs. 3 GG ist.

Doch abgesehen vom Zweck der Norm steht eine Änderung der Unabgeleitetheit deutscher Staatsgewalt schon nicht in der Regelungsbefugnis des verfassungsändernden Gesetzgebers. Stimmen, die der Souveränität des Staates auch die Kompetenz entnehmen, die eigene Souveränität aufzugeben[575], übersehen, woraus die Souveränität des Staates im Grundsatz folgt. Aus

---

573 Vgl. *Schliesky*, Souveränität, 2004, S. 57.

574 Ähnlich *Gärditz/Hillgruber*, JZ 2009, 872 (875); eine teleologische Begründung für eine Anknüpfung in Art. 79 Abs. 3 GG befürwortend auch *Haack*, Verlust der Staatlichkeit, 2007, S. 396 ff.

575 *Möllers*, Staat als Argument, 2. Auflage 2011, S. 387.

verfassungsrechtlicher Perspektive ist ein Staat stets Verfassungsstaat. Ein Staat setzt eine Verfassung voraus[576]. Damit ist aber auch die Souveränität des Staates verfassungsrechtlich Bestandteil seiner Verfassung und nicht abstrakt von dieser zu sehen. Inhaber der Souveränität im verfassungsrechtlichen Sinne ist jedoch das Volk im Akt der ursprünglichen Verfassungsgebung[577]. Das bedeutet aber, dass die Souveränität des Verfassungsstaates jedenfalls im Ursprung auf die Verfassungsgebung durch das Volk zurückgeht. Zwar ist der Staat an sich souverän. Im Ausgangspunkt geht die Unabgeleitetheit des Staates aber auf die Verfassungsgebung durch das Volk zurück. Die Souveränität des Staates in die Verfügungsbefugnis des verfassungsändernden Gesetzgebers zu stellen, widerspräche daher dem Verhältnis der verfassungsgebenden Gewalt des Volkes zur staatlichen Souveränität. Die Unabgeleitetheit deutscher Staatsgewalt gehört vielmehr zur Verfassungsidentität, die die verfassungsgebende Gewalt in Art. 79 Abs. 3 GG der verfassten Gewalt gerade nicht zur Disposition stellen wollte[578].

Die Aufgabe nationaler Souveränität im europäischen Integrationsprozess ist daher letztlich eine Frage der ursprünglich verfassungsgebenden Gewalt und damit des Art. 146 GG, je nachdem, wie man den Anwendungsbereich dieser Norm interpretiert[579]. Die für die Auslegung des Art. 79 Abs. 3 GG entscheidende Frage, ob die Souveränität Deutschlands für den verfassungsändernden Gesetzgeber eine verfassungsrechtliche Grenze im europäischen Integrationsprozess darstellt, ist aber jedenfalls zu bejahen.

dd. Zwischenergebnis

Art. 79 Abs. 3 GG ist als Gewährleistungsgehalt zu entnehmen, dass die souveräne deutsche Staatsgewalt im europäischen Integrationsprozess der Verfügungsgewalt des verfassungsändernden Gesetzgebers entzogen ist.

---

576 *Isensee*, in: *Isensee/Kirchhof*, HdBdStR, Band II, 3. Auflage 2004, § 15 Rn. 2; im Ergebnis auch *Pache*, DVBl 2002, 1154 (1164).

577 *Hillgruber*, JZ 2002, 1072 (1074); vgl. auch *Böckenförde*, in: *Isensee/Kirchhof*, HdBdStR, Band II, 3. Auflage 2004, § 24 Rn. 5.

578 In diesem Sinne auch BVerfG v. 30.6.2009, 2 BvE 2/08 u.a. - BVerfGE 123, 267 (343 und 347 f.); auch *Isensee*, in: *Isensee/Kirchhof*, HdBdStR, Band II, 3. Auflage 2004, § 15 Rn. 198.

579 So auch *Dreier*, in: *Dreier*, GG, Band II, 2. Auflage 2006, Art. 79 III Rn. 57; ebenso *Murswiek*, Der Staat 32 (1993), 161 (164 f.).

c. Der Gewährleistungsgehalt souveräner Staatlichkeit

Was bedeutet das aber konkret inhaltlich für den verfassungsändernden Gesetzgeber, der im Zuge des europäischen Integrationsprozesses nationale Hoheitsrechte auf Institutionen der Europäischen Union übertragen will? Es stellt sich die Frage nach dem konkreten Gewährleistungsgehalt des Souveränitätsbegriffs. Die eigentlichen Grenzen für den verfassungsändernden Gesetzgeber nach Art. 79 Abs. 3 GG folgen nämlich erst aus den Kennzeichen souveräner Staatlichkeit. Ausgehend vom Untersuchungsgegenstand wird dabei das Augenmerk auf die Frage gerichtet, inwiefern Souveränität als Kennzeichen von Staatlichkeit voraussetzt, dass einem Staat, dem dieses Attribut zuzuschreiben ist, bestimmte Gesetzgebungszuständigkeiten zustehen. Denn nur wenn dem Souveränitätsbegriff ein Gewährleistungsgehalt der zuletzt genannten Form zu entnehmen ist, stellt souveräne Staatlichkeit nach Maßgabe des Art. 79 Abs. 3 GG für den verfassungsändernden Gesetzgeber eine Grenze der Übertragung bestimmter Gesetzgebungszuständigkeiten dar. Demgegenüber können andere Einzelmerkmale souveräner Nationalstaatlichkeit, wie beispielsweise Austrittsrechte oder das Gewaltmonopol, die aus der Souveränität folgen, an dieser Stelle dahinstehen[580]. Diese begrenzen den verfassungsändernden Gesetzgeber zwar auch in dem Sinne, dass einem souveränen Staat bestimmte Kompetenzen zuzustehen haben. Sie weisen aber keinen spezifischen Bezug zu konkreten Gesetzgebungszuständigkeiten auf. In dieser Untersuchung bedarf es aber der Begründung, inwiefern der Souveränitätsbegriff voraussetzt, dass einem Staat konkrete und gegebenenfalls welche Gesetzgebungszuständigkeiten zustehen müssen, um diesen als souverän zu bezeichnen. Gegenstand ist nicht die Frage, welche Merkmale zusammengenommen einen souveränen Staat kennzeichnen. Vielmehr interessiert, ob ein souveräner Staat bestimmte Gesetzgebungszuständigkeiten aufweisen muss. In der Konsequenz wäre dem verfassungsändernden Gesetzgeber hinsichtlich der Übertragung legislativer Zuständigkeiten in Art. 79 Abs. 3 GG eine normative Grenze gezogen, weil bereits oben festgestellt wurde, dass der hier zugrunde gelegte Souveränitätsbegriff dem Gewährleistungsgehalt des Art. 79 Abs. 3 GG zu entnehmen ist.

---

580 Eingehend zu diesen Gewährleistungsgehalten souveräner Staatlichkeit im Einzelnen *Haack*, Verlust der Staatlichkeit, 2007, S. 121 ff.; differenzierend in diesem Sinne auch *Möllers*, Staat als Argument, 2. Auflage 2011, S. 399 ff.

aa. Kompetenz-Kompetenz

(a) Kompetenz-Kompetenz als Gewährleistungsgehalt souveräner Staatlichkeit

Das BVerfG und Teile der Literatur entnehmen dem Gewährleistungsgehalt souveräner Staatlichkeit, die Art. 79 Abs. 3 GG absichert, hinsichtlich der Übertragung bestimmter Hoheitsrechte ein Verbot der „Übertragung der Kompetenz-Kompetenz“[581]. Hoheitsrechte dürften nicht derart übertragen werden, „dass aus ihrer Ausübung heraus eigenständig weitere Zuständigkeiten für die Europäische Union begründet werden können“[582]. Kompetenz-Kompetenz, verstanden als eine Kompetenz zur Begründung eigener Kompetenzen[583], sei Ausdruck nationaler Souveränität und müsse zu deren Wahrung auf nationaler Ebene verbleiben. Damit korrespondiere auf unionsrechtlicher Ebene der Grundsatz der begrenzten Einzelermächtigung (Art. 5 Abs. 1 EUV), den es zur Wahrung souveräner Staatlichkeit einzuhalten und beizubehalten gelte[584].

(b) Souveränität und Kompetenz-Kompetenz als verschiedene Prinzipien

Diese Verbindung von Souveränität und Kompetenz-Kompetenz wird dagegen zum Teil abgelehnt. Kompetenz-Kompetenz, als im Ursprung dem bundesstaatlichen Verhältnis entnommener Begriff, sei von Souveränität, die sich auf den Gesamtstaat beziehe, zu unterscheiden. Kompetenz-Kompetenz beschreibe die sich aus der Verfassung ergebende Stellung des Bundes im bundesstaatlichen Verhältnis, eigene Kompetenzen erweitern zu können, die ihn von den Ländern abgrenze. Dagegen bezeichne Souveränität gerade eine verfassungsunabhängige Herrschaftsgewalt, die von Fragen der Kompetenzabgrenzung im

---

581 BVerfG v. 30.6.2009, 2 BvE 2/08 u.a. - BVerfGE 123, 267 (349); BVerfG v. 12.10.1993, 2 BvR 2134/92 u.a. - BVerfGE 89, 155 (194); so auch *Ohler*, AöR 135 (2010), 153 (172 f.) sowie *Hatje*, EuR-Bei 2010, 123 (126); die verschiedenen Bedeutungsvarianten des Souveränitätsbegriffs in diesem Sinne differenzierend auch *Ruffert*, EuR-Bei 2010, 83 (93); vgl. auch *Fink*, DÖV 1998, 133 (139).

582 BVerfG v. 30.6.2009, 2 BvE 2/08 u.a. - BVerfGE 123, 267 (349); übereinstimmend *Baldus*, Der Staat 36 (1997), 381 (390) sowie *Huber*, Maastricht - ein Staatsstreich?, 1993, S. 30.

583 BVerfG v. 30.6.2009, 2 BvE 2/08 u.a. - BVerfGE 123, 267 (349); vgl. BVerfG v. 12.10.1993, 2 BvR 2134/92 u.a. - BVerfGE 89, 155 (194 ff.); vgl. auch *Di Fabio*, Der Staat 32 (1993), 191 (201).

584 BVerfG v. 30.6.2009, 2 BvE 2/08 u.a. - BVerfGE 123, 267 (347 ff.); *Huber*, in: FS Carl Heymanns Verlag, 1995, S. 349 (354); auf diesen Zusammenhang hinweisend auch *Grimm*, Der Staat 48 (2009), 475 (481 f.).

bundesstaatlichen Verhältnis zu trennen sei[585]. Die Anwendung der rechtlichen Konstruktion einer Kompetenz-Kompetenz für die Beschreibung des Verhältnisses der Europäischen Union zu ihren Mitgliedstaaten gehe schon im Ansatz fehl, weil diese Konstruktion ursprünglich für den Einheitsstaat konzipiert wurde und ein einheitsstaatliches Modell nicht Ziel des europäischen Integrationsprozesses sei[586]. Jedenfalls sei aber eine als Kompetenz-Kompetenz bezeichnete Gewalt nicht einem verfassten Staat zuzurechnen, sondern als Kompetenz der Bürger anzusehen, die Kompetenzen sowohl auf Ebene der Europäischen Union als auch auf die nationaler Ebene konstituieren können[587].

(c) Stellungnahme

Die gemeinhin als Kompetenz-Kompetenz bezeichnete Kompetenz, „über den Kompetenzbestand [zu] entscheiden“[588], steht im engen Zusammenhang mit dem Begriff der Souveränität in der an dieser Stelle maßgeblichen Bedeutung. Denn nur eine Herrschaftsgewalt, die rechtlich ungebunden über das Recht verfügt, sich zu verfassen und damit den Kompetenzbestand in der geschaffenen Verfassung festzulegen, ist tatsächlich souverän[589]. Damit ist aber genau die inhaltlich der Kompetenz-Kompetenz entnommene Aussage angesprochen. Denn Kompetenz-Kompetenz wird eben als die Kompetenz bezeichnet, über die Verteilung von Kompetenzen in einer Rechtsordnung zu verfügen[590]. Kompetenz-Kompetenz beinhaltet gerade das Recht zur Verfassungsgebung[591], das dem Volk als im verfassungsrechtlichen Sinne ursprünglich souveräner Gewalt zusteht. Insofern ist es auch unerheblich, wenn der Begriff Kompetenz-Kompetenz im ursprünglichen Sinne dem bundesstaatlichen Verhältnis entnommen wurde. Denn die inhaltliche Aussage dieses Begriffs eignet sich auch für die Kompetenzabgrenzung zwischen Mitgliedstaaten und Europäischer Union. In diesem Verhältnis ist gerade die Frage entscheidend, welchem

---

585 Zum Ganzen *Lerche*, in: FS Carl Heymanns Verlag, 1995, S. 409 (419 ff.); ablehnend auch *Kriele*, Staatslehre, 6. Auflage 2003, S. 42 f.

586 *Oeter*, ZaöRV 55 (1995), 659 (685 ff.); ebenso *Schliesky*, Souveränität, 2004, S. 369.

587 *Pernice*, JZ 2000, 866 (871).

588 *Schliesky*, Souveränität, 2004, S. 143.

589 Vgl. nur *Hillgruber*, JZ 2002, 1072 (1074); die Bundesländer sind also nicht souverän, vgl. Art. 30, 70 ff., 83 ff., 92 ff. GG.

590 Vgl. *Huber*, Maastricht – ein Staatsstreich?, 1993, S. 30.

591 So auch *Di Fabio*, Der Staat 32 (1993), 191 (201); ebenso *Huber*, in: FS Carl Heymanns Verlag, 1995, S. 349 (354).

Hoheitsträger die Kompetenz zur „Kompetenzverteilung"[592] zusteht. In dieser Hinsicht bestätigt aber das Unionsrecht, dass der Europäischen Union selbst die Kompetenz-Kompetenz fehlt. Das Unionsrecht statuiert die Übertragung von Hoheitsrechten durch die Mitgliedstaaten jedenfalls als ursprüngliche Grundlage der unionalen Zuständigkeiten (vgl. Art. 1 Abs. 1 EUV). Nach dem Grundsatz der begrenzten Einzelermächtigung wird die Europäische Union nur nach Maßgabe der ihr von den Mitgliedstaaten übertragenen Zuständigkeiten tätig (Art. 5 Abs. 2 Satz 1 EUV). Eine Kompetenz zur Begründung eigener Kompetenzen steht ihr nach geltendem Verfassungs- und Unionsrecht nicht zu[593]. Das Unionsrecht geht selbst davon aus, dass das Recht zur Kompetenzverteilung im Verhältnis zwischen Europäischer Union und Mitgliedstaaten letzteren zusteht. Unionale Kompetenzen gründen insofern auch nach Maßgabe des Unionsrechts im Recht der Mitgliedstaaten. Gleichzeitig ist damit aber gesagt, dass es nicht den Grundsätzen der Unionsrechtsordnung widerspricht, die Kompetenz-Kompetenz in das Recht der Mitgliedstaaten zu stellen.

Mit dem Verbot der Übertragung einer Kompetenz-Kompetenz, als dem Recht eines Kompetenzträgers, selbstständig Kompetenzen zu begründen[594], ist jedoch gleichwohl noch kein Bezug zu bestimmten Gesetzgebungszuständigkeiten hergestellt, die dem Staat oder dessen Organen als souveränen Gewalten zustehen müssen. Aus dem Recht, über den eigenen Kompetenzbestand zu verfügen, das Deutschland verbleiben muss, folgt noch nicht, dass dem Staat zur Wahrung seiner Souveränität bestimmte Zuständigkeiten notwendig verbleiben müssen. Hier wird der Staat gerade in seiner umfassenden Zuständigkeit eingeschränkt, indem ihm die Übertragung bestimmter Kompetenzen untersagt wird. Ob Souveränität beispielsweise Budgethoheiten voraussetzt, hat mit der Kompetenz-Kompetenz an sich nichts zu tun. Mit der Einordnung der Kompetenz-Kompetenz als Gewährleistungsgehalt staatlicher Souveränität ist damit kein unmittelbarer Bezug zwischen Souveränität und konkreten Gesetzgebungszuständigkeiten hergestellt.

---

592 *Huber*, in: FS Carl Heymanns Verlag, 1995, S. 349 (354).

593 Vgl. insgesamt *Streinz*, in: *Streinz*, EUV/AEUV, 2. Auflage 2012, Art. 5 EUV Rn. 8 sowie *Calliess*, in: *Calliess/Ruffert*, EUV/AEUV, 4. Auflage 2011, Art. 5 EUV Rn. 6; vgl. zu diesem Grundsatz auch EuGH v. 5.10.2000, Rs. C-376/98 – *Deutschland/EP und Rat*, Slg. 2000, I-8419 (8524).

594 BVerfG v. 30.6.2009, 2 BvE 2/08 u.a. – BVerfGE 123, 267 (349).

bb. Staatliche Verbandszuständigkeiten

Maßstäbe dieser Art liefert aber gegebenenfalls ein Gewährleistungsgehalt des Souveränitätsbegriffs, der spezifischere Bezüge zu Gesetzgebungszuständigkeiten aufweist. Die Wahrung staatlicher Souveränität könnte erfordern, dass dem Staat ein bestimmtes Maß oder eine bestimmte Art von staatlichen Aufgaben und damit konkrete Gesetzgebungszuständigkeiten notwendig verbleiben müssen, um diesen als souveränen Staat zu kennzeichnen.

(a) Notwendige Staatsaufgaben

Versteht man Souveränität als Ausdruck eines bestimmten Maßes staatlicher Zuständigkeiten, bedeutet der Übergang eines Übergewichts an Gesetzgebungszuständigkeiten auf die supranationale Ebene einen Verlust souveräner Staatlichkeit[595]. Neben dem Maß der Übertragung könnte aber gerade auch die Art der übertragenen Zuständigkeiten eine Einbuße an Souveränität bewirken: Auch wenn die Bestimmung der in letztere Kategorie fallenden Staatsaufgaben schwer fällt[596], könnte jedenfalls mit der „Übertragung wesentlicher klassischer Staatsaufgaben“[597] die souveräne Staatlichkeit verloren gehen. Aber auch abgesehen von fundamentalen Staatsaufgaben könnten wichtige Gesetzgebungszuständigkeiten, wie beispielsweise die Währungshoheit, als Ausdruck staatlicher Souveränität anzusehen sein[598].

Zwar ist dem zuzugeben, dass ein souveräner Staat jedenfalls über ein Mindestmaß an für die Staatstätigkeit relevanten Gesetzgebungszuständigkeiten verfügen muss, um noch von Staatlichkeit in diesem Sinne sprechen zu können[599]. Das Innehaben eines bloß marginalen Anteils an der Gesamtheit staatlicher Zuständigkeiten oder eines qualitativ bloß unbedeutenden Teils von Gesetzgebungszuständigkeiten lässt freilich an der Staatsqualität zweifeln. Problematisch ist jedoch, an welcher Stelle die Grenze verläuft, an der noch von Staatsqualität gesprochen werden kann.

Zunächst gilt dies hinsichtlich des Maßes an Gesetzgebungszuständigkeiten. Der Punkt, an dem gesagt werden müsste, dass ab diesem Verteilungsverhältnis

595 *Murswiek*, Der Staat 32 (1993), 161 (170); vgl. auch *Schilling*, AöR 116 (1991), 32 (39 f.).

596 *Nettesheim*, Der Staat 51 (2012), 313 (318).

597 *Di Fabio*, Der Staat 32 (1993), 191 (202); im Ergebnis ähnlich *Breuer*, NVwZ 1994, 417 (423); wohl auch *Röper*, DÖV 2010, 285 (288 f.).

598 Zur Diskussion vgl. nur *Müller*, DVBl 1992, 1249 (1251); *Weber*, JZ 1994, 53 (60); *Streinz*, EuZW 1994, 329 (333).

599 *Grimm*, Der Staat 48 (2009), 475 (489).

der Zuständigkeiten zwischen Mitgliedstaaten und Europäischer Union die Bundesrepublik Deutschland die Bezeichnung Staat „*nicht mehr verdienen*“[600] würde („Salami-Taktik“), ist kaum abstrakt zu bestimmen. Prozentangaben[601] helfen hier nicht weiter, weil zum einen bereits das Gesamtmaß an Gesetzgebungszuständigkeiten praktisch schwierig festzustellen ist und zum anderen die Anzahl einzelner Zuständigkeiten nichts darüber aussagt, in welchem Verhältnis die deutsche Staatsgewalt zur europäischen Herrschaftsgewalt steht. Dies ist aber die im Zusammenhang mit der Souveränität entscheidende Frage: Letztlich ist das Machtverhältnis zwischen nationaler und europäischer Herrschaftsgewalt zu beurteilen. Engere Bezüge zur Souveränitätsproblematik weist in dieser Hinsicht schon die Art übertragener Zuständigkeiten auf. Denn das Innehaben bestimmter Gesetzgebungszuständigkeiten bedeutet eine insbesondere auch politische Entscheidungsgewalt. Doch auch hinsichtlich der Art von Zuständigkeiten weist der Souveränitätsbegriff keine hinreichend exakten Konturen auf, um als Maßstab für die Übertragung legislativer Zuständigkeiten zu dienen. Auch hier fragt sich, wie die wesentlichen, die Staatstätigkeit prägenden Staatsaufgaben bestimmt werden sollen, ohne willkürlich einzelne Zuständigkeiten dem europäischen Integrationsprozess zu verschließen. Plakativ wird dies insbesondere hinsichtlich der Währungshoheit. Es ist schwer zu begründen, aus welchem Grund gerade die Staatshoheit über die eigene Währung, die auch als klassische Staatsaufgabe bezeichnet werden kann[602], keinen Verlust souveräner Staatlichkeit bedeuten soll[603], andere staatliche Aufgabenfelder hingegen schon. Allein aus dem Grundsatz staatlicher Souveränität, ohne Bezug zu Strukturprinzipien der Verfassung wie insbesondere dem Demokratieprinzip, lässt sich eine Verbindung bestimmter Gesetzgebungszuständigkeiten zur Staatlichkeit kaum herstellen[604]. Ausschließlich die Bedeutung bestimmter Staatsaufgaben herauszustellen, ist kein überzeugendes Argument[605], weil in diesem Sinn

---

600 *Wernsmann*, Der Staat 44 (2005), 43 (53), dort im Hinblick auf das Demokratieprinzip.

601 Vgl. nur *Murswiek*, Der Staat 32 (1993), 161 (170 f.).

602 In diesem Sinne *Kämmerer*, in: *von Münch/Kunig*, GG, Band 2, 6. Auflage 2012, Art. 88 Rn. 15; *Kokott*, AöR 119 (1994), 207 (226); *Müller*, DVBl 1992, 1249 (1251).

603 *Isensee*, in: FS Everling, Band I, 1995, S. 567 (577); *Siekmann*, in: FS Stern, 1997, S. 341 (356); vgl. dazu auch BVerfG v. 12.10.1993, 2 BvR 2134/92 u.a. - BVerfGE 89, 155 (188 ff.) sowie BVerfG v. 31.3.1998, 2 BvR 1877/97 u.a. - BVerfGE 97, 350 (368 ff.).

604 So auch *Haack*, Verlust der Staatlichkeit, 2007, S. 133, insbesondere Fn. 406; dazu auch *Thym*, Der Staat 48 (2009), 559 (562 f.); vgl. auch *Pernice*, in: *Dreier*, GG, Band II, 2. Auflage 2006, Art. 23 Rn. 37.

605 Vgl. *Griller*, EuZW 2002, 33 (33).

eine Vielzahl von Gesetzgebungszuständigkeiten in die notwendige Zuständigkeit des Staates gestellt werden könnten und so der Europäischen Integration stets verschlossen blieben.

An dieser Stelle wird die Unbestimmtheit des Souveränitätsbegriffs deutlich. Dieser kann zwar als Maßstab für das grundlegende Verhältnis zwischen Mitgliedstaaten und Europäischer Union dienen und so Rechte wie beispielsweise die Kompetenz-Kompetenz in den nationalen Zuständigkeitsbereich stellen. In dieser Hinsicht weist Souveränität konkrete Konturen auf, die sich letztlich mit der Unabhängigkeit eines Herrschaftsverbandes begründen lassen. Es ist aber nicht zu begründen, warum bestimmte Gesetzgebungszuständigkeiten im nationalen Bereich verbleiben müssen, um genau dieses grundlegende Verhältnis zu wahren. Es genügen wenige, entscheidende Rechte, wie eben insbesondere die Kompetenz-Kompetenz und ein Mindestmaß sowie eine bestimmte Qualität von Hoheitsrechten, um noch von souveräner Staatlichkeit sprechen zu können. Der Souveränitätsbegriff stellt aber keinen hinreichend konkreten verfassungsrechtlichen Maßstab bereit, um darüber hinaus einzelne, spezielle Gesetzgebungszuständigkeiten der Übertragung auf die supranationale Ebene zu verschließen[606]. Zudem fehlt es dafür letztlich auch an einem hinreichenden normativen Bezugspunkt in Art. 79 Abs. 3 GG. Aus dem Normzweck des Art. 79 Abs. 3 GG, die grundlegende Verfassungsstruktur der Verfügungsbefugnis des verfassungsändernden Gesetzgebers zu entziehen, ist zu folgern, dass insofern auch die dafür erforderliche souveräne Staatlichkeit dem Gewährleistungsgehalt des Art. 79 Abs. 3 GG zu entnehmen ist. Damit ist souveräne Staatlichkeit aber auch nur in ihrem engen Bezug zur Verfassungsstruktur zu verstehen. In dieser Hinsicht Art. 79 Abs. 3 GG den Schutz von Staatlichkeit zu entnehmen, findet eine hinreichend normative Grundlage in Art. 79 Abs. 3 GG. Die Verfassungsstruktur wahrt Gesetzgebungszuständigkeiten aber insbesondere in den Staatsstrukturprinzipien. So erfordert beispielsweise das Bundesstaatsprinzip ein hinreichendes Maß an Zuständigkeiten der Länder und das Demokratieprinzip ein solches des Bundestages. Dem Souveränitätsbegriff als selbstständigem Gewährleistungsgehalt des Art. 79 Abs. 3 GG Zuständigkeiten des Gesamtstaates zu entnehmen, bleibt damit auf einen engen Anwendungsbereich begrenzt. Insofern ist die Auslegung des Art. 79 Abs. 3 GG auch in dieser Hinsicht

606 So im Ergebnis auch *Möllers*, Staat als Argument, 2. Auflage 2011, S. 392; vgl. auch *Ossenbühl*, DVBl 1993, 629 (632); vgl. ferner *Pernice*, DV 1993, 449 (454 f.); zur Sichtweise des BVerfG (BVerfG v. 30.6.2009, 2 BvE 2/08 u.a. – BVerfGE 123, 267) im Hinblick auf das Prinzip der Volkssouveränität vgl. S. 119 ff.

tendenziell eng vorzunehmen[607]. Insbesondere bietet der Souveränitätsbegriff keine hinreichend konkreten verfassungsrechtlichen Maßstäbe, die der Verlagerung einzelner staatlicher Hoheitsrechte auf die Europäische Union entgegenstehen würden. Zwar folgt aus dem Souveränitätsgedanken, dass Art. 79 Abs. 3 GG ein Mindestmaß an staatlichen Zuständigkeiten voraussetzt, wozu auch ein Mindestmaß an Finanzhoheiten zählen. Es lässt sich dogmatisch aber nicht hinreichend begründen, einzelne budgetäre Zuständigkeiten dem europäischen Integrationsprozess zu verschließen. Die Bedeutung bestimmter Hoheitsbefugnisse für den Gesamtstaat unterliegt vielmehr zudem auch dem gesellschaftlichen Wandel[608]. Eine Begründung dieser Form liefert nur eine Argumentation, die Budgetzuständigkeiten als wesentliche Hoheitsbefugnisse des Bundestages darstellt. Speziell für den Gegenstand dieser Untersuchung lässt sich aus dem Souveränitätsbegriff aus diesem Grund kein Verbot der Übertragung nationaler Gesetzgebungszuständigkeiten im europäischen Integrationsprozess ableiten.

(b) Bezug zu Organkompetenzen des Parlaments?

Dagegen beschreibt Souveränität verstanden als Volkssouveränität die Stellung des Volkes als verfassungsrechtlichen Inhaber der Staatsgewalt nach Art. 20 Abs. 2 GG. Souveränität in diesem Sinne ist wesensprägendes Merkmal des Demokratieprinzips[609] und in Art. 79 Abs. 3 GG als eigenständiges Verfassungsprinzip einer Verfassungsänderung entzogen. Der Grundsatz der Volkssouveränität als Ausprägung des Souveränitätsbegriffs, wie er in Art. 79 Abs. 3 GG eine ausdrückliche normative Grundlage findet, weist spezifischere Bezüge zum Gegenstand dieser Untersuchung auf. Denn die Frage nach den Grenzen der Übertragung budgetärer Gesetzgebungszuständigkeiten in Art. 110 - Art. 115 GG auf die Europäische Union ist auf die verfassungsrechtliche Stellung des Parlaments im Staat bezogen. Ausgehend von der verfassungsrechtlichen Lage, die dem Parlament die grundlegenden Budgetkompetenzen zuordnet, ist zu untersuchen, inwiefern diese verfassungsrechtliche Ausgestaltung durch den verfassungsändernden Gesetzgeber im europäischen Integrationsprozess modifiziert werden darf.

Inwiefern dem Volk auf Grundlage des Demokratieprinzips im verfassungsrechtlichen Gesamtgefüge ein bestimmender Einfluss auf das Staatshandeln,

---

607 Zur engen Auslegung des Art. 79 Abs. 3 GG als Ausnahmevorschrift vgl. nur BVerfG v. 15.12.1970, 2 BvF 1/69 u.a. - BVerfGE 30, 1 (24 f.); dazu *Wernsmann*, Der Staat 44 (2005), 43 (52 f.).

608 Ähnlich *Dingemann*, in: *Calliess/Paqué*, Deutschland in der Europäischen Union, 2010, 73 (78).

609 *Dreier*, in: *Dreier*, GG, Band II, 2. Auflage 2006, Art. 20 (Demokratie) Rn. 86.

auch in Form parlamentarischer Gesetzgebungszuständigkeiten, zukommen muss, bestimmt sich primär nach dem Prinzip der Volkssouveränität, das sich im Demokratieprinzip widerspiegelt[610]. Inwiefern dem Parlament „eigene Aufgaben und Befugnisse von substantiellem [...] Gewicht"[611] zustehen müssen, beurteilt sich in erster Linie nach der demokratischen Verfassungsstruktur, weil dem Parlament als Repräsentationsorgan auch tatsächliche Handlungskompetenzen zuzustehen haben. Die Souveränität des Gesamtstaates kann aber auch unabhängig von der sich aus der Verfassung ergebenden Staatsform bestimmt werden. Diese ergibt sich auch ohne spezifische Bezüge zur verfassungsrechtlichen Stellung des Parlaments in der Verfassung. Die Souveränität des Gesamtstaates beurteilt sich vielmehr nicht ausschließlich nach parlamentarischen Legislativkompetenzen[612]. Das Demokratieprinzip weist in dieser Hinsicht einen für den Untersuchungsgegenstand spezielleren Maßstab auf, weil es auch insbesondere die rechtliche Stellung des Parlaments als demokratisches Repräsentationsorgan zum Regelungsgegenstand hat.

4. *Zwischenergebnis*

Art. 79 Abs. 3 GG umfasst über seinen Wortlaut hinaus den Schutz der Staatlichkeit der Bundesrepublik Deutschland. Unter Staatlichkeit ist dabei eine souveräne Staatlichkeit zu verstehen. Art. 79 Abs. 3 GG untersagt dem verfassungsändernden Gesetzgeber, die souveräne Staatlichkeit auch im europäischen Integrationsprozess aufzugeben. Danach darf der Europäischen Union insbesondere nicht die Kompetenz-Kompetenz übertragen werden. Der Souveränitätsbegriff stellt dabei jedoch keinen geeigneten Maßstab für die Frage dar, inwiefern dem verfassungsändernden Gesetzgeber in der Übertragung spezieller Gesetzgebungszuständigkeiten verfassungsrechtliche Grenzen gezogen sind. In diesem Sinn engere Bezüge zu Parlamentsrechten weist hingegen der Grundsatz der Volkssouveränität auf. Volkssouveränität als wesensprägendes Merkmal des Demokratieprinzips findet jedoch in Art. 79 Abs. 3 GG einen selbstständigen

---

610 Differenzierend in diesem Sinne BVerfG v. 30.6.2009, 2 BvE 2/08 u.a. – BVerfGE 123, 267 (357 und 359); ebenso *Grimm*, Der Staat 48 (2009), 475 (483 f.) sowie *Schliesky*, Souveränität, 2004, S. 511 f.; explizit auch *Grzeszick*, in: *Axer* u.a., Das Europäische Verwaltungsrecht, 2010, S. 95 (100 f.); vgl. auch *Haack*, Verlust der Staatlichkeit, 2007, S. 133 Fn. 406.

611 BVerfG v. 30.6.2009, 2 BvE 2/08 u.a. – BVerfGE 123, 267 (356).

612 Vgl. *Thym*, Der Staat 48 (2009), 559 (562 f.); *Möllers*, Staat als Argument, 2. Auflage 2011, S. 389 ff.; *Baldus*, Der Staat 36 (1997), 381 (389 f.); differenzierend in diesem Sinne auch *Schliesky*, Souveränität, 2004, S. 138 ff.

normativen Anknüpfungspunkt. Die Gewährleistungsgehalte der Souveränität und des Demokratieprinzip sind als Bestandteil der in Art. 79 Abs. 3 GG geschützten „Verfassungsidentität"[613] voneinander zu unterscheiden.

II. Demokratieprinzip

1. Das Demokratieprinzip als Maßstab des europäischen Integrationsprozesses

a. Berührungspunkte zwischen Demokratieprinzip und europäischer Integration

Art. 79 Abs. 3 GG entzieht dem Gesetzgeber das Recht zu einer Verfassungsänderung, die die in Art. 20 GG niedergelegten Grundsätze berührt. Art. 20 GG normiert in Absatz 1 das Demokratieprinzip als ein solches Staatsstrukturprinzip der Bundesrepublik Deutschland.

Das Demokratieprinzip ist im Anwendungsbereich des Art. 23 Abs. 1 Satz 3 GG ein in der gegenwärtigen Diskussion besonders bedeutsamer Maßstab. Denn dieses legt fest, von wem hoheitliches Handeln im Geltungsbereich des Grundgesetzes ausgeht und wer dieses ausübt. Nach Art. 20 Abs. 2 GG geht die Staatsgewalt vom Volke – also den deutschen Staatsbürgern – aus.

Die Übertragung von Hoheitsrechten der Mitgliedstaaten auf die Europäische Union (Art. 23 Abs. 1 Sätze 1 und 2 GG) verlagert Entscheidungskompetenzen auf die unionale Ebene. Dies führt dazu, dass im Geltungsbereich des Grundgesetzes Hoheitsakte zu befolgen sind, die nicht ausschließlich von den deutschen Staatsbürgern herrühren, weil im Rechtsetzungsprozess auf unionaler Ebene häufig Mehrheitsentscheidungen getroffen werden[614]. Unionale Hoheitsakte werden nur im Zusammenwirken mit den Staatsbürgern anderer Mitgliedstaaten legitimiert.

Konkret bestimmen insbesondere Rat und Europäisches Parlament den Rechtsetzungsprozess auf europäischer Ebene (vgl. Art. 289 AEUV). Der Rat

613 *Ohler*, AöR 135 (2010), 153 (172); ebenfalls differenzierend in diesem Sinne BVerfG v. 30.6.2009, 2 BvE 2/08 u.a. – BVerfGE 123, 267 (344 ff. und 356 ff.); zum Begriff der „Verfassungsidentität" vgl. auch *Arnold*, in: FS Scheuing, 2011, S. 17 (17 f.).

614 Vgl. *Grzeszick*, in: *Axer* u.a., Das Europäische Verwaltungsrecht, 2010, S. 95 (96); vgl. auch *Huber*, Die Rolle der nationalen Parlamente, 2001, S. 7; dies ist als Folge des europäischen Integrationsprozesses grundsätzlich keine Verletzung des grundgesetzlichen Demokratieprinzips, vgl. BVerfG v. 12.10.1993, 2 BvR 2134/92 u.a. – BVerfGE 89, 155 (183); vgl. dazu *Müller-Franken*, AöR 134 (2009), 542 (568) sowie *König*, ZaöRV 54 (1994), 17 (36).

setzt sich aus Regierungsvertretern der Mitgliedstaaten zusammen (Art. 16 Abs. 2 EUV). Er vermittelt demokratische Legitimation insofern über die mitgliedstaatlichen Parlamente, denen gegenüber die mitgliedstaatlichen Regierungen verantwortlich sind (vgl. Art. 10 EUV). Das Europäische Parlament wird von den Unionsbürgerinnen und -bürgern gewählt (Art. 14 Abs. 2 EUV) und vermittelt damit eine eigenständige demokratische Legitimation neben dem Rat. Die Europäische Union weist im Rechtsetzungsverfahren insgesamt ein „dualistische[s] Legitimationsmodell[...]“[615] auf (vgl. Art. 10 Abs. 2 EUV und Art. 12 EUV). Denn Rechtsetzung auf europäischer Ebene wird zum einen über die mitgliedstaatlichen Parlamente sowie zum anderen über das Europäische Parlament demokratisch legitimiert[616]. Gleichzeitig wird klar, dass Hoheitsrechte nach Übertragung auf die Europäische Union im Ergebnis nicht nur von den deutschen Staatsbürgern, sondern auch von den Staatsbürgern anderer Mitgliedstaaten der Europäischen Union legitimiert werden, sodass die Übertragung von Hoheitsrechten insbesondere vor dem grundgesetzlichen Demokratieprinzip zu rechtfertigen ist.

Ausgehend von dieser Situation stellt sich bezogen auf den Untersuchungsgegenstand die Frage, welche Folgen sich für gesetzgeberisches Handeln im Anwendungsbereich des Art. 23 Abs. 1 Sätze 2 und 3 GG ergeben: Wann berühren durch Hoheitsrechtsübertragungen bewirkte Änderungen der vertraglichen Grundlagen der Europäischen Union, die zu Grundgesetzänderungen führen, das grundgesetzliche Demokratieprinzip im Sinne des Art. 79 Abs. 3 GG so, dass die Bundesrepublik Deutschland „fortan den *Namen ‚demokratisch‘ nicht mehr verdienen*“[617] würde?

---

615 *Sommermann*, DÖV 2003, 1009 (1010); dazu BVerfG v. 12.10.1993, 2 BvR 2134/92 u.a. – BVerfGE 89, 155 (184); BVerfG v. 30.6.2009, 2 BvE 2/08 u.a. – BVerfGE 123, 267 (364); zu einem anderen Konzept einer pluralen Legitimation eingehend *Schliesky*, Souveränität, 2004, S. 588 ff.; speziell zur Alternative outputorientierter Legitimationskonzepte, die die demokratische Legitimation einer staatlichen Entscheidung am Nutzen für das Gemeinwohl messen *Rumler-Korinek*, EuR 2003, 327 (327 ff.); zur Entwicklung der Demokratietheorie in einer europäischen Mehrebenen-Demokratie auch *Di Fabio*, Das Recht offener Staaten, 1998, S. 139 ff.; vgl. auch *Thürer*, in: FS Everling, Band II, 1995, S. 1561 (1569 ff.) sowie *Nettesheim*, in: Jahrbuch des Föderalismus, 2012, S. 259 (273 ff.); auf die eher politikwissenschaftliche Prägung dieser Frage hinweisend *Voßkuhle*, JuS 2004, 2 (6).

616 *Puhl*, in: *Isensee/Kirchhof*, HdBdStR, Band III, 3. Auflage 2005, § 48 Rn. 12; *Dederer*, RdA 2000, 216 (218).

617 *Wernsmann*, Der Staat 44 (2005), 43 (53).

b. Folgen aus dem grundgesetzlichen Demokratieprinzip

aa. Die Argumentation des BVerfG

Das BVerfG legt Art. 79 Abs. 3 GG i.V.m. Art. 20 GG so aus, dass der europäische Integrationsprozess dann verfassungswidrig ist, wenn „in den Mitgliedstaaten kein ausreichender Raum zur politischen Gestaltung der wirtschaftlichen, kulturellen und sozialen Lebensverhältnisse mehr bleibt"[618]. Begründet wird dies damit, dass die demokratische Legitimation von Hoheitsakten primär im Bundestag erfolge[619]. Als Folge seien Kompetenzübertragungen in „wesentlichen Bereichen demokratischer Gestaltung"[620] problematisch. Hinsichtlich bestimmter Hoheitsrechte sei eine Begrenzung der Kompetenzübertragung von der mitgliedstaatlichen auf die unionale Ebene erforderlich[621]. Der von Art. 79 Abs. 3 GG erfasste Kernbereich des Demokratieprinzips beinhalte, dass der Bundestag im Verhältnis zu europäischen Institutionen auch im Europäischen Integrationsprozess weiterhin „Aufgaben und Befugnisse von substantiellem Gewicht"[622] behalte. Neben anderen Sachbereichen seien insbesondere Hoheitsrechtsübertragungen in „fiskalischen Grundentscheidungen über Einnahmen und [...] Ausgaben der öffentlichen Hand"[623] zu begrenzen, wenngleich diese dem europäischen Integrationsprozess auch nicht völlig entzogen werden müssten.

bb. Bewertung

Kompetenzverlagerungen von ausschließlich dem Bundestag zustehenden Hoheitsrechten auf die unionale Ebene führen dazu, dass der Bundestag diese nicht mehr auszuüben vermag, diese vielmehr in die Kompetenz von Unionsorganen übergehen. Es stellt sich die Frage, ob Art. 79 Abs. 3 GG Kompetenzbereiche des Parlaments zur ausschließlich mitgliedstaatlichen, parlamentarischen Ausübung

---

618 BVerfG v. 30.6.2009, 2 BvE 2/08 u.a. - BVerfGE 123, 267 (358).

619 BVerfG v. 30.6.2009, 2 BvE 2/08 u.a. - BVerfGE 123, 267 (358 f.); BVerfG v. 12.10.1993, 2 BvR 2134/92 u.a. - BVerfGE 89, 155 (185 f.).

620 BVerfG v. 30.6.2009, 2 BvE 2/08 u.a. - BVerfGE 123, 267 (358).

621 BVerfG v. 30.6.2009, 2 BvE 2/08 u.a. - BVerfGE 123, 267 (357 ff.); BVerfG v. 12.10.1993, 2 BvR 2134/92 u.a. - BVerfGE 89, 155 (186); zu dem davon zu unterscheidenden verfassungsrechtlichen Erfordernis, dem Europäische Parlament gegenüber dem Rat keine „positive demokratische Kompetenz" einzuräumen *Huber*, Die Rolle der nationalen Parlamente, 2001, S. 45 m.w.N.; *Huber*, Maastricht - ein Staatsstreich?, 1993, S. 32 f.; Letzteres betrifft das rechtliche Verhältnis zwischen Rat und Europäischem Parlament im dualen Legitimationsmodell auf europäischer Ebene; differenzierend in diesem Sinne auch *Pernice*, DV 1993, 449 (452 und 485 ff.).

622 BVerfG v. 12.10.1993, 2 BvR 2134/92 u.a. - BVerfGE 89, 155 (186).

623 BVerfG v. 30.6.2009, 2 BvE 2/08 u.a. - BVerfGE 123, 267 (359).

gewährleistet. Dem liegt die Überlegung zugrunde, dass Art. 79 Abs. 3 GG die Ausübung bestimmter Hoheitsrechte dem Bundestag vorbehalten könnte. Das Demokratieprinzip ist im Hinblick auf Organkompetenzen des Bundestages zu untersuchen, die dem Bundestag nach Art. 79 Abs. 3 GG auch im europäischen Integrationsprozess zur Ausübung vorbehalten bleiben müssen. Die oben behandelte Frage, ob für die Souveränität des Gesamtstaates ein bestimmtes Maß oder eine bestimmte Art von Hoheitsrechten erforderlich ist[624], stellt sich nun für den Bundestag im Verhältnis zum Rechtsetzungsprozess auf europäischer Ebene.

Das BVerfG behält dem Bundestag die Ausübung von Hoheitsrechten in „wesentlichen Bereichen demokratischer Gestaltung“[625] vor. Problematisch an dieser Grenzziehung ist, dass eine weite Auslegung dieses Begriffs der „wesentlichen Bereiche“ den Mitgliedstaaten ermöglicht, Kompetenzbereiche in verfassungsrechtlich unnötiger Weise von einer Übertragung auf die Europäische Union auszunehmen[626]. Wenngleich diese Vorbehaltsbereiche nicht als Staatsaufgabenfelder zu verstehen seien, in denen die Europäische Union keinerlei Kompetenzen wahrnehmen könne[627], widerspricht dies im Grundsatz der verfassungsrechtlichen Wertung des Art. 23 Abs. 1 Sätze 1 und 2 GG, der den Gesetzgeber gerade zur Teilnahme am europäischen Integrationsprozess verpflichtet und keine bestimmten Hoheitsrechte von einer Übertragung auf die Europäische Union ausnimmt[628]. Art. 79 Abs. 3 GG als eng auszulegender Ausnahmevorschrift[629] eine konkrete Zahl von Hoheitsrechten zu entnehmen, die dem europäischen Integrationsprozess jedenfalls im begrenzten Maße[630] verschlossen bleiben, überdehnt im Grundsatz den Anwendungsbereich der Norm[631].

---

624 Vgl. dazu bereits oben S. 114 ff.

625 BVerfG v. 30.6.2009, 2 BvE 2/08 u.a. - BVerfGE 123, 267 (358).

626 So allgemein auch *Grzeszick*, in: *Axer* u.a., Das Europäische Verwaltungsrecht, 2010, S. 95 (112); kritisch auch *Ruffert*, DVBl 2009, 1197 (1202 ff.); die fehlende demokratietheoretische Begründung kritisiert *Nettesheim*, in: Jahrbuch des Föderalismus, 2012, S. 259 (266).

627 Vgl. *Gärditz/Hillgruber*, JZ 2009, 872 (879).

628 So im Ergebnis auch *Ossenbühl*, DVBl 1993, 629 (631).

629 Explizit in diesem Zusammenhang *Grzeszick*, in: *Axer* u.a., Das Europäische Verwaltungsrecht, 2010, S. 95 (114 f.); ähnlich *Classen*, JZ 2009, 881 (887).

630 Das BVerfG sieht die Grenze bei Überschreitung des zur „Koordinierung grenzüberschreitender Sachverhalte“ notwendigen Maßes, vgl. BVerfG v. 30.6.2009, 2 BvE 2/08 u.a. - BVerfGE 123, 267 (359).

631 Im Ergebnis ablehnend auch *Hatje*, EuR-Bei 2010, 123 (129); kritisch auch *Schönberger*, Der Staat 48 (2009), 535 (554 f.); ebenso *Terhechte*, EuZW 2009, 724 (731); *Grimm*, Der Staat 48 (2009), 475 (490); *Thym*, Der Staat 48 (2009), 559 (562 f.).

Gleichwohl bestehen Unterschiede zwischen der demokratischen Legitimation von Hoheitsakten auf europäischer und mitgliedstaatlicher Ebene, sodass im grundgesetzlichen Demokratieprinzip ein verfassungsrechtlicher Maßstab gesehen werden kann, der nach Art. 23 Abs. 1 Satz 3 GG i.V.m. Art. 79 Abs. 3 GG die Übertragung bestimmter Hoheitsrechte auf die Europäische Union begrenzt. Im Folgenden soll die Argumentation des BVerfG im Hinblick auf ihre Überzeugungskraft kritisch hinterfragt werden.

2. *Das Demokratieprinzip als Grenze für Zuständigkeitsübertragungen*

Zunächst bedarf es der Begründung, inwiefern das grundgesetzliche Demokratieprinzip der Übertragung mitgliedstaatlicher Parlamentszuständigkeiten in bestimmten Sachbereichen entgegenstehen soll.

a. Volkssouveränität als Gewährleistungsgehalt des Demokratieprinzips

Grundlage des Demokratieprinzips als Staatsstrukturprinzip des Grundgesetzes nach Art. 20 Abs. 1 GG ist das Prinzip der Volkssouveränität[632]. Nach Art. 20 Abs. 2 Satz 1 GG ist Ursprung jeder Staatsgewalt im Geltungsbereich des Grundgesetzes das Volk. Damit macht Art. 20 Abs. 2 Satz 1 GG den Grundsatz der Volkssouveränität, nach dem das Volk selbst Ausgangspunkt jeder staatlichen Gewalt sein muss, zur Grundlage des Demokratieprinzips des Grundgesetzes[633]. Art. 20 Abs. 2 Satz 2 GG „gestaltet den Grundsatz der Volkssouveränität [für das Grundgesetz] aus“[634]: Die Ausübung von Staatsgewalt steht dem Volk insbesondere in Wahlen und durch Staatsorgane zu, sodass sich die Demokratiekonzeption des Grundgesetzes als repräsentative Demokratie darstellt[635]. Diese Repräsentation der Bürger erfolgt im Bundestag und gestaltet so das Demokratieprinzip des Grundgesetzes als parlamentarische Demokratie[636]. Gleichzeitig ist mit dem Bundestag als Vertretungsorgan der Bürger im Grundgesetz das Prinzip des Parlamentarismus verwirklicht[637].

Fraglich ist, wann Verfassungsänderungen das Demokratieprinzip unzulässig berühren (Art. 79 Abs. 3 GG i.V.m. Art. 20 GG). Der von Art. 79 Abs. 3 GG

632 *Böckenförde*, in: *Isensee/Kirchhof*, HdBdStR, Band II, 3. Auflage 2004, § 24 Rn. 1.

633 *Badura*, in: *Isensee/Kirchhof*, HdBdStR, Band II, 3. Auflage 2004, § 25 Rn. 27 m.w.N.; zu der dem Grundgesetz zugrunde liegenden Demokratietheorie in Abgrenzung zu weiteren Demokratietheorien ausführlich *Thedieck*, JA 1991, 345 (345 ff.).

634 BVerfG v. 31.10.1990, 2 BvF 3/89 - BVerfGE 83, 60 (71).

635 *Schnapp*, in: *von Münch/Kunig*, GG, Band 1, 6. Auflage 2012, Art. 20 Rn. 24.

636 *Brenner*, in: *Isensee/Kirchhof*, HdBdStR, Band III, 3. Auflage 2005, § 44 Rn. 5; vgl. *Kirchhof*, in: FS Badura, 2004, S. 237 (241 ff.).

637 *Brenner*, in: *Isensee/Kirchhof*, HdBdStR, Band III, 3. Auflage 2005, § 44 Rn. 4.

erfasste Gewährleistungsgehalt des Demokratieprinzips könnte beinhalten, dass dem Bundestag bestimmte Hoheitsrechte zur eigenen Ausübung zuzustehen haben.

Grundsätzlich wird Art. 79 Abs. 3 GG in seinem Anwendungsbereich restriktiv ausgelegt[638]. Der Grund ist darin zu sehen, dass Art. 79 Abs. 3 GG selbst den verfassungsändernden Gesetzgeber begrenzt, der mit der Zustimmung von zwei Dritteln der Mitglieder des Bundestages und der Stimmen des Bundesrates (Art. 79 Abs. 2 GG) handelt. Maßregelungen vor dem Hintergrund dieses Maßes an demokratischer Zustimmung bedürfen besonderer Rechtfertigung. Die Norm engt in erheblichem Maße insbesondere den Handlungsspielraum des durch die Wahl unmittelbar legitimierten parlamentarischen Gesetzgebers ein[639]. Auch ist der Ausnahmecharakter der Norm zu beachten[640]. Daher sind ausschließlich Verfassungsänderungen, die den „substantiellen Kerngehalt"[641] des grundgesetzlichen Demokratieprinzips berühren, unzulässig. Das BVerfG zählt zu diesem Gehalt, dass die „Wahrnehmung staatlicher Aufgaben und die Ausübung staatlicher Befugnisse sich auf das Staatsvolk zurückführen lassen und grundsätzlich ihm gegenüber verantwortet werden"[642]. Das Volk muss einen bestimmenden Einfluss auf das Staatshandeln haben. Der erfasste Gehalt des grundgesetzlichen Demokratieprinzips ist damit insbesondere das Prinzip der Volkssouveränität[643], so wie es in Art. 20 Abs. 2 Sätze 1 und 2 GG Ausdruck findet und ausgestaltet ist.

b. Parlamentarismus als Gewährleistungsgehalt der Volkssouveränität

Eine besondere Ausprägung der parlamentarischen Demokratie ist das parlamentarische Regierungssystem[644]. Zentrales Organ des Volkes für die Ausübung von

638 BVerfG v. 3.3.2004, 1 BvR 2378/98 - BVerfGE 109, 279 (310).

639 Vgl. *Wernsmann*, Der Staat 44 (2005), 43 (53); zu diesem Spannungsverhältnis vgl. auch *Pieroth*, JuS 2010, 473 (474).

640 BVerfG v. 3.3.2004, 1 BvR 2378/98 - BVerfGE 109, 279 (310).

641 *Dreier*, in: *Dreier*, GG, Band II, 2. Auflage 2006, Art. 79 III Rn. 26.

642 BVerfG v. 12.10.1993, 2 BvR 2134/92 u.a. - BVerfGE 89, 155 (182).

643 *Dreier*, in: *Dreier*, GG, Band II, 2. Auflage 2006, Art. 79 III Rn. 37 und Art. 20 (Demokratie) Rn. 86 und Rn. 97; *Kirchner/Haas*, JZ 1993, 760 (764); vgl. *Sachs*, in: *Sachs*, GG, 6. Auflage 2011, Art. 79 Rn. 64.

644 *Stern*, Staatsrecht, Band I, 2. Auflage 1984, § 18 S. 599 f.; ebd. § 22 umfassend zum parlamentarischen Regierungssystem; zur Abgrenzung der Begriffe Parlamentarismus und parlamentarische Demokratie *Brenner*, in: *Isensee/Kirchhof*, HdBdStR, Band III, 3. Auflage 2005, § 44 Rn. 4 ff.

Staatsgewalt im Sinne des Art. 20 Abs. 2 Satz 2 GG ist das Parlament[645]. Zwar übt das Volk Staatsgewalt in Wahlen und durch besondere Organe der Exekutive, Judikative und Legislative aus. Insofern ist die Ausübung von Staatsgewalt nicht auf das Parlament alleine konzentriert. Der demokratische Verfassungsstaat des Grundgesetzes ist aber durch eine hervorgehobene Stellung des Parlaments gegenüber anderen Staatsorganen geprägt. Dem Parlament stehen im Verhältnis zu anderen Staatsorganen besondere Gesetzgebungs-, Legitimations-, Entscheidungs- und Kontrollkompetenzen[646] zu. Plakativ wird dies insbesondere im Haushaltsverfassungsrecht als Gegenstand dieser Untersuchung. Dort statuiert das Grundgesetz eine insbesondere gegenüber der Exekutive vorrangige Stellung des Parlaments. So ist das Parlament zuständig, den exekutiv aufgestellten Haushaltsplan durch das Haushaltsgesetz festzustellen und damit gesetzlich zu legitimieren (Art. 110 Abs. 2 Satz 1 GG) sowie dessen Vollzug durch die Exekutive zu kontrollieren (Art. 114 Abs. 1 GG). Auch die Aufnahme von Krediten und Gewährleistungen bedarf eines Parlamentsgesetzes (Art. 115 Abs. 1 GG) und kann nicht durch die Exekutive alleine erfolgen. Bereits diese Normen des Haushaltsverfassungsrechts zeigen die oben genannte besondere Stellung des Parlaments gegenüber anderen Staatsorganen, die das grundgesetzliche Demokratieprinzip als parlamentarisches Regierungssystem ausgestalten: Das Parlament verabschiedet das Haushaltsgesetz und legitimiert damit den Haushaltsplan der Exekutive. Über die Aufnahme von Krediten und die Übernahme von Gewährleistungen entscheidet das Parlament. Auch die Kontrolle des Haushaltsvollzugs liegt in parlamentarischer Kompetenz. Diese Entscheidung des Grundgesetzes für ein parlamentarisches Regierungssystem ist auch bei Auslegung des Art. 79 Abs. 3 GG i.V.m. Art. 20 GG zu beachten. Bezogen auf den Untersuchungsgegenstand gilt dies nach Art. 23 Abs. 1 Satz 3 GG explizit auch für Änderungen der vertraglichen Grundlagen der Europäischen Union, die zu Änderungen des Grundgesetzes führen.

Fraglich ist aber, inwiefern der von Art. 79 Abs. 3 GG i.V.m. Art. 20 GG erfasste Gewährleistungsgehalt des Demokratieprinzips auch Kompetenzen des Bundestages erfasst. Grundsätzlich ist das parlamentarische Regierungssystem nicht von Art. 79 Abs. 3 GG garantiert[647]. Der Umgestaltung in ein beispielsweise

645 *Morlok/Hientzsch*, JuS 2011, 1 (1); vgl. auch *Kirchhof*, NJW 2001, 1332 (1332).

646 *Puhl*, in: *Isensee/Kirchhof*, HdBdStR, Band III, 3. Auflage 2005, § 48 Rn. 1; *Morlok/Hientzsch*, JuS 2011, 1 (2); *Kirchhof*, in: FS Badura, 2004, S. 237 (242 f.); vgl. auch *Pieroth*, JuS 2010, 473 (473); zu diesen im Einzelnen *Brenner*, in: *Isensee/Kirchhof*, HdBdStR, Band III, 3. Auflage 2005, § 44 Rn. 45 ff.

647 *Sachs*, in: *Sachs*, GG, 6. Auflage 2011, Art. 79 Rn. 72; *Dreier*, in: *Dreier*, GG, Band II, 2. Auflage 2006, Art. 79 III Rn. 42 m.w.N.

präsidiales Regierungssystem oder der Stärkung plebiszitärer Elemente stünde Art. 79 Abs. 3 GG nicht entgegen[648], solange ein grundsätzlich repräsentatives System im Sinne des Art. 20 Abs. 2 Satz 2 GG bestehen bleibt. Gleichwohl könnte der von Art. 79 Abs. 3 GG gewährleistete Grundsatz der Volkssouveränität auch ein Mindestmaß an Kompetenzen des Parlaments verlangen.

Abgesehen davon, dass sich der Grundsatz der Volkssouveränität in einer parlamentarischen Demokratie insbesondere in der Stellung des Parlaments widerspiegelt[649], muss im Parlamentarismus gleich in welcher Ausgestaltung auch nach einer Verfassungsänderung der Volksvertretung jedenfalls ein Mindestmaß an wesentlichen Kompetenzen zustehen[650]. Denn das Parlament ist das Staatsorgan, das die Bürger unmittelbar repräsentiert. Art. 79 Abs. 3 GG steht zwar nicht einer Modifikation des parlamentarischen Regierungssystems entgegen. Art. 79 Abs. 3 GG gewährleistet aber jedenfalls die Wahrung des Parlamentarismus an sich, weil das demokratische Prinzip parlamentarische Gesetzgebung voraussetzt[651]. Das Demokratieprinzip kann insofern im europäischen Integrationsprozess auch durch Kompetenzverluste des Bundestages berührt werden.

Der von Art. 79 Abs. 3 GG i.V.m. Art. 20 GG gewährleistete Grundsatz der Volkssouveränität bietet damit einen normativen Anknüpfungspunkt für die Frage, ob im europäischen Integrationsprozess notwendigerweise bestimmte Kompetenzen des Bundestages zu bewahren sind[652]. Kompetenzverluste des Bundestages durch die Übertragung von Zuständigkeiten auf die Europäische Union können grundsätzlich einen Verstoß gegen das grundgesetzliche Demokratieprinzip darstellen und sind aus diesem Grund am Maßstab des Art. 79 Abs. 3 GG zu messen.

c. Zwischenergebnis

Der von Art. 79 Abs. 3 GG gewährleistete Grundsatz der Volkssouveränität kann auch durch einen Verlust parlamentarischer Zuständigkeiten des Bundestages berührt werden. Im grundgesetzlichen Demokratieprinzip findet sich damit ein normativer Anknüpfungspunkt für verfassungsrechtliche Grenzen der Übertragung mitgliedstaatlicher Parlamentszuständigkeiten.

---

648 *Stern*, Staatsrecht, Band I, 2. Auflage 1984, § 5 S. 174; *Bryde*, in: *von Münch/Kunig*, GG, Band 2, 6. Auflage 2012, Art. 79 Rn. 41.

649 *Brenner*, in: *Isensee/Kirchhof*, HdBdStR, Band III, 3. Auflage 2005, § 44 Rn. 45.

650 Vgl. *Sachs*, in: *Sachs*, GG, 6. Auflage 2011, Art. 79 Rn. 72; vgl. auch *Stern*, Staatsrecht, Band I, 2. Auflage 1984, § 22 S. 955 f.

651 *Brenner*, in: *Isensee/Kirchhof*, HdBdStR, Band III, 3. Auflage 2005, § 44 Rn. 44; vgl. auch *Kirchhof*, NJW 2001, 1332 (1332).

652 So auch BVerfG v. 12.10.1993, 2 BvR 2134/92 u.a. - BVerfGE 89, 155 (182 ff.).

3. *Parlamentarismus auf europäischer Ebene*

Auf Ebene der Europäischen Union wird demokratische Legitimation bei Ausübung von Hoheitsrechten zum einen über das Europäische Parlament und zum anderen über den Rat, der den mitgliedstaatlichen Parlamenten verantwortlich ist, vermittelt (Art. 10 Abs. 2 EUV). Aus dem grundgesetzlichen Demokratieprinzip des Art. 79 Abs. 3 GG i.V.m. Art. 20 GG lässt sich damit nicht von vornherein folgern, dass eine bestimmte Art oder Summe[653] von Hoheitsrechten der Ausübung durch den Bundestag vorbehalten bleiben muss, weil auch auf europäischer Ebene demokratische Legitimation vermittelt wird. Fraglich ist gleichwohl, ob aufgrund demokratietheoretischer Überlegungen bestimmte Hoheitsrechte der Ausübung durch den Bundestag vorbehalten werden müssen. Entscheidend für die Beantwortung dieser Frage ist dabei, ob es für die deutschen Staatsbürger vor dem Hintergrund des ihnen nach Art. 79 Abs. 3 GG i.V.m. Art. 20 Abs. 2 GG zustehenden Rechts auf Ausübung staatlicher Gewalt einen Unterschied macht, ob Hoheitsrechte auf europäischer Ebene oder im Bundestag ausgeübt werden[654]. Aus Unterschieden im „Legitimationsniveau“[655] zwischen Bundesebene und europäischer Ebene kann begründet werden, dem Bundestag bestimmte Hoheitsrechte zur alleinigen Ausübung vorzubehalten. Entscheidend ist, ob die Bürger nach Übertragung noch einen hinreichenden Einfluss auf die Ausübung der Hoheitsgewalt haben[656].

a. Legitimation durch das Europäische Parlament

Die entscheidende Rolle für die Beurteilung des Legitimationsverfahrens auf europäischer Ebene spielt das Europäische Parlament. Grundsätzlich wird dem Europäischen Parlament gegenüber der Legitimation durch die mitgliedstaatlichen Parlamente eine ergänzende Wirkung[657] zugesprochen.

653 BVerfG v. 30.6.2009, 2 BvE 2/08 u.a. - BVerfGE 123, 267 (357).

654 Ähnlich *Britz*, EuR-Bei 2010, 151 (153).

655 BVerfG 31.10.1990, 2 BvF 3/89 - BVerfGE 83, 60 (72).

656 *Dreier*, in: *Dreier*, GG, Band II, 2. Auflage 2006, Art. 20 (Demokratie) Rn. 113; ebd. Rn. 113 ff. auch zu dem zugrunde liegenden Konzept demokratischer Legitimation bestehend aus den Komponenten der funktionell-institutionellen, personell-organisatorischen und sachlich-inhaltlichen Legitimation; von diesem Konzept geht auch das BVerfG aus, vgl. BVerfG v. 24.5.1995, 2 BvF 1/92 - BVerfGE 93, 37 (66 f.); dazu auch grundlegend *Böckenförde*, in: *Isensee/Kirchhof*, HdBdStR, Band II, 3. Auflage 2004, § 24 Rn. 11 ff.; ein alternatives Modell entwickelt *Dederer*, Korporative Staatsgewalt, 2004, S. 146 ff.

657 Das BVerfG sieht die Legitimationswirkung des Europäischen Parlaments in einer stützenden Funktion, vgl. BVerfG v. 30.6.2009, 2 BvE 2/08 u.a. - BVerfGE 123, 267

Es fehle bereits an einem einheitlichen Wahlrecht[658]. Dem ist zuzustimmen. Nach Art. 223 Abs. 1 AEUV erstellt das Europäische Parlament einen Entwurf über ein einheitliches Wahlverfahren in allen Mitgliedstaaten oder ein auf gemeinsamen Grundsätzen der Mitgliedstaaten beruhendes Wahlverfahren. Bislang beschränken sich die unionalen Vorgaben im Wesentlichen darauf, dass die Mitglieder des Europäischen Parlaments nach einem Verhältniswahlsystem zu wählen sind[659]. Den Mitgliedstaaten steht es davon abgesehen aber frei, das innerstaatliche Wahlverfahren eigenständig zu regeln[660]. Ein unionsweit einheitliches Wahlrecht besteht damit noch nicht[661].

Zudem fehle die Verwirklichung der Wahlgleichheit im Europäischen Parlament[662]. Nach Art. 14 Abs. 2 EUV setzt sich das Europäische Parlament zwar aus Vertretern der Unionsbürgerinnen und Unionsbürger zusammen, deren Anzahl aber für jeden Mitgliedstaat degressiv proportional festgelegt wird. Dabei sind alle EU-Bürger im Ansässigkeitsstaat wahlberechtigt (vgl. § 6 Abs. 3 EuWG). Die Festlegung der Mitgliederzahl des Europäischen Parlaments nach dem Prinzip degressiver Proportionalität führt dazu, dass bei der Zusammensetzung des Europäischen Parlaments der Stimme eines Einwohners eines bevölkerungsschwachen Mitgliedstaats mehr Gewicht zukommt als der eines bevölkerungsstarken Mitgliedstaats[663]. Der verfassungsrechtliche Grundsatz der Wahlgleichheit (für Wahlen zum Bundestag: Art. 38 Abs. 1 GG; im Übrigen abzuleiten aus Art. 3

---

(364); BVerfG v. 12.10.1993, 2 BvR 2134/92 u.a. - BVerfGE 89, 155 (184); zustimmend *Müller-Franken*, AöR 134 (2009), 542 (568); *Huber*, Die Rolle der nationalen Parlamente, 2001, S. 45; zur Kritik vgl. nur *Nicolaysen*, EuR-Bei 2010, 9 (30 ff.); *Schönberger*, Der Staat 48 (2009), 535 (544 ff.); *Magiera*, in: FS Everling, Band I, 1995, S. 789 (794 ff.).

658 BVerfG v. 12.10.1993, 2 BvR 2134/92 u.a. - BVerfGE 89, 155 (186).

659 Vgl. Art. 1 des Beschlusses des Rates v. 25.6.2002 und 23.9.2002, ABl. EG 2002 L 283, 1.

660 Vgl. Art. 7 des Beschlusses des Rates v. 25.6.2002 und 23.9.2002, ABl. EG 2002 L 283, 1; *Haratsch/Koenig/Pechstein*, Europarecht, 8. Auflage 2012, Rn. 216; vgl. dazu das Europawahlgesetz v. 8.3.1994, BGBl. I 1994, 423; zur Verfassungswidrigkeit der 5-%-Sperrklausel des § 2 Abs. 7 EuWG a.F. vgl. BVerfG v. 9.11.2011, 2 BvC 4/10 u.a. - BVerfGE 129, 300 (316 ff.); anders noch BVerfG v. 22.5.1979, 2 BvR 193/79 - BVerfGE 51, 222 (233); zur Kritik an der aktuelleren Entscheidung vgl. nur *Eilert*, DVBl 2012, 234 (234 ff.); *Geerlings/Hamacher*, DÖV 2012, 671 (675 ff.); *Wernsmann*, JZ 2014, 23 (26 ff.).

661 So auch *Calliess*, Die neue Europäische Union, 2010, S. 172.

662 BVerfG v. 30.6.2009, 2 BvE 2/08 u.a. - BVerfGE 123, 267 (370 ff.).

663 BVerfG v. 30.6.2009, 2 BvE 2/08 u.a. - BVerfGE 123, 267 (374).

Abs. 1 GG[664]), nach welchem die Stimme eines Wahlberechtigten nicht nur den gleichen Zählwert, sondern auch den gleichen Erfolgswert[665] haben muss, ist im Europäischen Parlament damit nicht erfüllt. Die degressiv proportionale Sitzverteilung stellt auf die Mitgliedstaaten ab und trägt dabei dem völkerrechtlichen Grundsatz der Staatengleichheit Rechnung[666]. Dies ist im Grundsatz auch verfassungsrechtlich nicht zu beanstanden, weil an die Wahlgleichheit im Europäischen Parlament als Vertretungsorgan der Völker eigene, insbesondere keine staatsanalogen Anforderungen zu stellen sind[667]. Gleichwohl wird, gemessen an den demokratischen Anforderungen des Art. 20 Abs. 2 GG[668], in der fehlenden Wahlgleichheit im Vergleich zum Bundestag eine demokratische Schwachstelle des Europäischen Parlaments gesehen[669]. Dem ist im Grundsatz zuzustimmen. Zwar erfährt die Gleichheit der Wahl auch auf Bundesebene verfassungsrechtlich zulässige Einschränkungen[670]. Sieht man das Europäische Parlament aber im Verhältnis zum Bundestag, ist nicht zu verkennen, dass die Gleichheit der Wahl

---

664 BVerfG v. 9.11.2011, 2 BvC 4/10 u.a. - BVerfGE 129, 300 (317).

665 BVerfG v. 30.6.2009, 2 BvE 2/08 u.a. - BVerfGE 123, 267 (372 f.); BVerfG v. 12.12.1991, 2 BvR 562/91 - BVerfGE 85, 148 (157); *Haratsch/Koenig/Pechstein*, Europarecht, 8. Auflage 2012, Rn. 212; zum Grundsatz der Wahlgleichheit im Einzelnen *Meyer*, in: *Isensee/Kirchhof*, HdBdStR, Band III, 3. Auflage 2005, § 46 Rn. 29 ff.

666 BVerfG v. 30.6.2009, 2 BvE 2/08 u.a. - BVerfGE 123, 267 (373 f.); *Calliess*, Die neue Europäische Union, 2010, S. 172, der treffend darauf hinweist, dass das Europäische Parlament insofern zugleich die Bürger und Völker der Mitgliedstaaten repräsentiert.

667 BVerfG v. 30.6.2009, 2 BvE 2/08 u.a. - BVerfGE 123, 267 (371 ff.); BVerfG v. 31.5.1995, 2 BvR 635/95 - NJW 1995, 2216 (2216).

668 An dieser Stelle setzen die Kritiker dieser Rechtsprechung an, weil das BVerfG seiner Bewertung das Demokratiemodell des Grundgesetzes zugrunde legt, vgl. *Schönberger*, Der Staat 48 (2009), 535 (544 ff.); *Nettesheim*, EuR-Bei 2010, 101 (119 ff.); *Jestaedt*, Der Staat 48 (2009), 497 (511); ablehnend auch *Nicolaysen*, EuR-Bei 2010, 9 (27 ff.); relativierend auch *Classen*, JZ 2009, 881 (883) sowie *Thym*, Der Staat 48 (2009), 559 (578 ff.).

669 BVerfG v. 30.6.2009, 2 BvE 2/08 u.a. - BVerfGE 123, 267 (373 ff.); *Rupp*, NJW 1995, 2210 (2211); *Isensee*, in: FS Everling, Band I, 1995, S. 567 (579); *Lienbacher/Kröll*, in: *Schwarze*, EU-Kommentar, 3. Auflage 2012, Art. 10 EUV Rn. 15; grundsätzlich zustimmend auch *Ohler*, AöR 135 (2010), 153 (178 f.), der aber zutreffend darauf hinweist, dass die Repräsentation im Europäischen Parlament keine Diskriminierung aus Gründen der Staatsangehörigkeit darstellt; im Ergebnis die Pflicht zur Wahrung der Wahlgleichheit hervorhebend auch *Kottmann/Wohlfahrt*, ZaöRV 2009, 443 (453).

670 Vgl. zu solchen Beschränkungen *Meyer*, in: *Isensee/Kirchhof*, HdBdStR, Band III, 3. Auflage 2005, § 46 Rn. 36 ff. m.w.N.

auf Bundesebene in höherem Maße verwirklicht ist als auf europäischer Ebene. Die Anforderungen an die Gleichheit der Wahl auf europäischer Ebene sind zwar geringer, weil dort die Besonderheiten einer supranationalen Organisation bestehend aus einer Vielzahl von Mitgliedstaaten zu berücksichtigen sind, sodass eine degressiv proportionale Sitzverteilung im Grundsatz auch verfassungsrechtlich keine Verletzung des Demokratieprinzips darstellt. Dennoch tritt eine Relativierung[671] des demokratischen Grundsatzes der Wahlgleichheit ein. Dies wird nicht zuletzt darin bestätigt, dass Art. 14 Abs. 3 EUV im Gegensatz zu Art. 38 Abs. 1 GG den Grundsatz der Wahlgleichheit nicht ausdrücklich benennt. Die Gleichheit der Wahl als Kernmerkmal parlamentarischer Demokratie erfüllt im Verhältnis zwischen Bundestag und Europäischem Parlament ersterer jedenfalls in höherem Maße.

Doch auch bereits unabhängig vom Bestehen der Wahlgleichheit auf europäischer Ebene[672] wird beanstandet, dass es dieser im Vergleich zur mitgliedstaatlichen Ebene an einer demokratischen Öffentlichkeit mangele, sodass eine für die Demokratie erforderliche öffentliche Meinungsbildung auf Ebene der Europäischen Union nicht in gleicher Weise wie in den Mitgliedstaaten erfolge[673]. Ausgehend von einem „materialen"[674] Verständnis von Demokratie, das Demokratie nicht bloß als Ordnungsprinzip versteht, sondern eine demokratische Herrschaftsform neben formalen auch weiteren Voraussetzungen unterstellt, setze eine demokratische Ausübung von Hoheitsrechten grundsätzlich das Vorhandensein bestimmter vorrechtlicher Bedingungen, wie insbesondere eine hinreichende Öffentlichkeit[675], voraus, die auf europäischer Ebene noch nicht

---

671 *Haratsch/Koenig/Pechstein*, Europarecht, 8. Auflage 2012, Rn. 214; im Ergebnis auch *Ohler*, AöR 135 (2010), 153 (178 f.).

672 *Rupp*, NJW 1995, 2210 (2211).

673 BVerfG v. 30.6.2009, 2 BvE 2/08 u.a. - BVerfGE 123, 267 (359); BVerfG v. 12.10.1993, 2 BvR 2134/92 u.a. - BVerfGE 89, 155 (185 f.); *Huber*, in: *Streinz*, EUV/AEUV, 2. Auflage 2012, Art. 10 EUV Rn. 40; *Korioth*, VVDStRL 62 (2003), 117 (151); kritisch zu diesem Maßstab *Schmidhuber*, in: FS Everling, Band II, 1995, S. 1265 (1276); kritisch zu den Demokratiebedingungen auf mitgliedstaatlicher Ebene *Kottmann/Wohlfahrt*, ZaöRV 2009, 443 (447).

674 *Grzeszick*, in: *Axer* u.a., Das Europäische Verwaltungsrecht, 2010, S. 95 (104).

675 BVerfG v. 30.6.2009, 2 BvE 2/08 u.a. - BVerfGE 123, 267 (358 f.); BVerfG v. 12.10.1993, 2 BvR 2134/92 u.a. - BVerfGE 89, 155 (185 f.); des Weiteren werden insbesondere europäische Medien und europäische Parteien sowie eine europäisches Staatsvolk als Bedingungen genannt, vgl. *Ossenbühl*, DVBl 1993, 629 (634); dagegen das Erfordernis eines europäischen Staatsvolkes ablehnend *Kluth*, in: *Schulze/Zuleeg/Kadelbach*, Europarecht, 2. Auflage 2010, § 5 Rn. 14.

vorhanden seien[676]. Auch dem kann grundsätzlich nicht widersprochen werden. Denn nicht zu übersehen ist, dass der politische Willensbildungsprozess bei derzeitigem Stand des europäischen Integrationsprozesses primär noch auf mitgliedstaatlicher Ebene stattfindet. Dies ist letztlich auf den Umstand zurückzuführen, dass eine voll integrierte politische Union noch nicht begründet wurde und nach Ansicht des BVerfG auch nicht begründet werden kann, wenn dies das Aufgehen Deutschlands in einem europäischen Bundesstaat bedeute[677].

Im Ergebnis bedeutet das, dass in der demokratischen Legitimationswirkung des Europäischen Parlaments eine Grenze der Übertragbarkeit bestimmter Hoheitsrechte gesehen werden kann. Dennoch sind die beschriebenen Kriterien, die diesen Schluss nahelegen, zum Teil rechtlich schwer fassbar[678], wie insbesondere das Kriterium der fehlenden europäischen Öffentlichkeit belegt.

b. Institutionelle Stellung des Europäischen Parlaments

Deutlichere Unterschiede zwischen Bundesebene und europäischer Ebene zeigen sich in der Beteiligung des Parlaments am Rechtsetzungsverfahren.

Auf europäischer Ebene wird der Rechtsetzungsprozess neben der Kommission insbesondere durch den Rat und das Europäische Parlament bestimmt. Das Europäische Parlament wird gemeinsam mit dem Rat als Gesetzgeber tätig (Art. 14 Abs. 1 Satz 1 EUV und Art. 16 Abs. 1 Satz 1 EUV). Nach Vorschlag der Kommission nehmen diese im ordentlichen Gesetzgebungsverfahren als Regelgesetzgebungsverfahren[679] nach Art. 289 Abs. 1 AEUV i.V.m. Art. 294 AEUV einen Rechtsakt gemeinsam an. Der Rat handelt im ordentlichen Gesetzgebungsverfahren gleichberechtigt[680] neben dem Europäischen Parlament.

---

676 BVerfG v. 30.6.2009, 2 BvE 2/08 u.a. - BVerfGE 123, 267 (358 f.); BVerfG v. 12.10.1993, 2 BvR 2134/92 u.a. - BVerfGE 89, 155 (185 f.); eingehend zu den vorverfassungsrechtlichen Voraussetzungen der Demokratie *Böckenförde*, in: *Isensee/Kirchhof*, HdBdStR, Band II, 3. Auflage 2004, § 24 Rn. 58 ff.; vgl. auch *Britz*, EuR-Bei 2010, 151 (165).

677 BVerfG v. 30.6.2009, 2 BvE 2/08 u.a. - BVerfGE 123, 267 (357 und 364).

678 Ebenso kritisch im Hinblick auf die Beurteilungskompetenz des BVerfG in dieser Frage *Tomuschat*, EuGRZ 1993, 489 (494); ähnlich *Grzeszick*, in: *Axer* u.a., Das Europäische Verwaltungsrecht, 2010, S. 95 (117).

679 *Calliess*, Die neue Europäische Union, 2010, S. 174; *Haratsch/Koenig/Pechstein*, Europarecht, 8. Auflage 2012, Rn. 225; zu den verschiedenen Rechtsetzungsverfahren auf europäischer Ebene im Einzelnen *Nettesheim*, in: *Grabitz/Hilf/Nettesheim*, Recht der EU, Loseblatt (Mai 2013), Art. 1 AEUV Rn. 36 ff.

680 *Ohler*, AöR 135 (2010), 153 (177); *Kluth*, in: *Schulze/Zuleeg/Kadelbach*, Europarecht, 2. Auflage 2010, § 5 Rn. 17.

Ein Rechtsetzungsakt wird nur nach Übereinstimmung zwischen Rat und Europäischem Parlament erlassen (vgl. Art. 294 Abs. 13 Satz 2 AEUV)[681]. Auch im besonderen Gesetzgebungsverfahren nach Art. 289 Abs. 2 AEUV, das in den vertraglich normierten Fällen zur Anwendung kommt[682] und in der ersten Alternative dem Europäischen Parlament im Rechtsetzungsverfahren eine gegenüber dem Rat vorrangige Stellung einräumt, handelt das Europäische Parlament ausschließlich mit Zustimmung[683] des Rates (vgl. Art. 223 Abs. 2 AEUV, Art. 226 Abs. 3 AEUV, Art. 228 Abs. 4 AEUV). Der Regelfall des europäischen Gesetzgebungsverfahrens ist damit im Ergebnis durch die Initiative der Kommission, die Mehrheitsentscheidung im Rat und die Mitentscheidung des Europäischen Parlaments gekennzeichnet[684]. Der Rat ist im Gesetzgebungsverfahren auf europäischer Ebene insgesamt ein „unabdingbares"[685] Organ.

Unabhängig von der oben dargestellten Legitimationswirkung des Europäischen Parlaments[686] zeigt sich daher bereits in der institutionellen Stellung des Europäischen Parlaments, dass Hoheitsakte nach Übertragung auf die Ebene der Europäischen Union im dortigen Rechtsetzungsverfahren ausschließlich zustande kommen, wenn das Europäische Parlament und der Rat als Legislativorgane zusammenwirken[687]. Der Rat aber setzt sich aus Regierungsvertretern der Mitgliedstaaten zusammen (Art. 16 Abs. 2 EUV) und ist insofern ein exekutivisch

---

681 *Gellermann*, in: *Streinz*, EUV/AEUV, 2. Auflage 2012, Art. 294 AEUV Rn. 5.

682 Dies sind Art. 223 Abs. 2 AEUV, Art. 226 Abs. 3 AEUV und Art. 228 Abs. 4 AEUV, vgl. *Ruffert*, in: *Calliess/Ruffert*, EUV/AEUV, 4. Auflage 2011, Art. 289 AEUV Rn. 4.

683 *Krajewski/Rösslein*, in: *Grabitz/Hilf/Nettesheim*, Recht der EU, Loseblatt (Mai 2013), Art. 289 AEUV Rn. 56.

684 *Calliess*, NVwZ 2012, 1 (2); die Kommission bezeichnet dies als „Gemeinschaftsmethode", vgl. Weißbuch der Kommission v. 25.7.2001 [COM (2001) 428 endg.], ABl. EU 2001 C 287, 1 (29).

685 *Dederer*, in: *Hofmann/Naumann*, Europäische Demokratie in guter Verfassung?, 2010, S. 89 (97).

686 Differenzierend in diesem Sinne auch *Ruffert*, DVBl 2002, 1145 (1149), der ein auf Ebene der Europäischen Union bestehendes Demokratiedefizit als „Parlamentsdefizit" bezeichnet.

687 Das Institutionengefüge der Europäischen Union insgesamt betrachtet besteht ein „institutionelles Übergewicht" des Rates, vgl. *Huber*, in: *Streinz*, EUV/AEUV, 2. Auflage 2012, Art. 10 EUV Rn. 38; so auch *Obwexer*, in: *Streinz*, EUV/AEUV, 2. Auflage 2012, Art. 16 EUV Rn. 6 sowie *Hix*, in: *Schwarze*, EU-Kommentar, 3. Auflage 2012, Art. 16 EUV Rn. 9; zur wachsenden Rolle des Europäischen Parlaments im Einzelnen aber *Nicolaysen*, EuR-Bei 2010, 9 (30 ff.).

geprägtes Legislativorgan[688]. Die Ratsvertreter sind zwar durch die mitgliedstaatlichen Parlamente[689] mittelbar und damit in gleicher Weise demokratisch legitimiert, weil „ein mittelbarer Legitimationszusammenhang, der durch eine ununterbrochene Legitimationskette vom Volk über die von diesem gewählte Vertretung zu den mit staatlichen Aufgaben betrauten Organen [...] hergestellt wird“[690], ausreichend ist. Gleichwohl fehlt den Ratsvertretern die unmittelbare demokratische Legitimation entsprechend einer gewählten Volksvertretung.

Anders stellt sich die Situation im Gesetzgebungsverfahren auf Bundesebene dar. Von zustimmungspflichtigen Bundesgesetzen abgesehen kann der Bundestag ein Einspruchsgesetz (vgl. Art. 77 Abs. 3 Satz 1 GG), wie beispielsweise das Haushaltsgesetz[691] (vgl. Art. 110 GG), trotz Einspruch des Bundesrates durch Beschluss zurückweisen (Art. 77 Abs. 4 GG). Ein vom Bundestag beschlossenes Gesetz kommt trotz Einspruch des Bundesrates zustande, wenn der Einspruch vom Bundestag überstimmt wird (Art. 78 Var. 5 GG). Das heißt, dem Bundestag steht es verfassungsrechtlich zu, auch ohne Übereinstimmung mit dem Bundesrat ein Bundesgesetz zu erlassen. Zwar ist die Rechtsstellung des Rates der Europäischen Union von derjenigen des Bundesrates zu unterscheiden[692]. Denn der Bundesrat ist keine „zweite Kammer eines einheitlichen Gesetzgebungsorgans“[693]. Auf europäischer Ebene hingegen vermitteln das Europäische Parlament und der Rat in gegenseitiger Ergänzung demokratische Legitimation[694]. Dennoch zeigt ein Vergleich der Rechtsetzungsverfahren auf europäischer Ebene und Bundesebene jedenfalls, dass der Bundestag im Vergleich zum Europäischen Parlament über eine institutionell eigenständigere Stellung verfügt.

c. Zwischenergebnis

Hinsichtlich der demokratischen Legitimation von Hoheitsakten bestehen zwischen der mitgliedstaatlichen und der unionalen Ebene Unterschiede. Der Rechtsetzungsprozess auf unionaler Ebene wird im Hauptrechtsetzungsverfahren auf unionaler Ebene, neben der Europäischen Kommission, durch das

688 Vgl. *Obwexer*, in: *Streinz*, EUV/AEUV, 2. Auflage 2012, Art. 16 EUV Rn. 4 ff.

689 Zu den Beteiligungsrechten des Bundestages nach Art. 23 Abs. 2 und 3 GG sowie diese konkretisierenden Rechtsakte ausführlich *Möller/Limpert*, ZG 2013, 44 (44 ff.).

690 BVerfG v. 31.10.1990, 2 BvF 3/89 - BVerfGE 83, 60 (72 f.).

691 BVerfG v. 14.1.1986, 2 BvE 14/83 - BVerfGE 70, 324 (361).

692 Vgl. nur *Groß*, ZaöRV 2003, 29 (43).

693 BVerfG v. 25.6.1974, 2 BvF 2/73 u.a. - BVerfGE 37, 363 (380).

694 Vgl. *Calliess*, Die neue Europäische Union, 2010, S. 167.

Europäische Parlament und den Rat gemeinsam ausgeübt. Bereits unabhängig davon, wie die Legitimationswirkung des Europäischen Parlaments zu beurteilen ist, wird dieses bei Rechtsetzung ausschließlich gemeinsam mit dem Rat tätig. Im Vergleich zum grundgesetzlichen Gesetzgebungsverfahren, in welchem der Bundestag einen Einspruch des Bundesrates zurückweisen kann, werden Hoheitsakte auf europäischer Ebene ausschließlich nach Übereinstimmung zwischen Europäischem Parlament und dem aus Exekutivvertretern der Mitgliedstaaten bestehenden Rat verabschiedet. Das bedeutet ein Weniger an parlamentarischer Ausübung von Hoheitsrechten auf unionaler Ebene gegenüber der nationalen deutschen Ebene.

4. Parlamentarische Vorbehaltsbereiche

Die Frage ist nun, ob das grundgesetzliche Demokratieprinzip (Art. 79 Abs. 3 GG i.V.m. Art. 20 Abs. 1 und 2 GG) verlangt, dass bestimmte Hoheitsrechte vornehmlich durch den Bundestag als Parlament ausgeübt werden.

a. Die Budgethoheit als parlamentarischer Vorbehaltsbereich nach Art. 79 Abs. 3 GG

aa. Parlamentarische Vorbehaltsbereiche nach Art. 79 Abs. 3 GG

Im parlamentarischen Regierungssystem des Grundgesetzes ist das Parlament im Vergleich zu den anderen Staatsorganen und dem Volk selbst bei Ausübung von Staatsgewalt der Hauptakteur[695]. Trotz dieser zentralen Stellung, die das Parlament im parlamentarischen Regierungssystem einnimmt[696], fordert das nach Art. 79 Abs. 3 GG alleine verfassungsänderungsfest verankerte parlamentarische Prinzip keinen „Gewaltenmonismus"[697] des Parlaments. Nicht die Gesamtheit aller wesentlichen staatlichen Entscheidungen ist dem Parlament vorzubehalten[698], es besteht kein allgemeiner Parlamentsvorbehalt für wesentliche staatliche Aufgaben[699]. Dem widerspricht bereits das in Art. 20 Abs. 2 GG normierte

695 *Brenner*, in: *Isensee/Kirchhof*, HdBdStR, Band III, 3. Auflage 2005, § 44 Rn. 43; vgl. zur zentralen Rolle des Parlaments im parlamentarischen Regierungssystem des Grundgesetzes eingehend *Morlok/Hientzsch*, JuS 2011, 1 (1 ff.).

696 Vgl. *Kirchhof*, in: FS Badura, 2004, S. 237 (242).

697 *Badura*, in: *Isensee/Kirchhof*, HdBdStR, Band II, 3. Auflage 2004, § 25 Rn. 6; so auch *Brenner*, in: *Isensee/Kirchhof*, HdBdStR, Band III, 3. Auflage 2005, § 44 Rn. 26.

698 BVerfG v. 18.12.1984, 2 BvE 13/83 - BVerfGE 68, 1 (109).

699 *Birk/Wernsmann*, DVBl 2005, 1 (3); vgl. BVerfG v. 8.8.1978, 2 BvL 8/77 - BVerfGE 49, 89 (124 f.).

Prinzip der Gewaltenteilung[700], das die Ausübung staatlicher Aufgaben zwischen Legislative, Exekutive und Judikative verteilt und nach Art. 79 Abs. 3 GG i.V.m. Art. 20 GG im Grundsatz auch verfassungsänderungsfest verankert ist.

Dennoch gewährleistet Art. 79 Abs. 3 GG i.V.m. Art. 20 GG parlamentarische Vorbehaltsbereiche. Neben einem Mindestmaß an maßgeblichen Kompetenzen, die auch in einem parlamentarischen Regierungssystem der Volksvertretung zustehen müssen[701], zeichnet sich das dem parlamentarischen Regierungssystem zugrunde liegende Prinzip des Parlamentarismus dadurch aus, dass dem Parlament wesentliche Funktionen bei der Ausübung staatlicher Gewalt verfassungsänderungsfest vorbehalten sind[702]. Zu diesen dem Parlament nach Art. 79 Abs. 3 GG vorzubehaltenden Befugnissen gehören neben wesentlichen Gesetzgebungskompetenzen auch insbesondere die Ausübung von Haushaltskompetenzen durch das Parlament[703].

bb. Die Budgethoheit als parlamentarischer Vorbehaltsbereich

Die Budgethoheit des Bundestages ist das Recht zur Feststellung des Haushaltsplans durch das Haushaltsgesetz (Art. 110 Abs. 2 Satz 1 GG) sowie zur Kontrolle des Haushaltsvollzugs der Exekutive (Art. 114 Abs. 1 GG). Auch die Aufnahme von Krediten und die Übernahme von Gewährleistungen (Art. 115 Abs. 1 GG) steht unter dem Vorbehalt parlamentarischer Ermächtigung und sichert so die Budgetkompetenz des Parlaments[704]. Die Budgethoheit bezeichnet „nicht irgendeine Randerscheinung im Repertoire der Kompetenzen des Parlaments, sondern einen eigentümlichen und unverzichtbaren Bestandteil“[705], der

700 BVerfG v. 8.8.1978, 2 BvL 8/77 - BVerfGE 49, 89 (124 ff.).

701 Vgl. *Sachs*, in: *Sachs*, GG, 6. Auflage 2011, Art. 79 Rn. 72.

702 Zu den Kennzeichen des Prinzips Parlamentarismus und den daraus folgenden Parlamentsfunktionen im Einzelnen *Brenner*, in: *Isensee/Kirchhof*, HdBdStR, Band III, 3. Auflage 2005, § 44 Rn. 24 ff. m.w.N.; grundlegend hierzu bereits *Bagehot*, Die englische Verfassung, 1867, S. 136 ff.

703 BVerfG v. 18.12.1984, 2 BvE 13/83 - BVerfGE 68, 1 (109 f.); BVerfG v. 14.1.1986, 2 BvE 14/83 - BVerfGE 70, 324 (381) - Sondervotum Böckenförde; *Dreier*, in: *Dreier*, GG, Band II, 2. Auflage 2006, Art. 79 III Rn. 42; relativierend im Hinblick auf das Prinzip der Gewaltenteilung aber *Herdegen*, in: *Maunz/Dürig*, GG, Loseblatt (Mai 2013), Band V, Art. 79 Rn. 136.

704 Vgl. insgesamt *Waldhoff*, in: *Isensee/Kirchhof*, HdBdStR, Band V, 3. Auflage 2007, § 116 Rn. 123; *Badura*, in: FS Selmer, 2004, S. 19 (20); vgl. auch *Dolde/Porsch*, DÖV 2002, 232 (234).

705 *Isensee*, DVBl 2001, 1161 (1163).

das parlamentarische Prinzip „entscheidend prägt“[706]. Zwar besteht auch bei Ausübung von Haushaltsbefugnissen kein allumfassender parlamentarischer Vorbehalt. Dem widersprächen auf verfassungsrechtlicher Ebene bereits Art. 111 - Art. 113 GG, die in ihren Anwendungsbereichen exekutivische Budgetkompetenzen vorsehen. Vielmehr kooperieren Legislative und Exekutive nach Maßgabe der Art. 109 - Art. 115 GG im haushaltsrechtlichen Bereich[707]. Dies zeigt sich nicht zuletzt daran, dass der Haushaltsplan durch die Exekutive aufgestellt und sodann im Haushaltsgesetz parlamentarisch festgestellt wird (Art. 110 Abs. 2 Satz 1 GG)[708]. Die Budgethoheit stellt keinen abschließenden parlamentarischen Vorbehaltsbereich dar, vielmehr sind auch in diesem Bereich Beschränkungen des Parlaments, insbesondere durch exekutivische Einflüsse, nicht von vornherein verfassungswidrig. Gleichwohl stehen Einwirkungen durch exekutive[709] oder plebiszitäre[710] Entscheidungen in die dem Parlament originär zustehenden Budgethoheitsrechte (Art. 110 Abs. 2 Satz 1 GG, Art. 114 Abs. 1 GG, Art. 115 Abs. 1 GG) grundsätzlich im Widerspruch zum parlamentarischen Prinzip. Die entscheidenden Budgetrechte als „zentral[e] Element[e] demokratischer Willensbildung“[711] bedürfen im Grundsatz einer parlamentarischen Ausübung. Denn in den Budgethoheiten zeigt sich gerade erst eine „überragende verfassungsrechtliche Stellung“[712] des Parlaments gegenüber anderen Staatsorganen und dem Volk selbst, die das Prinzip Parlamentarismus kennzeichnet[713]. Die

706 BVerfG v. 14.1.1986, 2 BvE 14/83 - BVerfGE 70, 324 (356); vgl. auch BVerfG v. 7.9.2011, 2 BvR 987/10 u.a. - BVerfGE 129, 124 (177 f.); vgl. *Kirchhof*, NJW 2001, 1332 (1333); *Isensee*, JZ 2005, 971 (972).

707 Vgl. BVerfG v. 25.5.1977, 2 BvE 1/74 - BVerfGE 45, 1 (31 f.); *Heun*, Staatshaushalt und Staatsleitung, 1989, S. 517 ff.; *Kube*, DÖV 2000, 810 (814) spricht von „Wechselbeziehung“.

708 *Hill*, DÖV 2001, 793 (794).

709 Zum Verhältnis zwischen Legislative und Exekutive in diesem Bereich *Frömel*, DVBl 1974, 65 (65 ff.); zum speziellen Problem der Auslagerung parlamentarischer Verantwortung im Haushaltsbereich durch Haushaltsflexibilisierung *Puhl*, in: *Isensee/Kirchhof*, HdBdStR, Band III, 3. Auflage 2005, § 48 Rn. 35 ff.

710 Dazu *Isensee*, DVBl 2001, 1161 (1161 ff.) sowie *Birk/Wernsmann*, DVBl 2000, 669 (669 ff.); zur Verfassungswidrigkeit der unmittelbaren Beteiligung des Volkes an Haushaltsentscheidungen vgl. auch ThürVerfGH v. 19.9.2001, 4/01, BayVBl 2002, 303 (303 ff.).

711 BVerfG v. 7.9.2011, 2 BvR 987/10 u.a. - BVerfGE 129, 124 (177).

712 BVerfG v. 7.9.2011, 2 BvR 987/10 u.a. - BVerfGE 129, 124 (177).

713 Vgl. zur Stellung des Parlaments im Parlamentarismus *Brenner*, in: *Isensee/Kirchhof*, HdBdStR, Band III, 3. Auflage 2005, § 44 Rn. 1.

Budgethoheit des Parlaments ist mithin zum Kernbereich des Demokratieprinzips im Sinne des Art. 79 Abs. 3 GG i.V.m. Art. 20 GG zu zählen[714].

Wieso, könnte man fragen, nimmt die Budgethoheit in der parlamentarischen Demokratie diesen besonderen Stellenwert für das Parlament ein? Antworten lassen sich in den Budgetfunktionen sowie in der historischen Entwicklung des Budgetrechts als Parlamentsrecht finden. Mit Feststellung des exekutivisch aufgestellten Haushaltsplans durch das Haushaltsgesetz (Art. 110 Abs. 2 Satz 1 GG), das grundsätzlich auch die Staatsschulden (Art. 115 Abs. 1 GG) umfasst[715], bewilligt[716] das Parlament die von der Regierung beabsichtigten Staatsausgaben. Gleichzeitig steht dem Parlament mit dem Instrument der Haushaltskontrolle (Art. 114 Abs. 1 GG) das Recht zur Kontrolle des finanzwirksamen Handelns der Exekutive zu[717]. Bereits diese grundlegenden Budgetfunktionen zeigen, dass erst das Budgetrecht dem Parlament gegenüber der Exekutive eine zentrale Stellung zuweist. Dies lässt sich auch in der historischen Entwicklung des Budgetrechts als Parlamentsrecht erkennen. Erst mit dem Recht zur Budgetbewilligung gewann das Parlament gegenüber der (monarchischen) Exekutive den Einfluss, der zur Entwicklung der parlamentarischen Demokratie maßgeblich beitrug[718]. Die Budgethoheit wird gar als eine der „wichtigsten Errungenschaften des demokratischen Verfassungsstaates“[719] bezeichnet. Der Übergang des Budgetrechts von der Exekutive auf das Parlament ist für die Entwicklung des Parlamentarismus mithin fundamental. Das Prinzip des Parlamentarismus wiederum ist in Art. 79 Abs. 3 GG verfassungsänderungsfest verankert.

b. Parlamentarischer Vorbehaltsbereich auf europäischer Ebene?

Auf europäischer Ebene werden Hoheitsrechte von der Kommission oder, im Rechtsetzungsprozess, durch ein Zusammenwirken zwischen Europäischem Parlament und Rat ausgeübt. Bei Rechtsetzung handelt das Europäische Parlament, wie bereits dargestellt, nur in Übereinstimmung mit dem exekutivisch geprägten Rat. Werden Hoheitsrechte auf mitgliedstaatlicher Ebene in

714 Vgl. *Neidhardt*, Staatsverschuldung und Verfassung, 2010, S. 307; *von Selle*, JZ 2008, 178 (179); vgl. *Müller-Franken*, Der Staat 44 (2005), 19 (22).

715 *Heintzen*, in: *von Münch/Kunig*, GG, Band 2, 6. Auflage 2012, Art. 115 Rn. 13.

716 BVerfG v. 19.7.1966, 2 BvF 1/65 - BVerfGE 20, 56 (90).

717 *Puhl*, Budgetflucht und Haushaltsverfassung, 1996, S. 9 ff.

718 Vgl. BVerfG v. 14.1.1986, 2 BvE 14/83 - BVerfGE 70, 324 (356); *Siekmann*, in: *Sachs*, GG, 6. Auflage 2011, Art. 110 Rn. 13; bezogen auf die Finanzautonomie insgesamt auch *Gröpl*, DVBl 2006, 1079 (1080).

719 *Kotzur*, in: *Möllers/Zeitler*, Europa als Rechtsgemeinschaft, 2013, S. 45 (50).

Deutschland durch den Bundestag als unmittelbar demokratisch legitimierten Parlament ausgeübt, führt eine Übertragung dieser Kompetenzen auf die unionale Ebene dazu, dass die Ausübung nicht mehr durch ein unmittelbar demokratisch legitimiertes Parlament alleine erfolgt, vielmehr handeln die Kommission oder das Europäische Parlament und der Rat. Die Übertragung von dem Bundestag zustehenden Hoheitsrechten auf die Europäische Union ist mit einer Stärkung der Exekutive verbunden[720]. Das Europäische Parlament bestimmt bei derzeitigem Entwicklungsstand der Europäischen Union den Rechtsetzungsprozess auf europäischer Ebene jedenfalls nicht überwiegend[721], eine dominierende Rolle im Rechtsetzungsprozess ist ihm nicht zuzuschreiben.

Eine weitgehende Europäisierung budgetärer Kompetenzen bedeutet also, dass ein historisch erst spät der Exekutive abgerungenes Recht zu einem Teil an die Regierung zurückfällt[722], weil auf europäischer Ebene die mitgliedstaatlichen Regierungen über den Rat maßgeblichen Einfluss auf den Rechtsetzungsprozess ausüben. Die institutionelle Stellung des Europäischen Parlaments gegenüber dem Rat ist zwar im Laufe des europäischen Integrationsprozesses stetig ausgebaut und verstärkt worden. Dennoch ist sie noch nicht in einer Weise ausgeprägt, die dem Europäischen Parlament die maßgebliche Einflusskompetenz zuerkennt. Bloße Informations- und Unterrichtungspflichten im Sinne des Art. 23 Abs. 2 und 3 GG[723], durch welche der Bundestag auch nach Übertragung von Hoheitsrechten auf den unionalen Rechtsetzungsprozess Einfluss nehmen kann, stellen kein Äquivalent für das Recht zur unmittelbaren Ausübung dieser Hoheitsrechte dar. Denn die Ausübung der Budgethoheit erfordert grundsätzlich die Debatte im Plenum des Parlaments[724], weil nur dort das erforderliche hinreichende Maß an

---

720 *Ossenbühl*, DVBl 1993, 629 (634).

721 *Nettesheim*, in: Jahrbuch des Föderalismus, 2012, S. 259 (263) spricht von einer „Gubernativlastigkeit“ des „EU-Systems“; handeln die Mitgliedstaaten der Europäischen Union darüber hinaus außerhalb der europäischen Verträgen durch völkerrechtliche Vereinbarungen, fehlt die Legitimationswirkung des Europäischen Parlaments vollständig, vgl. *Degenhart*, BayVBl 2012, 517 (518); zu diesem als „Unionsmethode“ bezeichneten Verfahren *Calliess*, NVwZ 2012, 1 (1 ff.).

722 In ähnliche Richtung argumentiert *Gröpl*, Der Staat 52 (2013), 1 (24 f.); den historischen Bezug bestimmter Hoheitsrechte zu den Mitgliedstaaten als Grenze ihrer Übertragung im europäischen Integrationsprozess ansehend auch BVerfG v. 30.6.2009, 2 BvE 2/08 u.a. - BVerfGE 123, 267 (358).

723 Vgl. dazu BVerfG v. 19.6.2012, 2 BvE 4/11 - BVerfGE 131, 152 (152 ff.).

724 BVerfG v. 28.2.2012, 2 BvE 8/11 - BVerfGE 130, 318 (347).

Öffentlichkeit gewährleistet ist. Im Haushaltsplan soll sich gerade die „Gleichheit der Bürger bei der Auferlegung öffentlicher Lasten als eine wesentliche Ausprägung rechtsstaatlicher Demokratie“[725] verwirklichen. Legt man dies dem Untersuchungsgegenstand zugrunde, sind nicht nur exekutivische und plebiszitäre Einwirkungen auf grundlegende Budgethoheiten einzuschränken, sondern auch die Übertragung oder unionale Ausübung der demokratietheoretisch dem Bundestag vorbehaltenen Budgethoheiten ist „sachlich zu begrenzen“[726], weil auf europäischer Ebene im Vergleich zur mitgliedstaatlichen Ebene das parlamentarische Prinzip nicht in gleicher Weise verwirklicht ist. Gemessen am Maßstab des parlamentarischen Prinzips bedeutet eine Übertragung budgetärer Kompetenzen auf Institutionen der Europäischen Union, die diesen sodann zur Ausübung zustehen, eine Auslagerung von Budgetkompetenzen aus dem parlamentarischen Verantwortungsbereich, die vor dem parlamentarischen Prinzip zu rechtfertigen ist.

Damit ist gleichwohl noch keine Aussage darüber getroffen, an welcher Stelle die Grenze einer Supranationalisierung budgetärer Zuständigkeiten aus Art. 23 Abs. 1 Satz 3 i.V.m. Art. 79 Abs. 3 und Art. 20 Abs. 2 GG verläuft. Maßgebend ist, welche budgetären Kompetenzen im Grundsatz demokratietheoretisch der Ausübung durch ein unmittelbar demokratisch legitimiertes Parlament vorbehalten sind und die aus diesem Grund auch der Gesetzgeber selbst nur begrenzt aus dem parlamentarischen Verantwortungsbereich auslagern darf. Denn bereits oben wurde aufgezeigt, dass beispielsweise exekutivische Einflüsse auf die Entscheidung des Parlaments über den Staatshaushalt nicht grundsätzlich demokratiewidrig sind. Vielmehr schreibt das Demokratieprinzip keinen allumfassenden Parlamentsvorbehalt für den Staatshaushaltsbereich vor.

5. *Folgerungen für die Europäisierung der Budgetrechte*

Ist die Supranationalisierung budgetärer Zuständigkeiten aus diesen Gründen zu begrenzen, stellt sich die Frage, an welcher Stelle die Grenze zu ziehen ist. Nach Maßgabe des BVerfG darf die Entscheidung über die Art und Höhe der Staatseinnahmen und -ausgaben nicht im wesentlichen Umfang supranational getroffen werden[727].

725 BVerfG v. 28.2.2012, 2 BvE 8/11 – BVerfGE 130, 318 (343).

726 BVerfG v. 30.6.2009, 2 BvE 2/08 u.a. – BVerfGE 123, 267 (359).

727 BVerfG v. 30.6.2009, 2 BvE 2/08 u.a. – BVerfGE 123, 267 (361); BVerfG v. 7.9.2011, 2 BvR 987/10 u.a. – BVerfGE 129, 124 (179).

a. Entscheidung über Art und Höhe der Staatsausgaben

Das BVerfG begrenzt die Supranationalisierung der Entscheidung über die Art und Höhe der Staatsausgaben. Grundsätzlich überzeugt das, weil mit diesen Faktoren der Staatshaushalt im Detail bestimmt werden kann. Es stellt sich aber erstens die Frage, mit welchen Budgethoheitsrechten Art und Höhe der Staatsausgaben bestimmt werden. Denn nur Kompetenzübertragungen und unionale Ausübung von Hoheitsrechten im Anwendungsbereich dieser Rechte sind zu begrenzen. Zweitens müssten diese der parlamentarischen Ausübung vorbehalten sein. Denn nur aus dieser Begründung heraus ist dem europäischen Integrationsprozess an dieser Stelle eine Grenze zu ziehen. Zu den Budgetkompetenzen zählen die Feststellung des Haushaltsplans durch das Haushaltsgesetz (Art. 110 Abs. 2 Satz 1 GG) einschließlich der Entscheidung über die Staatsverschuldung (Art. 115 Abs. 1 GG) sowie die Kontrolle des Haushaltsvollzugs (Art. 114 Abs. 1 GG)[728].

aa. Feststellung und Kontrolle des Haushalts

Im Recht zur Feststellung des Haushaltsplans nach Art. 110 Abs. 2 Satz 1 GG gewinnt das Parlament die Entscheidungshoheit darüber, welche Staatsausgaben der Art und der Höhe nach getätigt werden. Die Entscheidung wird im Haushaltsplan getroffen, der nach Art. 110 Abs. 2 Satz 1 GG parlamentarisch festgestellt wird. Davon nicht getrennt werden kann die Kompetenz des Bundestages zur Kontrolle des Haushaltsvollzugs der Exekutive nach Art. 114 Abs. 1 GG. Ein Gesetz bedarf immer auch eines wirksamen Vollzugs[729], um tatsächlich Geltung zu erlangen. Erst in der Kompetenz, den Vollzug der im Haushaltsgesetz bewilligten Staatsausgaben zu kontrollieren, vervollständigt sich die Entscheidungshoheit des Parlaments über den Staatshaushalt[730]. Auslagerungen der parlamentarischen Entscheidungskompetenz in diesen Rechten stehen grundsätzlich im Widerspruch zum parlamentarischen Prinzip und können den Kernbereich des Demokratieprinzips im Sinne des Art. 79 Abs. 3 GG i.V.m. Art. 20 Abs. 1 und 2 GG berühren, weil sie der grundlegende Ausdruck der Hoheit des Parlaments über den Staatshaushalt sind. Im Anwendungsbereich dieser Kompetenzen sind daher Kompetenzübertragungen und die unionale Ausübung von Hoheitsrechten zu begrenzen.

---

728 Vgl. *Waldhoff*, in: *Isensee/Kirchhof*, HdBdStR, Band V, 3. Auflage 2007, § 116 Rn. 123.

729 *Isensee*, StuW 1994, 3 (8), dort zur Rechtsanwendungsgleichheit neben der Rechtsetzungsgleichheit als Kriterien gleichmäßiger Besteuerung.

730 Vgl. BVerfG v. 7.9.2011, 2 BvR 987/10 u.a. – BVerfGE 129, 124 (177 f.).

bb. Kredite und Gewährleistungsermächtigungen

Auch mit der Aufnahme von Krediten sowie der Übernahme von Gewährleistungen nach Art. 115 Abs. 1 GG wird über Art und Höhe der Staatseinnahmen und -ausgaben entschieden. Kredite stellen eine Form von Staatseinnahmen dar, die in den Haushaltsplan aufzunehmen sind[731] und der Ausgeglichenheit des Haushalts dienen[732]. Gewährleistungsermächtigungen können zu Ausgaben in späteren Haushaltsjahren führen[733] und stellen damit eine haushaltswirksame Verpflichtung des Parlaments dar.

Das Parlament handelt zwar durch die Aufnahme von Staatsschulden über seine Amtsperiode hinaus, sodass staatliche Verschuldung grundsätzlich im Widerspruch zum demokratischen Prinzip steht, das die Ausübung hoheitlicher Gewalt auf die Amtsperiode zeitlich begrenzt[734]. Die Aufnahme von Krediten und die Übernahme von Gewährleistungen (vgl. Art. 115 Abs. 1 GG) aus Gründen des Demokratieprinzips als systemwidriges Verfassungsrecht anzusehen, weil das Parlament so über die aktuelle Wahlperiode hinaus handele und damit die finanziellen Entscheidungen späterer Gesetzgeber vorwegnehme[735], überzeugt jedoch nicht. Die Zukunftsbelastung bestimmter parlamentarischer Entscheidungen ist unvermeidbar[736] und kann damit nicht

---

731 *Jarass*, in: *Jarass/Pieroth*, GG, 12. Auflage 2012, Art. 110 Rn. 3.

732 *Pünder*, in: *Isensee/Kirchhof*, HdBdStR, Band V, 3. Auflage 2007, § 123 Rn. 1; für ein formelles Verständnis dieses Begriffs, das auch das Recht zur Staatsverschuldung umschließt, *Heintzen*, in: *Isensee/Kirchhof*, HdBdStR, Band V, 3. Auflage 2007, § 120 Rn. 44 m.w.N.

733 *Gröpl*, Haushaltsrecht und Reform, 2001, S. 462.

734 Zum Widerspruch zwischen dem Recht des Parlaments zur Kreditfinanzierung und dem demokratischen Prinzip *Püttner*, Staatsverschuldung, 1980, S. 10 ff.; kritisch auch *von Arnim*, BayVBl 1981, 514 (518 ff.); ebenso *Isensee*, in: FS Friauf, 1996, S. 705 (706 f.), der auf die fehlende parlamentarische Repräsentation der zukünftig in der Verpflichtung stehenden Generation hinweist; zu Letzterem auch *Wendt/Elicker*, DVBl 2001, 497 (498); zur Nachrangigkeit der Kreditaufnahme gegenüber der Steuerfinanzierung aus diesem Grund *Pünder*, in: *Isensee/Kirchhof*, HdBdStR, Band V, 3. Auflage 2007, § 123 Rn. 58; gleichwohl zur Rechtfertigung der Kreditaufnahme als Mittel der Lastenverteilung zwischen den Generationen und als Gestaltungsmittel der Konjunkturpolitik *Pünder*, DVBl 2008, 946 (947 ff.) m.w.N.

735 *Püttner*, Staatsverschuldung, 1980, S. 10 ff.; dazu kritisch *Höfling*, Staatsschuldenrecht, 1993, S. 95 ff.

736 Auf diesen Aspekt hinweisend *Neidhardt*, Staatsverschuldung und Verfassung, 2010, S. 191; zu den verfassungsrechtlichen Aspekten zukunftsbelastender Parlamentsentscheidungen bereits grundlegend *Henseler*, AöR 108 (1983), 489 (489 ff.).

im Grundsatz demokratiewidrig sein[737]. Denn der aktuell handelnde Gesetzgeber ist demokratisch legitimiert und durch die Wahl zu gesetzgeberischem Handeln beauftragt. Den Handlungsspielraum des Gesetzgebers ausschließlich im Hinblick auf mögliche Zukunftsbelastungen seines Handelns bereits im Grundsatz zu begrenzen, widerspräche vielmehr dem Gesetzgebungsauftrag des Parlaments, das Auswirkungen seines Handelns über die aktuelle Legislaturperiode hinaus nicht stets verhindern kann. Auch das BVerfG geht davon aus, dass das Grundgesetz mit der verfassungsrechtlichen Verankerung einer Grenze der Staatsverschuldung (Art. 109 Abs. 3 GG, Art. 115 Abs. 2 GG) dem Interesse künftiger Parlamente Rechnung getragen und das Demokratieprinzip insoweit konkretisiert habe[738]. Darüber hinaus seien dem Demokratieprinzip keine weiteren Grenzen für die Kreditaufnahme zu entnehmen[739]. Das Demokratieprinzip verbiete staatliche Verschuldung zwar nicht, es fordere aber, diese zu begrenzen, um die Handlungsspielräume zukünftiger Haushaltsgesetzgeber zu erhalten[740]. Insoweit konkretisieren die verfassungsrechtlichen Staatsschuldengrenzen das grundgesetzliche Demokratieprinzip. Das parlamentarische Recht zur Bewilligung der Aufnahme von Krediten sowie der Übernahme von Gewährleistungen nach Art. 115 Abs. 1 GG ist damit nicht demokratiewidrig[741].

Entsprechend Art. 110 Abs. 2 Satz 1 GG erfordert Art. 115 Abs. 1 GG zur Aufnahme von Krediten sowie zur Übernahme von Gewährleistungen ein förmliches Bundesgesetz[742]. Die Ermächtigung kann auch im Haushaltsgesetz erfolgen[743]. Art. 115 Abs. 1 GG ergänzt insofern Art. 110 Abs. 2 Satz 1 GG, weil die Hoheit des Parlaments auch hinsichtlich der Staatsverschuldung gewährleistet

---

737 So auch *Kube/Reimer*, NJW 2010, 1911 (1916).

738 BVerfG v. 9.7.2007, 2 BvF 1/04 – BVerfGE 119, 96 (142); BVerfG v. 18.4.1989, 2 BvF 1/82 – BVerfGE 79, 311 (343), dort noch zu Art. 115 Abs. 1 Satz 2 GG a.F.; zur Neuregelung umfassend *Tappe*, DÖV 2009, 881 (881 ff.); zur Entwicklung der Norm vgl. auch *Reimer*, in: *Kahl*, Nachhaltige Finanzstrukturen, 2011, S. 147 (148 ff.).

739 BVerfG v. 18.4.1989, 2 BvF 1/82 – BVerfGE 79, 311 (343).

740 So ausdrücklich BVerfG v. 9.7.2007, 2 BvF 1/04 – BVerfGE 119, 96 (177) – Sondervotum Landau.

741 Vgl. im Ergebnis auch *Rathke*, DÖV 2011, 753 (759).

742 *Heintzen*, in: *von Münch/Kunig*, GG, Band 2, 6. Auflage 2012, Art. 115 Rn. 13.

743 Vgl. *Siekmann*, in: *Sachs*, GG, 6. Auflage 2011, Art. 115 Rn. 24.

ist[744]. Als Ausdruck der parlamentarischen Budgethoheit[745] ist die Kompetenz zur Aufnahme von Krediten sowie zur Übernahme von Bürgschaften, Garantien und sonstigen Gewährleistungen zu den Rechten zu zählen, die im Parlamentarismus im Grundsatz parlamentarisch zu verantworten sind. Im Anwendungsbereich dieser Kompetenz sind daher Kompetenzübertragungen und unionale Ausübung von Hoheitsrechten zu begrenzen.

b. Wesentlicher Umfang der Supranationalisierung

Ebenso überzeugt, die sachliche Begrenzung einer Supranationalisierung der Art und Höhe der Staatseinnahmen und -ausgaben nicht absolut zu verstehen, sondern vielmehr Übertragung und Ausübung budgetärer Zuständigkeiten auf unionale(r) Ebene nur in wesentlichem Umfang als einen Verstoß gegen das parlamentarische Prinzip zu definieren. Der Haushaltsgesetzgeber muss nicht völlig autonom über Art und Höhe der Staatsausgaben entscheiden können. Vielmehr stellt nicht jede Verpflichtung, die der Gesetzgeber im haushaltsrechtlichen Bereich zu beachten hat, einen Verstoß gegen das parlamentarische Prinzip dar.

aa. Das Maß der Staatsverschuldung als Referenzfeld

Deutlich wird dies in den verfassungsrechtlichen Grenzen, die dem Haushaltsgesetzgeber für das Maß der Staatsverschuldung gezogen werden. Denn vom Recht des Parlaments zur Aufnahme von Krediten und zur Übernahme von Gewährleistungen (Art. 115 Abs. 1 GG) zu unterscheiden ist die parlamentarische Kompetenz, die quantitative Höhe der Staatsverschuldung festzulegen. In letzterem Recht werden die Parlamente von Bund und Ländern[746] nach Maßgabe des Art. 109 Abs. 3 GG begrenzt. Der Bundestag wird nach Art. 109 Abs. 3 Sätze 1 und 4 GG, Art. 115 Abs. 2 GG insbesondere in der Aufnahme von Krediten

744 *Heintzen*, in: *von Münch/Kunig*, GG, Band 2, 6. Auflage 2012, Art. 115 Rn. 13; *Siekmann*, in: *Sachs*, GG, 6. Auflage 2011, Art. 115 Rn. 23; vgl. auch *Neidhardt*, Staatsverschuldung und Verfassung, 2010, S. 308.

745 BVerfG v. 6.11.1984, 2 BvL 19/83 - BVerfGE 67, 256 (281); BerlVerfGH v. 21.3.2003, VerfGH 6/01, NVwZ-RR 2003, 537 (538); *Pünder*, in: *Isensee/Kirchhof*, HdBdStR, Band V, 3. Auflage 2007, § 123 Rn. 14.

746 Zur Vereinbarkeit des Art. 109 Abs. 3 GG mit den Grundsätzen des Bundesstaatsprinzips nach Art. 79 Abs. 3 GG *Wernsmann*, in: *Junkernheinrich/Korioth/Lenk/Scheller/Woisin*, Jahrbuch für öffentliche Finanzen 2011, S. 417 (420 f.); *Seiler*, JZ 2009, 721 (727 f.); *Lenz/Burgbacher*, NJW 2009, 2561 (2565 f.); *Siekmann*, in: *Sachs*, GG, 6. Auflage 2011, Art. 109 Rn. 80 ff.; kritisch *Hancke*, DVBl 2009, 621 (626); *Fassbender*, NVwZ 2009, 737 (738 ff.).

eingeschränkt[747]. Diese verfassungsrechtlichen Begrenzungen des parlamentarischen Handlungsspielraums hinsichtlich des Maßes der Staatsverschuldung berühren aber den Kern des Demokratieprinzips im Sinne des Art. 79 Abs. 3 GG i.V.m. Art. 20 GG nicht[748], denn dieses fordert gerade, die Handlungsmöglichkeiten zukünftiger parlamentarischer Gesetzgeber nicht über das Maß hinaus vorwegzunehmen[749]. Vor dem Hintergrund der Generationengerechtigkeit[750] ist dem Demokratieprinzip gerade nicht entsprochen, wenn der gegenwärtige Gesetzgeber das Handeln künftiger Gesetzgeber unbegrenzt vorbestimmen darf[751]. Vorgaben, die die Aufnahme von Krediten und die Übernahme von Gewährleistungen durch das Parlament materiell[752] begrenzen, stellen keinen Verstoß gegen das Demokratieprinzip dar. Dem Parlament muss zur Wahrung des parlamentarischen Prinzips nicht die Kompetenz zur maßlosen Staatsverschuldung zustehen[753]. Dem verfassungsändernden Gesetzgeber steht es damit auch vor dem Hintergrund des Art. 79 Abs. 3 GG zu, den Handlungsspielraum des Parlaments und damit künftige Gesetzgeber in ihrem Recht zur Festlegung des Maßes der Staatsverschuldung durch verfassungsrechtliche Staatsschuldengrenzen zu beschränken.

Gleiches gilt folglich auch für Auslagerungen parlamentarischer Entscheidungskompetenz durch Kompetenzübertragungen auf Institutionen der Europäischen Union in diesem Bereich. Diese berühren im Grundsatz nicht den Kernbereich des Demokratieprinzips im Sinne des Art. 79 Abs. 3 GG. Behält das parlamentarische Prinzip das Maß der Staatsverschuldung nicht der

747 Trotz des entgegenstehenden Wortlauts für eine mittelbare Wirkung der Art. 109 Abs. 3 GG i.V.m. Art. 115 Abs. 2 GG auch für Gewährleistungsermächtigungen im Sinne des Art. 115 Abs. 1 GG *Kube/Reimer*, NJW 2010, 1911 (1915 f.); dies ablehnend *Korioth*, in: *Pache/Schwarz*, Perspektiven der Europäischen Währungsunion, 2012, S. 61 (78 f.); offenlassend BVerfG v. 7.9.2011, 2 BvR 987/10 u.a. – BVerfGE 129, 124 (182).

748 Vgl. BVerfG v. 18.4.1989, 2 BvF 1/82 – BVerfGE 79, 311 (343); BVerfG v. 9.7.2007, 2 BvF 1/04 – BVerfGE 119, 96 (142); so auch *Seiler*, JZ 2009, 721 (727).

749 BVerfG v. 9.7.2007, 2 BvF 1/04 – BVerfGE 119, 96 (177) – Sondervotum Landau.

750 Zum Begriff der „Generationengerechtigkeit“ im Zusammenhang mit dem verfassungsrechtlichen Staatsschuldenrecht eingehend *Mückl*, in: FS Isensee, 2007, S. 183 (189 ff.); dazu auch *Kahl*, DÖV 2009, 2 (4 f.) sowie *Gröpl*, in: *Kahl*, Nachhaltige Finanzstrukturen, 2011, S. 125 (130).

751 *Koemm*, Staatsverschuldung, 2011, S. 153 m.w.N.

752 *Siekmann*, in: *Sachs*, GG, 6. Auflage 2011, Art. 109 Rn. 49.

753 Dagegen zu Staatsschuldengrenzen als staatsrechtlichen Destabilisierungsfaktoren *Leisner*, DÖV 2012, 533 (536 ff.).

Entscheidung des Parlaments vor, ist für den Haushaltsgesetzgeber grundsätzlich unerheblich, ob Begrenzungen seines Entscheidungsspielraums aus dem Grundgesetz selbst folgen oder in diesem Bereich Kompetenzen auf die Europäische Union verlagert werden und diese das Maß der Staatsverschuldung vorgibt. Denn jeweils wird der haushaltsgesetzgeberische Handlungsspielraum beschränkt, zum einen durch verfassungsrechtliche, zum anderen durch unionale Vorgaben[754]. Zwar können unionale Begrenzungen der Staatsverschuldung (vgl. insbesondere Art. 121 AEUV und Art. 126 AEUV[755]) nur im Vertragsänderungsverfahren (vgl. Art. 48 EUV) und damit nur im Zusammenwirken mit anderen Mitgliedstaaten der Europäischen Union vorgenommen werden. Änderungen der verfassungsrechtlichen Staatsschuldengrenzen (vgl. insbesondere Art. 115 Abs. 2 GG) können hingegen durch Verfassungsänderung mit Zustimmung von zwei Dritteln der Mitglieder des Bundestages und der Stimmen des Bundesrates (Art. 79 Abs. 2 GG) modifiziert werden. In beiden Fällen besteht für den Gesetzgeber jedoch die Möglichkeit, sich von den bestehenden Vorgaben durch Verfassungsänderung oder Änderung der europäischen Verträge zu lösen. Im Ergebnis wirken sich die verfassungsrechtlichen und unionalen Begrenzungen des parlamentarischen Handlungsspielraums für den Haushaltsgesetzgeber daher ähnlich aus. Auslagerungen der parlamentarischen Entscheidungskompetenz durch die Übertragung budgetärer Zuständigkeiten auf Institutionen der Europäischen Union in diesem Bereich berühren im Grundsatz nicht dem Kern des Demokratieprinzips im Sinne des Art. 79 Abs. 3 GG i.V.m. Art. 20 Abs. 1 und 2 GG[756].

bb. Tauglichkeit des Prüfungsmaßstabs

An den Vorgaben für das Maß der Staatsverschuldung wird klar, dass nicht jede Verpflichtung, die dem Haushaltsgesetzgeber auferlegt ist, einen Verstoß

---

754 BVerfG v. 18.3.2014, 2 BvE 6/12 u.a. - NJW 2014, 1505 (1510); vgl. zuvor bereits BVerfG v. 12.10.1993, 2 BvR 2134/92 u.a. - BVerfGE 89, 155 (204 f.); BVerfG v. 30.6.2009, 2 BvE 2/08 u.a. - BVerfGE 123, 267 (361 f.); BVerfG v. 7.9.2011, 2 BvR 987/10 u.a. - BVerfGE 129, 124 (178 f.); zustimmend *Herrmann*, EuZW 2012, 805 (808).

755 *Ohler*, in: *Kahl*, Nachhaltige Finanzstrukturen, 2011, S. 208 (225), der auf die Differenzierung zwischen der „präventiven Haushaltsüberwachung gemäß Art. 121 Abs. 3 und 4 AEUV und der korrektiven Haushaltsüberwachung nach Art. 126 AEUV" hinweist.

756 Rechtspolitisch für eine Vertiefung der europäischen Integration in diesem Zusammenhang *Kube*, WM 2012, 245 (253).

gegen das parlamentarische Prinzip darstellt. Dies zeigt sich im Übrigen bereits losgelöst vom europäischen Integrationsprozess in Deutschland auch auf Bundesebene. Der Haushaltsgesetzgeber ist an bereits in früheren Haushaltsjahren getroffene haushaltswirksame Entscheidungen gebunden, sodass die Art der Staatsausgaben zum Teil bereits vor Verabschiedung des Haushaltsgesetzes feststeht. Gleichzeitig präjudizieren diese schon getroffenen Entscheidungen einen erheblichen Teil des Bundeshaushalts auch der Höhe nach. Zwar resultieren solche Verpflichtungen aus parlamentarischem Handeln selbst. Faktisch wirken sie sich aber im Ergebnis für den handelnden Haushaltsgesetzgeber entsprechend einer Verpflichtung aus, weil der parlamentarische Entscheidungsspielraum begrenzt wird.

Insofern überzeugt, im zukünftigen europäischen Integrationsprozess ausschließlich budgetäre Kompetenzverlagerungen von wesentlichem Umfang zu begrenzen, weil eine Supranationalisierung auch in diesem Kompetenzbereich nicht von vorneherein ausgeschlossen ist. Fraglich ist jedoch, ob dies auch einen tauglichen Prüfungsmaßstab für den Gesetzgeber darstellt. Denn damit ist noch keine Aussage darüber getroffen, an welcher Stelle die Grenze genau zu ziehen ist. Eine Vielzahl budgetärer Zuständigkeiten könnte durch eine weite Auslegung des Vorbehaltsbereichs dem europäischen Integrationsprozess verschlossen werden. Gleichwohl überzeugt der Maßstab auch in dieser Hinsicht.

Zum einen wird der Kompetenzbereich der Haushaltshoheit nicht generell einer Supranationalisierung verschlossen[757]. Vielmehr wird keine „von vornherein bestimmbare Summe oder bestimmte Ar[t] von Hoheitsrechten“[758] von einer Supranationalisierung ausgenommen. Es werden nur äußerste verfassungsrechtliche Grenzen[759] aufgezeigt. Den Gesetzgeber für bestimmte Kompetenzfelder zu sensibilisieren[760], deren Supranationalisierung insbesondere vor dem Demokratieprinzip zwar nicht ausgeschlossen, aber zu begrenzen ist[761], ist gerade im europäischen Integrationsprozess legitim. Denn Art. 23 Abs. 1 Satz 1 GG normiert einerseits einen Verfassungsauftrag[762] zur Teilnahme

757 So auch *Grimm*, Der Staat 48 (2009), 475 (490).

758 BVerfG v. 30.6.2009, 2 BvE 2/08 u.a. – BVerfGE 123, 267 (357).

759 Kritisch zu definitiven Grenzen der Übertragung aber *Hatje*, EuR-Bei 2010, 123 (129); in diese Richtung auch *Terhechte*, EuR-Bei 2010, 135 (143).

760 Vgl. *Classen*, JZ 2009, 881 (887).

761 Kritisch zur Argumentationstiefe des BVerfG in dieser Frage aber *Kottmann/Wohlfahrt*, ZaöRV 2009, 443 (461); ebenso *Nettesheim*, EuR-Bei 2010, 101 (116).

762 *Streinz*, in: *Sachs*, GG, 6. Auflage 2011, Art. 23 Rn. 10.

am Integrationsprozess, der auch die Übertragung von Hoheitsrechten umfasst (Art. 23 Abs. 1 Satz 2 GG). Gleichzeitig verpflichtet Art. 23 Abs. 1 Satz 3 GG aber andererseits zur Wahrung bestimmter verfassungsrechtlicher Grenzen. Sind Hoheitsrechte wie die Budgethoheit für die parlamentarische Demokratie im von Art. 79 Abs. 3 GG erfassten Sinn besonders prägend, muss dem Gesetzgeber eine äußere Grenze der europäischen Integration in diesem Kompetenzfeld[763] aufgezeigt werden. Zum anderen wäre eine noch präzisere Festlegung mitgliedstaatlicher Vorbehaltsbereiche auch verfassungsrechtlich bedenklich. Abgesehen davon, dass es praktisch schwierig ist, bereits abstrakt festzulegen, die Übertragung welcher budgetären Zuständigkeiten im Einzelnen demokratiewidrig wäre, stünde dies auch im Widerspruch zu Art. 23 Abs. 1 Satz 1 GG. Eine konkrete Zahl oder Art von Hoheitsrechten vom europäischen Integrationsprozess auszunehmen findet keinen verfassungsrechtlichen Anknüpfungspunkt in Art. 23 Abs. 1 GG. Denn nach Art. 23 Abs. 1 Satz 1 GG ist die Übertragung keines Kompetenzfeldes von vorneherein verfassungsrechtlich begrenzt. Art. 23 Abs. 1 Satz 2 GG begrenzt gerade nicht explizit die Übertragung bestimmter Hoheitsrechte. Dem Gesetzgeber steht hier vielmehr verfassungsrechtlich ein Handlungsspielraum zu. Dafür spricht im Übrigen auch, dass Art. 79 Abs. 3 GG, der nach Art. 23 Abs. 1 Satz 3 GG die äußerste Grenze des europäischen Integrationsprozesses normiert, als Ausnahmevorschrift eng auszulegen ist[764]. Dem entspricht, nur bei Übertragung budgetärer Kompetenzen von wesentlichem Ausmaß[765] eine verfassungsrechtliche Grenze zu ziehen, die jedoch auch durch eine Vielzahl von Hoheitsrechtsübertragungen geringer Intensität[766] erreicht werden kann. Das führt dazu, dass im Einzelfall entschieden werden muss[767], ob eine bestimmte Kompetenzübertragung das Demokratieprinzip berührt, mithin welcher Tropfen das Fass zum Überlaufen bringt.

---

763 Anders aber *Ruffert*, DVBl 2009, 1197 (1203), der dies für die Budgethoheit als „idealisiert" bezeichnet; kritisch zur Auswahl der Kompetenzfelder auch *Thym*, Der Staat 48 (2009), 559 (563).

764 BVerfG v. 15.12.1970, 2 BvF 1/69 u.a. – BVerfGE 30, 1 (25).

765 Auf diesen Aspekt hinweisend auch *Classen*, JZ 2009, 881 (887), der aber bereits darin eine verfehlte „Detailschärfe" erkennen will.

766 Anschaulich *Thym*, JZ 2011, 1011 (1013), der von einem „Rutschbahneffekt durch Trippelschritte" spricht.

767 Vgl. *Terhechte*, EuR-Bei 2010, 135 (143), der von einem „schrittweisen Entdeckungsverfahre[n]" spricht.

6. Zwischenergebnis

Nach Übertragung ursprünglich parlamentarischer Zuständigkeiten auf die Europäische Union werden diese dort nicht überwiegend durch das Europäische Parlament ausgeübt. Gleichzeitig ist dem Europäischen Parlament im Verhältnis zur demokratischen Legitimation durch die mitgliedstaatlichen Parlamente eine ausschließlich ergänzende Wirkung zuzuschreiben, die insbesondere aus der fehlenden Wahlgleichheit im Europäischen Parlament resultiert. Das parlamentarische Prinzip aber fordert, dass die Budgethoheit im Grundsatz der Ausübung durch ein unmittelbar demokratisch legitimiertes Parlament vorbehalten ist. Der Parlamentarismus wiederum stellt einen parlamentarischen Vorbehaltsbereich dar, der zu dem von Art. 79 Abs. 3 GG i.V.m. Art. 20 Abs. 1 und 2 GG erfassten Kernbereich des Demokratieprinzips zählt. Das parlamentarische Prinzip begrenzt damit die Übertragung budgetärer Zuständigkeiten auf die unionale Ebene sowie deren Ausübung durch Institutionen der Europäischen Union.

Zu budgetären Zuständigkeiten zählen die Feststellung des Haushaltsplans durch das Haushaltsgesetz (Art. 110 Abs. 2 Satz 1 GG) einschließlich der Aufnahme von Krediten und der Übernahme von Gewährleistungen (Art. 115 Abs. 1 GG) sowie die Kontrolle des Haushaltsvollzugs (Art. 114 Abs. 1 GG) durch den Bundestag. Im Anwendungsbereich der Budgethoheit des Bundestages sind Kompetenzübertragungen auf die Europäische Union sowie die Ausübung dieser durch Unionsorgane zu begrenzen. Verfassungsrechtliche oder unionale Begrenzungen des parlamentarischen Entscheidungsspielraums in diesen Rechten bedürfen besonderer Rechtfertigung vor dem parlamentarischen Prinzip. Weniger strenge Anforderungen sind an verfassungsrechtliche oder unionale Vorgaben zu stellen, die das Maß der Staatsverschuldung betreffen. Begrenzungen der parlamentarischen Entscheidungskompetenz in diesem Bereich dienen gerade der Aufrechterhaltung der parlamentarischen Demokratie. Das parlamentarische Prinzip streitet hier dafür, das Handeln des Parlaments zum Schutz der Budgethoheit zukünftiger Haushaltsgesetzgeber einzuschränken.

C. Handlungsbegrenzungen für den Bundeshaushaltsgesetzgeber

Das demokratische Prinzip im Sinne des Art. 79 Abs. 3 GG i.V.m. Art. 20 Abs. 1 und 2 GG fordert also, dass die grundlegenden Entscheidungen über Einnahmen und Ausgaben parlamentarisch verantwortet bleiben. Der Bundestag muss insgesamt die Entscheidungszuständigkeit über den Bundeshaushalt behalten und darf sich seiner „Budgetverantwortung“[768] nicht entziehen.

Zum einen sind daher budgetäre Kompetenzübertragungen auf die Europäische Union (Art. 23 Abs. 1 Satz 2 GG) zu begrenzen. Der Haushaltsgesetzgeber kann (künftige) budgetäre Entscheidungsspielräume zum anderen aber auch durch gesetzgeberisches Handeln aufgeben, das zwar noch keine Übertragung im Sinne des Art. 23 Abs. 1 Satz 2 GG darstellt[769], das aber in den Auswirkungen einer Übertragung von Zuständigkeiten entspricht[770], weil zukünftigen Haushaltsgesetzgebern tatsächlich in gleicher Weise Handlungsoptionen genommen werden. Gemeint sind insbesondere Gewährleistungsübernahmen im Sinne des Art. 115 Abs. 1 GG, die aus einer völkerrechtlichen Vertragsverpflichtung folgen, die im Zuge des europäischen Integrationsprozesses übernommen wird, und die aufgrund ihrer Größenordnung die zukünftige Verfügungsbefugnis über den Bundeshaushalt beeinträchtigen können. Welche besonderen Folgen ergeben sich aus den dargestellten demokratietheoretischen Grenzen einer Übertragung budgetärer Zuständigkeiten für haushaltsgesetzgeberisches Handeln im Sinne der letztgenannten Konstellationen?

Das BVerfG definiert verschiedene Kriterien[771], an denen haushaltsgesetzgeberisches Handeln des Bundestages zu messen ist und die verhindern sollen, dass der Bundestag den budgetären Handlungsspielraum künftiger Haushaltsgesetzgeber in verfassungsrechtlich unzulässigem Maß aufgibt. Folgende Maßstäbe werden aufgestellt: Der Bundestag dürfe sich keiner Fremdbestimmung[772] in finanziellen Entscheidungen unterwerfen. Die Folgen[773] finanzieller Verpflichtungen müssen stets beherrschbar sein. Daher müssen haushaltswirksame Entscheidungen hinreichend bestimmt[774] sein und die

---

768 BVerfG v. 7.9.2011, 2 BvR 987/10 u.a. - BVerfGE 129, 124 (179).

769 Darauf explizit hinweisend *Thym*, JZ 2011, 1011 (1012); differenzierend auch *Kube*, AöR 137 (2012), 205 (209).

770 Differenzierend in diesem Sinn BVerfG v. 7.9.2011, 2 BvR 987/10 u.a. - BVerfGE 129, 124 (171); unterscheidend auch *Ruffert*, EuR 2011, 842 (845).

771 Ähnlich differenzierend im nachfolgenden Sinn auch *Nettesheim*, EuR 2011, 765 (773 ff.).

772 BVerfG v. 7.9.2011, 2 BvR 987/10 u.a. - BVerfGE 129, 124 (180); BVerfG v. 18.3.2014, 2 BvE 6/12 u.a. - NJW 2014, 1505 (1510).

773 BVerfG v. 7.9.2011, 2 BvR 987/10 u.a. - BVerfGE 129, 124 (180); BVerfG v. 18.3.2014, 2 BvE 6/12 u.a. - NJW 2014, 1505 (1510).

774 BVerfG v. 7.9.2011, 2 BvR 987/10 u.a. - BVerfGE 129, 124 (179); BVerfG v. 18.3.2014, 2 BvE 6/12 u.a. - NJW 2014, 1505 (1509 f.); dazu bereits allgemein BVerfG v.

absolute Höhe[775] finanzieller Belastungen sei zu begrenzen. Darüber hinaus seien automatische[776] und dauerhafte[777] Verpflichtungen zu verhindern. Im Folgenden sollen die Kriterien näher untersucht werden.

I. Ausschluss der Fremdbestimmung in Budgetentscheidungen

Das BVerfG fordert eine „konstitutive Zustimmung“[778] des Bundestages zu jeder haushaltsbedeutsamen Belastung, die aus einer völkerrechtlichen Vertragsverpflichtung folgt. Dadurch soll eine finanzielle „Fremdbestimmung“[779] im Budgetbereich verhindert werden.

1. Mitwirkung des Bundestages im europäischen Integrationsprozess

a. Grundsatz: Die Mitwirkung des Bundestages in auswärtigen Angelegenheiten

Die Vorgaben des BVerfG gehen über die allgemeinen Anforderungen an eine parlamentarische Mitwirkung des Bundestages in auswärtigen Angelegenheiten hinaus. Deutlich wird dies insbesondere in den verfassungsrechtlichen Regelungen zu völkerrechtlichen Vertragsschlüssen und zur Übertragung von Hoheitsrechten. Völkerrechtliche Vertragsschlüsse im Sinne des Art. 59 Abs. 2 Satz 1 GG bedürfen eines förmlichen Gesetzes des Bundestages[780], um verfassungsrechtlich Geltung zu erlangen[781]. Abweichend von dem verfassungsrechtlichen Grundsatz, dass auswärtiges Handeln vornehmlich in den exekutivischen Kompetenzbereich fällt[782], wird der Bundestag am Abschluss völkerrechtlicher Verträge entscheidend beteiligt[783]. Die Handlungskompetenz des Bundestages in diesem Bereich ist gleichwohl prinzipiell auf das Zustimmungsrecht bei Vertragsschluss

---

12.10.1993, 2 BvR 2134/92 u.a. - BVerfGE 89, 155 (187); BVerfG v. 30.6.2009, 2 BvE 2/08 u.a. - BVerfGE 123, 267 (351).

775 BVerfG v. 7.9.2011, 2 BvR 987/10 u.a. - BVerfGE 129, 124 (180); BVerfG v. 18.3.2014, 2 BvE 6/12 u.a. - NJW 2014, 1505 (1511).

776 BVerfG v. 7.9.2011, 2 BvR 987/10 u.a. - BVerfGE 129, 124 (180); BVerfG v. 18.3.2014, 2 BvE 6/12 u.a. - NJW 2014, 1505 (1510).

777 BVerfG v. 7.9.2011, 2 BvR 987/10 u.a. - BVerfGE 129, 124 (180); BVerfG v. 18.3.2014, 2 BvE 6/12 u.a. - NJW 2014, 1505 (1510).

778 BVerfG v. 7.9.2011, 2 BvR 987/10 u.a. - BVerfGE 129, 124 (179).

779 BVerfG v. 7.9.2011, 2 BvR 987/10 u.a. - BVerfGE 129, 124 (180).

780 *Jarass*, in: *Jarass/Pieroth*, GG, 12. Auflage 2012, Art. 59 Rn. 15.

781 *Streinz*, in: *Sachs*, GG, 6. Auflage 2011, Art. 59 Rn. 70.

782 BVerfG v. 18.12.1984, 2 BvE 13/83 - BVerfGE 68, 1 (85 ff.).

783 BVerfG v. 29.7.1952, 2 BvE 2/51 - BVerfGE 1, 372 (394).

im Sinne des Art. 59 Abs. 2 Satz 1 GG begrenzt[784]. Das Handeln im Rahmen und auf Grundlage der parlamentarischen Ermächtigung im Vertrag liegt sodann vornehmlich in exekutivischer Kompetenz[785].

b. Spezialfall: Der europäische Integrationsprozess

aa. Die Übertragung von Hoheitsrechten und der europäische Rechtsetzungsprozess

Besonderheiten gelten für die Übertragung von Hoheitsrechten im europäischen Integrationsprozess als spezieller Form auswärtigen Handelns[786]. Die Übertragung von Hoheitsrechten auf die Europäische Union nach Art. 23 Abs. 1 Satz 2 GG erfordert formell auch ein Gesetz des Bundestages, das mit Zustimmung des Bundesrates ergeht. Für die Übertragung von Hoheitsrechten gilt ein Parlamentsvorbehalt[787]. Nach Art. 23 Abs. 2 Satz 1 GG wirkt aber neben dem Bundesrat darüber hinaus der Bundestag in Angelegenheiten der Europäischen Union mit. Dies ist umfassend zu verstehen. Zum einen ist der Begriff der Angelegenheiten der Europäischen Union weit auszulegen und auf den europäischen Integrationsprozess insgesamt zu beziehen[788]. Zum anderen ist die Mitwirkung nicht auf die Übertragung von Hoheitsrechten begrenzt[789]. Sie berechtigt den Bundestag, aktiv am europäischen Entscheidungsprozess teilzunehmen[790] und ist daher von der sonstigen Beteiligung des Parlaments in auswärtigen Angelegenheiten zu unterscheiden[791]. Die grundsätzlich prägende Rolle der Exekutive bei auswärtigem Handeln muss für die Mitwirkung des Bundestages am europäischen Integrationsprozess insgesamt differenzierter betrachtet werden.

---

784 BVerfG v. 12.7.1994, 2 BvE 3/92 - BVerfGE 90, 286 (358); BVerfG v. 22.11.2001, 2 BvE 6/99 - BVerfGE 104, 151 (207).

785 Vgl. BVerfG v. 22.11.2001, 2 BvE 6/99 - BVerfGE 104, 151 (209 f.); BVerfG v. 3.7.2007, 2 BvE 2/07 - BVerfGE 118, 244 (258 f.); *Thym*, JZ 2011, 1011 (1011).

786 Zur Besonderheit eines konstitutiven Parlamentsbeschlusses über die völkerrechtliche Vertragsverpflichtung hinaus auch für Auslandseinsätze der Bundeswehr vgl. BVerfG v. 12.7.1994, 2 BvE 3/92 u.a. - BVerfGE 90, 286 (387 ff.); dazu *Calliess*, in: *Isensee/Kirchhof*, HdBdStR, Band IV, 3. Auflage 2006, § 83 Rn. 39 f.

787 *Scholz*, in: *Maunz/Dürig*, GG, Loseblatt (Mai 2013), Band IV, Art. 23 Rn. 152.

788 *Calliess*, in: *Pechstein*, Integrationsverantwortung, 2012, S. 53 (79) m.w.N.; *Wollenschläger*, NVwZ 2012, 713 (718); *Pernice*, in: *Dreier*, GG, Band II, 2. Auflage 2006, Art. 23 Rn. 96.

789 *Wollenschläger*, NVwZ 2012, 713 (718).

790 *Calliess*, in: *Pechstein*, Integrationsverantwortung, 2012, S. 53 (81).

791 *Streinz*, in: *Sachs*, GG, 6. Auflage 2011, Art. 23 Rn. 104; vgl. *Calliess*, in: *Isensee/Kirchhof*, HdBdStR, Band IV, 3. Auflage 2006, § 83 Rn. 38.

Die Mitwirkungsrechte des Bundestages werden in Art. 23 Abs. 2 Satz 2 GG und Abs. 3 GG näher ausgestaltet. Diese dienen dazu, „funktional[e]“[792] Kompetenzverluste des Bundestages im europäischen Integrationsprozess, die durch entsprechende Kompetenzerweiterungen der Bundesregierung entstehen, auszugleichen. Die Bundesregierung hat den Bundestag zum einen umfassend und zum frühestmöglichen Zeitpunkt über die Angelegenheiten der Europäischen Union zu unterrichten (Art. 23 Abs. 2 Satz 2 GG)[793]. Bei der Ausübung übertragener Hoheitsrechte im Rechtsetzungsprozess auf europäischer Ebene hat die Bundesregierung zum anderen nach Art. 23 Abs. 3 Satz 2 GG[794] die Stellungnahmen des Bundestages, die in Form von Parlamentsbeschlüssen[795] ergehen, zu berücksichtigen. Wenngleich die Unterrichtungspflicht lediglich der Information des Bundestages dient und die Stellungnahme keine rechtliche Bindung entfaltet[796], sodass auch hier ein prägende Rolle der Bundesregierung bei Durchführung des Vertrages festzustellen ist[797], sind die Beteiligungsrechte des Bundestages nach Art. 23 Abs. 2 und 3 GG im Gegensatz zum nachträglichen Zustimmungsrecht des Art. 59 Abs. 2 GG zeitlich vorgelagert[798]. Diese ermöglichen dem Bundestag so eine zwar – im Gegensatz zu Art. 59 Abs. 2 GG – nicht bindende, aber jedenfalls frühere und in dieser Hinsicht damit effektivere Einflussnahme auf das Handeln der Exekutive. Gleichwohl steht auch bei der Übertragung von Hoheitsrechten im Sinne des Art. 23 Abs. 1 Satz 2 GG dem Bundestag ein gesetzliches Zustimmungsrecht nur im Übertragungsakt an sich zu. Das Handeln auf Grundlage der europäischen Verträge obliegt trotz der in Art. 23 Abs. 2 und 3 GG vorgesehenen Mitwirkungsrechte vornehmlich der Bundesregierung. Dem Bundestag steht im Rechtsetzungsprozess auf europäischer Ebene im Verhältnis

792 *Pernice*, in: *Dreier*, GG, Band II, 2. Auflage 2006, Art. 23 Rn. 98.

793 Zu den verfassungsrechtlichen Anforderungen hinsichtlich Umfang und Zeitpunkt zuletzt eingehend BVerfG v. 19.6.2012, 2 BvE 4/11 – BVerfGE 131, 152 (206 ff.).

794 Zu den Beteiligungsrechten des Bundestages nach Art. 23 Abs. 2 und 3 GG sowie diese konkretisierende Rechtsakte ausführlich *Möller/Limpert*, ZG 2013, 44 (44 ff. und 53 ff.); auch *Hölscheidt*, DÖV 2012, 105 (107 ff.).

795 *Scholz*, in: *Maunz/Dürig*, GG, Loseblatt (Mai 2013), Band IV, Art. 23 Rn. 159; ebd. Rn. 160 zur Möglichkeit der Verabschiedung eines förmlichen Gesetzes unter Wahrung der allgemeinen Verfahrens- und Zuständigkeitsregelungen; diese Möglichkeit bejahend auch *Jarass*, in: *Jarass/Pieroth*, GG, 12. Auflage 2012, Art. 23 Rn. 54; dies ablehnend *Pernice*, in: *Dreier*, GG, Band II, 2. Auflage 2006, Art. 23 Rn. 104.

796 *Streinz*, in: *Sachs*, GG, 6. Auflage 2011, Art. 23 Rn. 114; *Scholz*, in: *Maunz/Dürig*, GG, Loseblatt (Mai 2013), Band IV, Art. 23 Rn. 159.

797 Für eine parallele Betrachtung *Thym*, JZ 2011, 1011 (1011).

798 *Calliess*, in: *Pechstein*, Integrationsverantwortung, 2012, S. 53 (77).

zur Bundesregierung kein „Letztentscheidungsrecht“[799] zu, das sich in einem generellen Parlamentsvorbehalt ausdrückte[800].

bb. Sonderanforderungen bei bestimmten Kompetenztiteln

Mitwirkungsrechte des Bundestages, die über die in Art. 23 Abs. 2 und 3 GG gesetzlich ausdrücklich normierten Fälle der Parlamentsbeteiligung hinausgehen[801], lassen sich aber im Konzept der „Integrationsverantwortung“[802] finden. Nach diesem Konzept sind aus Gründen des Demokratieprinzips bestimmte erhöhte Anforderungen an die parlamentarische Beteiligung von Bundestag und Bundesrat im europäischen Rechtsetzungsprozess zu stellen[803]. Die in auswärtigen Angelegenheiten im Allgemeinen bestehende und in Art. 23 Abs. 2 und 3 GG fortgesetzte „Gubernativlastigkeit“[804] in diesem Bereich staatlichen Handelns wird zugunsten des Bundestages verschoben. Davon erfasst werden Möglichkeiten zur Vertragsänderung oder Kompetenzerweiterung auf europäischer Ebene, die in bestimmten Kompetenznormen angelegt sind[805]. Das Parlament wird in diesen Fällen maßgeblich an der Vertragsdurchführung beteiligt[806]: Ohne Zustimmung des Bundestages (und

799 *Pernice*, in: *Dreier*, GG, Band II, 2. Auflage 2006, Art. 23 Rn. 104; vgl. auch *Rath*, in: *Steffani/Thaysen*, Demokratie in Europa, 1995, S. 114 (137 f.), der darauf hinweist, dass ein Letztentscheidungsrecht der Bundesregierung in diesem Bereich verfassungsrechtlich nicht notwendig ist.

800 *Scholz*, in: *Maunz/Dürig*, GG, Loseblatt (Mai 2013), Band IV, Art. 23 Rn. 154.

801 Vgl. *Classen*, in: *von Mangoldt/Klein/Starck*, GG, Band 2, 6. Auflage 2010, Art. 23 Rn. 65.

802 BVerfG v. 30.6.2009, 2 BvE 2/08 u.a. – BVerfGE 123, 267 (351); eingehend zum Konzept in seinen verschiedenen Ausprägungen *Nettesheim*, in: *Pechstein*, Integrationsverantwortung, 2012, S. 11 (25 ff.); kritisch zum normativen Anknüpfungspunkt *Jestaedt*, Der Staat 48 (2009), 497 (507 ff.); zur daraus folgenden Begleitgesetzgebung im Einzelnen *Nettesheim*, NJW 2010, 177 (178 ff.).

803 *Sonder*, KritV 2011, 214 (218), der zutreffend zwischen den parlamentarischen Beteiligungsrechten und der Wahrung der Verfassungsidentität als Ausprägungen der Integrationsverantwortung unterscheidet; differenzierend auch *Wolff*, in: *Pechstein*, Integrationsverantwortung, 2012, S. 151 (153).

804 *Nettesheim*, in: *Pechstein*, Integrationsverantwortung, 2012, S. 11 (25).

805 Zu den Vorgaben des BVerfG in den relevanten Konstellationen im Einzelnen BVerfG v. 30.6.2009, 2 BvE 2/08 u.a. – BVerfGE 123, 267 (433 ff.); dazu eingehend *Nettesheim*, NJW 2010, 177 (177 ff.) sowie *Engels*, JuS 2012, 210 (210 ff.) und *Wernsmann/Sandberg*, DÖV 2014, 49 (53 f.).

806 *Thym*, JZ 2011, 1011 (1012); zur einfachgesetzlichen Begleitgesetzgebung vgl. *Möller/Limpert*, ZG 2013, 44 (53 ff.).

Bundesrates), die den Anforderungen des Art. 23 Abs. 1 GG genügen muss, darf Deutschland der Sekundärrechtsetzung im Rat dann nicht zustimmen[807]. Der Bundestag soll nach der Übertragung von Kompetenzen, die den europäischen Institutionen eine solche „dynamische Vertragsentwicklung“[808] erlauben, die einerseits noch nicht die Schwelle zur weiteren Kompetenzübertragung nach Art. 23 Abs. 1 Satz 2 GG erreicht und andererseits aber ein Mitwirkungsrecht über Art. 23 Abs. 2 und 3 GG hinaus erfordert[809], hinreichend beteiligt werden.

2. *Anwendung auf budgetäre Zuständigkeiten*

Entsprechend den Überlegungen zu Mitwirkungsrechten des Bundestages für den Bereich der Kompetenzübertragungen nach dem Konzept der Integrationsverantwortung[810] werden im Konzept der „Budgetverantwortung“[811] Mitwirkungsrechte des Bundestages entwickelt, die diesem auch bei haushaltswirksamen völkerrechtlichen Vertragsverpflichtungen zustehen. Im Bereich der Kompetenzübertragung sind Vertragsbestimmungen problematisch, die Kompetenzerweiterungen oder Vertragsänderungen ohne erneute Befassung des Bundestages nach Art. 23 Abs. 1 Satz 2 GG erlauben und die aus diesem Grund eine parlamentarische Rückkopplung erfordern. Haushaltsrechtlich sind bedingte[812] völkerrechtliche Vertragsverpflichtungen problematisch, bei denen erst das Verhalten anderer Staaten[813] zur tatsächlichen Haushaltsbelastung führt. Das BVerfG fordert in diesen Fällen ein Bewilligungsrecht des Parlaments[814]. Es wird ein „vollzugsbegleitende[r]

807 Vgl. nur das Zustimmungsrecht des Bundestages im Anwendungsbereich des Art. 352 AEUV, dazu BVerfG v. 30.6.2009, 2 BvE 2/08 u.a. - BVerfGE 123, 267 (436).

808 BVerfG v. 30.6.2009, 2 BvE 2/08 u.a. - BVerfGE 123, 267 (434).

809 *Classen*, in: *von Mangoldt/Klein/Starck*, GG, Band 2, 6. Auflage 2010, Art. 23 Rn. 65.

810 Zum Zusammenhang zwischen „Integrationsverantwortung“ und „Budgetverantwortung“ vgl. BVerfG v. 7.9.2011, 2 BvR 987/10 u.a. - BVerfGE 129, 124 (181); auf die Parallelität hinweisend auch *Thym*, JZ 2011, 1011 (1012).

811 BVerfG v. 7.9.2011, 2 BvR 987/10 u.a. - BVerfGE 129, 124 (179); vgl. *Nettesheim*, in: *Pechstein*, Integrationsverantwortung, 2012, S. 11 (26), der zutreffend darauf hinweist, dass es sich bei der „Budgetverantwortung“ im an dieser Stelle interessierenden Sinne lediglich um eine besondere Form der „Integrationsverantwortung“ handelt.

812 *Nettesheim*, EuR 2011, 765 (773).

813 BVerfG v. 7.9.2011, 2 BvR 987/10 u.a. - BVerfGE 129, 124 (171).

814 BVerfG v. 7.9.2011, 2 BvR 987/10 u.a. - BVerfGE 129, 124 (180).

Zustimmungsvorbehal[t]“[815] des Bundestages konstruiert, der diesem bei haushaltswirksamen völkerrechtlichen Vertragsverpflichtungen zusteht. Die Mitwirkung des Bundestages, die bei der Durchführung völkerrechtlicher Verträge und der Ausübung übertragener Hoheitsrechte grundsätzlich begrenzt ist, wird in diesen Fällen um das Erfordernis seiner Zustimmung erweitert.

Die Begründung haushaltswirksamer Belastungen bei Vollzug völkerrechtlicher Vertragsverpflichtungen von der Entscheidung des Parlaments abhängig zu machen, führt zu einer Stärkung der Beteiligungsrechte des Parlaments. Dem Ansatz ist grundsätzlich zuzustimmen[816]. Denn schon im Grundsatz weist die Kompetenzordnung des Grundgesetzes dem Bundestag in Art. 110 Abs. 2 Satz 1, 115 Abs. 1 GG und 114 Abs. 1 GG das Letztentscheidungsrecht über den Staatshaushalt zu. Beim Vollzug des Haushaltsplans werden gerade auch auf Bundesebene qualifizierte Sperrvermerke und einzelfallbezogene Zustimmungsvorbehalte verwendet, in denen Bundestag oder Haushaltsausschuss bei der Verwendung einzelner Haushaltstitel durch die Exekutive mitwirken[817], obwohl der Haushaltsvollzug grundsätzlich ein exekutivischer Kompetenzbereich ist[818]. Es ist nicht ersichtlich, dass der europäische Integrationsprozess innerstaatlich diese Kompetenzverteilung zwischen Legislative und Exekutive grundlegend zugunsten der Exekutive verändern soll[819]. Bereits oben wurde jedoch festgestellt, dass bei der Übertragung von Hoheitsrechten im europäischen Integrationsprozess sowie beim Abschluss völkerrechtlicher Verträge Zustimmungserfordernisse bereits in Art. 23 Abs. 1 Satz 2 GG sowie Art. 59 Abs. 2 Satz 1 GG normiert sind. Auch der Vorbehalt parlamentarischer Ermächtigung für die Übernahme von Gewährleistungen wird in Art. 115 Abs. 1 GG bereits verfassungsrechtlich geregelt. Das Handeln auf Grundlage der Zustimmungsakte liegt zwar grundsätzlich in exekutivischer Kompetenz. In den Zustimmungsvorbehalten des Parlaments kann aber eine hinreichende Parlamentsbeteiligung gesehen werden. Vor dem Hintergrund dieser verfassungsrechtlich ausdrücklich normierten Beteiligungsrechte stellt sich die Frage, wie der beschriebene Parlamentsvorbehalt, der sich auf die Vertragsdurchführung bezieht, zu bewerten ist.

---

815 *Kube*, AöR 137 (2012), 205 (218).

816 Ebenso *Calliess*, in: *Pechstein*, Integrationsverantwortung, 2012, S. 53 (76) sowie *Classen*, in: *von Mangoldt/Klein/Starck*, GG, Band 2, 6. Auflage 2010, Art. 23 Rn. 65.

817 *Kube*, AöR 137 (2012), 205 (216).

818 *Heintzen*, in: *Isensee/Kirchhof*, HdBdStR, Band V, 3. Auflage 2007, § 120 Rn. 74.

819 So auch *Thym*, JZ 2011, 1011 (1012).

a. Vollzugsbegleitender Zustimmungsvorbehalt

aa. Kritische Stimmen

Die Konstruktion eines Zustimmungsvorbehalts wird zum Teil aufgrund fehlender normativer Rückkopplung kritisiert. Art. 23 GG stelle eine abschließende Regelung dar, die die Beteiligungsrechte des Bundestages im europäischen Integrationsprozess umfassend und sachgerecht regele. In allen Angelegenheiten der Europäischen Union, also auch bei haushaltswirksamen Vertragsverpflichtungen, die nicht aus der Übertragung von Hoheitsrechten folgen, sei auf die Regelungen der Art. 23 Abs. 2 und 3 GG sowie diese konkretisierende Rechtsakte zurückzugreifen und Mitwirkungsrechte des Bundestages seien auf diese zu stützen[820]. Abgesehen von der normativen Anknüpfung wird weiterhin beanstandet, dass die parlamentarische Beteiligung durch das nach Art. 115 Abs. 1 GG erforderliche Gesetz genüge[821]. Auch sei demokratietheoretisch schwer zu begründen, weshalb über die parlamentarische Ermächtigung hinaus die Entscheidungszuständigkeit dem Bundestag und nicht der Bundesregierung zustehen soll[822].

bb. Stellungnahme

Im Ergebnis ist der Konstruktion eines einzelfallbezogenen Zustimmungsvorbehalts des Bundestages bei Durchführung bestimmter haushaltswirksamer völkerrechtlicher Verträge zuzustimmen[823].

(a) Normative Anknüpfung

Mit dem Eingehen einer bedingten völkerrechtlichen Vertragsverpflichtung, deren Bedingungseintritt vom Verhalten anderer Staaten abhängt, begrenzt das Parlament insoweit seine Budgethoheit, weil es auf die tatsächliche Belastung des Staatshaushalts aus der Verpflichtung heraus keinen Einfluss mehr hat. In den Auswirkungen für zukünftige Haushaltsgesetzgeber kann dies einer Übertragung einzelner Bestandteile der Budgethoheit entsprechen[824], weil der

820 Vgl. *Calliess*, in: *Pechstein*, Integrationsverantwortung, 2012, S. 53 (76 ff.); kritisch zur normativen Rückbindung an den Verfassungstext auch *Nettesheim*, in: Jahrbuch des Föderalismus, 2012, S. 259 (272).

821 Vgl. *Korioth*, in: *Pache/Schwarz*, Perspektiven der Europäischen Währungsunion, 2012, S. 61 (80).

822 Vgl. *Nettesheim*, in: Jahrbuch des Föderalismus, 2012, S. 259 (273 f.).

823 So auch *Kube*, AöR 137 (2012), 205 (215 f.).

824 Kritisch zur Argumentationstiefe des BVerfG in dieser Frage *Nettesheim*, in: Jahrbuch des Föderalismus, 2012, S. 259 (266); dazu *Schorkopf*, VVDStRL 71 (2012),

Bedingungseintritt nicht mehr alleine in der Entscheidungsmacht des Bundestages liegt. Das Parlament wird an der Begründung der völkerrechtlichen Vertragsverpflichtung beteiligt (vgl. Art. 115 Abs. 1 GG), die finanzielle Belastung ist aber nicht mehr von einer parlamentarischen Zustimmung abhängig. Grundsätzlich ist dies zwar in Art. 115 Abs. 1 GG so angelegt. Auch Gewährleistungsübernahmen auf Bundesebene belasten ohne erneute Zustimmung des Bundestages den Bundeshaushalt. Im Einzelfall erscheint es jedoch gerechtfertigt, im Demokratieprinzip (Art. 20 Abs. 1 und 2 GG) die normative Grundlage für ein parlamentarisches Zustimmungserfordernis auch bei Vertragsdurchführung zu sehen. Dies gilt insbesondere für quantitativ hohe finanzielle Verpflichtungen, deren tatsächliche Inanspruchnahme noch ungewiss ist[825]. In diesen Fällen erscheint die einmalige Legitimation des Parlaments bei Eingehen der Vertragsverpflichtung nicht als ausreichend. Denn im Moment der vertraglichen Verpflichtung erfolgt die Belastung noch nicht. Bei Eintritt der Belastung kann die für das Parlament demokratietheoretisch besonders bedeutsame Budgethoheit aber in hohem Maße präjudiziert werden.

Zwar käme auch hier eine analoge Anwendung der verfassungsrechtlich bereits normierten vorgelagerten Beteiligungsrechte in Art. 23 Abs. 2 und 3 GG in Betracht[826]. Dann wäre eine konkrete normative Anknüpfung, die über das Demokratieprinzip hinausgeht, gefunden[827]. In dieser Situation genügen schlichte Mitwirkungsrechte im Sinne der Art. 23 Abs. 2 und 3 GG aber nicht, weil dem Parlament effektivere, vorgelagerte Einflussmöglichkeiten zustehen müssen, um eine quantitativ übermäßige Belastung des Bundeshaushalts bereits im Ansatz zu verhindern. Es bedarf eines Zustimmungserfordernisses des Bundestages, das über eine bloße Mitwirkung hinausgeht. Zwar können Art. 23 Abs. 2 bis 7 GG als Maßstab dafür dienen, wie die Beteiligungsrechte zwischen Bundestag, Bundesrat und Bundesregierung intern zu regeln sind[828]. Die Beteiligung des Bundestages muss aber jedenfalls in Form eines vorherigen Zustimmungsrechts

183 (217), der den „politisch frei verfügbare[n] Anteil am nationalen Gesamthaushalt unter Berücksichtigung der Schuldenquote und die Dauer einer Wahlperiode" als Bezugsgrößen für die verfassungsrechtlich zulässige Belastung künftiger Haushaltsgesetzgeber anführt.

825 Ebenso *Kube*, AöR 137 (2012), 205 (216).

826 Vgl. *Calliess*, in: *Pechstein*, Integrationsverantwortung, 2012, S. 53 (77).

827 Kritisch dahingehend *Calliess*, NVwZ 2012, 1 (4).

828 Vgl. *Calliess*, NVwZ 2012, 1 (4 ff.); auf die Notwendigkeit hinweisend, Gesetzgeber und Bundestag in dieser Frage funktional voneinander abzugrenzen, *Nettesheim*, in: Jahrbuch des Föderalismus, 2012, S. 259 (268).

ausgestaltet sein, das vor der tatsächlichen Belastung des Bundeshaushalts eingreift[829].

Auch eine normative Anknüpfung in Art. 23 Abs. 1 Satz 2 GG kommt nicht in Betracht. Zwar ist ein Zustimmungserfordernis nur in Situationen einschlägig, in denen finanzielle Verpflichtungen der Höhe nach die Budgethoheit des Bundestages ähnlich einer Übertragung aufheben können. Art. 23 Abs. 1 Satz 2 GG erfordert für die Übertragung von Hoheitsrechten gerade ein Bundesgesetz. Die für die Übertragung von Hoheitsrechten charakteristische Durchgriffswirkung fehlt aber bei bloß finanziellen Verpflichtungen des Parlaments, sodass eine Übertragung von Hoheitsrechten gerade nicht stattfindet.

(b) Parlamentarische Begleitung des Normvollzugs

Weiterhin bedarf es einer parlamentarischen Zustimmung über die einmalige Ermächtigung in Art. 115 Abs. 1 GG hinaus. Die bereits oben erwähnten parlamentarischen Zustimmungsvorbehalte, die im Haushaltsvollzug auf Bundesebene verwendet werden[830], zeigen, dass die parlamentarische Begleitung des Haushaltsvollzugs der Exekutive auch auf verfassungsrechtlicher Ebene üblich ist. Die Bedeutung, die die Budgethoheit für das Parlament einnimmt, und die Auswirkungen, die ungewisse Verpflichtungen auf den Bundeshaushalt haben können, begründen im Einzelfall ein über die einmalige Beteiligung hinausgehendes Zustimmungserfordernis des Bundestages bei völkerrechtlichen Vertragsverpflichtungen[831].

(c) Organkompetenz

Schließlich kann gerade für die Budgethoheit auch demokratietheoretisch begründet werden, dass die Entscheidungszuständigkeit dem Bundestag und nicht der Bundesregierung zustehen muss. Zwar darf die staatliche Machtverteilung zwischen den Organen „nicht durch einen aus dem Demokratieprinzip fälschlich abgeleiteten Gewaltenmonismus in Form eines allumfassenden Parlamentsvorbehalts unterlaufen werden“[832]. Stets sind auch die Funktionsfähigkeit und der eigentliche verfassungsrechtliche Aufgabenkern der Staatsorgane bei Aufgabenverteilung zu berücksichtigen. Eine Überforderung des Parlaments mit

829 Vgl. BVerfG v. 7.9.2011, 2 BvR 987/10 u.a. – BVerfGE 129, 124 (185 f.); im Ergebnis auch *Calliess*, NVwZ 2012, 1 (4) sowie *Kube*, AöR 137 (2012), 205 (216).

830 Darauf hinweisend *Kube*, AöR 137 (2012), 205 (216).

831 Im Ergebnis auch *Kube*, AöR 137 (2012), 205 (220), der von der „Tragweite der zu treffenden Entscheidungen im laufenden Vollzug“ spricht.

832 BVerfG v. 18.12.1984, 2 BvE 13/83 – BVerfGE 68, 1 (87).

Einzelfallentscheidungen ist zu verhindern. So ist, bezogen auf die Budgethoheit, das Parlament insbesondere zur Feststellung des Haushaltsplans zuständig (Art. 110 Abs. 2 Satz 1 GG). Zuständigkeiten zur Einzelfallentscheidung im Budgetbereich beispielsweise, die unter hohem Zeitdruck getroffen werden müssen, stehen dazu aber im Widerspruch[833]. Zudem lässt sich nicht mit der Legitimationswirkung argumentieren, weil hier keine für diese Frage relevanten Unterschiede zwischen Legislative und Exekutive bestehen[834].

Nimmt man die Kompetenzzuordnung zwischen Legislative und Exekutive aber nach verschiedenen funktionalen Aspekten wie „Verfahrensorganisation und Kontrolle"[835] vor, lässt sich gleichwohl ein Vorrang parlamentarischer Zuständigkeit begründen. Die Budgethoheit stellt in der parlamentarischen Demokratie eines der wesentlichsten Parlamentsrechte dar, das grundsätzlich im parlamentarischen Verantwortungsbereich liegen soll. Die Budgethoheit soll gerade die parlamentarische Regierungskontrolle effektivieren. Zwar verfügt die Regierung gewöhnlicherweise über die für auswärtiges Handeln erforderliche effektive Organisationsstruktur[836]. Der besondere Stellenwert, den die Budgethoheit für das Parlament einnimmt, rechtfertigt es aber, eine funktionale Zuordnung besonderer Einzelfallentscheidungen in diesem Bereich in den parlamentarischen Verantwortungsbereich vorzunehmen. Maßgeblich ist die Bedeutung, die die jeweilige Entscheidung für die Budgethoheit des Parlaments insgesamt einnimmt. Ein parlamentarischer Zustimmungsvorbehalt, der sich in Angelegenheiten der Europäischen Union auch auf die Durchführung einer völkerrechtlichen Vertragsverpflichtung bezieht, ist damit im Grundsatz verfassungsrechtlich gefordert.

b. Entscheidung im Plenum des Parlaments?

Verfassungsrechtlich problematisch an der Konstruktion eines einzelfallbezogenen Zustimmungsvorbehalts ist, dass das Parlament seine Gesetzgebungsfunktion grundsätzlich im Erlass abstrakt-genereller Regelungen ausübt. Organisatorisch ist der Bundestag nur in begrenztem Maße in der Lage, einzelfallbezogen zu handeln (vgl. aber beispielsweise das Zustimmungsrecht des Bundestages bei

---

833 Vgl. *Möllers/Reinhardt*, JZ 2012, 693 (700).

834 Zutreffend *Nettesheim*, in: Jahrbuch des Föderalismus, 2012, S. 259 (273 f.), der ausgehend davon für eine funktionale Abgrenzung plädiert.

835 *Nettesheim*, in: Jahrbuch des Föderalismus, 2012, S. 259 (274).

836 Vgl. *Streinz*, in: *Sachs*, GG, 6. Auflage 2011, Art. 23 Rn. 104, der von „funktionsgerechter Organstruktur" spricht.

Auslandseinsätzen der Bundeswehr, § 1 Abs. 2 ParlBG[837]). Grundsätzlich dienen Parlamentsausschüsse der Entlastung des Parlamentsplenums[838]. Die Delegation des einzelfallbezogenen Zustimmungsvorbehalts auf den Haushaltsausschuss könnte daher einen Mittelweg darstellen, der dem Bundestag dieses Recht zwar vorbehält, aber gleichzeitig einer Überlastung des Parlamentsplenums entgegenwirkt. Es stellt sich jedoch die Frage, ob die Aufgabe des Bundestages in diesem Zusammenhang in gleicher Weise durch den Haushaltsausschuss erfüllt werden kann.

aa. Die Maßstäbe des BVerfG

(a) Delegation parlamentarischer Entscheidungen an Ausschüsse oder Gremien

Nach Maßgabe der Rechtsprechung des BVerfG ist die Delegation parlamentarischer Entscheidungen an Parlamentsausschüsse oder andere parlamentarische Gremien nicht von vorneherein ausgeschlossen. Zwar übe der Bundestag seine demokratische Funktion grundsätzlich durch die Gesamtheit seiner Mitglieder aus[839]. Jedem Abgeordneten müssen aus diesem Grund grundsätzlich gleiche Mitwirkungsrechte im parlamentarischen Verfahren zustehen[840]. Diese verfassungsrechtlichen Grundsätze seien gleichwohl nicht absolut zu verstehen. Die „Funktionsfähigkeit des Parlaments"[841] ermögliche beispielsweise in Fällen besonders dringender oder vertraulicher Entscheidungen[842], die grundsätzlich gleichberechtigte Teilnahme aller Abgeordneten am parlamentarischen Verfahren zu begrenzen.

Aus diesem Grund stehe es dem Bundestag zu, einzelne parlamentarische Zuständigkeiten an Ausschüsse und andere parlamentarische Gremien zu delegieren[843]. Diesbezüglich verfüge der Bundestag grundsätzlich über weite Gestaltungsmöglichkeiten[844]. Die Delegation diene vornehmlich dazu, eine abschließende Entscheidung des Bundestages vorbereiten zu lassen (vgl. § 54

837 Gesetz über die parlamentarische Beteiligung bei der Entscheidung über den Einsatz bewaffneter Streitkräfte im Ausland – Parlamentsbeteiligungsgesetz v. 18.3.2005, BGBl. I 2005, 775.

838 *Geis*, in: *Isensee/Kirchhof*, HdBdStR, Band III, 3. Auflage 2005, § 54 Rn. 1.

839 BVerfG v. 24.3.1981, 2 BvR 215/81 – BVerfGE 56, 396 (405); BVerfG v. 13.6.1989, 2 BvE 1/88 – BVerfGE 80, 188 (217 f.).

840 BVerfG v. 10.5.1977, 2 BvR 705/75 – BVerfGE 44, 308 (316); BVerfG v. 28.2.2012, 2 BvE 8/11 – BVerfGE 130, 318 (342).

841 BVerfG v. 28.2.2012, 2 BvE 8/11 – BVerfGE 130, 318 (348).

842 BVerfG v. 28.2.2012, 2 BvE 8/11 – BVerfGE 130, 318 (358).

843 BVerfG v. 28.2.2012, 2 BvE 8/11 – BVerfGE 130, 318 (349).

844 BVerfG v. 13.6.1989, 2 BvE 1/88 – BVerfGE 80, 188 (220).

Abs. 1 Satz 1 GO-BT)[845]. Die Zuweisung einer „plenarersetzenden"[846] Kompetenz sei dagegen die Ausnahme. Zwar seien keine besonderen Anforderungen an die Mitgliederzahlen von Ausschüssen oder anderen Gremien zu stellen[847]. Die Begrenzung der Mitwirkungsbefugnisse der einzelnen Abgeordneten müsse aber stets verhältnismäßig[848] ausgestaltet sein. Eine verhältnismäßige Ausgestaltung liege nur vor, wenn Ausschüsse und Gremien in ihrer Besetzung das Plenum des Parlaments widerspiegeln und die nicht beteiligten Abgeordneten weiterhin durch hinreichende Informationen in die Entscheidung eingebunden blieben[849]. Diese verfassungsrechtlichen Grundsätze gelten im Wesentlichen auch für die Delegation budgetärer Entscheidungszuständigkeiten.

(b) Delegation in Budgetentscheidungen

In diesem Staatsaufgabenbereich seien trotzdem Besonderheiten zu beachten. Die Budgethoheit stelle eine der grundlegendsten parlamentarischen Kompetenzen dar[850]. Aus diesem Grund sei gerade im Budgetbereich grundsätzlich eine öffentliche Debatte im Bundestag notwendig[851].

Im Einzelfall sei die Delegation eines konstitutiven Zustimmungsrechts des Bundestages bei der Übernahme von Gewährleistungen im Sinne des Art. 115 Abs. 1 GG an den Haushaltsausschuss dennoch als verfassungsrechtlich zulässig anzusehen. Wenngleich im Maßstäbeteil der zugrunde liegenden Entscheidung von einem Zustimmungsvorbehalt des Bundestages insgesamt gesprochen wird[852], wird im Subsumtionsteil[853] die Wahrnehmung der Zustimmungszuständigkeit

---

845 BVerfG v. 28.2.2012, 2 BvE 8/11 - BVerfGE 130, 318 (351); *Geis*, in: *Isensee/Kirchhof*, HdBdStR, Band III, 3. Auflage 2005, § 54 Rn. 1.

846 BVerfG v. 28.2.2012, 2 BvE 8/11 - BVerfGE 130, 318 (347); das BVerfG lässt dabei offen, ob dies auch für grundlegende Entscheidungen gilt; dies ablehnend *Achterberg/Schulte*, in: *von Mangoldt/Klein/Starck*, GG, Band 2, 6. Auflage 2010, Art. 45c Rn. 30; auch *Nettesheim*, in: Jahrbuch des Föderalismus, 2012, S. 259 (270) m.w.N.

847 BVerfG v. 28.2.2012, 2 BvE 8/11 - BVerfGE 130, 318 (354).

848 BVerfG v. 28.2.2012, 2 BvE 8/11 - BVerfGE 130, 318 (359).

849 BVerfG v. 28.2.2012, 2 BvE 8/11 - BVerfGE 130, 318 (353 ff.); kritisch zu Parallelität zwischen Bundestagsplenum und Teilgremium *Nettesheim*, in: Jahrbuch des Föderalismus, 2012, S. 259 (270).

850 BVerfG v. 28.2.2012, 2 BvE 8/11 - BVerfGE 130, 318 (343).

851 BVerfG v. 28.2.2012, 2 BvE 8/11 - BVerfGE 130, 318 (344).

852 BVerfG v. 7.9.2011, 2 BvR 987/10 u.a. - BVerfGE 129, 124 (180).

853 Im konkreten Fall ging es um die Auslegung des § 1 Abs. 4 Satz 1 des Gesetzes zur Übernahme von Gewährleistungen im Rahmen eines europäischen Stabilisierungsmechanismus (Stabilisierungsmechanismusgesetz - StabMechG) v. 22.5.2010,

des Bundestages durch den Haushaltsausschuss nicht beanstandet[854]. In einer ähnlich gelagerten Entscheidung wurde demgegenüber die noch weitergehende Delegation eines Zustimmungsvorbehalts des Bundestages in Fällen besonderer Eilbedürftigkeit und Vertraulichkeit an ein aus einzelnen Mitgliedern des Haushaltsausschusses bestehendes Sondergremium[855], jedenfalls im Grundsatz[856], beanstandet.

bb. Stellungnahme

Auch in budgetären Entscheidungen wird der Bundestag regelmäßig durch den Haushaltsausschuss entlastet. Die nach § 22 Satz 3 BHO erforderliche Einwilligung des Bundestages in die Verwendung bestimmter Titel im Haushaltsplan beispielsweise erfolgt vornehmlich durch den Haushaltsausschuss[857]. In bestimmten[858], die Budgethoheit des Bundestages besonders berührenden[859] Fällen erscheint die Delegation von Entscheidungszuständigkeiten an den Haushaltsausschuss jedoch als nicht sachgerecht. Gleiches gilt in noch höherem Maße für die Delegation budgetärer Entscheidungszuständigkeiten an ein Gremium, das sich aus einer im Vergleich zum Haushaltsausschuss noch kleineren Mitgliederzahl zusammensetzt.

Zwar ist der Haushaltsausschuss im Vergleich zum Bundestagsplenum bereits aufgrund der geringeren Mitgliederzahl in der Lage, zügig zu handeln[860]. Werden keine besonderen Anforderungen an die Parlamentsmehrheit gestellt, ist aber auch für einen Beschluss des Bundestages lediglich die einfache Mehrheit der

---

BGBl. I 2010, 627; vgl. auch *Calliess*, NVwZ 2012, 1 (4), der zutreffend darauf hinweist, dass hier an den Grenzen verfassungskonformer Auslegung gearbeitet wird.

854 BVerfG v. 7.9.2011, 2 BvR 987/10 u.a. – BVerfGE 129, 124 (186); kritisch zur fehlenden Begründung für diese Differenzierung *Piecha*, ZJS 2011, 544 (549).

855 Vgl. § 3 Abs. 3 des Gesetzes zur Übernahme von Gewährleistungen im Rahmen eines europäischen Stabilisierungsmechanismus (Stabilisierungsmechanismusgesetz – StabMechG) v. 22.5.2010, BGBl. I 2010, 627.

856 BVerfG v. 28.2.2012, 2 BvE 8/11 – BVerfGE 130, 318 (356 ff.).

857 Dieses Beispiel qualifizierter Sperrvermerke anführend *Heintzen*, in: *Isensee/Kirchhof*, HdBdStR, Band V, 3. Auflage 2007, § 120 Rn. 75.

858 Kritisch für den Einzelfall auch *Calliess*, NVwZ 2012, 1 (4); ähnlich *Thym*, JZ 2011, 1011 (1012); das Fehlen einer funktionalen Abgrenzung zwischen Haushaltsausschuss und Bundestag kritisiert *Nettesheim*, in: Jahrbuch des Föderalismus, 2012, S. 259 (268).

859 Für eine Beurteilung je nach der Wesentlichkeit der Entscheidung auch *Nettesheim*, in: Jahrbuch des Föderalismus, 2012, S. 259 (271).

860 *Kube*, AöR 137 (2012), 205 (214).

abgegebenen Stimmen erforderlich (Art. 42 Abs. 2 Satz 1 HS 1 GG). Eine Verzögerung des Verfahrens, die gegebenenfalls durch besondere Mehrheitserfordernisse, die es zu erreichen gilt, und die Bindung an Sitzungswochen eintreten kann, entsteht damit grundsätzlich auch im Plenum des Parlaments nicht notwendigerweise. Werden die formellen Voraussetzungen des Gesetzesbeschlusses eingehalten, ist vielmehr auch eine zügige Behandlung im Plenum des Parlaments verfassungsrechtlich nicht zu beanstanden[861]. Bereits verfahrensrechtlich sind daher keine Gründe ersichtlich, die eine Delegation der Entscheidungszuständigkeit an den Haushaltsausschuss erfordern. Die Behandlung im Plenum des Parlaments unterscheidet sich zudem demokratietheoretisch von einer Entscheidung durch einen Ausschuss. Der Bundestag verhandelt grundsätzlich öffentlich (vgl. Art. 42 Abs. 1 Satz 1 GG). Die Beratungen in den Parlamentsausschüssen finden hingegen grundsätzlich nichtöffentlich statt (§ 69 Abs. 1 Satz 1 GO-BT). Eine öffentliche Debatte aber verschafft den Bürgern ein höheres Maß an Information. Zudem repräsentiert nur das Parlamentsplenum die Bürger vollumfänglich[862]. Auch bewirkt eine Behandlung im Plenum des Parlaments eine effektivere Regierungskontrolle, weil die Regierung den Bundestag und nicht lediglich einen aus wenigen Mitgliedern bestehenden Ausschuss von ihrem Handeln überzeugen muss[863]. Diese zuletzt genannten materiellen Aspekte gelten in besonderem Maße für die Delegation budgetärer Entscheidungszuständigkeiten, weil diese demokratietheoretisch besonders sensibel sind. Für eine Behandlung im Plenum des Parlaments spricht also nicht so sehr eine verfassungsrechtlich verpflichtende Gleichbehandlung aller Abgeordneten, sondern, dass das Demokratieprinzip in wesentlichen Budgetentscheidungen gerade eine Debatte im Bundestag erfordert. Im Übrigen spricht auch der Sinn und Zweck, der hinter der Konstruktion eines einzelfallbezogenen parlamentarischen Zustimmungsvorbehalts steht, für eine Behandlung im Bundestag. Denn bezweckt ist, Entscheidungszuständigkeiten des Bundestages nicht auf den Abschluss einer völkerrechtlichen Vertragsverpflichtung zu reduzieren, sondern diese auch auf die Vertragsdurchführung auszudehnen. Es soll eine Befassung des Bundestages stattfinden, die ähnlich einer erneuten gesetzlichen Ermächtigung wirkt. Schlichte Mitwirkungsrechte sollen gerade nicht ausreichen. Dies wird aber nur erreicht, wenn auch tatsächlich der Bundestag zustimmt. Schließlich handelt es sich nicht um eine bloß vorbereitende Behandlung einer späteren

861 *Korioth*, in: *Pache/Schwarz*, Perspektiven der Europäischen Währungsunion, 2012, S. 61 (80).

862 *Kube*, AöR 137 (2012), 205 (214).

863 Darauf hinweisend *Calliess*, NVwZ 2012, 1 (4).

Plenarentscheidung, für die die Delegation an einen Ausschuss eigentlich gedacht ist (vgl. § 54 Abs. 1 Satz 1 GO-BT). In Fällen, in denen eine Entscheidungszuständigkeit konstitutiv den Bundeshaushalt belasten kann, bedarf es daher im Grundsatz stets der Entscheidung des Parlamentsplenums.

Gleichwohl ist eine Überbelastung des Parlaments zu verhindern. Stets zu berücksichtigen ist daher im Einzelfall, in welchem Maße der Bundeshaushalt belastet wird und inwiefern die Entscheidungsfreiheit bereits durch eine parlamentarische Vorgabe begrenzt ist. In Fällen beispielsweise bloß administrativer Entscheidungszuständigkeiten, die durch parlamentarische Gesetzgebung bereits in hohem Maße festgelegt sind[864], dient die Delegation auf ein parlamentarisches Untergremium der Entlastung des Plenums. Dies gilt insbesondere, wenn die tatsächliche Belastung des Haushalts darüber hinaus gering ist.

II. Bestimmtheit haushaltswirksamer Verpflichtungen

1. Vorgaben des BVerfG

Weiterhin werden Anforderungen an die Bestimmtheit einer haushaltswirksamen Verpflichtung gestellt. Der Bundestag dürfe keine „unbestimmte[n] haushaltspolitische[n] Ermächtigungen“[865] erteilen. Konkret nennt das BVerfG die Höhe, den Zweck, die Auszahlungsmodalitäten und den Zeitraum von Gewährleistungen im Sinne des Art. 115 Abs. 1 GG sowie die Bedingungen, unter denen diese übernommen werden, als festzulegende Parameter für inhaltliche Bestimmtheit[866].

2. Stellungnahme

Grundsätzlich muss jede parlamentsgesetzliche Rechtsgrundlage, in der die Exekutive durch das Parlament zu einem Handeln ermächtigt wird, hinreichend bestimmt sein[867]. Diese verfassungsrechtliche Vorgabe für die Übernahme von Gewährleistungen (Art. 115 Abs. 1 GG) im europäischen Integrationsprozess korrespondiert darüber hinaus mit den Anforderungen, die an die Übertragung von Hoheitsrechten auf die Europäische Union nach Art. 23 Abs. 1 Satz 2 GG

---

864 In eine ähnliche Richtung argumentieren *Kube*, AöR 137 (2012), 205 (221) sowie *Nettesheim*, in: Jahrbuch des Föderalismus, 2012, S. 259 (271 f.).

865 BVerfG v. 7.9.2011, 2 BvR 987/10 u.a. – BVerfGE 129, 124 (179); vgl. auch BVerfG v. 18.3.2014, 2 BvE 6/12 u.a. – NJW 2014, 1505 (1509 f.).

866 BVerfG v. 7.9.2011, 2 BvR 987/10 u.a. – BVerfGE 129, 124 (185).

867 *Degenhart*, BayVBl 2012, 517 (520).

gestellt werden. Auch dort wird ein hinreichend bestimmtes oder bestimmbares Integrationsprogramm gefordert[868]. Dies ist konsequent. Auch Verpflichtungsermächtigungen, die nur in ihren Auswirkungen einer Übertragung von Hoheitsrechten entsprechen können, müssen hinreichend bestimmt sein. Denn sowohl bei der Übertragung von Hoheitsrechten als auch im Fall von Gewährleistungsübernahmen, deren tatsächliche Inanspruchnahme nicht mehr alleine vom Willen des Bundestages abhängt, wird endgültig aus der Hand gegeben, was vorhersehbar sein muss[869]. Grundlegendes Prinzip für die Übertragung von Hoheitsrechten im europäischen Integrationsprozess ist aber der Grundsatz der begrenzten Einzelermächtigung (Art. 5 Abs. 1 Satz 1 EUV), der das Handeln der Europäischen Union auf genau die Zuständigkeiten begrenzt, die ihr von den Mitgliedstaaten übertragen wurden (Art. 5 Abs. 2 Satz 1 EUV). Diesem Grundsatz entspricht auf verfassungsrechtlicher Ebene eine hinreichend bestimmte Übertragung von Hoheitsrechten. Entsprechende verfassungsrechtliche Vorgaben müssen daher auch bei finanziellen Verbindlichkeiten gelten, die im Falle ihrer Inanspruchnahme in ihren Auswirkungen einer Übertragung von Hoheitsrechten gleichkommen können. Die verfassungsrechtlichen Anforderungen können jeweils nicht grundlegend differieren. Denn bezweckt ist in beiden Fällen, dass die Mitgliedstaaten den Integrationsprozess nicht unkontrolliert aus der Hand geben. Es soll nicht zu einer Verselbstständigung europäischer Entscheidungszuständigkeiten kommen, die den Entscheidungsspielraum der Mitgliedstaaten unvorhersehbar einschränken kann. Gilt dies bei den Bestimmtheitsanforderungen an die Übertragung von Hoheitsrechten allgemein, so sind hinreichend bestimmte Gewährleistungsübernahmen speziell im Hinblick auf die Budgethoheit notwendig. Gleichwohl folgt das Bestimmtheitskriterium bereits aus Art. 115 Abs. 1 GG. Insofern werden mit dem Bestimmtheitserfordernis lediglich allgemeine verfassungsrechtliche Anforderungen besonders betont und konkretisiert.

III. Beherrschbarkeit der Folgen haushaltswirksamer Verpflichtungen

1. Vorgaben des BVerfG

Weiterhin stellt das BVerfG verfassungsrechtliche Anforderungen an die Beherrschbarkeit der Folgen haushaltswirksamer Verpflichtungen. Wenn die

---

868 BVerfG v. 12.10.1993, 2 BvR 2134/92 u.a. – BVerfGE 89, 155 (187); BVerfG v. 30.6.2009, 2 BvE 2/08 u.a. – BVerfGE 123, 267 (351).

869 *Wernsmann/Sandberg*, DÖV 2014, 49 (54).

„Folgewirkungen"[870] einer Gewährleistungsübernahme im Sinne des Art. 115 Abs. 1 GG nicht beherrschbar seien, dürfte diese nicht eingegangen werden. Vielmehr bedürfe es stets einer erneuten Zustimmung des Bundestages, wenn eine haushaltwirksame Belastung bei erstmaliger Zustimmung nicht vorhersehbar war[871].

2. *Stellungnahme*

Dem ist im Grundsatz zuzustimmen. Dieses Kriterium steht im engen Zusammenhang mit dem bereits dargestellten Bestimmtheitserfordernis. Auch die Folgen, die sich aus einer haushaltswirksamen Verpflichtungsermächtigung ergeben können, müssen bestimmt, d.h. zumindest grob erkennbar sein. Im Hinblick auf die Auswirkungen haushaltswirksamer Verpflichtungen bedarf es justiziabler verfassungsrechtlicher Grenzen. Anders als im Rahmen des Bestimmtheitskriteriums richtet sich der Blick in diesem Fall aber vornehmlich auf die zukünftige Inanspruchnahme des Bundeshaushalts. Letztlich steht auch hinter diesem Kriterium die Überlegung, dass das Handeln des Bundestages verfassungsrechtlich dann zu begrenzen ist, wenn dieser den Handlungsspielraum künftiger Haushaltsgesetzgeber präjudiziert. Richtigerweise nimmt das BVerfG gerade im Fall von Gewährleistungsübernahmen im Sinne des Art. 115 Abs. 1 GG die zukünftige finanzielle Belastung des Bundeshaushalts in den Blick, weil die tatsächliche Inanspruchnahme im Zeitpunkt des Eingehens der Verpflichtung noch nicht sicher ist.

Gleichzeitig wird aber klar, dass sich in diesem Kriterium keine für den Bundeshaushaltsgesetzgeber relevanten Unterschiede zum bereits aufgestellten Bestimmtheitskriterium ergeben. Vielmehr scheint das BVerfG an dieser Stelle schlicht darauf aufmerksam machen zu wollen, dass gerade bei finanziellen Verpflichtungen, deren Inanspruchnahme im Zeitpunkt des Vertragsschlusses noch ungewiss ist, auch deren Auswirkungen auf zukünftige Bundeshaushalte in den Blick zu nehmen sind. Dem ist nicht zu widersprechen, wenngleich klar wird, dass das Kriterium der Folgewirkungen keinen materiell neuen Aspekt aufweist.

Weiterhin ist problematisch, dass der Begriff der Folgewirkungen nicht klar definiert wird. Werden darunter ausschließlich die konkreten finanziellen Belastungen, also die Höhe der Zahlungsverpflichtungen verstanden, die aus einer

870 BVerfG v. 7.9.2011, 2 BvR 987/10 u.a. - BVerfGE 129, 124 (180); vgl. auch BVerfG v. 18.3.2014, 2 BvE 6/12 u.a. - NJW 2014, 1505 (1510).

871 BVerfG v. 7.9.2011, 2 BvR 987/10 u.a. - BVerfGE 129, 124 (179); unklar in diesem Zusammenhang *Nettesheim*, EuR 2011, 765 (774).

Gewährleistungsübernahme im Sinne des Art. 115 Abs. 1 GG resultieren, ist der Begriff klar konturiert. Im Übrigen ist der Begriff der Folgewirkungen aber sehr weit. Beispielsweise könnte darunter auch die abnehmende Bonität der Bundesrepublik Deutschland am internationalen Finanzmarkt zu verstehen sein, die aus einer besonders hohen Gewährleistungsübernahme resultieren kann. In diesem Fall gibt der Begriff dem Haushaltsgesetzgeber aber keine hinreichend konkreten verfassungsrechtlichen Maßstäbe vor. Der Handlungsspielraum des Gesetzgebers wird vielmehr in sehr hohem Maße eingeschränkt, obwohl nicht klar wird, welche Kriterien der Bundeshaushaltsgesetzgeber im Einzelnen zu beachten hat.

IV. Automatismus und Dauerhaftigkeit haushaltswirksamer Verpflichtungen

Ähnlich dem Kriterium der Folgewirkungen nehmen die verfassungsrechtlichen Grenzen für die Etablierung dauerhafter Automatismen[872], die aus sich selbst heraus Belastungen des Bundeshaushalts begründen können, die Auswirkungen finanzieller Verpflichtungen für zukünftige Bundestage in den Blick. Der Bundestag müsse sich einer Verpflichtung theoretisch auch wieder entziehen können[873]. Anders als die Betrachtung der Folgewirkungen weist der Ausschluss von Automatismen und dauerhaften Verpflichtungen einen hinreichend konkreten und eigenen normativen Gehalt auf. Dieses Kriterium ist eine Spezifikation des bereits erörterten parlamentarischen Zustimmungsvorbehalts. Der Bundestag soll in Haushaltsangelegenheiten nicht durch eine fremde Willensentscheidung präjudiziert werden können. Vielmehr muss die abschließende Entscheidungskompetenz bei haushaltswirksamen Verpflichtungen parlamentarisch verantwortet bleiben. Dem widersprechen aber Verpflichtungsermächtigungen, die dazu berechtigen, aus sich selbst heraus erneute Verpflichtungen zu begründen. Auch in diesem Fall muss dem Bundestag die konstitutive Zustimmung vorbehalten bleiben. Das BVerfG stellt eine konkrete Handlungsverpflichtung des Bundeshaushaltsgesetzgebers auf. Die Zustimmung des Gesetzgebers zu finanziellen Verpflichtungen, die aus sich selbst heraus automatisch zu weiteren Verpflichtungen führen können, ist aus Gründen des grundgesetzlichen Demokratieprinzips verfassungsrechtlich unzulässig.

872 BVerfG v. 7.9.2011, 2 BvR 987/10 u.a. - BVerfGE 129, 124 (180); vgl. auch BVerfG v. 18.3.2014, 2 BvE 6/12 u.a. - NJW 2014, 1505 (1510).

873 *Nettesheim*, EuR 2011, 765 (775).

Diese Vorgabe geht über die sonstigen Anforderungen, die das BVerfG an das Handeln des Bundeshaushaltsgesetzgebers stellt, hinaus. Denn dem Bundeshaushaltsgesetzgeber ist es untersagt, finanzielle Verpflichtungen einzugehen, die ohne erneute Zustimmung des Bundestages weitere Belastungen des Bundeshaushalts herbeiführen. Es wird auf die Berechtigung des Bundestages abgestellt, sich einer Verpflichtung auch wieder entziehen zu können. Insofern erhält der parlamentarische Zustimmungsvorbehalt eine neue Dimension, weil finanzielle Gewährleistungsübernahmen in den Blick genommen werden, die auf Dauerhaftigkeit angelegt sind. Damit ist es konsequent, dem Bundestag aus Gründen des Demokratieprinzips das Eingehen solcher Verpflichtungen zu untersagen, die ohne erneute Willensentscheidung des Bundestages automatisch neue finanzielle Belastungen begründen können, weil auch in diesem Fall die Dispositionsbefugnis zukünftiger Parlamente über den Haushalt vorweggenommen wird.

V. Absolute Höhe haushaltswirksamer Verpflichtungen

Schließlich können verfassungsrechtliche Grenzen auch hinsichtlich der absoluten Höhe bestehen, in der haushaltswirksame Verpflichtungen eingegangen werden. Ausdrücklich normiert das Grundgesetz eine absolute Grenze finanzieller Verbindlichkeiten insbesondere für die Aufnahme von Krediten[874]. Art. 115 Abs. 2 Satz 1 GG bestimmt, dass der Ausgleich des Bundeshaushalts nach Art. 110 Abs. 1 Satz 2 GG grundsätzlich nicht durch Einnahmen aus Krediten erfolgen darf. Dem ist nach Art. 115 Abs. 2 Satz 2 GG entsprochen, wenn die Krediteinnahmen des Bundes 0,35 Prozent des nominalen Bruttoinlandsprodukts nicht überschreiten. Von Spezialregelungen des Art. 115 Abs. 1 Sätze 3 - 8 GG abgesehen normiert das Grundgesetz an dieser Stelle eine absolute Grenze für die Aufnahme finanzieller Verbindlichkeiten. Daraus könnte ein über den ausdrücklichen Verfassungswortlaut hinausgehendes Verfassungsprinzip abzuleiten sein, nach welchem sich das Parlament beispielsweise auch bei Übernahme von Gewährleistungen im Sinne des Art. 115 Abs. 1 GG nur bis zu einer bestimmten absoluten Höhe finanziell verpflichten dürfe.

1. *Verfassungsrechtliche Vorgaben*

Das BVerfG hat offengelassen, ob und inwieweit sich unmittelbar aus dem Demokratieprinzip eine justiziable Begrenzung der Übernahme von

874 Anders aber *Siekmann*, in: *Sachs*, GG, 6. Auflage 2011, Art. 115 Rn. 19, der fordert, dass bei Gewährleistungen die „Höhe der erfahrungsgemäß realisierten Zahlungspflichten der Kreditaufnahme ohne Einschränkungen hinzugerechnet werden“ sollen; kritisch gegenüber der geltenden Gesetzeslage auch *Weber*, EuZW 2011, 935 (939).

Gewährleistungen im Sinne des Art. 115 Abs. 1 GG ableiten lässt, die über die ausdrücklichen verfassungsrechtlichen Vorgaben hinausgeht[875]. „Eine unmittelbar aus dem Demokratieprinzip folgende Obergrenze für die Übernahme von Gewährleistungen könnte nur überschritten sein, wenn sich im Eintrittsfall die Gewährleistungen so auswirkten, dass die Haushaltsautonomie jedenfalls für einen nennenswerten Zeitraum nicht nur eingeschränkt würde, sondern praktisch völlig leerliefe"[876]. Nur im extremen Ausnahmefall entnimmt das BVerfG dem Demokratieprinzip also eine absolute Grenze auch für die Übernahme von Gewährleistungen. Vorgeschlagen wird demgegenüber, gegebenenfalls eine absolute Grenze in Korrelation zum Umfang des Bundeshaushalts oder zur Höhe des Bruttoinlandsprodukts zu ziehen[877]. Noch konkretere Überlegungen gehen dahin, eine mittelbare Wirkung der Art. 109 Abs. 3 GG i.V.m. Art. 115 Abs. 2 GG anzunehmen[878]. Denn der unmittelbare Ausschluss von Gewährleistungsübernahmen aus dem Anwendungsbereich des Art. 115 Abs. 2 GG sei durch den verfassungsändernden Gesetzgeber bewusst vorgenommen worden, weil bloße Gewährleistungsübernahmen nicht notwendigerweise zu tatsächlichen Zahlungsverpflichtungen führen[879]. Dem Normgehalt der Vorschriften sei aber über den ausdrücklichen Wortlaut hinaus zu entnehmen, dass das Parlament auch bei der Übernahme von Gewährleistungen Begrenzungen unterliege, wenn diese im Falle ihrer tatsächlichen Inanspruchnahme einen Verstoß späterer Haushaltsgesetzgeber gegen die verfassungsrechtlichen Grenzen der Aufnahme von Krediten unausweichlich machen können[880]. Abzustellen sei auf den Grad der Wahrscheinlichkeit, nach dem es zur tatsächlichen Inanspruchnahme der

875 BVerfG v. 7.9.2011, 2 BvR 987/10 u.a. - BVerfGE 129, 124 (182).

876 BVerfG v. 7.9.2011, 2 BvR 987/10 u.a. - BVerfGE 129, 124 (183).

877 Explizit *Kube*, AöR 137 (2012), 205 (217); auch *Korioth*, in: *Pache/Schwarz*, Perspektiven der Europäischen Währungsunion, 2012, S. 61 (82); ebenso *Degenhart*, BayVBl 2012, 517 (520); bezogen auf den Umfang des Bundeshaushalts als Grenze kritisch *Nettesheim*, EuR 2011, 765 (776), der dies als willkürlichen Maßstab ansieht; ähnlich *Kahl*, DVBl 2013, 197 (202), der den Umfang des Bundeshaushalts dennoch jedenfalls als Maßstab heranzieht.

878 *Kube/Reimer*, NJW 2010, 1911 (1915).

879 *Kube/Reimer*, NJW 2010, 1911 (1915).

880 *Kube/Reimer*, NJW 2010, 1911 (1915); vgl. dazu beispielsweise die Gewährleistungsermächtigung i.H.v. 22,4 Milliarden Euro nach § 1 Abs. 1 des Gesetzes zur Übernahme von Gewährleistungen zum Erhalt der für die Finanzstabilität in der Währungsunion erforderlichen Zahlungsfähigkeit der Hellenischen Republik (WFStG), BGBl. I 2010, 537.

Gewährleistung komme[881]. Die verfassungsrechtlichen Grenzen der Aufnahme von Krediten entfalten in dieser Hinsicht eine „Vorwirkung“[882].

2. *Stellungnahme*

Der These, dass Art. 115 Abs. 2 GG für die Übernahme von Gewährleistungen im Sinne des Art. 115 Abs. 1 GG eine absolute Obergrenze zu entnehmen sei, steht zum einen der klare Wortlaut der Norm entgegen. Der verfassungsgebende Gesetzgeber berücksichtigte den Unterschied, den Kreditaufnahmen und Gewährleistungsübernahmen im Vergleich aufweisen: Kreditaufnahmen führen im Gegensatz zu Gewährleistungsübernahmen in jedem Fall zu Zahlungsverpflichtungen[883]. Zwar zeigt Art. 115 Abs. 2 GG, der das Demokratieprinzip konkretisiert[884], dass sich dem Demokratieprinzip Grenzen für die Aufnahme finanzieller Verbindlichkeiten entnehmen lassen. Der verfassungsgebende Gesetzgeber hat diese Grenze aber nur für Kreditaufnahmen konkretisiert. Eine solche Grenze für die Übernahme von Gewährleistungen wäre zum anderen auch objektiv schwer zu bestimmen. Denn die Wahrscheinlichkeit, mit der Gewährleistungen tatsächlich in Anspruch genommen werden, muss in die Betrachtung einbezogen werden. In dieser Frage aber besteht eine Einschätzungsprärogative des Gesetzgebers[885], weil die Wahrscheinlichkeit der Inanspruchnahme nicht entsprechend einer Kausalität bestimmt werden kann. Eine unmittelbar aus dem Demokratieprinzip folgende Obergrenze lässt sich vielmehr erst im Falle tatsächlich exorbitanter Gewährleistungen annehmen, die mit hoher Wahrscheinlichkeit in Anspruch genommen werden.

D. Zwischenergebnis

Das Demokratieprinzip des Art. 20 Abs. 1 und 2 GG begrenzt die Übertragung dem Bundestag zustehender Budgethoheiten auf Institutionen der Europäischen Union. An diesen verfassungsrechtlichen Vorgaben zu messen sind zum einen die Übertragung von Hoheitsrechten im Sinne des Art. 23 Abs. 1 Satz 2 GG sowie zum anderen das Eingehen finanzieller Verpflichtungen im Zuge des europäischen Integrationsprozesses, die in ihren Auswirkungen einer Übertragung von Budgethoheitsrechten gleichkommen.

---

881 *Kube/Reimer*, NJW 2010, 1911 (1915).
882 *Kube/Reimer*, NJW 2010, 1911 (1915).
883 Darauf hinweisend aber auch *Kube/Reimer*, NJW 2010, 1911 (1915).
884 Vgl. nur BVerfG v. 9.7.2007, 2 BvF 1/04 – BVerfGE 119, 96 (142).
885 BVerfG v. 7.9.2011, 2 BvR 987/10 u.a. – BVerfGE 129, 124 (182 f.).

Kapitel 4 – Rechtsetzungsmöglichkeiten nach geltendem Unionsrecht

In Kapitel 2 der Untersuchung wurden die nach geltendem Unionsrecht bestehenden Kompetenzen der Europäischen Union zur Aufsicht über die mitgliedstaatlichen Haushalte aufgezeigt. Kapitel 3 behandelte verfassungsrechtliche Grenzen der Verlagerung budgetärer Kompetenzen auf die Europäische Union. Im Folgenden werden ausgehend von diesen Grundlagen die unionsrechtlichen Möglichkeiten präventiver Aufsicht über den Bundeshaushalt nach geltendem Recht untersucht. Die Ausführungen begrenzen sich auf unionale Rechte zur präventiven Aufsicht über den Bundeshaushalt und nehmen Aufsichtsmaßnahmen der Unionsorgane in den Blick, die im aktuellen Gesetzgebungsverfahren auf europäischer Ebene erlassen wurden. Eingegangen wird dabei auf Aufsichtsrechte, die gegenüber Mitgliedstaaten bestehen, die den Euro als gemeinsame Währung eingeführt haben, weil Art. 139 AEUV nur diesen gegenüber keine Maßnahmen des Art. 121 AEUV ausschließt. Unter präventiven Aufsichtsrechten sind, ausgehend von der Differenzierung im zweiten Kapitel, Vorgaben, Überwachungs- und Sanktionsrechte der Europäischen Union zu verstehen, die die Entstehung eines Haushaltsdefizits im Sinne des Art. 126 Abs. 1 AEUV bereits im Vorhinein verhindern sollen. Da sich die aktuellen Gesetzgebungsmaßnahmen vornehmlich auf die Erweiterung der Überwachungs- und Sanktionsrechte der Europäischen Union beziehen, wird besonderes Augenmerk auf eine Novellierung des präventiven Haushaltsaufsichtsverfahrens dieser Art gerichtet.

Die unionsrechtlichen Möglichkeiten präventiver Haushaltsaufsicht sollen an Sekundärrechtsakten aufgezeigt werden, die auf Grundlage des geltenden Primärrechts im aktuellen Gesetzgebungsprozess auf unionaler Ebene erlassen wurden und thematisch präventive Aufsichtsrechte zum Gegenstand haben. Die Kompetenzmäßigkeit dieser Sekundärrechtsakte soll den primärrechtlichen Regelungsrahmen des präventiven Haushaltsaufsichtsverfahrens verdeutlichen. Zugrunde gelegt werden die Ausführungen im zweiten Kapitel, die die nach geltendem Primärrecht bestehenden Vorgaben, Überwachungs- und Sanktionsrechte des präventiven Aufsichtsverfahrens im Einzelnen genannt haben.

A. Finanzielle Sanktionen

Als kompetenziell problematisch stellen sich zunächst finanzielle Sanktionsmaßnahmen dar, die im präventiven Haushaltsüberwachungsverfahren Anwendung finden. Denn primärrechtlich begrenzt sich der Maßnahmenkatalog des Art. 121 Abs. 3 und 4 AEUV vornehmlich auf Bewertungen und Empfehlungen, die für den betroffenen Mitgliedstaat jeweils bloß rechtlich unverbindlichen Charakter haben. Gleichwohl berechtigen Sekundärrechtsakte, die auf Grundlage des Art. 121 Abs. 6 AEUV erlassen werden und das Verfahren des Art. 121 Abs. 3 und 4 AEUV konkretisieren, auch zu Sanktionsmaßnahmen finanzieller Art. Diese sekundärrechtliche Ausgestaltung des präventiven Haushaltsaufsichtsverfahrens in Form finanzieller Sanktionen belegt Art. 4 Abs. 1 VO (EU) 1173/2011.

Nach Art. 4 Abs. 1 VO (EU) 1173/2011 kann ein Mitgliedstaat zur Zahlung einer verzinslichen Einlage verpflichtet werden, wenn er der Empfehlung des Rates nach Art. 121 Abs. 4 Satz 2 AEUV nicht Folge leistet. Art. 4 Abs. 1 VO (EU) 1173/2011 lautet:

> „Nimmt der Rat einen Beschluss an, mit dem festgestellt wird, dass ein Mitgliedstaat es unterlassen hat, aufgrund der nach Artikel 6 Absatz 2 Unterabsatz 2 der Verordnung (EG) Nr. 1466/97 ergangenen Empfehlung des Rates Maßnahmen zu ergreifen, so empfiehlt die Kommission dem Rat innerhalb von 20 Tagen nach Annahme des Beschlusses des Rates, dass der Rat mit einem weiteren Beschluss von dem betreffenden Mitgliedstaat verlangt, bei der Kommission eine verzinsliche Einlage in Höhe von 0,2 % des BIP des Vorjahres zu hinterlegen.“

Nach Maßgabe dieser sekundärrechtlichen Bestimmung kann der Rat auf Empfehlung der Kommission den Mitgliedstaat durch einen eigenständigen Beschluss mit einer finanziellen Sanktion belasten. Die Sanktion greift, wenn der Rat durch Beschluss festgestellt hat, dass der Mitgliedstaat den Empfehlungen des Rates nach Art. 121 Abs. 4 Satz 2 AEUV zur Erreichung des mitgliedstaatlichen Haushaltsziels nicht Folge geleistet hat. Maßstab ist dabei das mittelfristige Haushaltsziel, das sich aus den Stabilitäts- und Konvergenzprogrammen ergibt, die die Mitgliedstaaten nach Art. 121 Abs. 3 UAbs. 2 AEUV der Kommission zu übermitteln haben, und deren Einhaltung Kommission und Rat nach Maßgabe des Art. 121 Abs. 4 AEUV überprüfen sowie mit Verwarnung bzw. Empfehlung sanktionieren.

Gestützt wird diese Sanktionsmaßnahme ausweislich des Wortlauts der VO (EU) 1173/2011 auf Art. 136 AEUV i.V.m. Art. 121 Abs. 6 AEUV. Es stellt sich jedoch die Frage, ob der in der Verordnung enthaltene Sanktionstatbestand finanzieller Art auf Grundlage der genannten Primärrechtsbestimmungen erlassen werden kann.

I. Kompetenzgrundlage

1. Art. 121 Abs. 6 i.V.m. Abs. 3 und 4 AEUV als Kompetenzgrundlage?

Zunächst kommt als mögliche Kompetenzgrundlage des Sanktionstatbestandes Art. 121 Abs. 6 AEUV in Betracht. Nach Art. 121 Abs. 6 AEUV können das Europäische Parlament und der Rat die Einzelheiten des Verfahrens der multilateralen Überwachung im Sinne der Art. 121 Abs. 3 und 4 AEUV durch Verordnungen festlegen.

Die in Art. 4 Abs. 1 VO (EU) 1173/2011 vorgesehene finanzielle Sanktionsmaßnahme greift, wenn der betroffene Mitgliedstaat eine Empfehlung des Rates nach Art. 121 Abs. 4 Satz 2 AEUV nicht befolgt, und spezifiziert daher im Grundsatz das Verfahren des Art. 121 Abs. 4 AEUV. Problematisch ist jedoch zum einen, dass primärrechtlich das Verfahren des Art. 121 Abs. 4 Satz 2 AEUV mit einer Empfehlung des Rates endet, eine Zahlungsverpflichtung dort aber nicht vorgesehen ist. Die Pflicht zur Zahlung einer verzinslichen Einlage, die entsteht, wenn der Mitgliedstaat der Empfehlung des Rates nicht folgt, spezifiziert das in Art. 121 Abs. 4 AEUV vorgesehene Verfahren damit nicht nur, sondern erweitert es. Zum anderen berechtigen sowohl das Verfahren des Art. 121 Abs. 3 AEUV als auch das Verfahren des Art. 121 Abs. 4 AEUV nur punktuell zum Erlass rechtlich verbindlicher Handlungsverpflichtungen: Art. 121 Abs. 3 sieht die Kompetenz des Rates zur Gesamtbewertung der mitgliedstaatlichen Haushaltslage vor, zu deren Zweck die Mitgliedstaaten zur Informationsübermittlung im Hinblick auf die Entwicklung ihrer Haushaltslage verpflichtet werden können. Bei der Gesamtbewertung im Sinne des Art. 121 Abs. 3 AEUV handelt es sich um eine rechtlich unverbindliche Stellungnahme im Sinne des Art. 288 Abs. 5 AEUV[886]. Zum Zwecke der multilateralen Überwachung gibt der Rat anhand von Kommissionsberichten eine bloße Meinungsäußerung[887] zur wirtschaftlichen Entwicklung der Mitgliedstaaten und der Europäischen Union ab und misst diese an den auf europäischer Ebene aufgestellten Grundzügen der Wirtschaftspolitik im Sinne des Art. 121 Abs. 2 AEUV. Lediglich in Form der dafür notwendigen Informationsübermittlung (vgl. Art. 121 Abs. 3 UAbs. 2 AEUV) werden die Mitgliedstaaten tatsächlich verpflichtet[888]. Auch Art. 121

---

886 *Bast/Rödl*, EuGRZ 2012, 269 (271); zur fehlenden rechtlichen Verbindlichkeit einer Stellungnahme vgl. *Ruffert*, in: *Calliess/Ruffert*, EUV/AEUV, 4. Auflage 2011, Art. 288 AEUV Rn. 95.

887 *Ruffert*, in: *Calliess/Ruffert*, EUV/AEUV, 4. Auflage 2011, Art. 288 AEUV Rn. 96.

888 *Hattenberger*, in: *Schwarze*, EU-Kommentar, 3. Auflage 2012, Art. 121 AEUV Rn. 29, dort aber auch kritisch zur Unbestimmtheit dieser Verpflichtung.

Abs. 4 AEUV sieht keine rechtlich verbindlichen Handlungsverpflichtungen der Mitgliedstaaten vor. Der Rat kann wiederum eine unverbindliche Empfehlung im Sinne des Art. 288 Abs. 5 AEUV an den betreffenden Mitgliedstaat richten (Art. 121 Abs. 4 UAbs. 1 Satz 2 AEUV). Auch die dieser Empfehlung vorgelagerte Verwarnung der Kommission (Art. 121 Abs. 4 UAbs. 1 Satz 1 AEUV), die eigenständig neben die in Art. 288 AEUV genannten Handlungsformen tritt, ist für den Mitgliedstaat nicht verbindlich[889]. Schließlich betrifft der im äußersten Fall vorgesehene Beschluss über die Veröffentlichung der Empfehlung (Art. 121 Abs. 4 UAbs. 1 Satz 3 AEUV) lediglich die Form ihrer Bekanntgabe[890], die öffentlichen Druck auf den Mitgliedstaat ausüben soll. Über die genannten Maßnahmen hinaus sind jedoch primärrechtlich keine weiteren Kompetenzen der Unionsorgane zur präventiven Einwirkung auf die Haushaltspolitik der Mitgliedstaaten vorgesehen[891]. Art. 121 Abs. 3 und 4 AEUV sind vielmehr „äußerst zurückhaltend ausgestaltet"[892]. Auch wenn die genannten Handlungsformen im förmlichen Gesetzgebungsverfahren zustande kommen, enthalten sie keine Berechtigung zum Erlass rechtlich verbindlicher Handlungsverpflichtungen[893]. Eine Kompetenzgrundlage zum Erlass finanzieller Sanktionen beinhaltet Art. 121 Abs. 3 und 4 AEUV jedenfalls nicht.

Art. 121 Abs. 6 AEUV berechtigt aber ausweislich des Wortlauts ausschließlich[894] dazu, Einzelheiten der in Art. 121 Abs. 3 und 4 AEUV vorgesehenen Verfahren sekundärrechtlich zu regeln. Es dürfen keine neuen Verfahrensinhalte begründet werden, die sich außerhalb der in Art. 121 Abs. 3 und 4 AEUV festgelegten Verfahrensschritte bewegen[895]. Das bedeutet, dass die das präventive Haushaltsaufsichtsverfahren konkretisierenden Sekundärrechtsakte keine für die Mitgliedstaaten rechtlich verbindlichen Handlungsverpflichtungen vorsehen dürfen. Denn in diesem Fall ginge der Unionsgesetzgeber sekundärrechtlich

---

889 *Bandilla*, in: *Grabitz/Hilf/Nettesheim*, Recht der EU, Loseblatt, Art. 121 AEUV (Mai 2013) Rn. 28; vgl. auch *Ohler*, ZG 2010, 330 (332), der von einer „Wissenserklärung" spricht.

890 *Bast/Rödl*, EuGRZ 2012, 269 (271); im Ergebnis ähnlich *Häde*, in: *Calliess/Ruffert*, EUV/AEUV, 4. Auflage 2011, Art. 121 AEUV Rn. 16.

891 Ähnlich *Hattenberger*, in: *Schwarze*, EU-Kommentar, 3. Auflage 2012, Art. 121 AEUV Rn. 46.

892 *Rodi*, in: *Vedder/Heintschel von Heinegg*, Europäisches Unionsrecht, 2012, Art. 121 AEUV Rn. 12.

893 Zutreffend *Bast/Rödl*, EuGRZ 2012, 269 (271).

894 Vgl. *Joerges*, Der Staat 51 (2012), 357 (372).

895 *Rathke*, DÖV 2012, 751 (756).

über die primärrechtlichen Vorgaben hinaus[896]. Zum einen ist eine finanzielle Sanktionsmaßnahme, die an die Empfehlung nach Art. 121 Abs. 4 UAbs. 1 Satz 2 AEUV anknüpft, primärrechtlich weder in Art. 121 Abs. 4 UAbs. 1 Satz 2 AEUV angelegt noch Bestandteil eines anderen Verfahrensschritts des Art. 121 Abs. 3 und 4 AEUV. Da die genannte Verordnung Unionsorgane dazu berechtigt, im präventiven Haushaltsaufsichtsverfahren Mitgliedstaaten zu rechtlich verbindlichen Zahlungen zu verpflichten, erweitert sie vielmehr das Überwachungs- und Sanktionsverfahren des Art. 121 Abs. 3 und 4 AEUV, das in diesem Verfahrensstadium derart weite Eingriffe in das haushaltspolitische Handeln der Mitgliedstaaten gerade nicht vorsieht[897]. Es werden nicht bloß Einzelheiten der Verfahren des Art. 121 Abs. 3 und 4 AEUV festgelegt[898]. Zum anderen modifiziert die Sanktionsmaßnahme das Verfahren in unzulässiger Weise. Denn die eigentlich rechtlich unverbindliche Empfehlung des Rates nach Art. 121 Abs. 4 UAbs. 1 Satz 2 AEUV wird für den Mitgliedstaat faktisch verbindlich, weil er im Fall einer Nichtbeachtung mit finanziellen Sanktionen rechnen muss[899]. Im Ergebnis können finanzielle Sanktionsmaßnahmen im präventiven Haushaltsaufsichtsverfahren nicht auf Art. 121 Abs. 6 AEUV i.V.m. Art. 121 Abs. 3 und 4 AEUV gestützt werden.

2. Art. 136 AEUV als Kompetenzgrundlage?

Als Kompetenzgrundlage für den Erlass finanzieller Sanktionsmaßnahmen im präventiven Aufsichtsverfahren gegenüber Euro-Mitgliedstaaten kommt des Weiteren Art. 136 AEUV in Betracht. Art. 136 AEUV berechtigt den Rat, im Rahmen der Wirtschafts- und Währungsunion (Art. 119 ff. AEUV) für Mitgliedstaaten der Eurozone besondere Bestimmungen zu erlassen. Dabei sind zwei Fälle zu unterscheiden.

Auf Grundlage des Art. 136 Abs. 1 lit. a AEUV kann die Koordinierung und Überwachung der Haushaltsdisziplin von Euro-Mitgliedstaaten verstärkt werden. Diese Bestimmung bezieht sich auf Koordinierungs- und Überwachungsmaßnahmen im repressiven Haushaltsaufsichtsverfahren des

896 *Bast/Rödl*, EuGRZ 2012, 269 (271).

897 So auch *Hattenberger*, in: *Schwarze*, EU-Kommentar, 3. Auflage 2012, Art. 121 AEUV Rn. 44; im Ergebnis ähnlich *Rathke*, DÖV 2012, 751 (756); vgl. auch *Ohler*, in: *Siekmann*, Kommentar zur EWU, 2013, Art. 121 AEUV Rn. 23, der finanzielle Sanktionen auf dieser Grundlage gar als „[o]ffensichtlich primärrechtswidrig" bezeichnet.

898 *Rathke*, DÖV 2012, 751 (756).

899 So auch *Bast/Rödl*, EuGRZ 2012, 269 (271).

Art. 126 AEUV[900] und scheidet daher als einschlägige Kompetenzgrundlage für den vorliegenden Fall, der die präventive Kontrolle der mitgliedstaatlichen Haushaltspolitik zum Gegenstand hat, von vornherein aus.

Nach Art. 136 Abs. 1 lit. b AEUV kann der Rat darüber hinaus für Euro-Mitgliedstaaten besondere Grundzüge der Wirtschaftspolitik ausarbeiten und deren Einhaltung überwachen. Entsprechend der Grundzüge im Sinne des Art. 121 Abs. 2 AEUV, die einen bloßen Rahmen für die durch die Mitgliedstaaten selbst zu treffenden wirtschafts- und haushaltspolitischen Entscheidungen bilden[901], kann der Rat für Euro-Mitgliedstaaten geltende, besondere Grundzüge dieser Art erlassen. Die gesondert entworfenen Grundzüge gelten in diesem Fall ausschließlich für Euro-Mitgliedstaaten. Sie müssen jedoch mit den für die Gesamtheit der Mitgliedstaaten und die Europäische Union ausgearbeiteten Grundzügen im Sinne des Art. 121 Abs. 2 AEUV vereinbar sein. Der letzte Halbsatz der Regelung besagt, dass der Rat Maßnahmen erlassen kann, um die Einhaltung der Grundzüge zu überwachen. Aus diesem Recht des Rates zur Überwachung der gesondert festgelegten Grundzüge könnte zu schließen sein, dass Art. 136 Abs. 1 lit. b AEUV zum Erlass von Maßnahmen berechtigt, die das präventive Haushaltsaufsichtsverfahren des Art. 121 AEUV erweitern oder modifizieren[902].

Problematisch daran ist jedoch, dass Art. 136 Abs. 1 AEUV nach seinem Wortlaut ausschließlich zu Maßnahmen nach den einschlägigen Bestimmungen der europäischen Verträge berechtigt. Wenngleich Art. 136 AEUV den Rat zum Erlass besonderer Bestimmungen für Euro-Mitgliedstaaten und zur Überwachung ihrer Einhaltung ermächtigt, deutet der Terminus „nach den einschlägigen Bestimmungen" darauf hin, dass Art. 136 AEUV auf dem Maßnahmenkatalog der Art. 121 AEUV und Art. 126 AEUV aufbaut und keine Kompetenzgrundlage darstellt, auf deren Grundlage über die bereits vorgesehenen Maßnahmen hinausgegangen werden darf. Bereits festgestellt wurde, dass auf Grundlage des Art. 121 Abs. 6 AEUV i.V.m. Art. 121 Abs. 3 und 4 AEUV keine finanziellen Sanktionen präventiver Art gegenüber Mitgliedstaaten erlassen werden können. Es stellt sich insofern die Frage, ob gestützt auf Art. 136 AEUV Maßnahmen erlassen werden können, die über die in Art. 121 AEUV vorgesehenen Überwachungs- und Sanktionsmaßnahmen hinausgehen und weitergehende Eingriffe in das haushaltspolitische Handeln der Mitgliedstaaten ermöglichen. Fraglich ist, ob Art. 136 Abs. 1 lit. b AEUV als Ermächtigungsgrundlage für solche Maßnahmen

900 *Häde*, in: *Calliess/Ruffert*, EUV/AEUV, 4. Auflage 2011, Art. 136 AEUV Rn. 6.

901 *Ohler*, in: *Siekmann*, Kommentar zur EWU, 2013, Art. 121 AEUV Rn. 11.

902 Vgl. nur *Bast/Rödl*, EuGRZ 2012, 269 (271).

des Rates angesehen werden kann, die den in Art. 121 AEUV vorgesehenen Maßnahmenkatalog erweitern oder modifizieren, insbesondere der Intensität nach über diesen hinausgehen.

a. Wortlaut

Der Wortlaut des Art. 136 Abs. 1 lit. b AEUV ist auf den ersten Blick nicht eindeutig[903]. Dies zeigen einzelne Bestandteile der Norm, die verschiedene Auslegungsmöglichkeiten zulassen.

Zum einen spricht Art. 136 Abs. 1 lit. b AEUV davon, dass der Rat „Maßnahmen" erlassen kann, um die Einhaltung der besonderen Grundzüge der Wirtschaftspolitik der Euro-Mitgliedstaaten „zu überwachen". Bereits der Begriff „Maßnahmen" begrenzt den Handlungsspielraum des Rates nicht auf bestimmte Regelungs- oder Handlungsformen[904], sondern lässt eine Vielzahl von Handlungsmöglichkeiten zu. Der Begriff ist in den europäischen Verträgen nicht definiert. Im Rahmen der Grundfreiheiten und dort der Warenverkehrsfreiheit (Art. 34 ff. AEUV) beispielsweise wird unter den Begriff der Maßnahme jede hoheitliche Handlung gleichgültig welcher Form gefasst[905]. Weiterhin wird der Rat dazu ermächtigt, die Einhaltung der aufgestellten Grundzüge „zu überwachen", sodass die Norm auch an dieser Stelle tatbestandlich offen formuliert ist. Diese Auslegung bedeutete, dass der Rat im Rahmen der Überwachung nicht an die Handlungsformen des Art. 121 AEUV gebunden wäre.

Zum anderen spricht Art. 136 Abs. 1 lit. b AEUV gleichzeitig davon, dass der Rat Maßnahmen „nach den einschlägigen Bestimmungen der Verträge" erlässt. Daraus könnte zu folgern sein, dass Maßnahmen nach Art. 136 Abs. 1 lit. b AEUV nur solcher Art sein können, wie sie in Art. 121 AEUV vorgesehen sind, auf den die Norm unmittelbaren Bezug nimmt[906]. Denn als Regelung, die korrespondierend zu Art. 136 AEUV den Erlass von Grundzügen der Wirtschaftspolitik für alle Mitgliedstaaten der Europäischen Union erfasst, kann Art. 121 AEUV zu den einschlägigen Bestimmungen im Sinne des Art. 136 Abs. 1 lit. b AEUV gezählt werden. Dies hieße, dass Maßnahmen im Sinne des Art. 136 Abs. 1 lit. b AEUV nicht über die in Art. 121 Abs. 3 und 4 AEUV vorgesehenen rechtlich unverbindlichen Handlungsformen hinausgehen dürften.

---

903 So auch *Antpöhler*, ZaöRV 2012, 353 (373).

904 *Bast/Rödl*, EuGRZ 2012, 269 (272).

905 Vgl. nur *Becker*, in: *Schwarze*, EU-Kommentar, 3. Auflage 2012, Art. 34 AEUV Rn. 91.

906 So *Häde*, JZ 2011, 333 (334); kritisch *Bast/Rödl*, EuGRZ 2012, 269 (272).

Eine eindeutigere Auslegung könnte sich aus einem weiteren Normabschnitt ergeben. Art. 136 Abs. 1 lit. b AEUV berechtigt den Rat zum Maßnahmenerlass nach „dem entsprechenden Verfahren unter den in den Artikeln 121 und 126 genannten Verfahren". Unter Verfahren in diesem Sinne sind die Annahmeverfahren der Art. 289 ff. AEUV zu verstehen, die die formellen Voraussetzungen des Zustandekommens eines Rechtsaktes enthalten und in den einzelnen Kompetenzgrundlagen spezifisch ausgestaltet werden[907]. Aus dem Wortlaut der Norm ergibt sich, dass der Rat ein der beabsichtigten Maßnahme „entsprechendes" Verfahren zu wählen hat. Auch ist er nicht vollkommen frei in seiner Entscheidung[908], sondern hat „unter den in Art. 121 und 126 genannten Verfahren" zu wählen. Dies bedeutet bezogen auf die behandelte Fragestellung aber zugleich, dass der Rat nicht nur im Verfahren, sondern auch im Hinblick auf den Maßnahmenerlass an die in Art. 121 Abs. 3 und 4 AEUV abschließend normierten Maßnahmen gebunden ist. Denn der Rat kann nur unter einem Verfahren im Sinne des Art. 121 AEUV handeln, wenn er auch eine Maßnahme im Sinne der Norm erlässt, weil den dort genannten Verfahrensabläufen jeweils spezifische Maßnahmen zugeordnet sind. Zudem kann der Rat nur nach einem „entsprechenden" Verfahren in Art. 121 AEUV handeln, wenn die zu erlassende Maßnahme in Art. 121 AEUV auch tatsächlich in dieser Form vorgesehen sind[909]. Im Ergebnis begrenzt dieser Teil des Art. 136 Abs. 1 lit. b AEUV den Rat auf den Erlass von Maßnahmen, die auch in Art. 121 Abs. 3 und 4 AEUV normiert sind.

b. Systematik

Aus systematischer Sicht befindet sich Art. 136 AEUV in den Bestimmungen des AEUV zur Wirtschafts- und Währungsunion (Art. 119 - Art. 144 AEUV) und dabei im vorletzten Kapitel dieses Titels (vgl. Art. 136 - Art. 138 AEUV), das besondere Bestimmungen für Euro-Mitgliedstaaten enthält. Korrespondierend mit dem letzten Kapitel des Titels (vgl. Art. 139 - Art. 144 AEUV), der besondere Bestimmungen für Mitgliedstaaten enthält, die den Euro noch nicht als Währung eingeführt haben, regelt das vorletzte Kapitel besondere Bestimmungen für Euro-Mitgliedstaaten. Dies zeigt, dass Art. 136 AEUV eine Rechtsgrundlage für den Erlass von Maßnahmen darstellt, die ausschließlich für Euro-Mitgliedstaaten gelten. Denn entsprechend Art. 139 AEUV, der einzelne

907 *Bast/Rödl*, EuGRZ 2012, 269 (272).

908 *Häde*, JZ 2011, 333 (335).

909 Ähnlich *Bast/Rödl*, EuGRZ 2012, 269 (272 f.), die auch auf weitere Sprachfassungen der Norm eingehen, die das gefundene Ergebnis stützen; so im Ergebnis auch *Häde*, JZ 2011, 333 (335).

Maßnahmen der Art. 121 AEUV und Art. 126 AEUV für Nicht-Euro-Mitgliedstaaten ausschließt, berechtigt Art. 136 AEUV zum Regelungserlass speziell für Euro-Mitgliedstaaten. Aus dieser systematischen Stellung ist aber gleichzeitig zu schließen, dass Art. 136 AEUV keine Kompetenzgrundlage zum Erlass rechtsverbindlicher Rechtsakte darstellt, die über die in Art. 121 AEUV vorgesehenen Maßnahmen hinausgehen. Denn auch Art. 139 AEUV nimmt in Absatz 2 lit. a AEUV lediglich einzelne Verfahrensschritte des Art. 121 AEUV von der Anwendung auf Nicht-Euro-Mitgliedstaaten aus, ohne aber besondere Kompetenzen zu begründen. Gleiches muss dann systematisch gesehen entsprechend für Art. 136 AEUV gelten. Im systematischen Vergleich zu Art. 139 AEUV berechtigt Art. 136 AEUV auch nur zum Erlass von Maßnahmen für Euro-Mitgliedstaaten, ohne aber vom Maßnahmenkatalog des Art. 121 AEUV abzuweichen.

Diese Auslegung bestätigt ein weiteres systematisches Argument. Art. 136 Abs. 1 lit. b AEUV bezieht sich dem Regelungsgegenstand nach auf die Kompetenz der Europäischen Union zur Koordinierung der Wirtschaftspolitik der Mitgliedstaaten in Art. 121 AEUV. Eine Koordinierungskompetenz ist aber weder eine ausschließliche noch eine geteilte Zuständigkeit der Union, wie die Differenzierung in Art. 2 Abs. 1 bis 3 AEUV, der diese Arten der unionalen Zuständigkeiten unterscheidet, deutlich macht. Art. 2 Abs. 3 AEUV i.V.m. Art. 5 AEUV weist die Wirtschafts- und damit auch Haushaltspolitik[910] sogar ausdrücklich als spezielle Koordinierungskompetenz der Europäischen Union aus und grenzt sie von den ausschließlichen (Art. 2 Abs. 1 AEUV i.V.m. Art. 3 AEUV) und geteilten (Art. 2 Abs. 2 AEUV i.V.m. Art. 4 AEUV) Zuständigkeiten der Europäischen Union ab. Wie der Vergleich zwischen den Absätzen 1 bis 3 des Art. 2 AEUV deutlich macht, der nur bezogen auf ausschließliche und geteilte Zuständigkeiten vom Erlass „verbindlicher Rechtsakte" spricht[911], ist die Kompetenz der Europäischen Union bei Koordinierungskompetenzen aber begrenzt. Eine Koordinierungskompetenz ist primär durch eine Eigensteuerung[912] der Mitgliedstaaten gekennzeichnet. Zwar zeigt Art. 2 Abs. 5 UAbs. 2 AEUV, der allgemeine Koordinierungs- und Unterstützungskompetenzen der Europäischen Union regelt, dass auch bei diesen verbindliche Rechtsakte unionsrechtlich zulässig sind. Entscheidend ist stets die spezielle

910 Vgl. nur *Siekmann*, in: *Möllers/Zeitler*, Europa als Rechtsgemeinschaft, 2013, S. 101 (125); auch *Ohler*, in: *Siekmann*, Kommentar zur EWU, 2013, Art. 121 AEUV Rn. 15, der vom Haushalt als „Spiegelbild" der wirtschaftlichen Entscheidungen des Mitgliedstaates spricht.

911 Darauf hinweisend *Bast/Rödl*, EuGRZ 2012, 269 (274).

912 *Ohler*, in: *Siekmann*, Kommentar zur EWU, 2013, Art. 121 AEUV Rn. 3.

Kompetenzgrundlage. Dennoch wird deutlich, dass der Unionsgesetzgeber bei Koordinierungskompetenzen von einer Zuständigkeitsverteilung zwischen Europäischer Union und Mitgliedstaaten ausgeht, die den Mitgliedstaaten die wesentlichen Zuständigkeiten belässt. Stellt sich im vorliegenden Fall die Frage, wie Art. 136 Abs. 1 lit. b AEUV auszulegen ist, mithin, ob der Erlass von Rechtsakten auf Grundlage des Art. 136 Abs. 1 lit. b AEUV an den Maßnahmenkatalog des Art. 121 AEUV gebunden ist, spricht die zuletzt genannte systematische Auslegung für eine Auslegung in diesem Sinn. Denn eine Auslegung in die andere Richtung widerspräche der Kompetenzart der Europäischen Union im Rahmen der Wirtschafts- und Haushaltspolitik, die auf bloße Koordinierung begrenzt ist. Im Zweifel ist der Auslegung zu folgen, die eher im „Einklang mit ihrem Kompetenztypus verbleibt“[913].

c. Entstehungsgeschichte

Weitere Schlussfolgerungen lassen sich aus der Entstehungsgeschichte der Norm ziehen. Eine erste Fassung[914] des geltenden Art. 136 AEUV findet sich im Entwurf eines Vertrags über eine Verfassung für Europa vom 18.7.2003[915]. Darin lautet Absatz 1 des Art. III-88:

> „(1) Im Hinblick auf das reibungslose Funktionieren der Wirtschafts- und Währungsunion werden im Einklang mit den einschlägigen Verfassungsbestimmungen für die dem Euro-Währungsgebiet angehörenden Mitgliedstaaten Maßnahmen erlassen, um
>
> a) [...]
>
> b) für diese Staaten Grundzüge der Wirtschaftspolitik auszuarbeiten, wobei darauf zu achten ist, dass diese mit den für die gesamte Union angenommenen Grundzügen der Wirtschaftspolitik vereinbar sind, und ihre Einhaltung zu überwachen.“

In dieser Fassung findet sich noch kein Textbezug auf die Verfahren der Art. 121 AEUV und Art. 126 AEUV. Eine ergänzende Änderung der Norm in diesem Sinne wird erst im Vertrag über eine Verfassung für Europa vom 29.10.2004[916] vorgenommen. Dort lautet Absatz 1 des Art. III-194:

> „(1) Im Hinblick auf das reibungslose Funktionieren der Wirtschafts- und Währungsunion erlässt der Rat nach Maßgabe der einschlägigen Bestimmungen der Verfassung und nach dem entsprechenden Verfahren unter den in den Artikeln III-179 [≙121 AEUV] und III-184 [≙126 AEUV] genannten Verfahren mit Ausnahme des

913 *Bast/Rödl*, EuGRZ 2012, 269 (274).

914 Zur Entstehungsgeschichte bis zu dieser Fassung im Detail *Häde*, JZ 2011, 333 (336).

915 Vgl. Dokument CONV 850/03 vom 18.7.2003.

916 Vgl. Dokument CIG 87/2/04 REV 2 vom 29.10.2004.

in Artikel III-184 Absatz 13 genannten Verfahrens für die Mitgliedstaaten, deren Währung der Euro ist, Maßnahmen, um

a) [...]
b) für diese Staaten Grundzüge der Wirtschaftspolitik auszuarbeiten, wobei darauf zu achten ist, dass diese mit den für die gesamte Union angenommenen Grundzügen der Wirtschaftspolitik vereinbar sind, und ihre Einhaltung zu überwachen."

Begründet wurde diese Änderung damit, dass die Norm ohne Nennung sowohl des Rates als zuständiges Organ als auch der relevanten Verfahren keine Rechtsgrundlage für den Erlass von Rechtsakten darstellen könne[917]. Aus der vorgenommenen Änderung und ihrer Begründung lässt sich zweierlei ableiten. Zum einen sah es der Gesetzgeber als notwendig an, einen Erlass von Rechtsakten auf Grundlage des Art. 136 AEUV an die Verfahren der Art. 121 AEUV und Art. 126 AEUV zu binden und Art. 136 AEUV als Rechtsgrundlage insofern tatbestandlich zu begrenzen. Zum anderen lässt sich daraus schließen, dass der Gesetzgeber mit Vorgabe der Verfahren auch eine Vorgabe im Hinblick auf die möglichen Maßnahmen traf[918]. Denn der Gesetzgeber wollte offenbar die Verfahren regeln, nach welchen auf Grundlage des Art. 136 AEUV erlassene Rechtsakte zustande kommen. Wenn der Gesetzgeber gewollt hätte, dass auf Grundlage des Art. 136 AEUV über Art. 121 AEUV und Art. 126 AEUV hinausgehende Maßnahmen möglich sein sollen, hätte er die dafür einschlägigen Verfahren festgelegt. Denn bisher regelt Art. 136 AEUV nur die Verfahren für den Erlass von Maßnahmen im Sinne der Art. 121 AEUV und Art. 126 AEUV und trifft über anderweitig anzuwendende Verfahren keine Aussage. Die historische Auslegung deckt sich damit im Ergebnis mit Wortlautauslegung und systematischer Auslegung der Norm.

d. Sinn und Zweck

Die bisher gefundenen Ergebnisse sind am Sinn und Zweck der Norm zu messen. Art. 136 AEUV bezweckt, Regelungen erlassen zu können, die ausschließlich für Euro-Mitgliedstaaten gelten[919]. Zwar könnten solche Maßnahmen auch auf Basis der Art. 121 AEUV und Art. 126 AEUV getroffen werden. In diesem Fall gelten sie aber für alle Mitgliedstaaten der Europäischen Union. Dies entspricht der bereits oben behandelten systematischen Stellung der Norm. Art. 139 Abs. 2 lit. a AEUV schließt einzelne Verfahrensschritte gegenüber Mitgliedstaaten aus, die dem Euro-Währungsgebiet nicht oder noch nicht beigetreten

917 Vgl. dazu Dokument CIG 4/1/03 REV 1 vom 6.10.2004 S. 243.
918 Zu diesem Punkt ähnlich *Bast/Rödl*, EuGRZ 2012, 269 (274).
919 *Häde*, in: *Calliess/Ruffert*, EUV/AEUV, 4. Auflage 2011, Art. 136 AEUV Rn. 4.

sind. Die Anwendung des Art. 136 AEUV soll aber dem Erlass solcher Maßnahmen dienen, die zwar auf alle Mitgliedstaaten der Europäischen Union Anwendung finden können, weil Art. 139 AEUV nicht greift, deren Anwendung auf bestimmte Mitgliedstaaten aber nicht notwendig erscheint[920]. Aus diesem Grund sind bei Maßnahmenerlass nach Art. 136 Abs. 2 AEUV auch nur Euro-Mitgliedstaaten stimmberechtigt. Zwar dürfen nach Maßgabe des Art. 139 Abs. 2 lit. a AEUV bestimmte Verfahrensschritte der Art. 121 AEUV nicht gegenüber Nicht-Euro-Mitgliedstaaten vorgenommen werden. Eine Kompetenz zum Erlass von Regelungen, die ausschließlich für Euro-Mitgliedstaaten gelten, auch unterhalb der Schwelle des Art. 139 AEUV, lässt sich Art. 139 AEUV jedoch nicht entnehmen[921]. Diese Aufgabe erfüllt Art. 136 AEUV. Der Regelungszusammenhang zwischen Art. 136 AEUV und Art. 139 AEUV zeigt aber, dass auch Art. 136 AEUV entsprechend Art. 139 AEUV auf dem Maßnahmenkatalog der Art. 121 AEUV aufbaut und diesen lediglich modifiziert, ohne über diese Kompetenzgrundlage hinauszugehen[922].

Im Übrigen erscheint nicht nachvollziehbar, aus welchen Gründen die Vertragsparteien der europäischen Verträge zum einen in Art. 121 AEUV und Art. 126 AEUV ein bis ins Detail differenzierendes System von Vorgaben, Überwachungs- und Sanktionsmaßnahmen für die mitgliedstaatliche Haushaltspolitik regelten und zum anderen in Art. 136 Abs. 1 AEUV eine Generalklausel geschaffen haben sollten, durch die die Einzelregelungen der genannten Normen konterkariert werden könnten[923]. Dies ist insbesondere vor dem Hintergrund zu sehen, dass Art. 136 Abs. 1 AEUV alleine den Rat zur Rechtsetzung ermächtigt. Art. 136 Abs. 1 lit. b AEUV würde eine Rechtsetzungskompetenz beinhalten, die den Rat zum Erlass von Maßnahmen berechtigte, die über Art. 121 AEUV hinausgehen. Demgegenüber sieht Art. 121 Abs. 6 AEUV für die sekundärrechtliche Konkretisierung des Art. 121 AEUV das ordentliche Gesetzgebungsverfahren (vgl. Art. 289 AEUV und Art. 294 AEUV) vor, das unter Beteiligung des Europäischen Parlaments stattfindet. Wäre der Maßnahmenerlass auf Grundlage des Art. 136 Abs. 1 lit. b AEUV nicht an die Verfahren der Art. 121 AEUV und Art. 126 AEUV rückgebunden und auf die darin vorgesehenen Überwachungs- und Sanktionshandlungen begrenzt, könnten intensivere Maßnahmen

---

920 *Häde*, JZ 2011, 333 (335).

921 Unklar in diesem Zusammenhang *Potacs*, in: *Schwarze*, EU-Kommentar, 3. Auflage 2012, Art. 136 AEUV Rn. 2.

922 Anders aber *Antpöhler*, ZaöRV 2012, 353 (376), der für eine flexible Auslegung der Kompetenz „zur Anpassung an veränderte Umstände" plädiert.

923 Wie hier auch *Bast/Rödl*, EuGRZ 2012, 269 (274 f.).

ohne Beteiligung des Europäischen Parlaments vorgenommen werden. Nicht ersichtlich ist, aus welchen Gründen die Vertragsparteien bei für die Mitgliedstaaten intensiveren Maßnahmen eine geringere parlamentarische Beteiligung vorgesehen haben. Im Übrigen widerspricht eine anderweitige Auslegung auch erkennbar dem Regelungssystem des Haushaltsaufsichtsverfahrens insgesamt. Eine Auslegung des Art. 136 Abs. 1 lit. b AEUV, die den Erlass von Rechtsakten im präventiven Haushaltsaufsichtsverfahren nicht auf die in Art. 121 AEUV vorgesehenen Maßnahmen begrenzt, ermächtigte die Unionsorgane zu einem nahezu unbegrenzten Eingriff in die Wirtschafts- und Haushaltspolitik der Mitgliedstaaten. Dies widerspricht aber erkennbar dem Regelungssystem der europäischen Verträge, das diesen Politikbereich gerade im Hinblick auf präventive Haushaltsaufsichtsmaßnahmen vornehmlich in der Kompetenz der Mitgliedstaaten beließ, wie Art. 121 AEUV deutlich macht.

Auf Grundlage des Art. 136 Abs. 1 AEUV sind auch nach dem Sinn und Zweck der Norm keine über das präventive Aufsichtsverfahren des Art. 121 AEUV hinausgehenden Eingriffe in das haushaltspolitische Handeln der Mitgliedstaaten möglich[924]. Die in Art. 121 AEUV vorgesehenen Aufsichtsinstrumente werden in Art. 136 AEUV nicht erweitert[925]. Da Art. 121 AEUV aber keine Sanktionsmöglichkeiten finanzieller Art vorsieht, können finanzielle Sanktionsmaßnahmen im präventiven Haushaltsaufsichtsverfahren nicht auf Art. 136 Abs. 1 lit. b AEUV gestützt werden. Die Sanktionierung des präventiven Haushaltsaufsichtsverfahrens bedürfte vielmehr einer Änderung des Art. 121 AEUV nach Art. 48 EUV, wenn eine Straffung des Verfahrens in diesem Sinne politisch gewollt ist[926].

3. *Art. 352 AEUV als Kompetenzgrundlage?*

Weiterhin ist die „Vertragsabrundungskompetenz“[927] des Art. 352 AEUV als mögliche Kompetenzgrundlage zum Erlass finanzieller Sanktionsmaßnahmen im präventiven Aufsichtsverfahren zu nennen. Art. 352 Abs. 1 AEUV berechtigt

---

924 So im Ergebnis auch *Häde*, in: *Calliess/Ruffert*, EUV/AEUV, 4. Auflage 2011, Art. 136 AEUV Rn. 4 sowie *Kempen*, in: *Streinz*, EUV/AEUV, 2. Auflage 2012, Art. 136 AEUV Rn. 2; im Ergebnis ähnlich *Rathke*, DÖV 2012, 751 (756) sowie *Weber*, EuZW 2011, 935 (936); a.A. *Antpöhler*, ZaöRV 2012, 353 (377 ff.).

925 *Häde*, ZG 2011, 1 (25); im Ergebnis auch *Weber*, EuZW 2011, 935 (936); ähnlich *Ohler*, in: *Möllers/Zeitler*, Europa als Rechtsgemeinschaft, 2013, S. 277 (293), dort bezogen auf Art. 126 AEUV.

926 Vgl. *Calliess/Schoenfleisch*, JZ 2012, 477 (480); vgl. in diesem Sinne allgemein auch *Müller-Graff*, integration 4/2011, 289 (301).

927 *Waldhoff/Dieterich*, EWS 2013, 72 (76).

die Europäische Union zur Rechtsetzung, wenn ein Tätigwerden im Rahmen der vertraglich festgelegten Politikbereiche zur Erreichung der Unionsziele erforderlich erscheint, aber in den europäischen Verträgen eine anderweitige Kompetenzgrundlage fehlt.

a. Eröffnung des Anwendungsbereichs

Die Wirtschafts- und Währungsunion (Art. 119 ff. AEUV) ist Bestandteil des dritten Teils des AEUV (Art. 26 ff. AEUV) und damit ein Politikbereich der Europäischen Union im oben genannten Sinn[928]. Auch zählt die Errichtung einer Wirtschafts- und Währungsunion gem. Art. 3 Abs. 4 EUV zu den vertraglich genannten Zielen der Europäischen Integration.

b. Erforderlichkeit des Tätigwerdens

Weiterhin müsste ein Tätigwerden der Europäischen Union erforderlich erscheinen. Die Unionsorgane verfügen über einen Beurteilungsspielraum in dieser Frage[929]. Denn zum einen sind sowohl die vertraglichen Ziele als auch das Merkmal der Erforderlichkeit weit auslegbare Begriffe[930]. Zum anderen muss ausweislich des Wortlauts der Norm ein Tätigwerden lediglich erforderlich „erscheinen"[931]. Erforderlich im Sinne des Art. 352 Abs. 1 AEUV ist ein Tätigwerden, wenn ein Ziel der europäischen Verträge noch zu verwirklichen ist und dieses durch Rechtsetzung seitens der Unionsorgane verwirklicht werden kann[932]. Das Tatbestandsmerkmal ist dabei „kompetenzbegründen[d]"[933] in dem Sinne zu verstehen, dass die Unionsorgane in Art. 352 Abs. 1 AEUV zur Rechtsetzung

---

928 Vgl. *Geiss*, in: *Schwarze*, EU-Kommentar, 3. Auflage 2012, Art. 352 AEUV Rn. 16.

929 *Herdegen*, WM 2012, 1889 (1892).

930 Vgl. *Rossi*, in: *Calliess/Ruffert*, EUV/AEUV, 4. Auflage 2011, Art. 352 AEUV Rn. 46.

931 Darauf hinweisend *Streinz*, in: *Streinz*, EUV/AEUV, 2. Auflage 2012, Art. 352 AEUV Rn. 34.

932 *Streinz*, in: *Streinz*, EUV/AEUV, 2. Auflage 2012, Art. 352 AEUV Rn. 37; *Geiss*, in: *Schwarze*, EU-Kommentar, 3. Auflage 2012, Art. 352 AEUV Rn. 17; vgl. auch *Rossi*, in: *Calliess/Ruffert*, EUV/AEUV, 4. Auflage 2011, Art. 352 AEUV Rn. 44, der diese Definition jedoch als „ebenso richtig wie aussagearm" bezeichnet.

933 So die zutreffende h.M., vgl. *Rossi*, in: *Calliess/Ruffert*, EUV/AEUV, 4. Auflage 2011, Art. 352 AEUV Rn. 44; *Winkler*, EuR 2011, 384 (393); *Streinz*, in: *Streinz*, EUV/AEUV, 2. Auflage 2012, Art. 352 AEUV Rn. 37 m.w.N. zu abweichenden Meinungen, die von einer „kompetenzbegrenzenden" Funktion des Tatbestandsmerkmals ausgehen; diesen ist aber im Hinblick auf die bereits kompetenzbegrenzende Wirkung der allgemein geltenden Grundsätze der Subsidiarität und Erforderlichkeit (Art. 5 EUV) zu widersprechen.

ermächtigt werden, wenn ein Tätigwerden erforderlich ist, um ein vertraglich festgelegtes Ziel, wie beispielsweise die Errichtung einer Wirtschafts- und Währungsunion (Art. 3 Abs. 4 EUV), zu erreichen. Kompetenzbegrenzend in diesem Sinne sind die Grundsätze der Subsidiarität (Art. 5 Abs. 3 EUV) und Verhältnismäßigkeit (Art. 5 Abs. 4 EUV), die auch im Rahmen der Rechtsetzung auf Grundlage des Art. 352 Abs. 1 AEUV zu beachten sind.

Zu untersuchen ist, ob gemessen an diesem zuletzt genannten Maßstab finanzielle Sanktionen im präventiven Haushaltsaufsichtsverfahren erforderlich sind. Die Wirtschafts- und Währungsunion ist nach derzeitigem Entwicklungsstand der Europäischen Union noch nicht vollständig verwirklicht. Insofern kann die Erforderlichkeit finanzieller Sanktionsmaßnahmen bereits im präventiven Aufsichtsverfahren jedenfalls nicht von vornherein verneint werden, weil ein in Art. 3 Abs. 4 EUV vertraglich festgelegtes Ziel noch nicht erreicht ist. Fraglich ist des Weiteren, ob auch die Grundsätze der Subsidiarität und Verhältnismäßigkeit eingehalten werden. Nach dem Subsidiaritätsprinzip des Art. 5 Abs. 3 UAbs. 1 EUV wird die Europäische Union in Bereichen, die nicht zu ihren ausschließlichen Zuständigkeiten zählen, nur nachrangig gegenüber den Mitgliedstaaten tätig, insbesondere dann, wenn die Maßnahmenziele auf Ebene der Europäischen Union wegen ihres Umfangs oder ihrer Wirkung besser zu verwirklichen sind als auf mitgliedstaatlicher Ebene. Die Haushaltspolitik zählt nach Art. 3 AEUV nicht zu den ausschließlichen Zuständigkeiten der Europäischen Union. Zudem dient eine präventive Aufsichtsmaßnahme finanzieller Art der Reglementierung mitgliedstaatlicher Haushaltspolitik, sodass eine Regelung auf mitgliedstaatlicher Ebene gerade nicht sinnvoll ist, sondern auch gemessen am Subsidiaritätsmaßstab ein Handeln der Europäischen Union notwendig erscheint. Dem Subsidiaritätsprinzip ist damit Genüge getan.

Gleiches gilt auch für den Grundsatz der Verhältnismäßigkeit. Finanzielle Sanktionen, die bereits präventiv eingreifen, wenn ein Mitgliedstaat sein mittelfristiges Haushaltsziel zu verfehlen droht, sind jedenfalls nicht „offensichtlich ungeeignet“[934], um einen Mitgliedstaat in seinem haushaltspolitischen Handeln zu disziplinieren. Das Ziel der Haushaltsdisziplin dürfte zudem nicht durch gleich wirksame Maßnahmen geringerer Intensität erreicht werden können[935]. Bloß unverbindliche Empfehlungen gegenüber Mitgliedstaaten sind zwar von geringerer Intensität. Diese treffen den Mitgliedstaat jedoch weniger empfindlich und sind damit jedenfalls nicht gleich wirksam. Zwar könnten

934 EuGH v. 7.2.1973, Rs. 40/72 – *Schröder KG/Deutschland*, Slg. 1973, 125 (142).
935 EuGH v. 10.11.1982, Rs. 261/81 – *Rau/De Smedt*, Slg. 1982, 3961 (3973).

finanzielle Sanktionsmaßnahmen im repressiven Aufsichtsverfahren, wie sie bereits primärrechtlich in Art. 126 Abs. 11 AEUV vorgesehen sind, ebenso wirksam sein. Präventive Aufsichtsmaßnahmen verhindern das Entstehen eines Haushaltsdefizits aber effektiver als bloß nachträgliche Sanktionen. Auch sieht das repressive Verfahren ebenso finanzielle Aufsichtsmaßnahmen vor, die präventiven Zahlungsverpflichtungen der Intensität nach gleichzusetzen sind. Damit sind im Ergebnis präventive Sanktionszahlungen auch im Verhältnis zum repressiven Verfahren erforderlich im Sinne des Art. 5 Abs. 4 EUV. Unabhängig davon, dass der EuGH unter Verhältnismäßigkeit i.d.R. nur Eignung und Erforderlichkeit einer Maßnahme versteht[936], können Sanktionszahlungen auch als verhältnismäßig i.e.S. angesehen werden. Ein unverhältnismäßiger Eingriff wäre gegenüber der Gestaltungsfreiheit des Haushaltsgesetzgebers anzunehmen. Präventive Haushaltsaufsichtsverfahren, die durch finanzielle Sanktionen bereits das Entstehen eines Haushaltsdefizits verhindern sollen und die Mitgliedstaaten lediglich zu einer Geldzahlung verpflichten, greifen zum einen nicht in die konkrete Haushaltsplanung des Gesetzgebers ein. Zum anderen dienen sie gerade der Disziplinierung des Haushaltsgesetzgebers und damit der Aufrechterhaltung der Gestaltungsfreiheit zukünftiger Gesetzgeber. Finanzielle Sanktionsmaßnahmen auch im präventiven Haushaltsaufsichtsverfahren sind damit insgesamt als verhältnismäßig im Sinne des Art. 5 Abs. 4 EUV anzusehen, weil sie die Gestaltungsfreiheit des Haushaltsgesetzgebers nur geringfügig beeinträchtigen.

c. Anderweitige Kompetenzgrundlage

Problematisch ist schließlich das Tatbestandsmerkmal der sogenannten „Innensubsidiarität“[937]. Fraglich ist, ob nicht bereits in den europäischen Verträgen einschlägige Befugnisse vorhanden sind, die die Anwendung des Art. 352 Abs. 1 AEUV ausschließen. Denn nach Art. 352 Abs. 1 AEUV ist der Anwendungsbereich der Norm nur eröffnet, wenn die europäischen Verträge keine Befugnisse beinhalten, auf deren Grundlage die vertraglichen Ziele der Europäischen Union ebenso erreicht werden können, ohne auf die Generalklausel zurückzugreifen. Bereits festgestellt wurde, dass auf Grundlage des Art. 121 AEUV (auch in Verbindung mit Art. 136 AEUV) präventive

936 Der EuGH prüft die Verhältnismäßigkeit i.e.S. nur vereinzelt, vgl. z.B. EuGH v. 14.12.2004, Rs. C-309/02 – *Radlberger*, Slg. 2004, I-11763 Rn. 75; dazu *Pache*, in: *Schulze/Zuleeg/Kadelbach*, Europarecht, 2. Auflage 2010, § 10 Rn. 82 ff. m.w.N.

937 *Rossi*, in: *Calliess/Ruffert*, EUV/AEUV, 4. Auflage 2011, Art. 352 AEUV Rn. 58 (im Original fett gedruckt).

Aufsichtsmaßnahmen finanzieller Art nicht erlassen werden können. Art. 352 AEUV müsste daher auch neben bestehenden Befugnisnormen, die inhaltlich oder formell nicht zum Erlass der beabsichtigten Maßnahme ausreichen, zur Anwendung kommen können. Teilweise wird dies bejaht. Es sei widersprüchlich, wenn dem Unionsgesetzgeber im Fall des gänzlichen Fehlens einer speziellen Befugnis mehr Kompetenzen aus Art. 352 AEUV zustünden als in dem Fall, dass eine (unzureichende) Einzelermächtigung in den Verträgen normiert sei[938]. Dem ist jedoch entgegenzuhalten, dass eine zu weite Auslegung des Art. 352 Abs. 1 AEUV in Widerspruch zur differenzierten „Kompetenzarchitektur"[939] des Grundsatzes der begrenzten Einzelermächtigung (Art. 5 Abs. 1 EUV) treten kann. Nach diesem Grundsatz ist das Handeln der Europäischen Union auf übertragene Zuständigkeiten begrenzt. Generalklauseln stehen schon grundsätzlich in einem Spannungsverhältnis zu diesem Prinzip. Damit noch problematischer ist eine Situation, in der die Vertragsparteien den Unionsorganen eine bestimmte Kompetenz übertragen und so die Reichweite dieser Kompetenz primärrechtlich ausdrücklich verankert haben, diese Entscheidung der Vertragsparteien durch eine weite Auslegung des Art. 352 Abs. 1 AEUV aber übergangen wird[940]. Es erscheint naheliegender, dass die Vertragsparteien in Art. 121 AEUV die Maßnahmen des präventiven Haushaltsaufsichtsverfahrens abschließend regelten, ohne den Unionsorganen weitergehende Eingriffsmöglichkeiten in die mitgliedstaatliche Haushaltspolitik ermöglichen zu wollen. Auf diese Auslegung deutet insbesondere hin, dass das präventive Aufsichtsverfahren in Art. 121 AEUV detailliert geregelt ist. Die Vertragsparteien hätten auch an dieser Stelle eine generalklauselartige Kompetenz normieren können, auf deren Grundlage weitergehende Überwachungs- und Sanktionshandlungen gegenüber Mitgliedstaaten der Wirtschafts- und Währungsunion möglich wären. Damit sind auf Grundlage des Art. 352 AEUV weder die Einführung neuer Sanktionen im Rahmen des Art. 121 AEUV noch die Änderung der nach geltendem Recht in Art. 121 AEUV vorgesehenen Verfahrensschritte möglich[941].

---

938 Vgl. z.B. *Geiss*, in: *Schwarze*, EU-Kommentar, 3. Auflage 2012, Art. 352 AEUV Rn. 21.

939 *Streinz*, in: *Streinz*, EUV/AEUV, 2. Auflage 2012, Art. 352 AEUV Rn. 41 (im Original fett gedruckt).

940 Vgl. dazu *Korioth*, in: *Pache/Schwarz*, Perspektiven der Europäischen Währungsunion, 2012, S. 61 (89), im Hinblick auf Art. 352 AEUV als Ermächtigung zur Kreditaufnahme.

941 *Häde*, ZG 2011, 1 (27).

Dass die Mitgliedstaaten bei Verabschiedung der europäischen Verträge keine Generalklausel dieser Form verabschiedeten, hat seinen Grund in der besonderen Bedeutung unionaler Befugnisse für den haushaltspolitischen Bereich. Eingriffe in Haushaltsentscheidungen sind für die Mitgliedstaaten besonders einschneidend, weil mit der Entscheidung über den Haushalt das Regierungshandeln in den Mitgliedstaaten insgesamt betroffen ist. Durch eine Detailregelung des präventiven Aufsichtsverfahrens wird für die Mitgliedstaaten vorhersehbarer, inwiefern sie mit Vorgaben, Überwachungs- oder Sanktionsmaßnahmen seitens der Europäischen Union zu rechnen haben. Art. 352 Abs. 1 AEUV muss aus diesem Grund dahingehend ausgelegt werden, dass dessen Anwendung die inhaltlichen und formellen Grenzen einer bereits bestehenden, spezielleren Kompetenznorm zu beachten hat[942]. Konkret bedeutet dies, dass auf Grundlage des Art. 352 Abs. 1 AEUV das differenzierende präventive Aufsichtsverfahren des Art. 121 AEUV nicht übergangen werden darf, indem finanzielle Sanktionsmaßnahmen eingeführt werden, die in Art. 121 AEUV gerade nicht vorgesehen sind. Dies verstieße gegen das Prinzip der begrenzten Einzelermächtigung (Art. 5 Abs. 1 und 2 EUV), das einer Vertragsmissachtung durch die Unionsorgane entgegensteht[943]. Art. 352 AEUV kann nicht dazu dienen, die Befugnisse der Unionsorgane über den Rahmen hinaus auszudehnen, der sich aus der Gesamtheit der Vertragsbestimmungen ergibt, die die Aufgaben und Befugnisse der Europäischen Union nach dem Grundsatz der begrenzten Einzelermächtigung festlegen[944]. Dazu bedarf es nach diesem Grundsatz im Bedarfsfall vielmehr einer Vertragsänderung[945]. Im Übrigen ist zu beachten, dass aus deutscher staatsrechtlicher Sicht die Anwendung des Art. 352 Abs. 1 AEUV die vorherige Zustimmung von Bundestag und Bundesrat verlangt[946], was dazu führt, dass die verfassungsrechtlichen Anforderungen einer erneuten Kompetenzübertragung (Art. 23 Abs. 1 Sätze 2 und 3 GG) zu erfüllen sind. Wenngleich diese für die Auslegung nicht maßgeblich ist, bestätigt auch die staatsrechtliche Sicht die Auslegung des Art. 352 Abs. 1 AEUV als Ausnahmeregelung mit engem Anwendungsbereich.

---

942 Zutreffend daher *Streinz*, in: *Streinz*, EUV/AEUV, 2. Auflage 2012, Art. 352 AEUV Rn. 41 sowie *Rossi*, in: *Calliess/Ruffert*, EUV/AEUV, 4. Auflage 2011, Art. 352 AEUV Rn. 66.

943 EuGH v. 13.11.1964, Rs. 90 und 91/63 – *Kommission/Luxemburg u.a.*, Slg. 1964, 1217 (1244 f.).

944 EuGH v. 3.9.2008, verb. Rs. C-402 und 415/05 P – *Kadi*, Slg. 2008, I-6351 Rn. 203.

945 EuGH v. 28.3.1996, Gutachten 2/94 – *EMRK-Beitritt*, Slg. 1996, I-1759 (1788).

946 BVerfG v. 30.6.2009, 2 BvE 2/08 u.a. – BVerfGE 123, 267 (395).

4. *Zwischenergebnis*

Im Ergebnis können finanzielle Sanktionsmaßnahmen im präventiven Haushaltsaufsichtsverfahren weder auf Art. 121 Abs. 6 AEUV noch auf Art. 136 AEUV noch auf die Vertragsabrundungskompetenz des Art. 352 Abs. 1 AEUV gestützt werden.

II. Automatisierung des Sanktionsverfahrens

Als problematisch stellt sich des Weiteren Art. 4 Abs. 2 VO (EU) 1173/2011 dar, der das Abstimmungsverfahren zum Erlass der Sanktionszahlung im präventiven Haushaltsaufsichtsverfahren regelt[947].

Art. 4 Abs. 2 VO (EU) 1173/2011 lautet:

> „Wird die Empfehlung der Kommission nicht innerhalb von zehn Tagen nach ihrer Annahme durch die Kommission vom Rat mit qualifizierter Mehrheit abgelehnt, so gilt der Beschluss, die Hinterlegung [der verzinslichen Einlage in Höhe von 0,2 % des BIP des Vorjahres] zu verlangen, als vom Rat angenommen".

Art. 4 Abs. 2 VO (EU) 1173/2011 bezieht sich auf die oben behandelten finanziellen Sanktionsmöglichkeiten, die durch Art. 4 Abs. 1 VO (EU) 1173/2011 im präventiven Haushaltsaufsichtsverfahren eingeführt wurden, und regelt das Abstimmungsverfahren, das zum Erlass dieser Sanktionen führt. Nach Art. 4 Abs. 1 VO (EU) 1173/2011 kann ein Mitgliedstaat auf Empfehlung der Europäischen Kommission durch Ratsbeschluss zur Zahlung einer verzinslichen Einlage verpflichtet werden, wenn dieser den Empfehlungen des Rates zu Erreichung eines mittelfristigen Haushaltsziels nicht Folge geleistet hat. In diesem Fall sieht Art. 4 Abs. 2 VO (EU) 1173/2011 „automatisch greifende Sanktionen"[948] in dem Sinne vor, dass der Ratsbeschluss, den Mitgliedstaat zur Hinterlegung der verzinslichen Einlage zu verpflichten, als vom Rat angenommen gilt, wenn dieser nicht innerhalb von zehn Tagen mit qualifizierter Mehrheit gegen die Empfehlung

---

947 Zur weiteren Anwendung dieses Verfahrens im korrektiven Defizitverfahren sowie im Verfahren bei makroökonomischen Ungleichgewichten vgl. *Rathke*, DÖV 2012, 751 (754 f.).

948 *Ohler*, in: *Siekmann*, Kommentar zur EWU, 2013, Art. 121 AEUV Rn. 32 (im Original fett gedruckt); *Pilz/Dittmann*, ZfRV 2012, 102 (103); vgl. ebenso *Gaitanides*, in: *Siekmann*, Kommentar zur EWU, 2013, Art. 126 AEUV Rn. 45, die von einem „Sanktionsmechanismus" (im Original fett gedruckt) spricht; auch *Waigel*, in: *Möllers/Zeitler*, Europa als Rechtsgemeinschaft, 2013, S. 71 (81) bezeichnet das System als „Quasi-Automatik"; den letztgenannten Begriff dagegen ablehnend *Calliess/Schoenfleisch*, JZ 2012, 477 (479).

der Kommission stimmt. Das bedeutet, dass der Sanktionsbeschluss zustande kommt, entweder wenn der Rat untätig bleibt oder wenn die erforderliche qualifizierte Mehrheit im Rat nicht erreicht wird. Dies führt dazu, dass die grundsätzlich unverbindliche Empfehlung der Kommission (vgl. Art. 288 Abs. 4 AEUV), den Mitgliedstaat bereits präventiv finanziell zu sanktionieren, zu einem Sanktionsbeschluss der Kommission führen kann (Vermeidung des „Sünder richten über Sünder"). Denn der Rat muss die Kommissionsempfehlung erst mit qualifizierter Mehrheit ablehnen, um den Sanktionsbeschluss zu verhindern, der den Mitgliedstaat zur Hinterlegung der verzinslichen Einlage verpflichtet. Es stellt sich die Frage, ob diese sekundärrechtliche Regelungssystematik mit den primärrechtlichen Vorgaben der europäischen Verträge vereinbar ist.

Maßstab für ein Abstimmungssystem dieser Art ist dabei Art. 121 Abs. 6 i.V.m. Abs. 3 und 4 AEUV. Die sich aus dieser Norm ergebenden Vorgaben für sekundärrechtliche Konkretisierungen des präventiven Haushaltsaufsichtsverfahrens bilden, wie oben bereits festgestellt wurde, die Grenze für unionsrechtlich zulässige Eingriffe der Unionsorgane in das haushaltspolitische Handeln der Mitgliedstaaten.

1. Materielle Kompetenzverschiebung

Das präventive Haushaltsüberwachungs- und Sanktionsverfahren des Art. 121 Abs. 3 und 4 AEUV wird durch den aus Vertretern der Mitgliedstaaten bestehenden (Art. 16 Abs. 2 EUV) Rat bestimmt. Die Kommission ist zwar auch an diesem Verfahren beteiligt. Ihr stehen jedoch im Vergleich zu den Aufgaben des Rates nicht die entscheidenden Kompetenzen zu: Der Rat überwacht und bewertet die wirtschaftliche Entwicklung in den Mitgliedstaaten (Art. 121 Abs. 3 UAbs. 1 AEUV). Die Kommission hingegen berichtet in diesem Verfahrensschritt dem Rat über diese Entwicklung (Art. 121 Abs. 3 UAbs. 1 AEUV). Weiterhin richtet der Rat Empfehlungen an die Mitgliedstaaten, wenn die Haushaltsentwicklung in den Mitgliedstaaten von den auf Grundlage des Art. 121 Abs. 3 AEUV aufgestellten Grundzügen der Wirtschaftspolitik abweicht. Die Kommission kann den betreffenden Mitgliedstaat im Gegensatz dazu lediglich verwarnen, bevor der Rat seine Empfehlung ausspricht (Art. 121 Abs. 4 Satz 1 AEUV). Die maßgebliche Rolle im präventiven Haushaltsaufsichtsverfahren des Art. 121 AEUV nimmt damit aus primärrechtlicher Sicht der Rat ein.

Vor diesem Hintergrund problematisch am Abstimmungsverfahren des Art. 4 Abs. 2 VO (EU) 1173/2011 ist die faktische Kompetenzverschiebung zugunsten der Kommission, die durch den beschriebenen Sanktionsmechanismus eintritt[949]. Der Mitgliedstaat wird nach Empfehlung der Kommission zur Zahlung einer verzinslichen Einlage verpflichtet, wenn der Rat nicht mit qualifizierter Mehrheit innerhalb von zehn Tagen widerspricht. Das bedeutet, dass faktisch die Kommission den Mitgliedstaat finanziell sanktioniert. Denn die Abstimmung im Rat erfordert die hohe Hürde einer qualifizierten Mehrheit von 72 Prozent der abstimmungsberechtigten Mitgliedstaaten, sofern diese mindestens 65 Prozent der Bevölkerung in den Mitgliedstaaten repräsentieren [vgl. Art. 12 VO (EU) 1173/2011 i.V.m. Art. 238 Abs. 3 lit. b AEUV], und muss innerhalb von zehn Tagen erfolgen. Handelt der Rat nicht, tritt die Sanktionszahlung automatisch ein. Die sekundärrechtliche Bestimmung steht damit im Widerspruch zur primärrechtlichen Ausgangslage, die den Rat als maßgeblichen Akteur im präventiven Haushaltsaufsichtsverfahren ausweist, weil im Fall der finanziellen Sanktionen faktisch die Europäische Kommission die aktive Rolle einnimmt. Es stellt sich die Frage, wie eine solche faktische Kompetenzverschiebung im präventiven Aufsichtsverfahren zugunsten der Kommission, die auf Grundlage des Art. 121 Abs. 6 i.V.m. Abs. 3 und 4 AEUV durch Sekundärrechtsakt bewirkt wird, zu bewerten ist.

a. Diskussionsstand

Die beschriebene faktische Kompetenzverschiebung, die durch das eingeführte Abstimmungsverfahren entsteht, wird in der Literatur überwiegend kritisch gesehen. Zum einen werde die Stellung der Kommission in einer Weise gestärkt, die den in Art. 121 AEUV vorgegebenen Rahmen des institutionellen Kräfteverhältnisses zwischen Kommission und Rat im präventiven Überwachungsverfahren überschreite[950]. Entscheidet im Ergebnis die Kommission über die Sanktionierung eines Mitgliedstaates, obwohl der Rat hätte handeln müssen, überschreite dies den in Art. 5 Abs. 1 und 2 EUV normierten Grundsatz der begrenzten Einzelermächtigung[951], weil die Kommission zu dieser Entscheidung gerade nicht ermächtigt ist. Weder auf Grundlage des Art. 121 AEUV noch gestützt auf Art. 136 AEUV sei eine solche Änderung des Verfahrens zulässig[952]. Dies entspreche in den Auswirkungen einer materiellen Vertragsänderung im Sinne des Art. 48

949 So auch *Häde*, ZG 2011, 1 (24); ebenso *Gaitanides*, in: *Siekmann*, Kommentar zur EWU, 2013, Art. 126 AEUV Rn. 108.

950 *Hattenberger*, in: *Schwarze*, EU-Kommentar, 3. Auflage 2012, Art. 121 AEUV Rn. 46; ähnlich *Müller-Graff*, integration 4/2011, 289 (305); auch *Häde*, ZG 2011, 1 (24).

951 *Rathke*, DÖV 2012, 751 (756).

952 *Ohler*, in: *Siekmann*, Kommentar zur EWU, 2013, Art. 121 AEUV Rn. 32.

EUV[953]. Das Abstimmungsverfahren verstoße gegen das in Art. 13 Abs. 2 EUV verankerte Prinzip des institutionellen Gleichgewichts[954], das besagt, dass jedes Unionsorgan nur nach den ihm in den Verträgen zugewiesenen Kompetenzen und Verfahren zu handeln berechtigt ist. Zum anderen sei es aus Sicht des Rates widersprüchlich, dass im Rat eine qualifizierte Mehrheit erforderlich ist, um die Sanktion gegenüber dem Mitgliedstaat in Form einer verzinslichen Einlage [Art. 4 Abs. 2 VO (EU) 1173/2011] zu verhindern. Denn der der Sanktionsverpflichtung vorhergehende Beschluss, dass der Mitgliedstaat den Empfehlungen des Rates zur Erreichung des mittelfristigen Haushaltsziels nicht Folge geleistet hat, sei ein weitaus geringerer Eingriff und könne mit einfacher Mehrheit verhindert werden. Die für die Mitgliedstaaten einschneidendere Maßnahme hingegen komme leichter zustande, weil höhere formelle Anforderungen zu erfüllen seien, um sie zu verhindern[955]. Zudem ändere das Abstimmungsverfahren die grundsätzlich unverbindliche Empfehlung der Kommission zu einer Sanktionsmaßnahme. Dem Rat werde – entgegen Art. 121 Abs. 3 und 4 AEUV, die dem Rat die maßgebende Stellung im präventiven Haushaltsüberwachungs- und Sanktionsverfahren zuschreiben – die „Entscheidungsfindung über das Ob und Wie einer Sanktion"[956] genommen, weil der Rat sich nicht mehr für eine Sanktion entscheiden müsse, sondern nur noch gegen diese stimmen könne[957].

b. Stellungnahme

Wie bereits erläutert stehen im präventiven Haushaltsüberwachungs- und Sanktionsverfahren des Art. 121 AEUV im Verhältnis zwischen Rat und Kommission primärrechtlich dem Rat die entscheidenden Zuständigkeiten zu. Dieser überwacht die wirtschaftliche Entwicklung in den Mitgliedstaaten (Art. 121 Abs. 3 AEUV) und spricht erforderlichenfalls Empfehlungen aus (Art. 121 Abs. 4 AEUV). Zwar scheint durch die Einführung des beschriebenen Abstimmungsverfahrens die Stellung der Kommission im Sanktionsverfahren entgegen der primärrechtlichen Rechtslage über die Maßen verstärkt zu werden, weil der Rat einen Sanktionsbeschluss der Kommission mit qualifizierter Mehrheit ablehnen

953 *Rathke*, DÖV 2012, 751 (756); in diese Richtung auch *Müller-Graff*, integration 4/2011, 289 (305).

954 *Bast/Rödl*, EuGRZ 2012, 269 (277); vgl. EuGH v. 29.10.1980, Rs. 138/79 – *Roquette Frères/Rat*, Slg. 1980, 3333 (3360).

955 Dazu *Hattenberger*, in: *Schwarze*, EU-Kommentar, 3. Auflage 2012, Art. 121 AEUV Rn. 46.

956 *Ohler*, in: *Siekmann*, Kommentar zur EWU, 2013, Art. 121 AEUV Rn. 32.

957 *Rathke*, DÖV 2012, 751 (757).

muss, damit der Beschluss nicht zustande kommt. Tatsächlich hängt der Sanktionsbeschluss der Kommission jedoch zunächst davon ab, dass der Rat in einem eigenständigen, vorgelagerten Beschluss feststellt, dass ein Mitgliedstaat das mittelfristige Haushaltsziel verfehlt [vgl. Art. 4 Abs. 1 VO (EU) 1173/2011]. Ohne diesen zuletzt genannten Beschluss des Rates, der erst zustande kommt, wenn ihn der Rat positiv angenommen hat[958], kann die Kommission keine Sanktionen gegenüber einem Mitgliedstaat beschließen. Insofern nimmt der Rat auch im zu prüfenden Abstimmungsverfahren bei einem Sanktionsbeschluss die entscheidende Stellung ein, weil es ohne den vorgelagerten positiven Ratsbeschluss über die wirtschaftliche Entwicklung im Mitgliedstaat schon von vorneherein zu keiner Entscheidung über finanzielle Sanktionen kommt. Damit beschleunigt das Abstimmungsverfahren letztlich nur die Entscheidung darüber, ob ein Mitgliedstaat bereits im präventiven Haushaltsaufsichtsverfahren mit finanziellen Sanktionen belastet wird[959]. Die Art und Weise des Zustandekommens des Sanktionsbeschlusses ist demgegenüber in erster Linie eine formelle Frage des Verfahrens. Die entscheidende Problematik liegt in der bereits oben diskutierten Frage, ob Art. 121 AEUV kompetenziell überhaupt den Erlass finanzieller Sanktionen trägt[960]. Damit korrespondiert auch die Regelungssystematik, die für die Verhinderung der verhältnismäßig schwerwiegenden finanziellen Sanktionsmaßnahme eine qualifizierte Mehrheit im Rat erfordert. Denn das Erfordernis qualifizierter Mehrheiten dient gerade der Effektuierung des Verfahrens, nachdem der Rat die Möglichkeit hatte, das Verfahren durch die Feststellung einzuleiten, dass ein Mitgliedstaat sein mittelfristiges Haushaltsziel verfehlt. Schließlich geht auch das Argument fehl, dem Rat würden in zu hohem Maße Entscheidungsoptionen genommen. Bereits primärrechtlich sind die Entscheidungsmöglichkeiten des Rates im präventiven Haushaltsaufsichtsverfahren begrenzt. Dieser kann die Mitgliedstaaten zwar überwachen (Art. 121 Abs. 3 UAbs. 1 AEUV), Empfehlungen aussprechen und letztere gegebenenfalls veröffentlichen (Art. 121 Abs. 4 UAbs. 1 AEUV). Darüber hinaus stehen jedoch auch dem Rat keine weiteren Handlungsoptionen zu, die diesem bereits vor der Entstehung eines Haushaltsdefizits im Sinne des Art. 126 Abs. 1 AEUV Eingriffe in das haushaltspolitische Handeln der Mitgliedstaaten erlauben. Der Rat verfügt gerade nicht über eine Vielzahl präventiver Sanktionsmöglichkeiten. Zudem

958 Darauf hinweisend auch *Calliess/Schoenfleisch*, JZ 2012, 477 (479), die von einem „mit ‚positiver' qualifizierter Mehrheit zu treffenden Beschluss" sprechen.

959 In diese Richtung auch *Calliess/Schoenfleisch*, JZ 2012, 477 (480); kritisch dazu aber *Rathke*, DÖV 2012, 751 (757).

960 So auch *Calliess/Schoenfleisch*, JZ 2012, 477 (480).

kann er eine finanzielle Sanktion zum einen verhindern, indem er das Verfahren nicht durch den beschriebenen positiven Beschluss einleitet und zum anderen, indem er mit qualifizierter Mehrheit gegen eine Sanktionsmaßnahme stimmt. Im Übrigen erscheint eine Verfahrensstraffung im Rat auch als politisch sinnvoll[961], weil gerade bei Sanktionsmaßnahmen eine gegenseitige Rücksichtnahme der Mitgliedstaaten, die zukünftig gegebenenfalls selbst Adressaten einer Sanktion werden können, nicht auszuschließen ist[962]. Die diskutierte Abstimmungsregelung ist daher als formelle Verfahrensfrage im Ergebnis nicht zu beanstanden. Eine unionsrechtlich unzulässige materielle Kompetenzverschiebung liegt nicht vor, weil dem Rat trotz des geänderten Abstimmungsverfahrens entscheidende Zuständigkeiten im präventiven Sanktionsverfahren zustehen, insbesondere der Verfahrensbeginn weiterhin von einem positiven Beschluss des Rates abhängt.

2. *Formelle Änderung des Abstimmungsverfahrens*

Fraglich ist aber, ob das in Art. 4 Abs. 2 VO (EU) 1173/2011 vorgesehene Abstimmungsverfahren mit einer anderen primärrechtlichen Bestimmung im Einklang steht. Art. 16 EUV, in welchem die den Rat betreffenden institutionellen Bestimmungen normiert sind, legt in Absatz 3 fest, dass der Rat mit qualifizierter Mehrheit beschließt, wenn in den Verträgen nichts anderes bestimmt ist. Art. 136 Abs. 1 lit. b AEUV i.V.m. Art. 121 Abs. 6 AEUV, die die primärrechtliche Rechtsgrundlage für den Erlass der sekundärrechtlichen Bestimmung darstellen, sehen hinsichtlich des Abstimmungsverfahrens im Rat keine anderweitigen Mehrheitserfordernisse vor. Demnach gilt die Grundregel des Art. 16 Abs. 3 EUV, wonach der Rat, im Fall seiner Zuständigkeit, mit qualifizierter Mehrheit beschließt.

Etwas anderes sieht demgegenüber Art. 4 Abs. 2 VO (EU) 1173/2011 vor. Der dem Rat zustehende Beschluss, einen Mitgliedstaat zur Zahlung einer verzinslichen Einlage zu verpflichten [Art. 4 Abs. 1 VO (EU) 1173/2011], kommt zustande, wenn der Rat untätig bleibt oder wenn der Rat nicht mit qualifizierter Mehrheit gegen den Beschluss der Kommission stimmt. Das heißt, dass der Beschluss des Rates auch zustande kommt, wenn der Rat diesen nicht mit qualifizierter Mehrheit beschließt, sondern es unterlässt[963], mit qualifizierter Mehrheit gegen

961 Ähnlich in diesem Punkt *Gaitanides*, in: *Siekmann*, Kommentar zur EWU, 2013, Art. 126 AEUV Rn. 67, dort bezogen auf das Verfahren der makroökonomischen Überwachung.

962 *Pünder*, in: *Isensee/Kirchhof*, HdBdStR, Band V, 3. Auflage 2007, § 123 Rn. 113, dort im Hinblick auf das repressive Haushaltsaufsichtsverfahren des Art. 126 AEUV.

963 *Bast/Rödl*, EuGRZ 2012, 269 (276).

diesen zu stimmen. Im von Art. 16 Abs. 3 EUV vorgesehenen Fall ist ein Beschluss davon abhängig, dass sich im Rat eine qualifizierte Mehrheit findet, die für diesen Beschluss stimmt. Im untersuchten Abstimmungsverfahren kommt ein Beschluss in umgekehrter Weise zustande, nämlich dann, wenn sich im Rat gerade keine qualifizierte Mehrheit findet. Im ersten Fall bedarf es im Rat einer qualifizierten Mehrheit, damit ein Beschluss zustande kommt. Im zweiten Fall ist eine solche Mehrheit im Rat nicht erforderlich und ein in die Zuständigkeit des Rates fallender Beschluss kommt trotzdem zustande. Aufgrund dieses qualitativen Unterschieds können beide Abstimmungsverfahren jedenfalls nicht als in der Form korrespondierend[964] betrachtet werden, dass der Gesetzgeber bei Erlass eines Sekundärrechtsaktes frei zwischen ihnen wählen kann, ohne die primärrechtlichen Vorgaben zu überschreiten. Im Ergebnis verstößt das in Art. 4 Abs. 2 VO (EU) 1173/2011 vorgesehene Abstimmungsverfahren daher gegen Art. 16 Abs. 3 EUV und ist damit unionsrechtswidrig.

III. Zwischenergebnis

Nach geltendem Unionsrecht begrenzen sich die Kompetenz der Unionsorgane im präventiven Haushaltsüberwachungs- und Sanktionsverfahren vornehmlich auf Kooridinationsmaßnahmen. Weitergehende Eingriffe in das haushaltspolitische Handeln der Mitgliedstaaten sind primärrechtlich hingegen nicht vorgesehen. Die Unionsverträge sind an dieser Stelle sehr zurückhaltend ausgestaltet. Jedenfalls finden sich im präventiven Teil des Haushaltsaufsichtsverfahrens keine Eingriffsmöglichkeiten finanzieller Art, die gegenüber Mitgliedstaaten verhängt werden können, die die unionalen Vorgaben für die Haushaltsziele der Mitgliedstaaten missachten. Automatisierte Sanktionszahlungen im präventiven Haushaltsaufsichtsverfahren können nach geltendem Unionsrecht aus den genannten Gründen auf keine primärrechtliche Kompetenzgrundlage gestützt werden und sind im Ergebnis unionsrechtswidrig.

B. Einwirkung auf die Haushaltsplanung vor Beginn des Haushaltsjahres

Neben finanziellen Sanktionen sind kompetenziell insbesondere unionale Handlungskompetenzen problematisch, bei denen Unionsorgane auf Haushaltsentscheidungen der Mitgliedstaaten einwirken. Denn wie bereits dargestellt ist das präventive Haushaltsaufsichtsverfahren in Art. 121 AEUV in der Form

---

964 So auch *Bast/Rödl*, EuGRZ 2012, 269 (276 f.); ähnlich *Rathke*, DÖV 2012, 751 (755).

vorsichtig ausgestaltet, dass es sich grundsätzlich auf unverbindliche Koordinierungs- und Empfehlungsmaßnahmen begrenzt.

Die sich aus den europäischen Verträgen ergebenden Grenzen für die präventive Koordinierung der Haushaltsplanung vor Beginn des Haushaltsjahres sollen wiederum anhand einer konkreten Sekundärrechtsbestimmung erläutert werden. Denn gestützt auf Art. 136 AEUV i.V.m. Art. 121 Abs. 6 AEUV wurden auf europäischer Ebene Sekundärrechtsbestimmungen erlassen, die gerade im Hinblick auf die mitgliedstaatliche Haushaltsplanung weitgehende unionale Einwirkungsmöglichkeiten vorsehen. Zu nennen ist diesbezüglich insbesondere VO (EU) 473/2013[965]. Nach dieser Verordnung haben die Mitgliedstaaten im Euro-Währungsgebiet, gestützt auf Art. 136 AEUV i.V.m. Art. 121 Abs. 6 AEUV, unter anderem ihre Haushaltsplanentwürfe bis 15. Oktober des Vorjahres zu veröffentlichen und eine Übersicht über die Haushaltsplanung an die Kommission übermitteln [Art. 4 Abs. 2 und Art. 6 Abs. 1 VO (EU) 473/2013], die eine Stellungnahme zu dieser Übersicht über die Haushaltsplanung abgibt [Art. 7 Abs. 1 VO (EU) 473/2013]. Auf dieser Grundlage kann die Kommission den Mitgliedstaat nach Anhörung zur Überarbeitung der Übersicht seiner Haushaltsplanung auffordern, wenn ein schwerwiegender Verstoß gegen die haushaltspolitischen Verpflichtungen des Stabilitäts- und Wachstumspaktes festgestellt wird [Art. 7 Abs. 2 UAbs. 1 VO (EU) 473/2013]. Die Übersicht über die Haushaltsplanung enthält unter anderem Informationen über den angestrebten Haushaltssaldo, über die gesamtstaatlichen Ausgaben – gegliedert nach einzelnen Ausgabenbereichen – sowie über die Auswirkungen der Haushaltsentscheidungen auf das staatliche Wirtschaftswachstum [vgl. Art. 6 Abs. 3 VO (EU) 473/2013].

Das in der VO (EU) 473/2013 normierte Verfahren ist zeitlich gesehen dem Beginn des Haushaltsjahres in den Mitgliedstaaten vorgelagert und Teil des präventiven Haushaltsaufsichtsverfahrens. Es berechtigt die Europäische Kommission zwar nicht dazu, vor der innerstaatlichen Verabschiedung des Haushalts auf einzelne Titel der Haushaltsentwürfe der Mitgliedstaaten unmittelbar Einfluss zu nehmen. Dennoch werden die Mitgliedstaaten zur Veröffentlichung ihrer Haushaltsplanentwürfe verpflichtet und die Kommission dazu berechtigt, eine Überarbeitung der mitgliedstaatlichen Übersicht über die Haushaltsplanung zu verlangen. Es stellt sich die Frage, ob die genannten Verfahrensschritte mit den primärrechtlichen Vorgaben der europäischen Verträge im Einklang stehen, d.h. auf eine Kompetenzgrundlage im AEUV gestützt werden können.

---

965 VO (EU) Nr. 473/2013, ABl. EU 2013 L 140, 11.

Wiederum ist der in Art. 121 Abs. 3 und 4 AEUV normierte Maßnahmenkatalog der Maßstab für Sekundärrechtsakte, die auf Grundlage des Art. 121 Abs. 6 AEUV erlassen werden und das Überwachungs- und Sanktionsverfahren des Art. 121 AEUV konkretisieren. Dies wurde bereits im Hinblick auf die unionsrechtliche Zulässigkeit finanzieller Sanktionen im präventiven Haushaltsaufsichtsverfahren festgestellt. Gehen sekundärrechtliche Bestimmungen über rechtlich unverbindliche Koordinierungshandlungen wie Bewertungen, Stellungnahmen oder Empfehlungen hinaus, können diese weder auf Art. 121 Abs. 6 AEUV noch auf Art. 136 Abs. 1 AEUV oder Art. 352 AEUV gestützt werden, weil sie in diesem Fall das Verfahren des Art. 121 AEUV nicht bloß konkretisieren.

I. Veröffentlichung der Haushaltsplanentwürfe

Nach Art. 4 Abs. 2 VO (EU) 473/2013 haben die Mitgliedstaaten ihre Haushaltsplanentwürfe für das Folgejahr jährlich spätestens am 15. Oktober zu veröffentlichen. Fraglich ist, ob diese Bestimmung die Einzelheiten des Verfahrens der multilateralen Überwachung im Sinne des Art. 121 Abs. 3 und 4 AEUV festlegt und damit auf Art. 121 Abs. 6 AEUV gestützt werden kann. Dies ist im Ergebnis aus folgenden Gründen zu bejahen.

Das multilaterale Überwachungsverfahren des Art. 121 AEUV ist zweigeteilt. Kommission und Rat können einen Mitgliedstaat auf Grundlage des Art. 121 Abs. 4 AEUV erst verwarnen oder diesem gegenüber eine Empfehlung aussprechen und diese veröffentlichen, nachdem die wirtschaftliche Entwicklung in den Mitgliedstaaten nach Art. 121 Abs. 3 UAbs. 1 AEUV bewertet wurde. Diese Bewertung findet jedoch nicht ohne Teilnahme der Mitgliedstaaten statt. Diese haben vielmehr, wie dies in Art. 121 Abs. 3 UAbs. 2 AEUV primärrechtlich ausdrücklich vorgesehen ist, zum Zwecke der Gesamtbewertung durch den Rat Angaben zu einzelstaatlichen Maßnahmen auf dem Gebiet ihrer Wirtschaftspolitik zu übermitteln. Die Pflicht der Mitgliedstaaten, diese Informationen an die Kommission weiterzugeben, ist zwangsläufige Voraussetzung für das sich aus Art. 121 Abs. 3 UAbs. 1 AEUV ergebende Recht der Kommission, die wirtschafts- und haushaltspolitische Entwicklung zu bewerten[966].

Als eine diesem Verfahren entsprechende Informationsübermittlungspflicht ist die Pflicht der Mitgliedstaaten anzusehen, ihre Haushaltsplanentwürfe jährlich bis zu einem bestimmten Zeitpunkt zu veröffentlichen. Denn

966 EuGH v. 9.7.1987, verb. Rs. 281, 283 bis 285 und 287/85 – *Deutschland u.a./Kommission*, Slg. 1987, 3203 (3253 f.).

diese Veröffentlichung betrifft mit dem Bereich der Finanz- und Haushaltspolitik nur einen besonderen Bereich der allgemeinen Wirtschaftspolitik der Mitgliedstaaten[967]. Zwar stellt sich die Frage, ob nicht eine bloße Übersendung der Haushaltsplanentwürfe an die Kommission zum Zwecke der Bewertung der Informationsübermittlungspflicht der Mitgliedstaaten in Art. 121 Abs. 3 UAbs. 2 AEUV eher entsprochen hätte. Denn die Veröffentlichung der Haushaltsplanentwürfe geht über eine bloße Informationsübermittlung hinaus. Doch zum einen treffen beide Maßnahmen die Mitgliedstaaten in ähnlicher Weise. Es findet jeweils keine rechtsverbindliche Sanktionierung statt und die Mitgliedstaaten werden ausschließlich zu einer schlichten Informationserteilung verpflichtet. Zum anderen ist eine Pflicht zur Veröffentlichung, die auf den Mitgliedstaat öffentlichen Druck ausüben soll, dem präventiven Haushaltsaufsichtsverfahren nicht fremd. Auf Grundlage des Art. 121 Abs. 4 Satz 3 AEUV kann der Rat, primärrechtlich zulässig, beispielsweise auch die im Sanktionsverfahren an den Mitgliedstaat gerichtete Empfehlung veröffentlichen. Auf Grundlage des Art. 121 Abs. 6 i.V.m. Abs. 3 und 4 AEUV gerade zulässig sind Maßnahmen der Unionsorgane, in denen diese die Wirtschafts- und Haushaltsentwicklung in den Mitgliedstaaten bewerten und die Mitgliedstaaten zu diesem Zweck zur Datenübermittlung für diese Bereiche verpflichtet werden. Die Veröffentlichung der Haushaltspläne der Mitgliedstaaten entspricht der tendenziell zurückhaltenden Ausgestaltung des präventiven Haushaltsaufsichtsverfahrens des Art. 121 AEUV, weil auf die Mitgliedstaaten nur mittelbarer politischer Druck ausgeübt wird, ohne jedoch weitergehend auf die Inhalte der mitgliedstaatlichen Haushaltspläne einzuwirken. Die in Art. 4 Abs. 2 VO (EU) 473/2013 vorgesehene periodische Veröffentlichung der Haushaltsentwürfe der Mitgliedstaaten ist damit als Konkretisierung des Überwachungsverfahrens des Art. 121 Abs. 3 AEUV unionsrechtlich zulässig.

II. Aufforderung zur Überarbeitung der Übersicht über die Haushaltsplanung

Fraglich ist, ob Gleiches für Art. 7 Abs. 2 VO (EU) 473/2013 gilt. Darin wird die Kommission berechtigt, vor Beginn des Haushaltsjahres eine überarbeitete Übersicht über die Haushaltsplanung der Mitgliedstaaten zu verlangen, wenn in der Übersicht ein schwerwiegender Verstoß gegen die im Stabilitäts- und Wachstumspakt festgelegten haushaltspolitischen Verpflichtungen der Mitgliedstaaten festgestellt wird. Als unionsrechtlich unzulässig könnte es sich darstellen, dass

967 Vgl. *Häde*, in: *Calliess/Ruffert*, EUV/AEUV, 4. Auflage 2011, Art. 119 AEUV Rn. 5.

den Mitgliedstaaten eine konkrete Handlungsverpflichtung abverlangt wird. Denn die Mitgliedstaaten werden nicht nur zu einer bloßen Datenübermittlung verpflichtet, sondern sie werden ggf. aufgefordert, ihre Haushaltsplanung zu überarbeiten.

Grundsätzlich dürfen auf Grundlage des Art. 121 Abs. 6 i.V.m. Abs. 3 und 4 AEUV keine Rechtsakte erlassen werden, die regulativ in das haushaltspolitische Handeln der Mitgliedstaaten eingreifen[968]. Ausgeschlossen sind Maßnahmen der Unionsorgane, die Mitgliedstaaten rechtsverbindlich zu einer konkreten Änderung ihrer Wirtschafts- und Haushaltspolitik verpflichten.

Damit stehen auch Änderungen in der Haushalts- und Wirtschaftspolitik der Mitgliedstaaten nicht im Widerspruch, die diese vornehmen, um repressive Sanktionen zu verhindern. Verpflichtungen dieser Art sieht das repressive Haushaltsaufsichtsverfahren des Art. 126 AEUV vor, das den Mitgliedstaaten in Art. 126 Abs. 1 AEUV ein maximales Haushaltsdefizit bestimmter Höhe vorgibt und eine Verletzung dieser Vorgabe in Art. 126 Abs. 11 AEUV mit Sanktionen belegt. Die gegebenenfalls eintretenden Sanktionen führen zwar dazu, dass die Mitgliedstaaten ihre Haushalts- und Wirtschaftspolitik möglicherweise anpassen, um einen Sanktionseintritt zu verhindern. Die Einwirkung des Unionsrechts auf das konkrete haushalts- und wirtschaftspolitische Handeln der Mitgliedstaaten erfolgt jedoch selbst im repressiven Haushaltsaufsichtsverfahren des Art. 126 AEUV, das im Vergleich zu Art. 121 AEUV weitergehende Eingriffe in die mitgliedstaatliche Haushaltspolitik gestattet, nur mittelbar. Den Mitgliedstaaten wird auch dort keine unmittelbare Handlungsweise vorgegeben.

Vor diesem Hintergrund ist das Recht der Kommission, den Mitgliedstaat zur Überarbeitung der Übersicht über seine Haushaltsplanung aufzufordern, gleichwohl unionsrechtlich zulässig. Denn zum einen fordert die Kommission den Mitgliedstaat in einer bloßen Stellungnahme auf [vgl. Art. 7 Abs. 2 VO (EU) 473/2013]. Diese ist für den Mitgliedstaat grundsätzlich nicht rechtsverbindlich, sondern stellt vielmehr eine Meinungsäußerung[969] der Kommission dar. Auch zeigt Art. 121 Abs. 4 UAbs. 1 AEUV, dass das präventive Haushaltsaufsichtsverfahren gerade durch bloße Empfehlungen gekennzeichnet ist, die den Stellungnahmen entsprechend für den Mitgliedstaat nicht rechtsverbindlich sind (vgl. Art. 288 Abs. 5 AEUV). Solange es sich also um eine unverbindliche Maßnahme der Unionsorgane handelt[970], bewegt sich diese innerhalb der geltenden

968 EuGH v. 9.7.1987, verb. Rs. 281, 283 bis 285 und 287/85 – *Deutschland u.a./Kommission*, Slg. 1987, 3203 (3253 ff.); *Bast/Rödl*, EuGRZ 2012, 269 (274).

969 *Schroeder*, in: *Streinz*, EUV/AEUV, 2. Auflage 2012, Art. 288 AEUV Rn. 147.

970 Vgl. *Calliess*, VVDStRL 71 (2012), 113 (170), dort in Fn. 300.

Kompetenzordnung. Zum anderen greift die Kompetenz der Kommission nur im Fall besonders schwerwiegender Verstöße [vgl. Art. 7 Abs. 2 VO (EU) 473/2013]. Wenngleich dies vom Vorliegen der Kompetenzgrundlage in dieser Form abhängt, darf der Mitgliedstaat damit nur im Ausnahmefall aufgefordert werden, die Übersicht zu überarbeiten, und dies auch nur dann, wenn ein Verstoß gegen die ohnehin einzuhaltenden Verpflichtungen aus dem Stabilitäts- und Wachstumspakt zu wahren sind. Grundsätzlich hat es die Kommission bei einer bloßen Stellungnahme zu belassen [vgl. Art. 7 Abs. 1 VO (EU) 473/2013]. Im Übrigen muss der betroffene Mitgliedstaat ausschließlich eine Übersicht über die Haushaltsplanung ändern, die bestimmte, in Art. 6 Abs. 3 VO (EU) 473/2013 näher definierte Angaben, wie den angestrebten Haushaltssaldo oder Informationen über die gesamtstaatlichen Ausgaben, enthält. Von der Überarbeitungsaufforderung dagegen nicht erfasst ist der Haushaltsplanentwurf der Mitgliedstaaten. Die Mitgliedstaaten bleiben durch die Aufforderung zur Überarbeitung der Übersicht über die Haushaltsplanung in einer bloß rechtlich unverbindlichen Stellungnahme der Kommission die entscheidenden Akteure im Hinblick auf ihre tatsächliche Haushaltsplanung in den Haushaltsentwürfen. Das Recht der Kommission beschränkt sich also weiterhin auf eine Koordinierungshandlung[971]. Das Recht der Kommission, die Mitgliedstaaten zur Überarbeitung ihrer Haushaltsplanung aufzufordern, ist damit im Ergebnis als Konkretisierung des Haushaltsaufsichtsverfahrens des Art. 121 Abs. 3 und 4 AEUV anzusehen und kann auf Art. 121 Abs. 6 AEUV gestützt werden.

C. Zwischenergebnis

Nach geltendem Unionsrecht ermöglicht das präventive Haushaltsaufsichtsverfahren des Art. 121 AEUV nur zum einen rechtlich unverbindliche Bewertungen, zu deren Zweck die Mitgliedstaaten Informationen über ihre wirtschaftliche Entwicklung übermitteln, sowie zum anderen Verwarnungen und Empfehlungen der Unionsorgane. Letztere können nach Art. 121 Abs. 4 Satz 3 AEUV gegebenenfalls veröffentlicht werden. Planung und Vollzug der mitgliedstaatlichen Haushalte belassen die europäischen Verträge damit vornehmlich in der Kompetenz der Mitgliedstaaten. Insbesondere automatisierte finanzielle Sanktionen sind dem präventiven Teil des Haushaltsaufsichtsverfahrens hingegen fremd, weil diese dazu führen, dass grundsätzlich unverbindliche Maßnahmen der Unionsorgane für den Mitgliedstaat faktisch verbindlich werden. Über

971 Vgl. *Calliess*, NVwZ 2012, 1 (2); zu dieser Kompetenzkategorie eingehend *Braams*, Koordinierung als Kompetenzkategorie, 2013, S. 180 ff.

diese primärrechtlichen Vorgaben darf auch nicht durch den Erlass sekundärrechtlicher Konkretisierungen hinweggegangen werden, die auf Grundlage des Art. 121 Abs. 6 AEUV erlassen werden. Denn Art. 121 Abs. 6 AEUV sieht vor, dass – gestützt auf diese Rechtsgrundlage – nur Einzelheiten des Verfahrens des Art. 121 Abs. 3 und 4 AEUV sekundärrechtlich konkretisiert werden können. Gleiches gilt für den Erlass von Rechtsakten gestützt auf Art. 136 Abs. 1 lit. b AEUV. Auch diese dürfen die in Art. 121 AEUV vorgesehenen Verfahrensschritte inhaltlich nicht missachten oder erweitern. Denn Art. 136 Abs. 1 AEUV dient dazu, für Euro-Mitgliedstaaten geltende Bestimmungen zu erlassen. Die Norm stellt jedoch keine Generalklausel dar, auf deren Grundlage die in Art. 121 AEUV und Art. 126 AEUV vorgesehenen Überwachungs- und Kontrollmaßnahmen konterkariert werden. Weiterhin ist es unionsrechtlich unzulässig, das in Art. 121 AEUV normierte Kompetenzsystem durch die Anwendung der Vertragsabrundungskompetenz des Art. 352 AEUV zu umgehen. Dies stünde im Widerspruch zum Grundsatz der begrenzten Einzelermächtigung nach Art. 5 Abs. 1 und 2 EUV, weil die Vertragsparteien der europäischen Verträge den Unionsorganen in Art. 121 AEUV einen begrenzten Kompetenzkatalog übertragen und so die Reichweite präventiver Aufsichtsbefugnisse primärrechtlich ausdrücklich festgelegt haben.

Als unionsrechtlich zulässig stellen sich demgegenüber sekundärrechtliche Bestimmungen dar, in denen die Mitgliedstaaten zu einer Veröffentlichung ihrer Haushaltsplanentwürfe oder zu einer Überarbeitung einer Übersicht über ihre Haushaltsplanung aufgefordert werden. Maßnahmen dieser Art entsprechen dem System des präventiven Haushaltsaufsichtsverfahrens nach geltendem Unionsrecht, das gerade in einer Koordinierung der mitgliedstaatlichen Wirtschafts- und Haushaltspolitik besteht.

Kapitel 5 – Unions- und verfassungsrechtliche Grenzen zukünftiger Reformen

Nachdem in Kapitel 4 die Vereinbarkeit bereits erlassener Sekundärrechtsakte, die das präventive Haushaltsaufsichtsverfahren betreffen, mit dem (höherrangigen) primären Unionsrecht geprüft wurde, bewertet dieser Teil nunmehr eine Auswahl aktueller politischer Reformvorschläge dieses Verfahrens im Hinblick auf ihre unions- und verfassungsrechtliche Zulässigkeit. Aus der Vielzahl der aktuell im politischen Prozess sowohl auf europäischer als auch auf nationaler Ebene diskutierten Überlegungen, die einen Umbau der Wirtschafts- und Währungsunion hin zu einer vertieften wirtschafts- und haushaltspolitischen Union zum Gegenstand haben, beschränkt sich diese Untersuchung auf konkrete Reformvorstellungen, die das präventive Haushaltsaufsichtsverfahren betreffen. Deren Umsetzbarkeit wird an unions- und verfassungsrechtlichen Maßstäben gemessen.

A. Unionales Zurückweisungsrecht des Haushaltsplanentwurfs

Ein aktuell diskutierter Reformvorschlag des präventiven Haushaltsaufsichtsverfahrens betrifft den Haushaltsplanentwurf. Bisher müssen die Mitgliedstaaten ihre Haushaltsplanentwürfe jährlich bis 15. Oktober veröffentlichen und der Kommission eine Übersicht über ihre Haushaltsplanung übermitteln, zu der die Kommission eine Stellungnahme abgibt [vgl. Art. 4 Abs. 2, Art. 6 Abs. 1 und Art. 7 Abs. 1 VO (EU) 473/2013]. Die Mitteilung der Kommission „Ein Konzept für eine vertiefte und echte Wirtschafts- und Währungsunion – Auftakt für eine europäische Diskussion“[972] vom 28.11.2012 nennt eine Reformoption, die auf der bereits geltenden VO (EU) 473/2013 aufbaut und eine stärkere haushalts- und wirtschaftspolitische Integration zur Folge hat. Konkret lautet der Vorschlag auf Seite 31 der genannten Mitteilung:

> „[Ein] Mitgliedstaat [könnte] angehalten werden, seinen einzelstaatlichen Haushalts (-entwurf) zu überarbeiten, wenn es zu einer Abweichung von zuvor auf EU-Ebene festgelegten Verpflichtungen der Haushaltsdisziplin kam. Dies würde bedeuten, dass die im Twopack [= VO (EU) Nr. 472/2013 und VO (EU) Nr. 473/2013] vorgesehene, nicht verbindliche Stellungnahme zum einzelstaatlichen Haushalt bindenden Charakter erhält.“

972 Mitteilung COM (2012) 777 final.

Auf europäischer Ebene wird damit vorgeschlagen, ein Recht der Unionsorgane, konkret der Kommission, einzuführen, nach welchem diese den Mitgliedstaat mit verbindlicher Wirkung zu einer Überarbeitung des mitgliedstaatlichen Haushaltsentwurfes auffordern kann, wenn der Entwurf von den unionsrechtlichen Verpflichtungen im Hinblick auf die mitgliedstaatliche Haushaltsdisziplin abweicht. Die nach bisheriger Rechtslage rechtlich unverbindliche Stellungnahme nach Art. 7 Abs. 2 VO (EU) 473/2013 soll für den Mitgliedstaat Bindungswirkung erhalten.

Unionale Vorgaben für die mitgliedstaatliche Haushaltsdisziplin folgen aus den einschlägigen Bestimmungen des Stabilitäts- und Wachstumspaktes. Zu nennen ist insbesondere Art. 2a VO (EU) 1175/2011, der die Mitgliedstaaten zur Einhaltung eines mittelfristigen Haushaltsziels verpflichtet, das ein maximales öffentliches Defizit von 3 Prozent des Bruttoinlandsproduktes aufweist. Das bedeutet, dass das von den Mitgliedstaaten einzuhaltende Finanzierungsdefizit[973] im Haushalt nicht mehr als 3 Prozent des Bruttoinlandsproduktes betragen soll. Ein Finanzierungsdefizit ist bei einem negativen Finanzierungssaldo[974] des Haushalts gegeben, der vorliegt, wenn die Summe der staatlichen Einnahmen den Gesamtbetrag der Ausgaben des Staates unterschreitet. Das durch diese Differenz entstehende Haushaltsdefizit kann durch Kreditaufnahme ausgeglichen werden. Erfasst ist damit die jährliche Nettoneuverschuldung[975] in den Mitgliedstaaten. Der Begriff Nettoneuverschuldung beschreibt diejenigen Kredite, die zum Ausgleich des Haushaltsdefizits aufgenommen werden und über die Finanzierung der Ausgaben für Kredite vorangegangener Haushaltsjahre hinausgehen[976]. Das heißt im Ergebnis, dass der Europäischen Union im Falle dieser Reform ein Zurückweisungsrecht des mitgliedstaatlichen Haushaltsentwurfs zuerkannt würde, das eingriffe, wenn der Haushaltsplanentwurf der Mitgliedstaaten eine

973 Zum Begriff des öffentlichen Defizits i.R.d. Art. 119 ff. AEUV vgl. Art. 2 des Protokolls (Nr. 12) über das Verfahren bei einem übermäßigen öffentlichen Defizit (ABl. EU 2010 C 83, 279); vgl. auch *Kempen*, in: *Streinz*, EUV/AEUV, 2. Auflage 2012, Art. 126 AEUV Rn. 17.

974 Vgl. Art. 1 Abs. 3 VO (EG) 479/2009, ABl. EU 2009 L 145, 1.

975 Zum Begriff des negativen Finanzierungssaldos im Sinne des Europäischen Systems volkswirtschaftlicher Gesamtrechnung vgl. S. 250 der konsolidierten Fassung der VO (EG) 2223/1996, ABl. EG 1996 L 310, 1; vgl. auch *Siekmann*, in: *Sachs*, GG, 6. Auflage 2011, Art. 109 Rn. 24.

976 Vgl. *Gröpl*, in: *Kahl*, Nachhaltige Finanzstrukturen, 2011, S. 125 (131); allgemein zum Begriff der Defizitfinanzierung vgl. *Ohler*, Die fiskalische Integration in der EG, 1997, S. 245 ff.

Nettoneuverschuldung von mehr als 3 Prozent des Bruttoinlandsproduktes vorsieht. Die Europäische Union wird berechtigt, den mitgliedstaatlichen Haushaltsplanentwurf zurückzuweisen, wenn dieser für das aktuelle Haushaltsjahr ein bestimmtes Maß an neu aufzunehmenden Staatsschulden überschreitet.

I. Erlass auf Grundlage des geltenden primären Unionsrechts

Zunächst stellt sich die Frage, ob dieser Reformschritt im präventiven Haushaltsaufsichtsverfahren bereits auf Grundlage des geltenden primären Unionsrechts durch einen Sekundärrechtsakt eingeführt werden könnte.

1. Verordnungserlass

Ein Verordnungserlass könnte auf Art. 121 Abs. 6 AEUV gestützt werden. Diese Rechtsgrundlage trägt Sekundärrechtsakte, die Einzelheiten des multilateralen Haushaltsüberwachungs- und Sanktionsverfahrens des Art. 121 Abs. 3 und 4 AEUV regeln. Bereits festgestellt wurde, dass auf Art. 121 Abs. 6 AEUV nur Rechtsakte gestützt werden können, die koordinierender Art sind. Das bedeutet, dass die Unionsorgane unionsrechtlich zulässig ausschließlich Sekundärrechtsakte auf Grundlage des Art. 121 Abs. 6 AEUV erlassen können, die nicht unmittelbar in die Haushaltsentscheidungen der Mitgliedstaaten eingreifen. Die Unionsorgane sind im Rahmen des Art. 121 AEUV insgesamt auf rechtlich unverbindliche Bewertungen, Empfehlungen oder Stellungnahmen begrenzt. Verpflichtungen der Mitgliedstaaten in diesem Zusammenhang sind nur dann unionsrechtlich zulässig, wenn die in Art. 121 Abs. 3 und 4 AEUV vorgesehenen Organrechte diese erfordern, wie dies beispielsweise bei Informationsübermittlungspflichten der Fall ist[977]. Eine Bewertung der Haushaltsentwicklung in den Mitgliedstaaten und eine unionsrechtliche Empfehlung auf dieser Grundlage sind rein tatsächlich nur möglich, wenn die Unionsorgane auch über die relevanten Angaben über die Wirtschafts- und Haushaltslage der Mitgliedstaaten verfügen. Entscheidend ist aber, dass die Unionsorgane nicht in den Gestaltungsspielraum eingreifen, der den Mitgliedstaaten nach derzeitigem Entwicklungsstand der Wirtschafts- und Währungsunion im Hinblick auf ihre Haushaltsentscheidungen zusteht[978]. Die sich aus Art. 121 Abs. 6 AEUV i.V.m. Art. 121 Abs. 3 und 4 AEUV ergebenden Rechtsetzungsmöglichkeiten der Unionsorgane sind

977 Vgl. EuGH v. 9.7.1987, verb. Rs. 281, 283 bis 285 und 287/85 – *Deutschland u.a./ Kommission*, Slg. 1987, 3203 (3253 f.).

978 *Koch*, in: *Lenz/Borchardt*, EU-Verträge, 6. Auflage 2013, Art. 120 - 122 AEUV Rn. 3.

des Weiteren auch Maßstab für Rechtsakte, die auf Art. 136 Abs. 1 lit. b AEUV gestützt werden. Für die unionsrechtliche Zulässigkeit eines unionalen Zurückweisungsrechts des mitgliedstaatlichen Haushaltsplanentwurfs, der auf Art. 121 Abs. 6 AEUV oder auf Art. 136 Abs. 1 AEUV gestützt wird, ist damit entscheidend, ob ein solches Zurückweisungsrecht die Einzelheiten des Haushaltsüberwachungs- und Sanktionsverfahrens des Art. 121 Abs. 3 und 4 AEUV festlegt.

Dafür könnte sprechen, dass das Zurückweisungsrecht ausschließlich der Einhaltung zuvor auf unionaler Ebene festgelegter Verpflichtungen dient. Denn dieses Vorgehen entspricht dem präventiven Haushaltsaufsichtsverfahren des Art. 121 AEUV. Art. 121 Abs. 2 AEUV ermächtigt Rat und Kommission, Grundzüge der Wirtschafts- und damit auch Haushaltspolitik der Mitgliedstaaten zu erstellen. Deren Einhaltung dient das Überwachungs- und Sanktionsverfahren des Art. 121 Abs. 3 und 4 AEUV, das Rat und Kommission dazu berechtigt, die mitgliedstaatliche Haushaltslage zu bewerten und eine Empfehlung abzugeben, wie die Vorgaben in den Grundzügen eingehalten werden können. Nach dem gleichen Verfahren ausgestaltet ist das unionale Zurückweisungsrecht. Auch hier bestehen Verpflichtungen auf unionaler Ebene. Diese folgen insbesondere aus sekundärrechtlichen Bestimmungen. So verpflichtet beispielsweise VO (EU) 1175/2011 die Mitgliedstaaten zu einem selbstgesetzten mittelfristigen Haushaltsziel [vgl. Art. 2a VO (EU) 1175/2011]. Ausgehend von diesem Maßstab werden Unionsorgane ermächtigt, die mitgliedstaatliche Haushaltslage zu bewerten und die Mitgliedstaaten bei einem festgestellten Verstoß gegen die Verpflichtungen mit Verwarnungen und Empfehlungen zu sanktionieren.

Gleichwohl steht dem Erlass eines entsprechenden Sekundärrechtsaktes auf Grundlage des Art. 121 Abs. 6 AEUV bzw. Art. 136 Abs. 1 lit. b AEUV entgegen, dass die Unionsorgane zur Zurückweisung des mitgliedstaatlichen Haushaltsplanentwurfs berechtigt werden. Denn eine rechtsverbindliche Sanktionierung der Mitgliedstaaten ist auf Grundlage der genannten Ermächtigungsgrundlagen nicht möglich. Diese erlauben vielmehr nur den Erlass von Maßnahmen nichtregulativer Art[979]. Verbindliche Handlungsverpflichtungen der Mitgliedstaaten sind dagegen nicht möglich. Eine solche Verbindlichkeit wiese ein derartiges Zurückweisungsrecht jedoch auf, wenn die Mitgliedstaaten zur Überarbeitung ihres Haushaltsplanentwurfs verpflichtet werden. Die Mitgliedstaaten koordinieren in diesem Fall ihre Haushaltspolitik nicht mehr, wie dies Art. 121 AEUV im Grundsatz vorsieht. Denn die Aufforderung zur Überarbeitung der mitgliedstaatlichen

979 Vgl. EuGH v. 9.7.1987, verb. Rs. 281, 283 bis 285 und 287/85 – *Deutschland u.a./ Kommission*, Slg. 1987, 3203 (3253 ff.); *Bast/Rödl*, EuGRZ 2012, 269 (274).

Haushaltsplanung, wie sie bereits nach geltendem Unionsrecht in Art. 7 VO (EU) 473/2013 vorgesehen ist, ist rechtlich unverbindlich. Ein Zurückweisungsrecht bedeutet jedoch, dass die Haushaltspläne in den Mitgliedstaaten nicht in Kraft treten können, bevor die Unionsorgane diesen zustimmen. Damit müssen die Mitgliedstaaten ihre Haushaltsentscheidungen nicht nur koordinierend am Maßstab des Unionsrechts ausrichten. Unionsorgane können vielmehr regulierend in die haushaltspolitischen Entscheidungen der Mitgliedstaaten einwirken. Ein so weitreichender Eingriff in die mitgliedstaatliche Haushaltsplanung ist in Art. 121 Abs. 3 und 4 AEUV aber gerade nicht vorgesehen. Diese sind sehr zurückhaltend ausgestaltet. Eine Regelung des Zurückweisungsrechts in Form einer Verordnung im Sinne des Art. 288 Abs. 2 AEUV scheidet damit aus.

2. *Richtlinienerlass*

Die Einführung eines Zurückweisungsrechts in der beschriebenen Form durch eine Richtlinie kommt aus zwei Gründen nicht in Betracht. Zum einen ist der Regelungsgegenstand durch den Erlass einer Richtlinie schwer umsetzbar. Eine Richtlinie belässt den Mitgliedstaaten die konkrete Umsetzung eines auf Unionsebene verbindlich festgesetzten Regelungsziels[980]. Ein Zurückweisungsrecht soll demgegenüber die Unionsorgane berechtigen, die nationalen Haushaltsplanentwürfe am Maßstab des Unionsrechts zu messen. Nicht ersichtlich ist, aus welchen Gründen den Mitgliedstaaten ein weiterer Umsetzungsakt zustehen sollte, dient das Zurückweisungsrecht doch gerade ihrer haushaltspolitischen Disziplinierung. Zum anderen kann ein Zurückweisungsrecht auch nicht auf die für den Erlass einer Richtlinie in Betracht kommende Ermächtigungsgrundlage des Art. 352 Abs. 1 AEUV gestützt werden. Art. 352 AEUV berechtigt nicht dazu, den Unionsorganen Befugnisse zu verleihen, die ihnen nach den sonstigen vertraglichen Bestimmungen des Unionsrechts gerade nicht zustehen[981]. Auf Grundlage der Norm können vielmehr ausschließlich Rechtsakte erlassen werden, wenn den Unionsorganen anderweitig Befugnisse fehlen und dies zur Erreichung vertraglich festgelegter Unionsziele erforderlich ist[982]. Art. 352 Abs. 1

980 EuGH v. 10.4.1984, Rs. C-14/83 – *von Colson u.a../Land Nordrhein-Westfalen*, Slg. 1984, 1891 (1906); *Biervert*, in: *Schwarze*, EU-Kommentar, 3. Auflage 2012, Art. 288 AEUV Rn. 23; *Hetmeier*, in: *Lenz/Borchardt*, EU-Verträge, 6. Auflage 2013, Art. 288 AEUV Rn. 10.

981 Vgl. EuGH v. 3.9.2008, verb. Rs. C-402 und 415/05 P – *Kadi*, Slg. 2008, I-6351 Rn. 203.

982 Vgl. EuGH v. 28.3.1996, Gutachten 2/94 – *EMRK-Beitritt*, Slg. 1996, I-1759 (1788).

AEUV dient dazu, „Lücken der Verträge auszufüllen“[983]. Erweisen sich bestehende Vertragskompetenzen hingegen nicht als ausreichend, kommt ausschließlich eine Vertragsänderung in Betracht, um die Unionskompetenzen zu erweitern. Ein unionales Zurückweisungsrecht des mitgliedstaatlichen Haushaltsplanentwurfs im präventiven Haushaltsaufsichtsverfahren ist in Art. 121 AEUV gerade nicht vorgesehen. Art. 121 AEUV begrenzt die Kompetenzen der Unionsorgane vielmehr auf rechtlich unverbindliche Maßnahmen. Diese Regelungssystematik darf daher auch nicht durch den Erlass von Rechtsakten umgangen werden, die gestützt auf Art. 352 Abs. 1 AEUV den Unionsorganen weitergehende Befugnisse verleihen. Die Regelung des Zurückweisungsrechts in Form einer Richtlinie im Sinne des Art. 288 Abs. 3 AEUV kommt damit nicht in Betracht.

3. *Vertragsänderung*

Soll ein unionales Zurückweisungsrecht des mitgliedstaatlichen Haushaltsplanentwurfs im Unionsrecht eingeführt werden, bleibt ausschließlich der Weg über eine Änderung des AEUV im Vertragsänderungsverfahren nach Art. 48 EUV[984]. Denn auf Grundlage des geltenden Unionsrechts ist die Reformierung des präventiven Haushaltsaufsichtsverfahrens in dieser Form sekundärrechtlich nicht möglich. In Betracht kommen das ordentliche (Art. 48 Abs. 2 bis 5 EUV) sowie das vereinfachte (Art. 48 Abs. 6 und 7 EUV) Vertragsänderungsverfahren. Für die Frage, welches der genannten Verfahren zur Anwendung kommt, ist entscheidend, dass das vereinfachte Vertragsänderungsverfahren zu keiner Ausdehnung der der Europäischen Union in den Verträgen bereits übertragenen Zuständigkeiten führen darf (vgl. Art. 48 Abs. 6 UAbs. 3 EUV). Legt man dies eng aus und fasst darunter nur die Übertragung neuer Sachbereiche auf die Europäische Union[985], wäre eine Ausdehnung der Unionsbefugnisse wohl zu verneinen, weil sich die Vertragsänderung nur auf eine Modifikation der bereits bestehenden Regelungen der Wirtschafts- und Währungsunion in Art. 119 ff. AEUV bezöge. Eine eindeutige Differenzierung zwischen beiden Verfahren ist demgegenüber nur durch eine Auslegung möglich, die im Rahmen des vereinfachten Vertragsänderungsverfahrens die Übertragung neuer Hoheitsrechte auf die Europäische Union oder die Erweiterung bereits bestehender Hoheitsrechte

983 *Booß*, in: *Lenz/Borchardt*, EU-Verträge, 6. Auflage 2013, Art. 352 AEUV Rn. 2 (im Original fett gedruckt).
984 Zum Anwendungsbereich vgl. *Häde*, ZG 2011, 1 (29 f.).
985 Dazu *Häde*, ZG 2011, 1 (29).

ausschließt[986]. Nach geltendem Recht ist im präventiven Haushaltsaufsichtsverfahren ein Durchgriff[987] auf den mitgliedstaatlichen Hoheitsbereich nur dann zulässig, wenn sich die Unionsorgane auf rechtsunverbindliche Koordinierungsmaßnahmen beschränken. Die Kompetenz zu intensiveren Überwachungs- und Sanktionsmaßnahmen wurde nach Art. 23 Abs. 1 Satz 2 GG nicht übertragen[988]. Es werden insbesondere nicht nur bestehende Befugnisse zwischen den Unionsorganen verlagert, ohne neue Kompetenzen der Unionsorgane zu begründen. In diesem Fall käme das vereinfachte Vertragsänderungsverfahren zur Anwendung[989]. Für die Einführung eines Zurückweisungsrechts im beschriebenen Sinn ist eine Kompetenzübertragung der Mitgliedstaaten erforderlich und als Verfahren wäre das ordentliche Vertragsänderungsverfahren des Art. 48 Abs. 2 bis 5 EUV anzuwenden.

II. Vereinbarkeit einer Vertragsänderung mit Art. 79 Abs. 3 GG

Eine Änderung der europäischen Verträge muss jedoch aus verfassungsrechtlicher Sicht mit den Vorgaben des Grundgesetzes vereinbar sein. Eine Vertragsänderung bedarf in Deutschland eines Zustimmungsgesetzes nach Art. 23 Abs. 1 Satz 2 GG. Nach Art. 23 Abs. 1 Satz 3 GG gelten für Änderungen der vertraglichen Grundlagen der Europäischen Union, durch die das Grundgesetz seinem Inhalt nach geändert oder ergänzt wird oder solche Änderungen oder Ergänzungen ermöglicht werden, die verfassungsrechtlichen Grenzen des Art. 79 Abs. 2 und 3 GG. Dabei ist Art. 23 Abs. 1 GG unabhängig davon anwendbar, ob die Vertragsänderung auf europäischer Ebene in Form des ordentlichen oder vereinfachten Vertragsänderungsverfahrens nach Art. 48 EUV vorgenommen wird[990], wenn die Tatbestandsvoraussetzungen der Norm vorliegen (vgl. auch §§ 2 und 3 IntVG[991]). Im Anwendungsbereich des Art. 23 Abs. 1 Satz 3 GG

986 *Ohler*, in: *Grabitz/Hilf/Nettesheim*, Recht der EU, Loseblatt (Mai 2013), Art. 48 EUV Rn. 44; ebenso *Rathke*, DÖV 2011, 753 (756).

987 *Streinz*, in: *Sachs*, GG, 6. Auflage 2011, Art. 23 Rn. 56.

988 Das BVerfG verlangt im Rahmen des vereinfachten Vertragsänderungsverfahrens ein Zustimmungsgesetz analog Art. 23 Abs. 1 Satz 2 GG, vgl. BVerfG v. 30.6.2009, 2 BvE 2/08 u.a. - BVerfGE 123, 267 (386 f.); dazu *Wernsmann/Sandberg*, DÖV 2014, 49 (50 f.).

989 Vgl. nur *Rathke*, DÖV 2012, 751 (759).

990 BVerfG v. 30.6.2009, 2 BvE 2/08 u.a. - BVerfGE 123, 267 (386 f.).

991 Gesetz über die Wahrnehmung der Integrationsverantwortung des Bundestages und des Bundesrates in Angelegenheiten der Europäischen Union (Integrationsverantwortungsgesetz - IntVG) v. 22.9.2009, BGBl. I 2009, 3022, zuletzt geändert durch Gesetz v. 1.12.2009, BGBl. I 2009, 3822.

erfordert die deutsche Beteiligung an einer Vertragsänderung nach Art. 79 Abs. 2 GG formell die Zustimmung einer qualifizierten Mehrheit von zwei Dritteln der Bundestagsmitglieder und zwei Dritteln der Stimmen des Bundesrates[992]. Materiell verfassungsrechtlich unzulässig nach Art. 79 Abs. 3 GG i.V.m. Art. 23 Abs. 1 Satz 3 GG ist eine Änderung des Grundgesetzes, durch die die Gliederung des Bundes in Länder, die grundsätzliche Mitwirkung der Länder bei der Gesetzgebung oder die in Art. 1 und 20 GG niedergelegten Grundsätze berührt werden.

Bereits aufgezeigt wurde, dass eine Änderung der europäischen Verträge, die die Kontrollrechte der Europäischen Union über den Bundeshaushalt zum Gegenstand hat, insbesondere am grundgesetzlichen Demokratieprinzip zu messen ist. Es stellt sich die Frage, ob eine Vertragsänderung des AEUV, die ein unionales Zurückweisungsrecht des mitgliedstaatlichen Haushaltsplanentwurfs einführt und formell eine Abstimmungsmehrheit von zwei Dritteln der Mitglieder des Bundestages und der Stimmen des Bundesrates erfordert, weil sie das Grundgesetz seinem Inhalt nach ändert oder ergänzt (Art. 23 Abs. 1 Satz 3 GG i.V.m. Art. 79 Abs. 2 GG), materiell gegen Art. 23 Abs. 1 Satz 3 GG i.V.m. Art. 79 Abs. 3 GG verstößt, indem das Demokratieprinzip des Grundgesetzes berührt wird.

1. Anwendungsbereich des Art. 23 Abs. 1 Satz 3 GG

Die Einführung eines unionalen Zurückweisungsrechts des mitgliedstaatlichen Haushaltsplanentwurfs in der beschriebenen Form bedarf einer Hoheitsrechtsübertragung im Sinne des Art. 23 Abs. 1 Satz 2 GG, die den Unionsorganen eine entsprechende Kompetenz einräumt. Denn im bisher übertragenen Integrationsprogramm ist eine solche Unionskompetenz noch nicht vorgesehen[993]. Auch erfordert das Zurückweisungsrecht, dass der unmittelbaren Geltung und Anwendbarkeit des Unionsrechts im innerstaatlichen Bereich Raum gelassen wird[994], sodass ein Durchgriff[995] der Unionsorgane in den staatlichen Herrschaftsbereich möglich ist. Denn nur in diesem Fall ist die Entscheidung

---

992 Vgl. S. 212.

993 Vgl. BVerfG v. 12.10.1993, 2 BvR 2134/92 u.a. – BVerfGE 89, 155 (187).

994 BVerfG v. 23.6.1981, 2 BvR 1107/77 u.a. – BVerfGE 58, 1 (28); BVerfG v. 10.11.1981, 2 BvR 1058/79 – BVerfGE 59, 63 (90); BVerfG v. 22.10.1986, 2 BvR 197/83 – BVerfGE 73, 339 (374).

995 *Uerpmann-Wittzack*, in: *von Münch/Kunig*, GG, Band 1, 6. Auflage 2012, Art. 23 Rn. 37.

der Unionsorgane über den mitgliedstaatlichen Haushaltsplanentwurf für die Mitgliedstaaten rechtlich bindend, weil die unionalen Vorgaben den Bundeshaushaltsgesetzgeber mit unmittelbarer Wirkung verpflichten. Widerspricht das Haushaltsgesetz dennoch den unionalen Vorgaben, wird es in der Folge aufgrund des Anwendungsvorrangs des Unionsrechts unanwendbar. Weiterhin ist für ein Zurückweisungsrecht dieser Form auch eine Vertragsänderung des AEUV i.R.d. unionsrechtlichen Bestimmungen zur Wirtschafts- und Währungsunion (Art. 119 ff.) notwendig, weil auf Grundlage der geltenden primärrechtlichen Rechtsetzungskompetenzen weder unmittelbar noch durch Erlass eines Sekundärrechtsaktes eine entsprechende Unionskompetenz eingeführt werden kann[996].

Fraglich ist jedoch, ob durch diese Hoheitsrechtsübertragung das Grundgesetz im Sinne des Art. 23 Abs. 1 Satz 3 GG seinem Inhalt nach geändert oder ergänzt oder eine solche Änderung oder Ergänzung ermöglicht würde[997]. Geht man davon aus, dass jede Hoheitsrechtsübertragung die Zuständigkeitsordnung des Grundgesetzes ändert[998], ist dies von vornherein zu bejahen. Doch auch, wenn man auf den materiellen Gehalt jeder Hoheitsrechtsübertragung im Einzelfall abstellt[999], ist eine Änderung oder Ergänzung des Grundgesetzes in der genannten Form gegeben. Zum einen ist schon der Wortlaut des Art. 23 Abs. 1 Satz 3 GG an dieser Stelle weit formuliert. Die Tatbestandsvoraussetzungen sind bereits erfüllt, wenn Änderungen oder Ergänzungen bloß ermöglicht werden. Zum anderen hat die Vertragsänderung auf europäischer Ebene auch verfassungsändernde Wirkung. Diese Voraussetzung ist bei Änderungen gegeben, die, wenn sie auf nationaler Ebene ergingen, eine Änderung des Grundgesetzes darstellten[1000]. Die Feststellung des Haushaltsplans obliegt nach Art. 110 Abs. 2 Satz 1 GG Bundestag und Bundesrat. Das Zurückweisungsrecht eines Dritten, das den Haushaltsplanentwurf betrifft, ist an keiner Stelle des Grundgesetzes vorgesehen. Damit erforderte die Einführung einer solchen Kompetenz

---

996 Vgl. beispielsweise den rechtspolitischen Vorschlag von *Cromme*, DÖV 2013, 594 (598), der im Rahmen der Schaffung einer europäischen „Wirtschaftsregierung" für die Einführung eines neuen Art. 121a AEUV plädiert.

997 Nach allgemeiner Meinung bezieht sich diese Tatbestandsvoraussetzung auf die Begründung der Europäischen Union, die Änderung ihrer Vertragsgrundlagen sowie vergleichbare Regelungen und damit auf alle drei Fallgruppen des Art. 23 Abs. 1 Satz 3 GG, vgl. *Uerpmann-Wittzack*, in: *von Münch/Kunig*, GG, Band 1, 6. Auflage 2012, Art. 23 Rn. 50; *Streinz*, in: *Sachs*, GG, 6. Auflage 2011, Art. 23 Rn. 79 m.w.N.

998 Vgl. z.B. *Streinz*, in: *Sachs*, GG, 6. Auflage 2011, Art. 23 Rn. 72.

999 Vgl. z.B. *Jarass*, in: *Jarass/Pieroth*, GG, 12. Auflage 2012, Art. 23 Rn. 34.

1000 *Jarass*, in: *Jarass/Pieroth*, GG, 12. Auflage 2012, Art. 23 Rn. 36.

auf grundgesetzlicher Ebene ebenfalls eine Verfassungsänderung. Der Anwendungsbereich des Art. 23 Abs. 1 Satz 3 GG i.V.m. Art. 79 Abs. 2 und 3 GG ist im Ergebnis eröffnet.

Die Einführung eines unionalen Zurückweisungsrechts bedürfte zum einen qualifizierter Mehrheiten in Bundestag und Bundesrat (Art. 23 Abs. 1 Satz 3 i.V.m. Art. 79 Abs. 2 GG). Zum anderen dürfte die Vertragsänderung nicht die in Art. 79 Abs. 3 GG normierten Verfassungsprinzipien des Grundgesetzes berühren. Zu den von Art. 79 Abs. 3 GG erfassten Verfassungsprinzipien gehören auch die in Art. 1 und 20 GG niedergelegten Grundsätze, sodass auch das in Art. 20 Abs. 1 und 2 GG verankerte Demokratieprinzip in den Anwendungsbereich des Art. 79 Abs. 3 GG fällt. Die Schaffung einer Kompetenz der Unionsorgane, den Entwurf des Bundeshaushaltsplans zurückzuweisen, wenn dieser gegen unionsrechtliche Verpflichtungen der Haushaltsdisziplin verstößt, darf daher das grundgesetzliche Demokratieprinzip als in Art. 20 GG niedergelegten Verfassungsgrundsatz nicht berühren, damit die durch Gesetz erteilte Zustimmung von Bundestag und Bundesrat zu der etwaigen Vertragsänderung verfassungsrechtlich zulässig ist.

2. Berührung des Demokratieprinzips (Art. 79 Abs. 3 GG)

Art. 79 Abs. 3 GG ist in seinem Anwendungsbereich eng auszulegen[1001]. Dies schlussfolgert das BVerfG aus dem Ausnahmecharakter der Norm und daraus, dass sich aus Art. 79 Abs. 3 GG Grenzen für den verfassungsändernden Gesetzgeber selbst bei Vorliegen qualifizierter Mehrheiten in Bundestag und Bundesrat ergeben[1002]. Die Vorschrift verbiete daher nur eine „prinzipielle Preisgabe"[1003] der in Art. 79 Abs. 3 GG genannten Grundsätze. Bis zu diesem Punkt würden die Grundsätze nicht berührt, wenn „ihnen im allgemeinen Rechnung getragen wird und sie nur für eine Sonderlage entsprechend deren Eigenart aus evident

1001 BVerfG v. 3.3.2004, 1 BvR 2378/98 u.a. – BVerfGE 109, 279 (310); im Ergebnis auch BVerfG v. 15.12.1970, 2 BvF 1/69 u.a. – BVerfGE 30, 1 (25) sowie S. 33 (38) – Sondervotum Geller, v. Schlabrendorff, Rupp; *Sachs*, in: *Sachs*, GG, 6. Auflage 2011, Art. 79 Rn. 26.

1002 BVerfG v. 15.12.1970, 2 BvF 1/69 u.a. – BVerfGE 30, 1 (24 f.); dazu *Wernsmann*, Der Staat 44 (2005), 43 (53).

1003 BVerfG v. 15.12.1970, 2 BvF 1/69 – BVerfGE 30, 1 (24); kritisch im Hinblick auf den daraus folgenden engen Anwendungsbereich der Norm *Sachs*, in: *Sachs*, GG, 6. Auflage 2011, Art. 79 Rn. 36 und *Bryde*, in: *von Münch/Kunig*, GG, Band 2, 6. Auflage 2012, Art. 79 Rn. 29 sowie *Pieroth*, in: *Jarass/Pieroth*, GG, 12. Auflage 2012, Art. 79 Rn. 7.

sachgerechten Gründen modifiziert werden"[1004]. Das BVerfG zieht dabei eine Parallele zur Wesensgehaltsgarantie der Grundrechte in Art. 19 Abs. 2 GG und entnimmt Art. 79 Abs. 3 GG in der Folge das an den verfassungsändernden Gesetzgeber gerichtete Verbot, den „Kernbereich"[1005] der Grundsätze anzutasten. Bezogen auf den Untersuchungsgegenstand sind damit solche Verfassungsänderungen verfassungswidrig, die den Kerngehalt des Demokratieprinzips des Art. 20 Abs. 1 und 2 GG berühren. Von einer Verfassungswidrigkeit der Verfassungsänderung wäre erst auszugehen, wenn die Bundesrepublik Deutschland nach der Verfassungsänderung „den Namen ‚demokratisch' nicht mehr verdienen"[1006] würde. Zu prüfen ist die Einführung einer Unionskompetenz, den mitgliedstaatlichen Haushaltsplanentwurf zurückzuweisen, wenn dieser die unionale Grenze für die Nettoneuverschuldung in den Mitgliedstaaten überschreitet. Es stellt sich die Frage, ob eine solche Kompetenz der Unionsorgane das Demokratieprinzip des Art. 20 Abs. 1 und 2 GG in seinem Kernbereich berührt. Es könnte die Budgethoheit des Bundestages als Kernbereich des Demokratieprinzips berührt sein.

a. Budgethoheit als Kernbereich des Demokratieprinzips

Dazu müsste zunächst die Budgethoheit des Parlaments nach Art. 79 Abs. 3 GG zum unantastbaren Kernbereich des Demokratieprinzips i.S.d. Art. 20 Abs. 1 und 2 GG gehören. Präzisiert im Hinblick auf die an dieser Stelle in Rede stehende Problematik ist zu fragen, ob das Recht des Bundestages zum Haushaltsausgleich mittels Neuverschuldung in den Kernbereich des Demokratieprinzips fällt.

Zu den unberührbaren Grundsätzen des Art. 79 Abs. 3 GG zählen das in Art. 20 Abs. 1 GG niedergelegte Demokratieprinzip sowie dessen Ausprägungen in Art. 20 Abs. 2 Sätze 1 und 2 GG[1007]. Nach Art. 20 Abs. 2 Satz 1 GG geht alle Staatsgewalt vom Volk aus. Damit gehören zum einen der Grundsatz der Volkssouveränität sowie die demokratische Legitimation jedes Staatshandelns zum

1004 BVerfG v. 15.12.1970, 2 BvF 1/69 u.a. - BVerfGE 30, 1 (24); BVerfG v. 23.4.1991, 1 BvR 1170/90 u.a. - BVerfGE 84, 90 (121); BVerfG v. 18.4.1996, 1 BvR 1452/90 u.a. - BVerfGE 94, 12 (34); vgl. auch *Herdegen*, in: *Maunz/Dürig*, GG, Loseblatt (Mai 2013), Band VII, Art. 79 Rn. 62, der in diesen beiden Formeln bloße Eckpunkte für den Handlungsspielraum des Gesetzgebers sieht.

1005 BVerfG v. 15.12.1970, 2 BvF 1/69 u.a. - BVerfGE 30, 1 (24); auch BVerfG v. 12.10.1993, 2 BvR 2134/92 u.a. - BVerfGE 89, 155 (180).

1006 *Wernsmann*, Der Staat 44 (2005), 43 (53), im Original kursiv gedruckt.

1007 Vgl. nur *Sachs*, in: *Sachs*, GG, 6. Auflage 2011, Art. 79 Rn. 64.

unantastbaren Bestandteil des Demokratieprinzips[1008]. Art. 20 Abs. 2 Satz 2 GG gewährleistet, dass die Staatsgewalt vom Volk in Wahlen und Abstimmungen und durch besondere Judikativ-, Exekutiv- und Legislativorgane ausgeübt wird. Das Parlament zählt zu den besonderen Organen der Gesetzgebung i.S.d. Art. 20 Abs. 2 Satz 2 GG[1009]. Auch die Ausübung der Staatsgewalt durch Wahlen bedeutet, dass Volksvertretungen existieren müssen, die in regelmäßig wiederkehrenden Wahlen legitimiert werden[1010]. Neben Mehrheitsprinzip und Herrschaft auf Zeit[1011], die die Wahl kennzeichnen, setzt die demokratische Wahl zu einer Volksvertretung auch einen Mindestbestand an Kompetenzen dieser Volksvertretung voraus. Der Wahlakt zum Parlament wäre entleert, wenn das Parlament nicht über ein hinreichendes Maß an Aufgaben und Befugnissen verfügte[1012]. Wie bereits festgestellt gehört zum Kernbereich des Demokratieprinzips i.S.d. Art. 79 Abs. 3 GG i.V.m. Art. 20 GG folglich auch, dass der Bundestag auch nach einer Verfassungsänderung maßgebliche Kompetenzen behält. Zwar ist das parlamentarische Regierungssystem an sich nicht durch Art. 79 Abs. 3 GG vor Modifikationen durch den verfassungsändernden Gesetzgeber geschützt[1013]. Art. 79 Abs. 3 GG i.V.m. Art. 20 GG steht anderen Arten parlamentarischer Systeme, wie beispielsweise einem präsidentiellen System, nicht entgegen. Jedoch ist der Parlamentarismus Kernbestandteil des grundgesetzlichen Demokratieprinzips[1014]. Parlamentarismus aber bedeutet, dass dem Parlament als einzigem unmittelbar durch das Volk gewählten Verfassungsorgan substanzielle[1015] Befugnisse zustehen müssen. Die Wahl erfüllt nur dann ihren Zweck, wenn der Bundestag auch nach Verfassungsänderung „Aufgaben und Befugnisse von substantiellem politischem Gewicht"[1016] behält.

1008 Vgl. nur *Bryde*, in: *von Münch/Kunig*, GG, Band 2, 6. Auflage 2012, Art. 79 Rn. 40 ff.; *Wernsmann*, Der Staat 44 (2005), 43 (54) m.w.N.

1009 Vgl. *Herdegen*, in: *Maunz/Dürig*, GG, Loseblatt (Mai 2013), Band VII, Art. 79 Rn. 127; *Sachs*, in: *Sachs*, GG, 6. Auflage 2011, Art. 79 Rn. 72.

1010 *Pieroth*, in: *Jarass/Pieroth*, GG, 12. Auflage 2012, Art. 20 Rn. 6.

1011 Vgl. nur *Bryde*, in: *von Münch/Kunig*, GG, Band 2, 6. Auflage 2012, Art. 79 Rn. 40 ff.; *Wernsmann*, Der Staat 44 (2005), 43 (54) m.w.N.

1012 BVerfG v. 12.10.1993, 2 BvR 2134/92 u.a. - BVerfGE 89, 155 (172); BVerfG v. 30.6.2009, 2 BvE 2/08 u.a. - BVerfGE 123, 267 (330); zustimmend *Rathke*, DÖV 2011, 753 (758).

1013 Vgl. *Dreier*, in: *Dreier*, GG, Band II, 2. Auflage 2006, Art. 79 III Rn. 42 m.w.N.

1014 Vgl. *Brenner*, in: *Isensee/Kirchhof*, HdBdStR, Band III, 3. Auflage 2005, § 44 Rn. 44.

1015 *Stern*, Staatsrecht, Band I, 2. Auflage 1984, § 18 S. 609; auch *Dreier*, in: *Dreier*, GG, Band II, 2. Auflage 2006, Art. 79 III Rn. 42.

1016 BVerfG v. 30.6.2009, 2 BvE 2/08 u.a. - BVerfGE 123, 267 (356).

Zu den wichtigsten Befugnissen des Parlaments zählt die Budgethoheit[1017]. Das BVerfG ordnet der Budgethoheit als Parlamentskompetenz zutreffend einen besonderen Stellenwert im demokratischen Verfassungsstaat zu. „Die Grundentscheidungen über Einnahmen und Ausgaben der öffentlichen Hand zählen zum Kern der parlamentarischen Rechte in der Demokratie“[1018]. Die Entscheidung über Einnahmen und Ausgaben sei grundlegender Teil der demokratischen Selbstgestaltungsfähigkeit im Verfassungsstaat. Der Deutsche Bundestag müsse deshalb dem Volk gegenüber verantwortlich über Einnahmen und Ausgaben entscheiden. Insofern stelle das Budgetrecht ein zentrales Element der demokratischen Willensbildung dar[1019]. Die Hoheit des Parlaments über den Haushalt drücke sich zum einen in der Kompetenz des Bundestages zur Feststellung des Haushaltsplans (Art. 110 Abs. 2 GG) und zum anderen in der parlamentarischen Kontrolle des Haushaltsvollzugs (Art. 114 GG) aus[1020]. Die Haushaltshoheit umfasse dabei auch die Bestimmung der Staatsverschuldung[1021]. Die Budgethoheit wird dadurch abgesichert, dass auch die Aufnahme von Krediten sowie die Übernahme von finanziellen Gewährleistungen dem Grunde nach gem. Art. 115 Abs. 1 GG einer gesetzlichen Ermächtigung bedürfen[1022]. Die Begründung dafür, gerade die Budgethoheit als grundlegend für das demokratische Prinzip anzusehen und aus diesem Grund dem unmittelbar demokratisch legitimierten Parlament zuzuerkennen, ist in den bereits oben erörterten Budgetfunktionen zu finden. Erst dadurch, dass jedes finanzwirksame Staatshandeln durch das Parlament zunächst durch Verabschiedung des Haushaltsgesetzes legitimiert werden muss und der Vollzug des Gesetzes ebenfalls in den parlamentarischen Zuständigkeitsbereich fällt, kontrolliert das Parlament die Regierung effektiv[1023]. Weiterhin ist eine dem demokratischen Prinzip entsprechende gleiche Beteiligung der Bürger bei Verteilung der staatlichen Ausgaben nur zu erreichen, wenn

---

1017 BVerfG v. 30.6.2009, 2 BvE 2/08 u.a. - BVerfGE 123, 267 (361 f.); *Isensee*, DVBl 2001, 1161 (1163); *Pernice*, in: *Calliess*, Europäische Solidarität und nationale Identität, 2013, S. 25 (46); vgl. auch *Piecha*, ZJS 2011, 544 (549), dort mit konkretem Bezug auf Art. 79 Abs. 3 GG.

1018 BVerfG v. 7.9.2011, 2 BvR 987/10 u.a. - BVerfGE 129, 124 (170); dazu auch *Müller-Franken*, JZ 2012, 219 (220 f.).

1019 BVerfG v. 7.9.2011, 2 BvR 987/10 u.a. - BVerfGE 129, 124 (177); BVerfG v. 18.3.2014, 2 BvE 6/12 u.a. - NJW 2014, 1505 (1509).

1020 BVerfG v. 7.9.2011, 2 BvR 987/10 u.a. - BVerfGE 129, 124 (177 f.).

1021 Vgl. BVerfG v. 30.6.2009, 2 BvE 2/08 u.a. - BVerfGE 123, 267 (361).

1022 *Waldhoff*, in: *Isensee/Kirchhof*, HdBdStR, Band V, 3. Auflage 2007, § 116 Rn. 123.

1023 BVerfG v. 7.9.2011, 2 BvR 987/10 u.a. - BVerfGE 129, 124 (177 f.).

sämtliche staatliche Ausgaben einheitlich parlamentarisch bewilligt werden[1024]. Dies wiederum ist nur durch einen Etat zu erreichen, weil dieser dem Vollständigkeitsprinzip (vgl. Art. 110 Abs. 1 Satz 1 GG) folgt[1025]. Denn nur in diesem Fall ist sichergestellt, dass alle staatlichen Aufgaben und die dafür notwendigen Ausgaben in einem einheitlichen Verfahren gleichermaßen berücksichtigt und objektiv bewertet werden[1026]. Dies folgt letztlich auch daraus, dass die genaue Art, wie das Parlament die Staatsausgaben verteilt, Folge eines von der Öffentlichkeit begleiteten politischen Prozesses ist, der sich notwendigerweise am Mehrheitswillen orientiert, ohne Einzelne zu begünstigen[1027]. Die Bildung eines Etats trägt mithin dazu bei, Ausgaben gleichmäßig verteilen zu können und die Allgemeinheit insofern gleichmäßig zu berücksichtigen, weil durch den Gesamtüberblick über die staatlichen Einnahmen und Ausgaben den unterschiedlichen Interessen der Bürger bei Verteilung der vorhandenen Staatseinnahmen auf die Staatsaufgaben einfacher Rechnung getragen werden kann. Im Ergebnis sichert nur eine alle Staatsaufgaben gleichermaßen berücksichtigende Verteilung der Staatsausgaben, dass der Bürger demokratisch in das staatliche Finanzwesen eingebunden wird[1028]. Dieses Ziel kann wiederum aber nur erreicht werden, wenn dem Parlament als unmittelbarem Vertretungsorgan der Bürger das Recht zur Feststellung des Haushaltsplans zusteht. Im Ergebnis sind daher insbesondere die grundlegenden Budgethoheitsrechte, einschließlich des Rechts zur Aufnahme von Krediten und der Übernahme von Gewährleistungen dem Grunde nach, zu den Befugnissen zu zählen, die dem Parlament in einer Demokratie auch nach einer Verfassungsänderung zustehen müssen, damit der Kernbereich des Demokratieprinzips i.S.d. Art. 79 Abs. 3 GG i.V.m. Art. 20 Abs. 1 und 2 GG nicht berührt wird.

b. Verletzung der Budgethoheit im konkreten Fall

Dennoch liegt in einer Begrenzung des Handlungsspielraums des Bundestages bei der Aufnahme von Krediten im Hinblick auf das Maß der Staatsverschuldung grundsätzlich kein Verstoß gegen Art. 23 Abs. 1 Satz 3 GG i.V.m. Art. 79 Abs. 3 GG[1029]. Berechtigt eine Änderung der europäischen Verträge die Europäische

1024 *Gröpl*, Haushaltsrecht und Reform, 2001, S. 90.

1025 *Gröpl*, Haushaltsrecht und Reform, 2001, S. 90; zum Vollständigkeitsprinzip *Jarass*, in: *Jarass/Pieroth*, GG, 12. Auflage 2012, Art. 110 Rn. 3.

1026 *Puhl*, Budgetflucht und Haushaltsverfassung, 1996, S. 11 f.

1027 *Puhl*, Budgetflucht und Haushaltsverfassung, 1996, S. 11 f.

1028 *Gröpl*, Haushaltsrecht und Reform, 2001, S. 90.

1029 Vgl. BVerfG v. 18.3.2014, 2 BvE 6/12 u.a. – NJW 2014, 1505 (1510).

Kommission, einen Haushaltsplanentwurf zurückzuweisen, wenn dieser die unionsrechtliche Grenze einer maximalen Nettoneuverschuldung überschreitet, berührt dies nicht den Kernbereich des Demokratieprinzips i.S.d. Art. 79 Abs. 3 GG i.V.m. Art. 20 Abs. 1 und 2 GG.

Denn zum einen bezieht sich das Zurückweisungsrecht der Europäischen Kommission nur auf die Einhaltung bereits auf europäischer Ebene bestehender Grenzen[1030]. Bereits Art. 126 Abs. 1 AEUV verpflichtet die Mitgliedstaaten zur Vermeidung eines übermäßigen Defizits. Art. 126 Abs. 2 Satz 2 lit. a AEUV konkretisiert diese Verpflichtung auf eine maximale Nettoneuverschuldung von 3 Prozent des Bruttoinlandsprodukts. Insofern werden die Mitgliedstaaten durch eine Reform im beschriebenen Sinn nicht in stärkerem Maße als bisher in ihrer haushaltspolitischen Entscheidungsfreiheit begrenzt. Die Neuerung, die die Reform mit sich bringt, liegt vielmehr darin, dass eine Missachtung dieser Vorgaben nicht repressiv sanktioniert, sondern im Vorhinein verhindert werden soll. Dies effektuiert die Kontrolle der Haushaltsdisziplin der Mitgliedstaaten durch die Europäische Union[1031], weil die Entstehung eines Haushaltsdefizits bereits präventiv verhindert wird[1032], und dient damit der tatsächlichen Einhaltung der europäischen Vorgaben für eine maximale Nettoneuverschuldung der Mitgliedstaaten aus Art. 126 Abs. 2 Satz 2 lit. a AEUV. Die Einhaltung der vertraglichen Vorgaben der Art. 119 ff. AEUV, die der Konzeption der Wirtschafts- und Währungsunion als Stabilitätsgemeinschaft[1033] dienen und auf deren Grundlage das deutsche Zustimmungsgesetz ergangen ist[1034], wird in höherem Maße sichergestellt. Dies entspricht damit auch der Rechtsprechung des BVerfG in diesem Punkt, das die Entwicklung der Wirtschafts- und Währungsunion „im Sinne des vereinbarten Stabilisierungsauftrags“[1035] als verfassungsrechtlich notwendig ansieht.

1030 Darauf hinweisend *Kube*, in: Fiskalunion Europa, 2013, S. 31 (47).

1031 Zu diesem Punkt, in anderem Zusammenhang, auch *Calliess/Schoenfleisch*, JZ 2012, 477 (486), die zudem anmerken, dass dies mit dem Anspruch der Wirtschafts- und Währungsunion, eine Stabilitätsgemeinschaft darzustellen, korrespondiert.

1032 Rechtspolitisch für eine Ausbau unionaler Kompetenzen in diesem Sinne *Müller-Graff*, integration 4/2011, 289 (304).

1033 Vgl. auch *Calliess*, VVDStRL 71 (2012), 113 (173 f.), der die Begrenzung einer Umstrukturierung der Wirtschafts- und Währungsunion (Art. 119 ff. AEUV) aus verfassungsrechtlichen Gründen gar als Widerspruch zur Konzeption der Wirtschafts- und Währungsunion als Stabilitätsgemeinschaft ansieht.

1034 BVerfG v. 12.10.1993, 2 BvR 2134/92 u.a. – BVerfGE 89, 155 (205); BVerfG v. 7.9.2011, 2 BvR 987/10 u.a. – BVerfGE 129, 124 (181).

1035 BVerfG v. 12.10.1993, 2 BvR 2134/92 u.a. – BVerfGE 89, 155 (205); dazu auch *Häde*, in: *Möllers/Zeitler*, Europa als Rechtsgemeinschaft, 2013, S. 245 (253 f.).

Zum anderen besteht kein Recht des Parlaments aus dem grundgesetzlichen Demokratieprinzip zur grenzenlosen Staatsverschuldung. Der Gesetzgeber hat das Demokratieprinzip in den grundgesetzlichen Bestimmungen zu den Grenzen der Staatsverschuldung (insbesondere Art. 109 Abs. 3 und Abs. 5 GG, Art. 109a GG und Art. 115 GG) vielmehr dahingehend konkretisiert, dass eine Beschränkung des parlamentarischen Handlungsspielraums bei der Aufnahme neuer Kredite verfassungsrechtlich zulässig ist. Die Einführung der sog. Schuldenbremse (Art. 109 Abs. 3 GG n.F. und Art. 115 Abs. 2 GG n.F.) verstieß ebenfalls nicht gegen Art. 79 Abs. 3 GG[1036]. Das BVerfG entnimmt diesen Bestimmungen die verfassungsrechtliche Wertung, dass die Budgethoheit eine unbegrenzte Staatsverschuldung nicht gewährleistet. Der verfassungsändernde Gesetzgeber habe durch die tatbestandliche Konkretisierung und sachliche Verschärfung der grundgesetzlichen Regeln für die Kreditaufnahme klargestellt, dass eine verfassungsrechtliche Bindung der Parlamente und damit eine fühlbare Beschränkung ihrer Handlungsfähigkeit notwendig seien, um langfristig die demokratische Gestaltungsfähigkeit für das Gemeinwesen zu erhalten[1037]. Die Begrenzung des parlamentarischen Handlungsspielraums zugunsten eines Kontrollrechts der Kommission als Exekutivorgan dient insofern dem Schutz künftiger Parlamente[1038], als deren Budgethoheit erhalten bleibt. Insbesondere die Grenze der Kreditaufnahme in Art. 115 Abs. 2 GG zeigt, dass die Budgethoheit eine unbegrenzte Verschuldungskompetenz des Haushaltsgesetzgebers gerade nicht erfasst. Art. 79 Abs. 3 GG i.V.m. Art. 20 Abs. 1 und 2 GG schützt kein Budgetrecht, das von fiskalischen Grenzen vollkommen befreit ist[1039]. Denn zwar wird in Art. 115 Abs. 1 GG auch die Kreditaufnahme unter den Vorbehalt parlamentarischer Ermächtigung gestellt. Gleichzeitig begrenzt die Verfassung in Art. 115 Abs. 2 Satz 1 GG aber auch den Entscheidungsspielraum

---

1036 Dazu *Wernsmann*, in: *Junkernheinrich/Korioth/Lenk/Scheller/Woisin*, Jahrbuch für öffentliche Finanzen 2011, S. 417 (420 f.); das BVerfG hat im Hinblick auf einen möglichen Verstoß gegen das Bundesstaatsprinzip (Art. 20 Abs. 1 GG) aus prozessualen Gründen nicht entschieden, vgl. BVerfG v. 19.8.2011, 2 BvG 1/10 - BVerfGE 129, 108 (115 ff.).

1037 BVerfG v. 18.3.2014, 2 BvE 6/12 u.a. - NJW 2014, 1505 (1510).

1038 Zu letzterem Aspekt vgl. *Schlief/Schulte*, ZG 2013, 121 (127); eine stärkere Koordinierung der mitgliedstaatlichen Haushaltspolitik auf europäischer Ebene im Hinblick auf die staatliche Verschuldung befürwortend auch *Kube*, WM 2012, 245 (253).

1039 So auch *Schlief/Schulte*, ZG 2013, 121 (126); vgl. auch *Ohler*, DVBl 2009, 1265 (1273); die verfassungsrechtliche Zulässigkeit eines Ausbaus präventiver Fiskalregeln im Grundsatz bejahend auch *Ruffert*, ZG 2013, 1 (14 f.).

des Parlaments insofern, als ein Haushaltsausgleich (Art. 110 Abs. 1 Satz 2 GG) grundsätzlich ohne Kreditaufnahme zu erfolgen hat und diesem Grundsatz nur dann entsprochen ist, wenn die Neuverschuldung einen Wert von 0,35 Prozent des Bruttoinlandsproduktes nicht überschreitet. Ähnlich diesen grundgesetzlichen Bestimmungen für das Maß der Staatsverschuldung[1040] begrenzt auch ein unionales Zurückweisungsrecht, das der Einhaltung unionaler Grenzen für die staatliche Kreditaufnahme dient, die Budgethoheit des Bundestages nur bei der Neuverschuldung und verletzt diese insofern nicht. Zwar besteht auf nationaler Ebene kein Zurückweisungsrecht mit unmittelbarer Wirkung. Jedoch schützt das Demokratieprinzip, das den Maßstab für die Vertiefung des europäischen Integrationsprozesses in dieser Frage darstellt (Art. 23 Abs. 1 Satz 3 GG i.V.m. Art. 79 Abs. 3 GG), das Parlament nicht im Hinblick auf eine unbegrenzte Aufnahme von Staatsschulden, wie die verfassungsrechtlichen Grenzen der Kreditaufnahme (Art. 109 Abs. 3 GG; Art. 115 Abs. 2 GG) zeigen. Manche gehen davon aus, dass die Haushaltshoheit im Fall eines Übermaßes an staatlicher Verschuldung mangels Handlungsoptionen für den Haushaltsgesetzgeber im Extremfall sogar faktisch verloren gehen könne, sodass ein Zurückweisungsrecht der EU-Ebene den Haushaltsplanentwurf betreffend nicht in die Haushaltshoheit eingreife, weil diese mangels finanzieller Spielräume der Haushaltsgesetzgeber tatsächlich nicht mehr bestehe[1041]. Zwar steht dem Bundestag nach Art. 110 GG und Art. 114 GG verfassungsrechtlich stets das Recht zur Bestimmung der Staatsausgaben zu. Die Handlungsfreiheit des Haushaltsgesetzgebers geht bei einem Übermaß an staatlicher Verschuldung faktisch aber verloren, weil die finanziellen Verbindlichkeiten die haushaltspolitischen Handlungsoptionen von vorneherein beschränken. Damit ist der These einer rein tatsächlichen Selbstaufgabe der Haushaltshoheit durch das Parlament in diesem Fall im Grundsatz zuzustimmen. Ein Zurückweisungsrecht in der genannten Form entspricht der vertraglichen Gesamtkonzeption der Wirtschafts- und Währungsunion. Diese geht von einer eigenverantwortlichen Haushaltspolitik der Mitgliedstaaten aus und begrenzt vornehmlich die staatliche Verschuldung der Mitgliedstaaten[1042]. Damit korrespondiert das Zurückweisungsrecht, weil dieses nur bei einem Finanzierungsdefizit greift und gleichzeitig die haushaltspolitischen Handlungsspielräume der Mitgliedstaaten erhält, die bei einem Übermaß an staatlicher Verschuldung gefährdet wären.

1040 Zur Verfassungsmäßigkeit vgl. BVerfG v. 18.4.1989, 2 BvF 1/82 – BVerfGE 79, 311 (343) sowie BVerfG v. 9.7.2007, 2 BvF 1/04 – BVerfGE 119, 96 (142).

1041 *Calliess/Schoenfleisch*, JZ 2012, 477 (487).

1042 Vgl. *Ohler*, ZG 2010, 330 (334).

Unions- und verfassungsrechtliche Beschränkungen der Kreditaufnahme durch den Haushaltsgesetzgeber entsprechen zudem auch den Wertungen des Haushaltsrechts. Art. 115 Abs. 2 Satz 1 GG bestimmt ausdrücklich, dass der Haushaltsausgleich grundsätzlich ohne Einnahmen aus Krediten zu erfolgen hat. Dem Haushaltsgesetzgeber wird in Art. 115 Abs. 2 Satz 2 GG daher auch verfassungsrechtlich nur eine Nettoneuverschuldung gestattet, die einen am Bruttoinlandsprodukt gemessenen Prozentsatz von 0,35 Prozent nicht überschreitet und damit gegenüber den unionsrechtlichen Verpflichtungen noch strengeren Maßstab aufstellt. Haushaltsrechtlich sollen die erzielbaren Einnahmen den Spielraum des Haushaltsgesetzgebers für ausgabenwirksame Staatsaufgaben begrenzen[1043], dem ein Ausgleich des gegebenenfalls entstehenden Finanzierungsdefizits durch Kreditaufnahme grundsätzlich widerspricht. Damit berührt ein exekutivisches Zurückweisungsrecht, das nur greift, wenn der Budgetgesetzgeber die Grenze der Nettoneuverschuldung für das aktuelle Haushaltsjahr überschreitet, jedenfalls nicht den Kernbereich des Demokratieprinzips im Sinne des Art. 79 Abs. 3 GG, weil zu diesem Kernbereich kein parlamentarisches Budgetrecht gehört, das keine Grenzen für das fiskalische Handeln des Gesetzgebers vorsieht.

Weiterhin wird der Haushaltsplanentwurf des Mitgliedstaates erforderlichenfalls auch nur zur Überarbeitung zurückgewiesen. Das unionale Zurückweisungsrecht bezieht sich nur auf die Höhe der Staatsverschuldung. Die Ausgestaltung des Haushalts, insbesondere die Bestimmung der sonstigen Einnahmen und Ausgaben, verbleibt beim Bundestag. Die Konzeption des Zurückweisungsrechts in dieser Form ist auch verfassungsrechtlich geboten[1044]. Denn dem Haushaltsgesetzgeber muss es weiterhin möglich sein, selbstständig inhaltliche Einzelheiten des Haushalts zu modifizieren, ohne dass der Kommission Eingriffsbefugnisse zustehen, die sich auf die einzelnen Haushaltsinhalte beziehen. Nur so wird die Budgethoheit des Parlaments im entscheidenden Punkt bewahrt[1045]. Der Haushaltsgesetzgeber kann in diesem Fall selbst und ohne unionale Einflussnahme entscheiden, wie der Haushalt im Einzelnen umzustrukturieren ist[1046], um eine Nettoneuverschuldung zu erreichen, die

1043 BVerfG v. 7.9.2011, 2 BvR 987/10 u.a. – BVerfGE 129, 124 (178).

1044 Vgl. auch den diesen Vorgaben entsprechenden rechtspolitischen Vorschlag bei *Schäuble*, in: Fiskalunion Europa, 2013, S. 55 (62); im Ergebnis ebenso *Calliess*, DÖV 2013, 785 (789).

1045 So auch *Schlief/Schulte*, ZG 2013, 121 (126).

1046 Vgl. auch *Häde*, in: *Möllers/Zeitler*, Europa als Rechtsgemeinschaft, 2013, S. 245 (254), der eine Vertiefung der europäischen Integration im Rahmen budgetärer den unionalen Vorgaben entspricht. Lediglich die unionale Kontrolle bezogen auf die Nettoneuverschuldung des mitgliedstaatlichen Haushalts wird erweitert[1047]. Der deutsche Haushaltsgesetzgeber wird dadurch aber nicht abhängig von den haushaltspolitischen Entscheidungen der Kommission oder anderer Mitgliedstaaten, weil der Haushalt weiterhin letztverantwortlich[1048] durch den Bundestag beschlossen wird und keine haushaltspolitischen Entscheidungen „generell am Parlament vorbei"[1049] verabschiedet werden können. Die Kernanforderung[1050] für die Selbstständigkeit der mitgliedstaatlichen Haushalte in der europäischen Wirtschafts- und Währungsunion bleibt gewahrt. Dies entspricht auch dem Umstand, dass Art. 79 Abs. 3 GG in seinem Anwendungsbereich eng auszulegen ist[1051]. Nicht jede haushaltspolitische, unionale Verpflichtung verletzt die Budgethoheit des Parlaments durch eine zu weite Eingrenzung des parlamentarischen Handlungsspielraums[1052]. Insofern sind Vorgaben, die sich ausschließlich auf das Maß der Nettoneuverschuldung beziehen, nur von geringer Intensität, weil sie nur den Teil des Haushalts betreffen, der das Finanzierungsdefizit ausgleichen soll.

Im Übrigen ist eine unionale Begrenzung der Verschuldungskompetenz der mitgliedstaatlichen Haushaltsgesetzgeber, die durch die Ausweitung präventiver Überwachungs- und Sanktionsrechte der Kommission das Entstehen eines Finanzierungsdefizits im Staatshaushalt verhindern soll, auch politisch sinnvoll[1053]. Denn die finanzielle Sanktion eines Mitgliedstaats, der bereits ein

---

Zuständigkeiten für verfassungsrechtlich zulässig ansieht, solange „dem Bundestag noch genügend Freiräume bleiben, um seine haushaltspolitische Gesamtverantwortung wahrzunehmen".

1047 Für eine Vertiefung der europäischen Integration in diesem Sinne rechtspolitisch auch *Calliess/Schoenfleisch*, JZ 2012, 477 (486 f.); ebenso *Weber*, EuZW 2011, 935 (937).

1048 *Herrmann*, EuZW 2012, 805 (808).

1049 *Ruffert*, EuR 2011, 842 (853).

1050 Vgl. *Möllers/Reinhardt*, JZ 2012, 693 (699).

1051 Vgl. z.B. BVerfG v. 3.3.2004, 1 BvR 2378/98 - BVerfGE 109, 279 (310).

1052 BVerfG v. 30.6.2009, 2 BvE 2/08 u.a. - BVerfGE 123, 267 (361 f.); ähnlich *Thym*, JZ 2011, 1011 (1015), der auf das Fehlen konkreter verfassungsrechtlicher Maßstäbe für die Bestimmung des Identitätskerns der Verfassung in diesem Zusammenhang hinweist.

1053 Dies aus rechtspolitischer Sicht bejahend auch *Weber*, EuZW 2011, 935 (937); jedoch zutreffend auf die damit verbundene politische Machtverschiebung zugunsten der Exekutive hinweisend *Nettesheim*, in: Jahrbuch des Föderalismus, 2012, S. 259 (263).

Finanzierungsdefizit aufweist, ist nur bedingt tauglich, diesen zur erneuten Einhaltung der Verschuldungsgrenzen anzuhalten[1054]. Insofern berührt im Ergebnis das Recht der Europäischen Kommission, den Haushaltsplanentwurf des Bundestages wegen eines Verstoßes gegen unionsrechtliche Verpflichtungen einer maximalen Nettoneuverschuldung zurückzuweisen, nicht den Kernbereich des Demokratieprinzips im Sinne des Art. 79 Abs. 3 GG i.V.m. Art. 20 Abs. 1 und 2 GG.

III. Zwischenergebnis

Ein Recht der Unionsorgane, den mitgliedstaatlichen Haushaltsplanentwurf zur Überarbeitung zurückzuweisen, wenn dieser die unionalen Vorgaben eines maximalen Finanzierungsdefizits überschreitet, berührt nicht den Kernbereich des Demokratieprinzips im Sinne des Art. 79 Abs. 3 GG i.V.m. Art. 20 Abs. 1 und 2 GG.

Denn der Kernbereich des grundgesetzlichen Demokratieprinzips umfasst keinen unbegrenzten Handlungsspielraum des Haushaltsgesetzgebers bei der Aufnahme von Staatsschulden. Wie insbesondere die verfassungsrechtlichen Regelungen einer maximalen Staatsverschuldung (Art. 109 GG und Art. 115 Abs. 2 GG) zeigen, begrenzt das grundgesetzliche Demokratieprinzip die Handlungsbefugnis des Haushaltsgesetzgebers zum Schutz der Budgethoheit künftiger Parlamente. In dieser Hinsicht stellt das Demokratieprinzip gerade Grenzen für das Parlament auf und erweitert nicht, wie im Regelfall, dessen Befugnisse.

Auch eine Befugnis der Unionsorgane, die diese berechtigt, mit rechtlich bindender unmittelbarer Wirkung den Entwurf des Bundesaushaltsplans zur Überarbeitung zurückzuweisen, wenn dieser die unionalen Grenzen einer maximalen Staatsverschuldung überschreitet, beschränkt den Haushaltsgesetzgeber einzig hinsichtlich der Aufnahme von Staatsschulden. Die grundlegende Entscheidung über Einnahmen und Ausgaben, das Recht zur Ausgestaltung des Haushalts verbleibt dagegen in der Kompetenz des Bundestages, sodass eine Berührung des Kernbereichs des demokratischen Prinzips zu verneinen ist.

B. Integrierter Haushaltsrahmen

Ein weiterer auf europäischer Ebene diskutierter Vorschlag zur Reform der Wirtschafts- und Währungsunion (Art. 119 ff. AEUV) hat eine noch

1054 Ähnlich *Pünder*, in: *Isensee/Kirchhof*, HdBdStR, Band V, 3. Auflage 2007, § 123 Rn. 114; ferner *Isensee*, in: FS Selmer, 2004, S. 687 (694).

weitergehende unmittelbare Einwirkung der Unionsorgane auf die mitgliedstaatlichen Haushalte zum Gegenstand. Die Mitteilung der Kommission „Ein Konzept für eine vertiefte und echte Wirtschafts- und Währungsunion – Auftakt für eine europäische Diskussion“[1055] vom 28.11.2012 nennt die Schaffung eines umfassend integrierten Haushaltsrahmens als langfristiges Ziel einer europäischen Wirtschafts- und Währungsunion (vgl. S. 15 und 17 der genannten Mitteilung). Konkret lautet die Überlegung auf Seite 36 der genannten Mitteilung:

> „Mit der Verwirklichung einer voll integrierten Fiskal- und Wirtschaftsunion wäre die letzte Stufe der [Wirtschafts- und Währungsunion] erreicht. [...] [Diese würde] über eigene Mechanismen [verfügen], die es ihr unter bestimmten genau definierten Voraussetzungen erlauben, haushalts- und wirtschaftspolitische Entscheidungen bei ihren Mitgliedern durchzusetzen.“

Als weiteres Reformziel im Rahmen des Umbaus der Wirtschafts- und Währungsunion wird damit eine sehr viel weitergehende Vertiefung der Europäischen Union im haushaltsrechtlichen Bereich vorgeschlagen. Ziel ist ein integrierter Haushaltsrahmen, der die Europäische Union berechtigt, haushaltspolitische Entscheidungen in den Mitgliedstaaten durchzusetzen. Das bedeutet konkret, dass Unionsorgane unter bestimmten Voraussetzungen die Kompetenz erhielten, den Mitgliedstaaten einzelne haushaltspolitische Entscheidungen vorzugeben. Dieser Reformvorschlag bezieht sich nicht ausschließlich auf die Korrektur bereits getroffener Haushaltsentscheidungen der Mitgliedstaaten. Vielmehr soll wiederum präventiv auf die Haushaltsentscheidungen der Mitgliedstaaten eingewirkt werden, bevor diese vollzogen werden. Die unionsrechtlichen Vorgaben für den mitgliedstaatlichen Haushaltsplanentwurf bezögen sich in diesem Fall jedoch nicht mehr ausschließlich auf die Neuverschuldung in den Mitgliedstaaten. Vielmehr ist Ziel der Reform, auch weitere Haushaltsinhalte der Mitgliedstaaten unter die Regelungskompetenz der Unionsorgane zu fassen. Es stellt sich auch für diese Novellierung des europäischen Haushaltsaufsichtsverfahrens die Frage nach unions- und verfassungsrechtlichen Grenzen. Konkret ist fraglich, ob im präventiven Haushaltsaufsichtsverfahren unionsrechtliche Durchgriffe dieser Art auf haushaltspolitische Entscheidungen der Mitgliedstaaten, die sich auf Haushaltsinhalte wie beispielsweise einzelne Haushaltstitel beziehen, unions- und verfassungsrechtlich zulässig sind.

1055 Mitteilung COM (2012) 777 final.

I. Erlass auf Grundlage des geltenden Unionsrechts

1. Verordnungserlass

a. Art. 121 Abs. 6 i.V.m. Abs. 3 und 4 AEUV

Zunächst ist zu prüfen, ob eine etwaige Verordnung, die Unionsorgane zur Entscheidung über inhaltliche Einzelheiten der mitgliedstaatlichen Haushalte berechtigt, auf Art. 121 Abs. 6 i.V.m. Abs. 3 und 4 AEUV gestützt werden könnte. Das multilaterale Überwachungsverfahren des Art. 121 Abs. 3 und 4 AEUV, dessen Einzelheiten auf Grundlage des Art. 121 Abs. 6 AEUV festgelegt werden können, ist im Grundsatz auf eine bloße Koordinierung der mitgliedstaatlichen Wirtschafts- und Haushaltspolitik angelegt. Dieser Grundsatz kommt bereits in Art. 120 AEUV i.V.m. Art. 121 Abs. 1 und 2 AEUV zum Ausdruck, die die Maßstäbe für die Überwachungs- und Sanktionsmaßnahmen der Art. 121 Abs. 3 und 4 AEUV vorgeben. Nach Art. 121 Abs. 1 AEUV betrachten die Mitgliedstaaten ihre Wirtschaftspolitik als bloße Angelegenheit von gemeinsamem Interesse. Der Begriff der „Angelegenheit von gemeinsamem Interesse" verpflichtet den Mitgliedstaat bei seinen Haushaltsentscheidungen nur zur Rücksichtnahme[1056] auf die anderen Mitgliedstaaten. Art. 121 Abs. 1 AEUV geht vielmehr von einer selbstständigen, jeweils eigenen Wirtschafts- und Haushaltspolitik der Mitgliedstaaten aus[1057], die diese nur an den auf europäischer Ebene erstellten Grundzügen orientieren (Art. 121 Abs. 1 und 2 AEUV i.V.m. Art. 120 AEUV). Dies entspricht der Gesamtkonstruktion der Wirtschaftsunion, die auf einer weitgehend autonomen Haushaltspolitik der Mitgliedstaaten gründet[1058]. Im Zusammenwirken mit Art. 126 AEUV zielt Art. 121 AEUV zwar auf eine Begrenzung der Staatsverschuldung, belässt die „finanzpolitische Eigenverantwortung"[1059] jedoch bei den Mitgliedstaaten. Damit korrespondierend ist auch das Überwachungs- und Sanktionsverfahren des Art. 121 Abs. 3 und 4 AEUV auf rechtlich unverbindliche Koordinierungsmaßnahmen beschränkt. Auf Grundlage des Art. 121 Abs. 3 AEUV überwachen Rat und Kommission die wirtschaftliche Entwicklung in den

---

1056 *Bandilla*, in: *Grabitz/Hilf/Nettesheim*, Recht der EU, Loseblatt (Mai 2013), Art. 121 AEUV Rn. 5.

1057 Vgl. BVerfG v. 7.9.2011, 2 BvR 987/10 u.a. – BVerfGE 129, 124 (181); zustimmend *Ruffert*, EuR 2011, 842 (850); *Ohler*, in: *Möllers/Zeitler*, Europa als Rechtsgemeinschaft, 2013, S. 277 (295) spricht von einer „dezentralen Verantwortung der Mitgliedstaaten".

1058 *Ohler*, in: *Siekmann*, Kommentar zur EWU, 2013, Art. 121 AEUV Rn. 5; ferner *Nettesheim*, in: *Kadelbach*, Nach der Finanzkrise, 2012, S. 31 (32).

1059 *Ohler*, ZG 2010, 330 (334).

Mitgliedstaaten. Diese werden jedoch ausschließlich zur Informationsübermittlung verpflichtet, um die Grundlage einer Gesamtbewertung zu schaffen. Auch Art. 121 Abs. 4 AEUV sieht lediglich rechtlich unverbindliche Maßnahmen der Unionsorgane vor, zum einen eine Verwarnung der Kommission und zum anderen eine Empfehlung des Rates[1060]. Das Überwachungsverfahren des Art. 121 Abs. 3 AEUV sowie das Sanktionsverfahren des Art. 121 Abs. 4 AEUV berechtigen jedoch weder zu unmittelbaren Eingriffen präventiver Art in Haushaltsentscheidungen der Mitgliedstaaten noch sehen diese eine Unionskompetenz zur Harmonisierung der mitgliedstaatlichen Haushaltspolitik vor[1061]. Das präventive Haushaltsaufsichtsverfahren ist im Grundsatz durch eine schlichte Offenlegung der Wirtschafts- und Haushaltsdaten durch die Mitgliedstaaten und eine Bewertung dieser Daten durch die Unionsorgane gekennzeichnet. Unionale Zugriffe auf die mitgliedstaatlichen Haushalte sind demgegenüber primärrechtlich nicht vorgesehen[1062]. Diese Normen sehen weder eine Vergemeinschaftung[1063] des mitgliedstaatlichen Haushaltsrechts vor, die eine unionsweit einheitliche Haushaltspolitik zur Folge hätte, noch können auf ihrer Grundlage rechtlich verbindliche Vorgaben für die jeweilige Gestaltung der Haushaltspolitik der Mitgliedstaaten gemacht werden[1064]. Folglich können kompetenziell auch auf Grundlage des Art. 121 Abs. 6 AEUV erlassene Verordnungen weder Eingriffe in mitgliedstaatliche Haushaltsentscheidungen noch eine Harmonisierung der mitgliedstaatlichen Haushaltspolitik vorsehen, weil in diesem Fall keine bloße Konkretisierung der Verfahren durch das Festlegen von Einzelheiten stattfände.

Der rechtspolitische Vorschlag eines integrierten Haushaltsrahmens, der Unionsorgane zur Durchsetzung haushaltspolitischer Entscheidungen in den Mitgliedstaaten berechtigt, kann daher nicht auf Art. 121 Abs. 6 i.V.m. Abs. 3 und 4 AEUV gestützt werden. Den Unionsorganen wurden in Art. 121 AEUV nur insoweit Hoheitsrechte übertragen (Art. 23 Abs. 1 Satz 2 GG) und insoweit

---

1060 Vgl. *Ohler*, in: *Möllers/Zeitler*, Europa als Rechtsgemeinschaft, 2013, S. 277 (280), der von einer lediglich „durch die Koordinierung ausgelösten politischen Selbstbindung" spricht.

1061 So auch *Bandilla*, in: *Grabitz/Hilf/Nettesheim*, Recht der EU, Loseblatt (Mai 2013), Art. 121 AEUV Rn. 6; vgl. auch *Siekmann*, in: *Möllers/Zeitler*, Europa als Rechtsgemeinschaft, 2013, S. 101 (126), dort bezogen auf Art. 126 AEUV.

1062 *Rathke*, DÖV 2012, 751 (755).

1063 *Häde*, in: *Calliess/Ruffert*, EUV/AEUV, 4. Auflage 2011, Art. 121 AEUV Rn. 10.

1064 Vgl. *Pilz/Dittmann*, ZfRV 2012, 102 (107); auch *Calliess*, VVDStRL 71 (2012), 113 (170), dort in Fn. 300.

ein Durchgriff[1065] auf den mitgliedstaatlichen Hoheitsbereich ermöglicht, als sich die Maßnahmen der Unionsorgane auf rechtlich unverbindliche Koordinierungshandlungen beschränken. Ein Rechtsakt der Unionsorgane mit rechtsverbindlicher Wirkung, der einzelne Inhalte der mitgliedstaatlichen Haushalte zum Gegenstand hat, koordiniert die Haushaltspolitik der Mitgliedstaaten nicht nur, sondern regelt diese. Eine derart weitreichende Handlungsbefugnis sieht das präventive Haushaltsaufsichtsverfahren des Art. 121 AEUV nicht vor. Zwar können auf Art. 121 Abs. 6 AEUV gestützte Sekundärrechtsakte das Haushaltsaufsichtsverfahren des Art. 121 Abs. 3 und 4 konkretisieren und präzisieren. Durch die Einführung neuer Sanktionen würde die primärrechtliche Rechtsgrundlage jedoch verlassen. Eine anderweitige Auslegung würde für die Mitgliedstaaten im besonders sensiblen Bereich der Haushaltspolitik auch ein erhebliches Maß an Rechtsunsicherheit bedeuten, weil diese sich nicht mehr auf die primärrechtlichen Verfahrensschritte und die darin vorgesehenen Sanktionsmaßnahmen verlassen könnten[1066]. Gestützt auf Art. 121 Abs. 6 i.V.m. Abs. 3 und 4 AEUV kann Unionsorganen durch Verordnungserlass im Ergebnis nicht die Befugnis übertragen werden, über einzelne Inhalte der mitgliedstaatlichen Haushalte mit rechtsverbindlicher Wirkung zu entscheiden.

b. Art. 136 Abs. 1 lit. b AEUV

Gleiches gilt für einen möglichen Verordnungserlass auf Grundlage des Art. 136 Abs. 1 lit. b AEUV. Art. 136 Abs. 1 AEUV dient als Rechtsgrundlage ausschließlich für Maßnahmen nach den einschlägigen Bestimmungen der Verträge. Bereits festgestellt wurde, dass auf Grundlage des Art. 136 Abs. 1 lit. b AEUV keine Maßnahmen kompetenzgemäß erlassen werden können, die der Intensität nach über die Überwachungs- und Sanktionsmaßnahmen des präventiven Haushaltsaufsichtsverfahrens des Art. 121 AEUV hinausgehen[1067]. Art. 136 Abs. 1 lit. b AEUV berechtigt ausschließlich zum Erlass „nicht-regulative[r] Maßnahmen“[1068]. Selbst wenn man davon ausginge, dass auf Art. 136 Abs. 1 AEUV gestützte Maßnahmen Art. 121 AEUV und Art. 126 AEUV „ihrem Zweck entsprechend ergänzen dürfen“[1069], widersprächen jedenfalls regulative Eingriffe

---

1065 Vgl. zum Begriff des Durchgriffs als Kennzeichen des Übertragungstatbestandes BVerfG v. 12.10.1993, 2 BvR 2134/92 u.a. – BVerfGE 89, 155 (177); *Uerpmann-Wittzack*, in: *von Münch/Kunig*, GG, Band 1, 6. Auflage 2012, Art. 23 Rn. 37.

1066 Ähnlich *Rathke*, DÖV 2012, 751 (757 f.).

1067 Vgl. dazu oben unter Kapitel 4, A., I., 2.

1068 *Bast/Rödl*, EuGRZ 2012, 269 (274); im Ergebnis auch *Häde*, JZ 2011, 333 (339 f.).

1069 *Potacs*, in: *Schwarze*, EU-Kommentar, 3. Auflage 2012, Art. 136 AEUV Rn. 2.

in die Haushaltsentscheidungen der Mitgliedstaaten durch Unionsorgane auch dem Zweck des präventiven Haushaltsaufsichtsverfahrens des Art. 121 AEUV. Das präventive Haushaltsaufsichtsverfahren ist nach geltendem Unionsrecht seinem Sinn und Zweck nach auf eine bloße Abstimmung der mitgliedstaatlichen Haushaltspolitiken angelegt und belässt den Mitgliedstaaten ihre eigene Haushaltspolitik. Die Unionsorgane geben zwar Rahmenbedingungen vor, an denen sich die Mitgliedstaaten orientieren sollen[1070]. Die Wirtschafts- und Haushaltsentwicklung in den Mitgliedstaaten wird am Maßstab dieser Rahmenbedingungen bewertet. Sanktionsmaßnahmen wie an die Mitgliedstaaten gerichtete Verwarnungen und Empfehlungen, die öffentlichen Druck auf die Mitgliedstaaten ausüben, sollen darüber hinaus die Mitgliedstaaten auch zur tatsächlichen Einhaltung der vorgegebenen Grundzüge der Wirtschaftspolitik anhalten. Bei Verletzung dieser unionalen Verpflichtung kommt gegebenenfalls ein Vertragsverletzungsverfahren nach Art. 258 AEUV in Betracht[1071]. Gemeinsam ist den genannten Bestimmungen jedoch, dass sie die Haushaltsentscheidungen, insbesondere die Festlegung der konkreten Haushaltsinhalte wie insbesondere der einzelnen Haushaltstitel, im Ergebnis im Zuständigkeitsbereich der Mitgliedstaaten belassen. Den Unionsorganen stehen keine Befugnisse zu, die Entscheidung der Mitgliedstaaten über die einzelnen Staatsausgaben vorzugeben. Eine solche Vorgabe wäre mit dem Zweck der bloßen Koordinierung der mitgliedstaatlichen Wirtschafts- und Haushaltspolitik nicht vereinbar, und widerspräche diesem. Im Ergebnis kann auf der Rechtsgrundlage des Art. 136 Abs. 1 lit. b AEUV keine Verordnung im Sinne des Art. 288 Abs. 2 AEUV erlassen werden, die die Befugnis der Unionsorgane vorsieht, mit rechtsverbindlicher Wirkung in haushaltspolitische Einzelentscheidungen der Mitgliedstaaten einzugreifen.

2. Richtlinienerlass

Als Rechtsgrundlage für einen Richtlinienerlass kommt auch Art. 352 AEUV nicht in Betracht. Für die Einführung eines Rechts der Unionsorgane, haushaltspolitische Entscheidungen in den Mitgliedstaaten durchzusetzen, scheidet Art. 352 Abs. 1 AEUV als Kompetenzgrundlage aus. Zunächst berechtigt Art. 352 Abs. 1 AEUV nicht dazu, den Grundsatz der begrenzten Einzelermächtigung (Art. 5 Abs. 1 und 2 EUV) zu durchbrechen[1072]. Unionsorganen sollen nicht

1070 *Ohler*, in: *Siekmann*, Kommentar zur EWU, 2013, Art. 121 AEUV Rn. 11.

1071 Vgl. z.B. *Häde*, in: *Calliess/Ruffert*, EUV/AEUV, 4. Auflage 2011, Art. 121 AEUV Rn. 17 m.w.N.

1072 *Rossi*, in: *Calliess/Ruffert*, EUV/AEUV, 4. Auflage 2011, Art. 352 AEUV Rn. 12.

Befugnisse verliehen werden, die ihnen nach den sonstigen vertraglichen Bestimmungen des Unionsrechts gerade nicht zustehen[1073]. Art. 352 Abs. 1 AEUV kann „nicht als Rechtsgrundlage für den Erla[ss] von Bestimmungen dienen, die der Sache nach, gemessen an ihren Folgen, auf eine Vertragsänderung ohne Einhaltung des hierfür vom Vertrag vorgesehenen Verfahrens hinausliefen"[1074]. Auf Grundlage der Norm können vielmehr ausschließlich Rechtsakte erlassen werden, wenn den Unionsorganen anderweitig Befugnisse fehlen und dies zur Erreichung vertraglich festgelegter Unionsziele erforderlich ist[1075]. Art. 352 Abs. 1 AEUV dient dazu, „Lücken der Verträge auszufüllen"[1076], die zwischen einem vertraglich festgelegten Ziel der Europäischen Union und hierfür vorhandenen Rechtsetzungsbefugnissen der Unionsorgane bestehen[1077]. Erweisen sich bestehende Vertragskompetenzen hingegen nicht als ausreichend, kommt ausschließlich eine Vertragsänderung in Betracht, um die Unionskompetenzen zu erweitern. Eine solche Vertragsänderung wäre zur Umsetzung des vorliegenden Reformvorschlages aber notwendig. Denn erstens ist das Unionsziel der Errichtung einer Wirtschafts- und Währungsunion in Art. 3 Abs. 3 EUV derart offen formuliert, dass sich daraus keine konkreten Anhaltspunkte für die Art der Wirtschaftsunion ableiten lassen. Zweitens berechtigt Art. 121 AEUV gerade ausschließlich zu rechtsunverbindlichen Koordinierungsmaßnahmen, die den Mitgliedstaaten ihre Wirtschafts- und Haushaltspolitik als eigenen Regelungsgegenstand belassen. Das präventive Haushaltsaufsichtsverfahren des Art. 121 AEUV berechtigt die Unionsorgane nicht dazu, über die Inhalte der mitgliedstaatlichen Haushalte, über die einzelnen Haushaltstitel mitzuentscheiden. Genau dies hätte die Unionskompetenz, haushaltspolitische Entscheidungen in den Mitgliedstaaten durchzusetzen, aber zur Folge. Die Einzelermächtigung der Unionsorgane im Rahmen des präventiven Haushaltsaufsichtsverfahrens ist in Art. 121 AEUV explizit geregelt. Sie würde im Fall eines entsprechenden Rechtsaktes durchbrochen. Neben einer Durchbrechung des Grundsatzes der begrenzten Einzelermächtigung erscheint weiterhin zweifelhaft[1078], einen so grundlegenden

---

1073 Vgl. EuGH v. 3.9.2008, verb. Rs. C-402 und 415/05 P – *Kadi*, Slg. 2008, I-6351 Rn. 203.

1074 Vgl. EuGH v. 28.3.1996, Gutachten 2/94 – *EMRK-Beitritt*, Slg. 1996, I-1759 (1788).

1075 Vgl. EuGH v. 28.3.1996, Gutachten 2/94 – *EMRK-Beitritt*, Slg. 1996, I-1759 (1788).

1076 *Booß*, in: *Lenz/Borchardt*, EU-Verträge, 6. Auflage 2013, Art. 352 AEUV Rn. 2 (im Original fett gedruckt).

1077 *Geiss*, in: *Schwarze*, EU-Kommentar, 3. Auflage 2012, Art. 352 AEUV Rn. 4.

1078 In anderem Zusammenhang, aber im Ergebnis ähnlich *Waldhoff/Dieterich*, EWS 2013, 72 (76).

Umbau der bisher asymmetrisch[1079] konstruierten Wirtschafts- und Währungsunion auf die Basis der grundsätzlich subsidiären Kompetenzgrundlage des Art. 352 Abs. 1 AEUV zu stützen. Schließlich widerspräche ein Normerlass auf Grundlage des Art. 352 Abs. 1 AEUV auch dem Regelungsgegenstand dieser Kompetenzgrundlage. Denn Art. 352 Abs. 1 AEUV enthält keine Kompetenz-Kompetenz der Unionsorgane[1080]. Ein entsprechender Rechtsakt würde jedoch nicht bloß die Koordinierungskompetenz der Unionsorgane in Art. 121 AEUV vervollständigen, sondern neue Befugnisse der Unionsorgane zur Vornahme rechtsverbindlicher Maßnahmen schaffen. Im Ergebnis kann die Befugnis der Unionsorgane, haushaltspolitische Entscheidungen in den Mitgliedstaaten durchzusetzen, nicht auf Art. 352 Abs. 1 AEUV gestützt werden. Eine Reform dieser Art überträgt neue Zuständigkeiten auf die unionale Ebene, sodass für ihre Einführung eine Vertragsänderung der europäischen Verträge im ordentlichen Vertragsänderungsverfahren des Art. 48 Abs. 2 bis 5 EUV notwendig ist.

II. Vereinbarkeit einer Vertragsänderung mit Art. 79 Abs. 3 GG

Nach Art. 23 Abs. 1 Satz 3 GG gilt für eine Änderung der vertraglichen Grundlagen der Europäischen Union, durch die das Grundgesetz seinem Inhalt nach geändert oder ergänzt wird oder eine solche Änderung oder Ergänzung ermöglicht wird, Art. 79 Abs. 2 und 3 GG. Es stellt sich die Frage, ob eine Vertragsänderung des AEUV, die Unionsorgane zur Durchsetzung haushaltspolitischer Entscheidungen in den Mitgliedstaaten berechtigt und das Grundgesetz seinem Inhalt nach ändert oder ergänzt, gegen Art. 23 Abs. 1 Satz 3 GG i.V.m. Art. 79 Abs. 3 GG verstößt, weil das Demokratieprinzip des Grundgesetzes berührt wird (Art. 79 Abs. 3 GG i.V.m. Art. 20 Abs. 1 und 2 GG).

1. Anwendungsbereich des Art. 23 Abs. 1 Satz 3 GG

Zunächst müsste durch die vorzunehmende Änderung des AEUV der Anwendungsbereich des Art. 23 Abs. 1 Satz 3 GG eröffnet sein. Fraglich ist, ob die Vertragsänderung das Grundgesetz seinem Inhalt nach ändert oder ergänzt oder eine solche Änderung oder Ergänzung ermöglicht wird. Das BVerfG behandelt jede Änderung des Primärrechts der Europäischen Union wie eine

1079 *Bandilla*, in: *Grabitz/Hilf/Nettesheim*, Recht der EU, Loseblatt (Mai 2013), Art. 119 AEUV Rn. 33; auch *Siekmann*, in: *Möllers/Zeitler*, Europa als Rechtsgemeinschaft, 2013, S. 101 (125).

1080 *Rossi*, in: *Calliess/Ruffert*, EUV/AEUV, 4. Auflage 2011, Art. 352 AEUV Rn. 12.

Übertragung von Hoheitsrechten im Sinne des Art. 23 Abs. 1 Satz 2 GG[1081]. Eine solche Übertragung läge jedoch bereits unabhängig davon vor. Denn nach geltendem Unionsrecht sind die Unionsorgane in Art. 121 AEUV nicht zu Eingriffen in konkrete haushaltspolitische Entscheidungen berechtigt. Das präventive Haushaltsaufsichtsverfahren ist vielmehr auf unverbindliche Maßnahmen beschränkt. Das bedeutet, dass eine Reform, die Unionsorgane zur Durchsetzung von Haushaltsentscheidungen in den Mitgliedstaaten ermächtigt, einer erneuten Kompetenzübertragung der Mitgliedstaaten auf die Europäische Union bedarf. Damit wäre eine Hoheitsrechtsübertragung in jedem Fall gegeben. Sieht man ausgehend davon in jeder Übertragung von Hoheitsrechten (Art. 23 Abs. 1 Satz 2 GG) zugleich eine Änderung des Grundgesetzes[1082], bedeutet dies zugleich die Eröffnung des Anwendungsbereichs des Art. 23 Abs. 1 Satz 3 GG i.V.m. Art. 79 Abs. 2 und 3 GG. Doch auch nach der Gegenauffassung[1083] hätte eine Hoheitsrechtsübertragung in dieser Form verfassungsänderndes Gewicht. Denn das Recht zur Feststellung des Haushaltsplans und der darin getroffenen Haushaltsentscheidungen durch das Haushaltsgesetz fällt verfassungsrechtlich in den Kompetenzbereich des Parlaments (vgl. Art. 110 Abs. 2 Satz 1 GG). Grundlegende Eingriffe in diese Parlamentskompetenz bedürften auch auf verfassungsrechtlicher Ebene einer Verfassungsänderung.

2. *Berührung des Demokratieprinzips (Art. 79 Abs. 3 GG)*

Damit kommt es entscheidend darauf an, ob eine Änderung der europäischen Verträge, die Unionsorgane zur Durchsetzung haushaltspolitischer Entscheidungen in den Mitgliedstaaten berechtigt, das grundgesetzliche Demokratieprinzip berührt (Art. 23 Abs. 1 Satz 3 GG i.V.m. Art. 79 Abs. 3 GG). Dann dürfte Deutschland wegen Verfassungswidrigkeit (Art. 23 Abs. 1 Satz 3 GG i.V.m. Art. 79 Abs. 3 GG) des Zustimmungsgesetzes (Art. 23 Abs. 1 Satz 2 GG) diese Vertragsänderung nicht ratifizieren. Bereits festgestellt wurde, dass die Budgethoheit des Parlaments zum Kernbereich des Demokratieprinzips im Sinne des Art. 79 Abs. 3 GG i.V.m. Art. 20 Abs. 1 und 2 GG gehört[1084]. Die grundlegenden

---

1081 BVerfG v. 30.6.2009, 2 BvE 2/08 u.a. – BVerfGE 123, 267 (387).

1082 Vgl. z.B. *Uerpmann-Wittzack*, in: *von Münch/Kunig*, GG, Band 1, 6. Auflage 2012, Art. 23 Rn. 52.

1083 *Jarass*, in: *Jarass/Pieroth*, GG, 12. Auflage 2012, Art. 23 Rn. 34.

1084 Vgl. nur BVerfG v. 30.6.2009, 2 BvE 2/08 u.a. – BVerfGE 123, 267 (361 f.); zustimmend *Ohler*, ZG 2010, 330 (339); auch *Siekmann*, in: *Möllers/Zeitler*, Europa als Rechtsgemeinschaft, 2013, S. 101 (156); dazu auch *Heun/Thiele*, JZ 2012, 973 (974 f.).

Entscheidungen über Einnahmen und Ausgaben[1085] müssen dem Bundestag in eigener Verantwortung zustehen, weil ansonsten „die Wahlen zum Bundestag fortan den Namen ‚demokratisch' nicht mehr verdienen würden"[1086].

Fraglich ist jedoch, ob zu den grundlegenden budgetären Zuständigkeiten in diesem Sinne auch die einzelnen Entscheidungen über Haushaltsinhalte zählen. Eine Berührung des Demokratieprinzips im Sinne des Art. 79 Abs. 3 GG durch die Zustimmung Deutschlands zu einer Vertragsänderung ist nur dann anzunehmen, wenn diese Vertragsänderung die Budgethoheit des Bundestages grundlegend durchbricht.

Das BVerfG geht zutreffend davon aus, dass nicht jede unionale Verpflichtung die „Gestaltungsfähigkeit des Bundestages als Haushaltsgesetzgeber"[1087] gefährde. Dennoch müsse die „Gesamtverantwortung mit ausreichenden politischen Freiräumen für Einnahmen und Ausgaben"[1088] dem Bundestag obliegen. Dieser habe „eigenverantwortlich über Einnahmen und Ausgaben"[1089] zu entscheiden. Der Bundestag müsse seine haushaltspolitischen Entscheidungen daher „frei von Fremdbestimmung seitens der Organe und anderer Mitgliedstaaten der Europäischen Union"[1090] treffen. Insoweit bewahre Art. 79 Abs. 3 GG i.V.m. Art. 20 Abs. 1 und 2 GG den Bundestag vor einer „parlamentarischen Selbstbeschränkung des Budgetrechts"[1091].

Diese verfassungsrechtlichen Grenzen der europäischen Integration im haushaltsrechtlichen Bereich würden aber erreicht, könnten Unionsorgane mit rechtsverbindlicher Wirkung in konkrete Inhalte des Bundeshaushaltsplans regulativ eingreifen. Zwar hat das BVerfG entschieden, dass „eine Währungsunion, zumal zwischen Staaten, die auf eine aktive Wirtschafts- und Sozialpolitik ausgerichtet sind, letztlich nur gemeinsam mit einer politischen – alle finanzwirtschaftlich wesentlichen Aufgaben umfassenden – Union, nicht aber unabhängig davon oder als eine bloße Vorstufe auf dem Weg dahin verwirklicht werden könne"[1092]. Ziel der europäischen Integration ist damit eine im Vergleich zum aktuellen Stand der Entwicklung sehr viel weitergehende Integration im wirtschafts- und

1085 Vgl. BVerfG v. 7.9.2011, 2 BvR 987/10 u.a. – BVerfGE 129, 124 (178).
1086 *Wernsmann*, Der Staat 44 (2005), 43 (53), im Original teilweise kursiv gedruckt.
1087 BVerfG v. 30.6.2009, 2 BvE 2/08 u.a. – BVerfGE 123, 267 (361 f.).
1088 BVerfG v. 30.6.2009, 2 BvE 2/08 u.a. – BVerfGE 123, 267 (362).
1089 BVerfG v. 7.9.2011, 2 BvR 987/10 u.a. – BVerfGE 129, 124 (178).
1090 BVerfG v. 18.3.2014, 2 BvE 6/12 u.a. – NJW 2014, 1505 (1510).
1091 BVerfG v. 7.9.2011, 2 BvR 987/10 u.a. – BVerfGE 129, 124 (179).
1092 BVerfG v. 12.10.1993, 2 BvR 2134/92 u.a. – BVerfGE 89, 155 (206).

haushaltsrechtlichen Bereich[1093]. Gleichzeitig sei die europäische Integration jedoch in den „wesentlichen Bereichen demokratischer Gestaltung"[1094] zu begrenzen, zu denen auch die Entscheidung über Einnahmen und Ausgaben einschließlich der Kreditaufnahme gehört, wenn die absolute verfassungsrechtliche Grenze der europäischen Integration, Art. 79 Abs. 3 GG, nicht überschritten werden soll[1095]. In diesen Ausführungen wird deutlich, dass eine Vertiefung der europäischen Integration im haushaltspolitischen Bereich zwar nicht von vornherein verfassungsrechtlich unzulässig[1096], diese aber vor dem demokratischen Prinzip jedenfalls zu rechtfertigen ist.

Zum Kernbereich des demokratischen Prinzips im Sinne des Art. 79 Abs. 3 GG gehört die Budgethoheit des Bundestages. Die grundlegendste Kompetenz im Rahmen der parlamentarischen Budgethoheit aber ist das Recht des Bundestages zur Feststellung des Haushaltsplans durch das Haushaltsgesetz[1097]. Die Legitimationsfunktion, die die Feststellung nach Art. 110 Abs. 2 Satz 1 GG insbesondere erfüllt, zeigt erst die Vorrangstellung des Parlaments gegenüber der Regierung bei Bestimmung des finanzwirksamen Staatshandelns. Diese Legitimationsfunktion wird ergänzt durch die Kontrolle des Haushaltsvollzugs der Regierung, die nach Art. 114 Abs. 1 GG ebenfalls Bundestag und Bundesrat zusteht. Anders als das Recht zur Staatsverschuldung dem Grunde nach, das die parlamentarische Budgethoheit absichert, ist die Feststellung des Haushaltsplans gem. Art. 110 Abs. 2 Satz 1 GG einschließlich der Kontrolle seines Vollzugs gem. Art. 114 Abs. 1 GG der Kern der Budgethoheit des Parlaments. Entscheidender Bestandteil der Feststellungskompetenz des Parlaments ist aber der Inhalt des Haushaltsplans. Nur der genaue Inhalt des Haushaltsplans spiegelt die „wirtschaftlich[en] Grundsatzentscheidun[gen] für zentrale Bereiche der Politik während des Planungszeitraums"[1098] wider. Budgethoheit des Bundestages bedeutet also vornehmlich Bewilligung konkreter Haushaltsinhalte. Eine tatsächliche Bewilligung des Bundestages liegt aber nur vor, wenn der Bundestag eigenverantwortlich und frei von Fremdbestimmung handelt. Nur durch eine

1093 Vgl. *Degenhart*, in: *Möllers/Zeitler*, Europa als Rechtsgemeinschaft, 2013, S. 85 (99), der davon ausgeht, dass dies die Umgestaltung der Europäischen Union hin zu einem „echte[n] Staatswesen bundesstaatlicher Ausprägung" zur Folge hätte.

1094 BVerfG v. 30.6.2009, 2 BvE 2/08 u.a. – BVerfGE 123, 267 (358).

1095 Ebenso *Calliess*, VVDStRL 71 (2012), 113 (174), der von einer „nur schwer überwindbare[n] Grenze" spricht.

1096 So auch *Häde*, in: *Möllers/Zeitler*, Europa als Rechtsgemeinschaft, 2013, S. 245 (253).

1097 Vgl. BVerfG v. 14.1.1986, 2 BvE 14/83 u.a. – BVerfGE 70, 324 (355).

1098 BVerfG v. 14.1.1986, 2 BvE 14/83 u.a. – BVerfGE 70, 324 (355).

„konstitutive Zustimmung [oder] entsprechende Willensentscheidung“[1099] des Bundestages entscheidet das Parlament tatsächlich letztverantwortlich über die grundlegenden Einnahmen und Ausgaben des Staates.

Vor diesem Hintergrund durchbricht eine Unionskompetenz zur rechtsverbindlichen Durchsetzung haushaltspolitischer Entscheidungen in den Mitgliedstaaten, die nicht nur das Maß der Staatsverschuldung betrifft, die Budgethoheit des Bundestages.

Zum einen hätten Unionsorgane in diesem Fall das Recht zum Eingriff in die mitgliedstaatlichen Haushalte, mithin zur verbindlichen Vorgabe von Haushaltsentscheidungen. Damit wären Haushaltsinhalte der Mitgliedstaaten in die letztverbindliche Entscheidungskompetenz der Unionsorgane gestellt. Wie gesehen sind jedoch die Haushaltsinhalte, also die konkreten Ausgestaltungen des Haushalts[1100], der wesensmäßig wichtigste Bestandteil der Budgethoheit[1101]. Nur die konkrete Zusammensetzung des Haushaltsplans, die Struktur der Einnahmen und Ausgaben weist diesen als einen „staatsleitende[n] Hoheitsakt“[1102] aus. Insoweit zeigt sich auch die Verbindung des Haushaltsplans mit dem Demokratieprinzip. Denn in der konkreten Ausgestaltung des Haushalts werden die politischen Sachentscheidungen getroffen, die die Rechtsstellung der Bürger unmittelbar berühren[1103].

Zum anderen bedeutete dies zugleich, dass der Bundestag nicht mehr eigenverantwortlich die wesentlichen Einnahme- und Ausgabeentscheidungen treffen könnte, die sich im Haushaltsplan widerspiegeln, sondern vielmehr in eine nachvollziehende Rolle geriete. Zwar sind die Mitgliedstaaten bereits nach geltendem Recht an unionale Staatsschuldengrenzen, wie insbesondere eine Obergrenze für ein Finanzierungsdefizit im Haushalt (vgl. nur Art. 126 Abs. 2 lit. a AEUV), gebunden. Eine solche Leitplanke belässt den Mitgliedstaaten jedoch den Handlungsspielraum, ihren Haushalt eigenständig auszugestalten. Sie können weiterhin selbstverantwortlich[1104] die Haushaltseinnahmen und -ausgaben

---

1099 BVerfG v. 7.9.2011, 2 BvR 987/10 u.a. - BVerfGE 129, 124 (179).

1100 So auch *Schlief/Schulte*, ZG 2013, 121 (126); die Haushaltsbeschlüsse als die zentralen Elemente der Budgethoheit ansehend auch *Weber*, EuZW 2011, 935 (940).

1101 Die verbindliche Koordinierung oder Vorgabe mitgliedstaatlicher Haushaltsinhalte als verfassungsrechtliche Grenze der europäischen Integration in diesem Bereich ansehend *Kube*, in: Fiskalunion Europa, 2013, S. 31 (47).

1102 BVerfG v. 7.9.2011, 2 BvR 987/10 u.a. - BVerfGE 129, 124 (178).

1103 So *Ohler*, in: *Möllers/Zeitler*, Europa als Rechtsgemeinschaft, 2013, S. 277 (296).

1104 Vgl. *Waigel*, in: *Möllers/Zeitler*, Europa als Rechtsgemeinschaft, 2013, S. 71 (82); zum Kriterium der Eigenverantwortlichkeit der mitgliedstaatlichen Haushalte als festlegen und müssen dabei nur darauf achten, die unionalen Staatsschuldengrenzen nicht zu verletzen. Anders ist dies bei Kontrollrechten der Unionsorgane, die mit rechtsverbindlicher Wirkung in die genaue Ausgestaltung des Haushalts im Detail eingreifen können[1105]. Denn den Unionsorganen stünde das Recht zu, mit rechtsverbindlicher Wirkung haushaltspolitische Entscheidungen in den Mitgliedstaaten durchzusetzen. Dies bedeutet eine Abkehr von der geltenden Rechtslage, die das präventive Haushaltsaufsichtsverfahren tendenziell auf eine „freiwillige Befolgung"[1106] unionaler Vorgaben der Haushaltsdisziplin ausrichtet, indem die Mitgliedstaaten letztverantwortlich entscheiden können, mit welchen haushaltspolitischen Maßnahmen sie ein Finanzierungdefizit im Staatshaushalt verhindern.

Schließlich bedeutete eine Unionskompetenz dieser Form aus dem Blickwinkel der historischen Entwicklung der parlamentarischen Demokratie einen Rückschritt. Wie bereits dargestellt entstand die parlamentarische Demokratie aus der Auseinandersetzung zwischen Regierung und Parlament über das Recht zur Budgetbewilligung[1107]. Erst mit der Kompetenz des Parlaments zur Bewilligung des alle staatlichen Einnahmen und Ausgaben enthaltenden Haushalts erhielt dieses die entscheidende politische wie rechtliche Machtposition im Staat. Damit erlangten die Bürger, vermittelt über das sie unmittelbar repräsentierende Parlament, den maßgeblichen Einfluss auf das finanzwirksame Staatshandeln. Auf europäischer Ebene aber ist die Organstellung des Parlaments gegenüber den weiteren Unionsorganen noch nicht in gleicher Weise ausgeprägt wie in Deutschland auf Bundesebene[1108]. Die Kompetenzen des Europäischen Parlaments wurden zwar im Laufe der europäischen Integration stets ausgebaut. Dennoch nehmen die Kommission und der Rat, als zwei exekutivisch geprägte Organe, im Haushaltsaufsichtsverfahren weiterhin entscheidende Machtstellungen ein[1109]. Eine Unionskompetenz zur Durchsetzung haushaltspolitischer Entscheidungen in den Mitgliedstaaten bedeutete

---

Kennzeichen der Wirtschafts- und Währungsunion nach geltendem Recht *Müller-Franken*, NVwZ 2012, 1201 (1203).

1105 Vgl. *Weber*, EuZW 2011, 935 (937), der unionale Eingriffsrechte in die nationalen Haushalte als Verletzung des Kernbereichs der Budgethoheit ansieht.

1106 *Müller-Graff*, integration 4/2011, 289 (304).

1107 Vgl. nur *Gröpl*, Der Staat 52 (2013), 1 (24).

1108 So auch *Gröpl*, Der Staat 52 (2013), 1 (24 f.).

1109 Vgl. auch *Kotzur*, in: *Möllers/Zeitler*, Europa als Rechtsgemeinschaft, 2013, S. 45 (53), der zutreffend auf eine „unzureichende Beteiligung des Europäischen Parlaments bei der Defizitprävention" hinweist.

daher, gleichgültig ob diese Kompetenz nach Vertragsänderung dem Rat als Legislativorgan oder der Kommission als Exekutivorgan zustünde, jedenfalls eine teilweise Rückübertragung der Budgethoheit, die auf Bundesebene dem Bundestag zusteht, auf von ihrer Zusammensetzung her exekutivisch geprägte Organe. Wie dargestellt ist Kernbereich des Demokratieprinzips im Sinne des Art. 79 Abs. 3 GG aber, dass die grundlegenden Entscheidungen über Einnahmen und Ausgaben im parlamentarischen Verantwortungsbereich liegen. Das demokratische Prinzip erfordert, dass die grundlegenden Haushaltsentscheidungen dem unmittelbar demokratisch legitimierten Parlament zustehen und die budgetären Zuständigkeiten des Parlaments nicht auf „bloße Mitentscheidung oder inhaltsarme Richtungsentscheidung“[1110] begrenzt werden. Insofern zieht an dieser Stelle das Demokratieprinzip eine verfassungsrechtliche Grenze für die Übertragung der maßgeblichen Entscheidungszuständigkeiten im haushaltsrechtlichen Bereich.

III. Zwischenergebnis

Die Schaffung eines integrierten Haushaltsrahmens, der ein Recht der Unionsorgane vorsieht, in die einzelnen Haushaltsentscheidungen der Mitgliedstaaten mit rechtsverbindlicher Wirkung einzugreifen, berührt den Kernbereich des Demokratieprinzips im Sinne des Art. 79 Abs. 3 GG i.V.m. Art. 20 Abs. 1 und 2 GG. Denn zum Kernbereich des grundgesetzlichen Demokratieprinzips gehört das parlamentarische Prinzip, das die Budgethoheit im Grundsatz dem Parlament vorbehält. Wenngleich die Stellung des Europäischen Parlaments im Laufe des europäischen Integrationsprozesses stets erweitert wurde, ist die unionale Ebene noch vornehmlich exekutivisch geprägt. Damit begrenzt das parlamentarische Prinzip eine Vertiefung der europäischen Integration im Haushaltsbereich. Kernbereich der Budgethoheit des Bundestages sind die grundlegenden Entscheidungen über Einnahmen und Ausgaben des Staates. Erst in der Ausgestaltung des Haushalts, in den einzelnen Haushaltsinhalten erlangen die Legitimations- und Kontrollfunktion des Haushalts ihre Bedeutung. Deshalb muss das Recht zur Ausgestaltung des Haushalts in parlamentarischer Verantwortung verbleiben. Eingriffe der Unionsorgane durch rechtsverbindliche Vorgaben für konkrete Haushaltsinhalte berühren vielmehr den Kernbereich des grundgesetzlichen Demokratieprinzips im Sinne des Art. 23 Abs. 1 Satz 3 GG i.V.m. Art. 79 Abs. 3 GG i.V.m. Art. 20 Abs. 1 und 2 GG.

1110 *Schorkopf*, VVDStRL 71 (2012), 183 (217); dazu auch *Ruffert*, EuR 2011, 842 (853).

C. Ansatz für einen systemübergreifenden Maßstab

In den Teilen A. und B. dieses Kapitels wurden die geltenden unions- und verfassungsrechtlichen Grenzen aufgezeigt, die einer fortschreitenden Europäisierung des mitgliedstaatlichen Haushaltsrechts entgegenstehen. Wie die bereits erwähnte Mitteilung der Kommission „Ein Konzept für eine vertiefte und echte Wirtschafts- und Währungsunion – Auftakt für eine europäische Diskussion"[1111] vom 28.11.2012 deutlich macht, sind rechtspolitische Überlegungen, die eine Vertiefung der Wirtschafts- und Währungsunion im haushaltsrechtlichen Bereich fordern, trotz dieser nach geltendem Recht bestehenden rechtlichen Grenzen noch nicht abgeschlossen. Es stellt sich daher die Frage, ob für den politischen Prozess ein Orientierungsmaßstab gefunden werden kann, der unter Berücksichtigung der dargestellten verfassungsrechtlichen Grenzen auch Handlungsspielräume für künftige Vertragsänderungen der europäischen Verträge einbezieht. Maßstäbe sind gerade für eine Reform des präventiven Haushaltsaufsichtsverfahrens zu finden. Denn zum einen ist dieses im Vergleich zum repressiven Haushaltsaufsichtsverfahren des Art. 126 AEUV noch in geringerem Maße ausgestaltet. Zum anderen konzentrieren sich die rechtspolitischen Reformüberlegungen insbesondere auf eine Verstärkung der Haushaltskontrolle, die das Entstehen eines Haushaltsdefizits im Sinne des Art. 126 Abs. 1 AEUV schon im Vorhinein verhindern soll.

I. Art. 109a GG als Vergleichsmaßstab

In der Literatur wird vorgeschlagen, bei zukünftigen Reformen des präventiven Haushaltsaufsichtsverfahrens auf europäischer Ebene das Regelungssystem des Art. 109a GG in die Betrachtung miteinzubeziehen[1112]. Art. 109a GG regele ein Verfahren zur Vermeidung von Haushaltsnotlagen des Bundes und der Länder durch Bundesgesetz. Damit könne diese Verfassungsbestimmung, trotz der bestehenden Unterschiede zwischen Bundesstaat und Staatenverbund, als Vergleichsmaßstab auch für die Ausgestaltung des Verhältnisses zwischen Europäischer Union und ihren Mitgliedstaaten im Budgetbereich dienen. Art. 109a GG setze im Regelfall auf einen bloßen Informationsaustauch zwischen Bund und Ländern über ihre Haushaltslage. Im Fall einer drohenden Haushaltsnotlage erhöhten sich die Handlungsverpflichtungen der Länder, ohne jedoch den Bund zu unmittelbaren Eingriffen in die Haushaltsautonomie der Länder (vgl. Art. 109

1111 Mitteilung COM (2012) 777 final.

1112 *Kube*, in: Fiskalunion Europa, 2013, S. 31 (48).

Abs. 1 GG) zu berechtigen. Dies sei mit den verfassungsrechtlichen Anforderungen an das Verhältnis zwischen mitgliedstaatlicher Budgethoheit und unionaler Haushaltsaufsicht jedenfalls im Grundsatz zu vergleichen[1113]. Auch die Regelung des Art. 109a GG müsse sich zwischen der Eigenständigkeit der Länder in ihrer Haushaltswirtschaft und der finanziellen Eingebundenheit der Länder im Bundesstaat einordnen und gleichwohl ein Verfahren etablieren, das bereits die Entstehung einer übermäßigen Verschuldung in den Ländern verhindert, die den Bundesstaat insgesamt gefährdet[1114].

II. Das Regelungssystem des Art. 109a GG im Überblick

Zunächst soll ein kurzer Überblick über die Regelungssystematik des Art. 109a GG gegeben werden, der die diesem Verfahren zugrundeliegenden Grundsätze verdeutlicht. Art. 109a GG lautet:

> „Zur Vermeidung von Haushaltsnotlagen regelt ein Bundesgesetz, das der Zustimmung des Bundesrates bedarf,
>
> 1. die fortlaufende Überwachung der Haushaltswirtschaft von Bund und Ländern durch ein gemeinsames Gremium (Stabilitätsrat),
> 2. die Voraussetzungen und das Verfahren zur Feststellung einer drohenden Haushaltsnotlage,
> 3. die Grundsätze zur Aufstellung und Durchführung von Sanierungsprogrammen zur Vermeidung von Haushaltsnotlagen.
>
> Die Beschlüsse des Stabilitätsrats und die zugrunde liegenden Beratungsunterlagen sind zu veröffentlichen."

Art. 109a GG sieht zur Vermeidung drohender Haushaltsnotlagen[1115] des Bundes und der Länder ein durch Bundesgesetz[1116] zu regelndes Verfahren vor. Der Begriff der Haushaltsnotlage ist verfassungsrechtlich nicht definiert. Das BVerfG weist darauf hin, dass sich eine Haushaltsnotlage „nicht generell abstrakt bestimmen"[1117] lasse. Erforderlich sei stets eine Gesamtbewertung auf Grundlage definierter haushaltsrechtlicher Kennzahlen[1118].

1113 Vgl. zum Ganzen *Kube*, in: Fiskalunion Europa, 2013, S. 31 (48).

1114 *Kube*, in: *Maunz/Dürig*, GG, Loseblatt (Mai 2013), Band VII, Art. 109a Rn. 72.

1115 Zum Zweck des Art. 109a GG vgl. *Wernsmann*, in: *Menzel/Müller-Terpitz*, Verfassungsrechtsprechung, 2. Auflage 2011, S. 809 (814 f.).

1116 Vgl. dazu das Gesetz zur Errichtung eines Stabilitätsrates und zur Vermeidung von Haushaltsnotlagen (Stabilitätsratsgesetz – StabiRatG) v. 10.8.2009, BGBl. I 2009, 2702.

1117 BVerfG v. 19.10.2006, 2 BvF 3/03 – BVerfGE 116, 327 (388 f.).

1118 BVerfG v. 19.10.2006, 2 BvF 3/03 – BVerfGE 116, 327 (389).

Daher wird der Stabilitätsrat in der einfachgesetzlichen Konkretisierung der Norm berechtigt, Schwellenwerte für geeignete Kennziffern festzulegen, bei deren Überschreiten das Bestehen einer drohenden Haushaltsnotlage angenommen wird[1119]. Maßgeblich sind der strukturelle Finanzierungssaldo, die Kreditfinanzierungsquote, der Schuldenstand und die Zins-Steuer-Quote in Bund und Ländern[1120]. Damit ist Kennzeichen einer Haushaltsnotlage eine nicht ohne weiteres beherrschbare Neuverschuldung in den Gebietskörperschaften[1121].

Das Verfahren des Art. 109a GG gliedert sich im Wesentlichen in drei Schritte. Zunächst überwacht ein aus Exekutivvertretern[1122] von Bund und Ländern[1123] bestehendes Gremium, der sogenannte Stabilitätsrat, fortlaufend die Haushaltswirtschaft von Bund und Ländern (vgl. Art. 109a Satz 1 Nr. 1 GG), um bereits das Entstehen einer Haushaltsnotlage zu erkennen[1124]. Deutet die Überwachung auf das Entstehen einer Haushaltsnotlage hin, analysiert der Stabilitätsrat im zweiten Schritt die Haushaltssituation der jeweiligen Gebietskörperschaft im Detail[1125], um auf Grundlage der oben genannten haushaltswirtschaftlichen Kennzahlen das Bestehen einer drohenden Haushaltsnotlage festzustellen (vgl. Art. 109a Satz 1 Nr. 2 GG). Wird eine drohende Haushaltsnotlage erkannt, stellt der Stabilitätsrat in Abstimmung[1126] mit der betroffenen Gebietskörperschaft ein sogenanntes Sanierungsprogramm auf, das auf die Vermeidung der Haushaltsnotlage zielt (vgl. Art. 109a Satz 1 Nr. 3 GG). Die Durchführung des Sanierungsprogrammes im Einzelnen obliegt der Gebietskörperschaft und wird durch den Stabilitätsrat überwacht[1127]. Dem Stabilitätsrat stehen hinsichtlich der Umsetzung des Stabilitätsprogrammes jedoch weder Sanktionsmöglichkeiten[1128] zu

1119 Vgl. §§ 3 Abs. 2 und 4 Abs. 1 StabiRatG; dazu *Kirchhof*, in: *von Mangoldt/Klein/Starck*, GG, Band 3, 6. Auflage 2010, Art. 109a Rn. 9.

1120 Zur Festlegung auf die genannten Kennziffern *Siekmann*, in: *Sachs*, GG, 6. Auflage 2011, Art. 109a Rn. 16 m.w.N.

1121 *Heun*, in: *Dreier*, GG, Supplementum, 2. Auflage 2010, Art. 109a Rn. 25; zustimmend *Jarass*, in: *Jarass/Pieroth*, GG, 12. Auflage 2012, Art. 109a Rn. 5.

1122 *Waldhoff/Dieterich*, ZG 2009, 97 (119).

1123 Zur genauen Zusammensetzung vgl. *Heun*, in: *Dreier*, GG, Supplementum, 2. Auflage 2010, Art. 109a Rn. 12 ff.

1124 *Jarass*, in: *Jarass/Pieroth*, GG, 12. Auflage 2012, Art. 109a Rn. 4.

1125 *Jarass*, in: *Jarass/Pieroth*, GG, 12. Auflage 2012, Art. 109a Rn. 5.

1126 *Jarass*, in: *Jarass/Pieroth*, GG, 12. Auflage 2012, Art. 109a Rn. 6.

1127 *Reimer*, in: *Epping/Hillgruber*, GG, 18. Auflage 2013, Art. 109a Rn. 40.

1128 *Schmidt*, DVBl 2009, 1274 (1284); *Seiler*, JZ 2009, 721 (727).

noch ist er zu rechtsverbindlichen Eingriffen[1129] in einzelne Haushaltsentscheidungen der Gebietskörperschaft berechtigt. Insgesamt ergänzt Art. 109a GG, der auf die Vermeidung einer Haushaltsnotlage zielt, durch die Etablierung eines Überwachungs- und Maßnahmeverfahrens[1130] die materiellen Grenzen der Nettoneuverschuldung des Bundes und der Länder in Art. 109 Abs. 3 GG und Art. 115 Abs. 2 GG. Neben die verfassungsrechtlichen Vorgaben für die maximale Nettoneuverschuldung in Bund und Ländern (Art. 109 Abs. 3 GG; Art. 115 Abs. 2 GG) tritt in Art. 109a GG ein Überwachungs- und Maßnahmeverfahren, das präventiv[1131] die Entstehung einer Haushaltsnotlage durch zu hohe Neuverschuldung verhindern soll und im Grundsatz als kooperatives Verfahren ohne strenge Sanktionsregelungen ausgestaltet ist[1132].

III. Bewertung

Art. 109a GG etabliert ein Haushaltsaufsichtssystem auf verfassungsrechtlicher Ebene, das im Grundsatz den Reformvorhaben entspricht, die das Haushaltsaufsichtsverfahren auf europäischer Ebene betreffen. Denn auch auf europäischer Ebene wird vornehmlich über eine Reform des präventiven Haushaltsaufsichtsverfahrens diskutiert, die bereits das Entstehen eines Haushaltsdefizits im Sinne des Art. 126 AEUV in den Mitgliedstaaten verhindern soll. Zutreffend kann Art. 109a GG daher im Grundsatz als Orientierungsmaßstab für die zukünftige Ausgestaltung des präventiven Haushaltsaufsichtsverfahrens der Europäischen Union herangezogen werden[1133]. Denn trotz bestehender Unterschiede (dazu 1.) ist in dieser Frage das Rechtsverhältnis zwischen Bund und Ländern im deutschen Bundesstaat mit dem Verhältnis zwischen Europäischer Union und ihren

---

1129 *Kube*, in: *Maunz/Dürig*, GG, Loseblatt (Mai 2013), Band VII, Art. 109a Rn. 72; auch *Korioth*, JZ 2009, 729 (735); auf die fehlende einseitige Durchsetzbarkeit des Sanierungsprogrammes hinweisend auch *Heun*, in: *Dreier*, GG, Supplementum, 2. Auflage 2010, Art. 109a Rn. 28.

1130 *Kube*, in: *Maunz/Dürig*, GG, Loseblatt (Mai 2013), Band VII, Art. 109a Rn. 7.

1131 *Seiler*, JZ 2009, 721 (726); präventive Haushaltsaufsichtsmechanismen auf verfassungsrechtlicher Ebene rechtspolitisch befürwortend bereits *Gaitanides*, NJW 2007, 3112 (3115).

1132 Dieses zurückhaltende Regelungssystem befürwortend *Kube*, in: *Maunz/Dürig*, GG, Loseblatt (Mai 2013), Band VII, Art. 109a Rn. 73; diesbezüglich kritisch demgegenüber *Siekmann*, in: *Sachs*, GG, 6. Auflage 2011, Art. 109a Rn. 19; auch *Ohler*, DVBl 2009, 1265 (1273), der von „bloße[n] Verfahrensvorschriften" spricht.

1133 Jedoch kritisch zum Funktionieren des Stabilitätsrates (Art. 109a GG) auf Ebene des deutschen Bundesstaates *Böll/Reiermann*, Der Spiegel 50/2013, 78 (78).

Mitgliedstaaten vergleichbar (dazu 2.), sodass die Grundsätze, nach denen Art. 109a GG ausgestaltet ist, auch für die Frage der Verfassungsmäßigkeit einer Vertiefung der europäischen Integration im Haushaltsbereich Anhaltspunkt sein können (dazu 3.).

1. Differenzierung zwischen Bundesstaat und Staatenverbund

Art. 109a GG gilt als Verfassungsbestimmung für das Verhältnis zwischen Bund und Ländern. Das Verhältnis zwischen Bund und Ländern im Bundesstaat (Art. 20 Abs. 1 GG) kann aber nicht mit dem Verhältnis zwischen Europäischer Union und ihren Mitgliedstaaten gleichgesetzt werden. Dies zeigt sich nicht zuletzt daran, dass die Mitgliedstaaten der Europäischen Union im Gegensatz zu den Bundesländern[1134] Staaten im völkerrechtlichen Sinne sind. Die Europäische Union ist im Gegensatz zur Bundesrepublik Deutschland ein bloßer Staatenverbund[1135] und kein europäischer Bundesstaat. Die verfassungsrechtlichen Grenzen aus Art. 79 Abs. 3 GG i.V.m. Art. 20 Abs. 1 GG, die einer Modifikation des Bundesstaatsprinzips entgegenstehen, können schon aus diesem Grund gegenwärtig nicht auf das Verhältnis zwischen Europäischer Union und ihren Mitgliedstaaten übertragen werden. Zudem ist nicht das Bundesstaatsprinzip, sondern insbesondere das grundgesetzliche Demokratieprinzip in seinem unabänderlichen Kerngehalt (Art. 79 Abs. 3 GG i.V.m. Art. 20 Abs. 1 und 2 GG) Maßstab für die Frage nach verfassungsrechtlichen Grenzen der Übertragung budgetärer Zuständigkeiten auf die Europäische Union. Verfassungsrechtlich sind Zuständigkeitsverluste des Bundestages als Staatsorgan im europäischen Integrationsprozess problematisch. Art. 109a GG hingegen ist eine Verfassungsbestimmung, die das bundesstaatliche Verhältnis zwischen dem Bund als Gesamtstaat und den Ländern als Gliedstaaten regelt. Wie bereits gezeigt lassen sich jedoch der Staatlichkeit des Bundes im Gegensatz zum Demokratieprinzip keine hinreichend konkreten verfassungsrechtlichen Maßstäbe entnehmen, die genaue Grenzen für budgetäre Zuständigkeitsverluste aufzeigen. Das heißt, Art. 109a GG kann stets nur ein Vergleichsmaßstab sein, der dem Reformprozess auf europäischer Ebene Anhaltspunkte für verfassungsrechtlich zulässige budgetäre Zuständigkeitsübertragungen bietet.

1134 Vgl. nur *Sommermann*, in: *von Mangoldt/Klein/Starck*, GG, Band 2, 6. Auflage 2010, Art. 20 Abs. 1 Rn. 26; zur staatsrechtlichen Staatlichkeit der Bundesländer aber bereits BVerfG v. 23.10.1951, 2 BvG 1/51 – BVerfGE 1, 14 (34).

1135 BVerfG v. 12.10.1993, 2 BvR 2134/92 u.a. – BVerfGE 89, 155 (181).

2. *Vergleichbarkeit der Rechtslage*

Als Orientierungsmaßstab für die verfassungskonforme Ausgestaltung des Haushaltsaufsichtsverfahrens auf europäischer Ebene, der die genannten rechtlichen Unterschiede zwischen den Verhältnissen EU-Bund und Bund-Länder beachtet, eignet sich Art. 109a GG dennoch.

Denn zum einen verfügen sowohl die Länder gegenüber dem Bund als auch die EU-Mitgliedstaaten gegenüber der Europäischen Union über eine im weitesten Sinne eigenständige Haushaltswirtschaft. Die Länder sind gem. Art. 109 Abs. 1 GG in ihrer Haushaltswirtschaft gegenüber dem Bund selbstständig und unabhängig. Art. 109 Abs. 1 GG garantiert sowohl getrennte Haushalte des Bundes und der Länder als auch Unabhängigkeit der Gebietskörperschaften in ihren Haushaltsentscheidungen und sichert so ihre jeweilige Haushaltsautonomie[1136]. Die Haushaltsautonomie der Länder folgt bereits aus dem in Art. 79 Abs. 3 GG i.V.m. Art. 20 Abs. 1 GG verfassungsänderungsfest verankerten Bundesstaatsprinzip und wird in Art. 109 Abs. 1 GG lediglich konkretisiert[1137]. Die Länder werden durch dieses Prinzip vor unzulässigen Eingriffen des Bundes in ihre Haushalte bewahrt[1138]. Auch der Europäischen Union stehen grundsätzlich keine Eingriffsbefugnisse in die nationale Budgethoheit ihrer Mitgliedstaaten zu. Das geltende Unionsrecht ist in Art. 119 ff. AEUV im Grundsatz ausschließlich im Sinne einer Koordinierung der mitgliedstaatlichen Haushaltspolitik ausgestaltet (vgl. Art. 119 Abs. 1 AEUV). Die Hoheit über ihre Haushalte haben die Mitgliedstaaten im europäischen Integrationprozess grundsätzlich behalten. Zwar sind die Begriffe Haushaltsautonomie (Art. 109 Abs. 1 GG) und Haushaltshoheit (Art. 110 GG und Art. 114 GG) zu unterscheiden. Der Begriff Haushaltsautonomie charakterisiert ein Rechtsverhältnis zwischen Bund und Ländern im Bundesstaat der Bundesrepublik Deutschland. Der Begriff der Haushaltshoheit verdeutlicht hingegen die Kompetenz zur Feststellung und Vollzugskontrolle des Bundeshaushaltsplans, die nach Art. 110 Abs. 2 Satz 1 GG und Art. 114 Abs. 1 GG auf verfassungsrechtlicher Ebene dem Parlament zusteht. Beide Fälle erfassen jedoch das Prinzip haushaltswirtschaftlicher Eigenständigkeit und beschreiben

---

1136 Zu den Begriffen der formellen und materiellen Haushaltsautonomie vgl. *Heintzen*, in: *von Münch/Kunig*, GG, Band 2, 6. Auflage 2012, Art. 109 Rn. 15.

1137 Vgl. *Kemmler*, DÖV 2009, 549 (554).

1138 Zur Relativierung der haushaltspolitischen Selbstständigkeit der Länder insbesondere durch Steuergesetzgebungskompetenzen des Bundes aber *Gröpl*, in: *Kahl*, Nachhaltige Finanzstrukturen, 2011, S. 125 (128) sowie *Birk/Wernsmann*, DÖV 2004, 868 (872); auch *Kruis*, DÖV 2003, 10 (10); diese materielle Haushaltsautonomie der Länder relativierend auch *Seiler*, JZ 2009, 721 (727 f.).

damit im Grundsatz denselben Regelungsgegenstand. Zudem soll Art. 109a GG gerade Orientierungsmaßstab sein, wenn sich die Europäische Union aus budgetärer Sicht zu einem europäischen Bundesstaat entwickelt, unabhängig von der Frage, ob Art. 79 Abs. 3 GG dieser Entwicklung entgegensteht[1139]. In diesem Fall würde Art. 109a GG, der das Bund-Länder-Verhältnis im Bundesstaat regelt, aber den passenden Maßstab darstellen.

Zum anderen muss sowohl im Verhältnis Bund-Länder als auch im Verhältnis EU-Bund die haushaltswirtschaftliche Eigenständigkeit der Länder bzw. des Bundes aus verfassungsrechtlichen Gründen vor unzulässigen Eingriffen einer anderen Ebene gewahrt bleiben. Eine autonome Haushaltswirtschaft steht den Ländern aus Gründen des Bundesstaatsprinzips nach Art. 79 Abs. 3 GG i.V.m. Art. 20 Abs. 1 GG verfassungsänderungsfest zu[1140]. Im europäischen Integrationsprozess ist die Budgethoheit des Bundestages aus Gründen des Demokratieprinzips (Art. 79 Abs. 3 GG i.V.m. Art. 20 Abs. 1 und 2 GG) zu wahren. Jeweils ist jedoch die haushaltswirtschaftliche Eigenständigkeit aufrechtzuerhalten. Daher können die verfassungsrechtlichen Grundsätze, die dafür zu beachten sind, in beiden Fällen nicht im Wesentlichen differieren.

Die im Folgenden darzustellenden verfassungsrechtlichen Grundsätze, nach denen Art. 109a GG ausgestaltet ist, können daher einen Vergleichsmaßstab auch für die Ausgestaltung des Verhältnisses zwischen Europäischer Union und ihren Mitgliedstaaten bilden, das dem demokratischen Prinzip des Grundgesetzes entsprechen muss (vgl. Art. 23 Abs. 1 Satz 3 GG i.V.m. Art. 79 Abs. 3 GG).

3. *Die Grundsätze des Art. 109a GG als Vergleichsmaßstab*

a. Selbstbestimmung der Haushaltsinhalte

Art. 109a GG stellt die Budgethoheit als im Grundsatz dem Parlament vorzubehaltendes Hoheitsrecht heraus. Zwar richten sich die Maßnahmen des Stabilitätsrates nach Art. 109a GG an die Länder, sodass die Budgethoheit der Länderparlamente auf den ersten Blick nicht unmittelbar betroffen scheint. Jedoch setzt sich der Stabilitätsrat wie gesehen aus Exekutivvertretern des Bundes und der Länder zusammen. Haushaltsaufsichtsrechte, die exekutivisch geprägten Organen zustehen, können aber, gemessen am grundgesetzlichen Demokratieprinzip (Art. 79 Abs. 3 GG i.V.m. Art. 20 Abs. 1 und 2 GG), den Kernbereich der

---

1139 Dies befürwortend BVerfG v. 30.6.2009, 2 BvE 2/08 u.a. - BVerfGE 123, 267 (347 f.); zur Diskussion vgl. *Terhechte*, EuR-Bei 2010, 135 (136 ff.).

1140 Vgl. nur *Herdegen*, in: *Maunz/Dürig*, GG, Loseblatt (Mai 2013), Band V, Art. 79 Rn. 156 m.w.N.

Budgethoheit als eine der wesentlichsten Parlamentskompetenzen verletzen[1141]. Insofern ist das demokratische Prinzip auch im Rahmen des Art. 109a GG relevant. Dem trägt Art. 109a GG jedoch Rechnung. Art. 109a GG überlässt die Umsetzung des seitens des Stabilitätsrates vorgeschlagenen Sanierungsprogrammes (Art. 109a Satz 1 Nr. 3 GG) den Bundesländern. Art. 109a GG berechtigt den Stabilitätsrat zwar, den Ländern Vorgaben im Hinblick auf das Umstrukturieren ihrer Haushalte zu machen. Dieser wird jedoch nicht zu rechtsverbindlichen Eingriffen in Haushaltsentscheidungen der Länder berechtigt, sondern ist auf Vorgaben, Überwachungs- und Empfehlungsmaßnahmen beschränkt. Damit behalten die Länder ihre haushaltswirtschaftliche Eigenständigkeit im entscheidenden Punkt, weil in die konkrete Ausgestaltung der Länderhaushalte, in die einzelnen Haushaltsinhalte nicht eingegriffen wird[1142]. Sind Haushaltsaufsichtsbefugnisse präventiver Art auf eine bloße Informationsgewinnung und daran anschließende Verwarnungshandlung im Hinblick auf die Einhaltung des zuvor vorgegebenen Haushaltssanierungsprogrammes begrenzt, ist eine Beeinträchtigung der parlamentarischen Budgethoheit jedoch nicht anzunehmen, weil die Entscheidung des Parlaments über den Haushalt an sich nicht berührt wird[1143]. In der konkreten Ausgestaltung des Haushaltssanierungsprogrammes wird auf Fremdbestimmung verzichtet[1144]. Aus diesem Grund verletzt Art. 109a GG die haushaltswirtschaftliche Eigenständigkeit der Länder nicht (im Sinne des Art. 79 Abs. 3 GG).

Dieser Grundsatz ist auch auf das Verhältnis zwischen Europäischer Union und ihren Mitgliedstaaten übertragbar. Ist der Bund nach bundesstaatlichen Maßstäben nicht zur Bestimmung konkreter Haushaltsinhalte der Länder berechtigt, zeigt dies, dass die Bestimmung der Haushaltsinhalte verfassungsrechtlich einen entscheidenden Gewährleistungsgehalt haushaltswirtschaftlicher Eigenständigkeit darstellt. Auch im Verhältnis zwischen Europäischer Union und Bund ist problematisch, dass die unionale Ebene durch die Einflüsse der Kommission und des Rates tendenziell exekutivlastig geprägt ist. Die Übertragung präventiver Aufsichtsbefugnisse über den Bundeshaushalt, der auf verfassungsrechtlicher Ebene parlamentarisch

---

1141 Dies problematisierend auch *Heun*, in: *Dreier*, GG, Supplementum, 2. Auflage 2010, Art. 109a Rn. 6; ebenso *Waldhoff/Dieterich*, ZG 2009, 97 (119).

1142 Ähnlich *Waldhoff/Dieterich*, ZG 2009, 97 (121); ebd. S. 120 f. aber zugleich kritisch im Hinblick auf die einfachgesetzliche Ausgestaltung des Art. 109a GG.

1143 So auch *Siekmann*, in: *Sachs*, GG, 6. Auflage 2011, Art. 109a Rn. 8; ferner *Kube*, in: *Maunz/Dürig*, GG, Loseblatt (Mai 2013), Band VII, Art. 109a Rn. 72, dort in Fn. 2.

1144 *Kube*, in: *Maunz/Dürig*, GG, Loseblatt (Mai 2013), Band VII, Art. 109a Rn. 73.

verantwortet ist (vgl. nur Art. 110 Abs. 2 Satz 1 GG), auf Unionsorgane bedeutet tendenziell eine Stärkung der Exekutive. Darin wird deutlich, dass auch im Verhältnis zwischen Europäischer Union und Bund die unionalen Zuständigkeiten zur präventiven Aufsicht über den Bundeshaushalt im Grundsatz auf bloße Überwachungs- und Empfehlungsmaßnahmen zu beschränken sind, soll das grundgesetzliche Demokratieprinzip nicht verletzt werden. Denn die Legitimations- und Kontrollfunktion, die dem Bundeshaushaltsplan demokratietheoretisch zukommen, werden nur dann erfüllt, wenn dem Parlament auch tatsächlich die wesentlichen Haushaltsentscheidungen, die sich in den Haushaltsinhalten manifestieren, zustehen. Im Übrigen ist dies auch bereits unabhängig vom Demokratieprinzip anzunehmen. Zwar kann alleine aus der Tatsache, dass Art. 109a GG keine weitergehenden Befugnisse enthält, nicht automatisch geschlossen werden, dass solche Befugnisse verfassungsrechtlich unzulässig wären. Sind jedoch im finanzrechtlich stark verflochtenen Bundesstaat (vgl. den Finanzausgleich zwischen den Ländern nach Art. 107 GG) nur solche, tendenziell zurückhaltende präventive Haushaltsaufsichtsrechte vorgesehen, muss dies erst Recht für das Verhältnis zwischen Europäischer Union und ihren Mitgliedstaaten gelten. Denn grundlegendes Prinzip der Wirtschafts- und Währungsunion ist die Eigenständigkeit der mitgliedstaatlichen Haushalte. Das bedeutet im Ergebnis, dass sich aus verfassungsrechtlicher Perspektive das präventive Haushaltsaufsichtsverfahren auf europäischer Ebene im Hinblick auf einzelne Haushaltsinhalte entsprechend dem bundesstaatlichen Prinzip auf Vorgaben, Überwachungs- und Empfehlungsmaßnahmen beschränken muss. Demgegenüber verstoßen Vertragsänderungen der europäischen Verträge, die unionale Eingriffe in einzelne Haushaltsentscheidungen der Mitgliedstaaten mit rechtsverbindlicher Wirkung vorsehen, gegen Art. 79 Abs. 3 GG.

b. Kontrolle der Staatsverschuldung

Weiterhin ist der Regelungsgegenstand des Art. 109a GG auf eine Haushaltsnotlage in den Ländern begrenzt. Die haushaltswirtschaftlichen Vorgaben des Sanierungsprogrammes sowie die darauf aufbauenden Überwachungs- und Empfehlungsmaßnahmen des Stabilitätsrates sind stets auf die Staatsverschuldung in den Ländern bezogen. Das bedeutet, dass Einwirkungen auf die Haushaltspolitik in den Ländern, die auf Grundlage des Art. 109a GG gestützt werden, insbesondere auf eine präventive Begrenzung ihrer Verschuldung zielen. Insofern entspricht Art. 109a GG einer Forderung des BVerfG, das die Schaffung solcher Verfahrensregelungen forderte, die auf die Verhinderung verschuldeter

Länderhaushalte zielen[1145]. Zwar werden die Länder auch dann in ihrer haushaltswirtschaftlichen Eigenständigkeit beschränkt, wenn ihre Schuldenaufnahme reglementiert wird. Wie Art. 115 Abs. 1 GG zeigt, steht die Rechtsordnung der Schuldenaufnahme durch den Staat nicht grundsätzlich entgegen. Vielmehr dient die Kreditaufnahme auch der Aufrechterhaltung staatlicher Funktionen[1146]. Die von Art. 79 Abs. 3 GG i.V.m. Art. 20 Abs. 1 GG (Bundesstaatsprinzip) garantierte Haushaltsautonomie der Länder gewährleistet jedoch keine unbegrenzte staatliche Verschuldung der Länder[1147]. Denn zum einen ist die Hoheit der Länder über ihre Staatseinnahmen bereits durch die grundgesetzlichen Regelungen der Steuerverteilung (Art. 106 GG) sowie des Finanzausgleichs (Art. 107 GG) begrenzt[1148]. Zum anderen handelt es sich stets nur um eine Begrenzung der Verschuldung, ohne dass den Ländern das Recht zur Staatsverschuldung insgesamt genommen wird[1149]. Insofern sind Begrenzungen des haushaltswirtschaftlichen Entscheidungsspielraums durch den Bund, insbesondere wenn sie wie in Art. 109a GG kooperativ zwischen Bund und Ländern ausgestaltet sind[1150], verfassungsrechtlich auch im Hinblick auf Art. 79 Abs. 3 GG zulässig. Denn die Länder werden nur beaufsichtigt, um einer strukturellen Verschuldung der Länder entgegenzuwirken.

Dieser Grundsatz erlangt ebenfalls Bedeutung für die Haushaltsaufsicht der Europäischen Union über den Bundeshaushalt. Das präventive Verfahren der Koordinierung der Wirtschafts- und Haushaltspolitik der Mitgliedstaaten in Art. 121 AEUV soll insbesondere die Entstehung eines Haushaltsdefizits im Sinne des Art. 126 AEUV verhindern. Unionale Einwirkungen auf die Haushaltspolitik der Mitgliedstaaten zielen damit ebenfalls vornehmlich auf die Begrenzung der Verschuldung in den Mitgliedstaaten. Das grundgesetzliche Demokratieprinzip im Sinne des Art. 79 Abs. 3 GG i.V.m. Art. 20 Abs. 1 und

---

1145 BVerfG v. 27.5.1992, 2 BvF 1/88 – BVerfGE 86, 148 (266).

1146 Auf diesen Aspekt hinweisend *Reimer*, in: *Kahl*, Nachhaltige Finanzstrukturen, 2011, S. 147 (147).

1147 So auch *Ohler*, DVBl 2009, 1265 (1273); *Wernsmann*, in: *Junkernheinrich/Korioth/Lenk/Scheller/Woisin*, Jahrbuch für öffentliche Finanzen 2011, S. 417 (420 f.); im Ergebnis auch *Kramer/Hinrichsen/Lauterbach*, JuS 2012, 896 (900 ff.), mit weiterem Nachweis zum Streitstand; bezogen auf den Bundesstaat gar für einen möglichen Verlust der Haushaltautonomie im Falle der Überschuldung *Calliess/Schoenfleisch*, JZ 2012, 477 (487).

1148 Darauf hinweisend *Kemmler*, DÖV 2009, 549 (555).

1149 So *Ohler*, DVBl 2009, 1265 (1274).

1150 So *Heun*, in: *Dreier*, GG, Supplementum, 2. Auflage 2010, Art. 109a Rn. 29.

2 GG steht einer Einschränkung des parlamentarischen Handlungsspielraums bei der Aufnahme von Schulden im Grundsatz jedoch nicht entgegen. Vielmehr dienen verfassungsrechtliche Staatsschuldengrenzen wie Art. 109 Abs. 3 GG und Art. 115 Abs. 2 GG der Aufrechterhaltung der Budgethoheit zukünftiger Parlamente[1151]. Wie das BVerfG zutreffend festgestellt hat, ist eine „Bindung der Parlamente und damit eine fühlbare Beschränkung ihrer [haushaltspolitischen] Handlungsfähigkeit notwendig [...], um langfristig die demokratische Gestaltungsfähigkeit für das Gemeinwesen zu erhalten"[1152]. Auch wenn eine solche Bindung die parlamentarische Budgethoheit gegenwärtig beschränkt, „so dient sie doch zugleich deren Sicherung für die Zukunft"[1153]. Das bedeutet, dass sowohl Vorgaben als auch Überwachungs- und Sanktionsrechte, die das parlamentarische Recht zur Aufnahme von Schulden begrenzen, im Grundsatz verfassungsrechtlich zulässig sind. Gleiches gilt damit zugleich, wenn Reglementierungen der Staatsverschuldung von europäischer Ebene herrühren. Denn entscheidend ist, dass der Gewährleistungsgehalt des Demokratieprinzips im Sinne des Art. 79 Abs. 3 GG i.V.m. Art. 20 Abs. 1 und 2 GG eine unbegrenzte staatliche Verschuldung des Parlaments gerade nicht gewährleistet[1154]. Insofern steht der Kernbereich des Demokratieprinzips, der nach Art. 23 Abs. 1 Satz 3 GG i.V.m. Art. 79 Abs. 3 GG einer Vertiefung der europäischen Integration durch budgetäre Zuständigkeitsübertragungen auf die Europäische Union entgegenstehen könnte, weitergehenden Verpflichtungen des Haushaltsgesetzgebers bei der Schuldenaufnahme nicht entgegen. Die prinzipielle Preisgabe[1155] des Demokratieprinzips ist nicht ersichtlich, wenn der Bundestag bei der Aufnahme von Staatsschulden reglementiert wird. Im Ergebnis heißt das, dass das grundgesetzliche Demokratieprinzip (Art. 23 Abs. 1 Satz 3 GG i.V.m. Art. 79 Abs. 3 GG i.V.m. Art. 20 Abs. 1 und 2 GG) im Grundsatz insbesondere solchen budgetären Zuständigkeitsverlagerungen auf die Europäische Union nach Art. 23 Abs. 1 Satz 2 GG nicht entgegensteht, die auf eine Begrenzung der Schuldenaufnahme der Mitgliedstaaten zielen.

1151 Vgl. *Kirchhof*, DVBl 2002, 1569 (1571), der davon spricht, dass die Parlamente „partiell entmachtet" werden.

1152 BVerfG v. 7.9.2011, 2 BvR 987/10 u.a. – BVerfGE 129, 124 (170).

1153 BVerfG v. 18.3.2014, 2 BvE 6/12 u.a. – NJW 2014, 1505 (1510).

1154 Vgl. *Seiler*, JZ 2009, 721 (727).

1155 *Ohler*, DVBl 2009, 1265 (1273).

IV. Zwischenergebnis

Präventive Haushaltsaufsichtsrechte des Bundes über die Länderhaushalte sind nach Art. 109a GG grundsätzlich im Sinne eines kooperativen Verfahrens ausgestaltet, das insbesondere auf eine Begrenzung der Staatsverschuldung in den Ländern zielt. Diese Grundsätze korrespondieren mit den Ergebnissen, die bei Analyse der unions- und verfassungsrechtlichen Grenzen einer Übertragung budgetärer Zuständigkeiten gefunden wurden. Die konkrete Ausgestaltung der Haushalte i.S.d. einzelnen Haushaltsinhalte wurde als unberührbarer Zuständigkeitsbereich des Parlaments bestimmt. Demgegenüber wurde zugleich festgestellt, dass der Kernbereich des demokratischen Prinzips einer Begrenzung des parlamentarischen Handlungsspielraums bei der Aufnahme von Staatsschulden im Grundsatz nicht entgegensteht. Diese Übereinstimmung bestätigt, dass die verfassungsrechtlichen Grundsätze, nach denen Art. 109a GG ausgestaltet ist, als Vergleichsmaßstäbe für die zukünftige Vertiefung des europäischen Integrationsprozesses im Budgetbereich dienen können.

Kapitel 6 – Zusammenfassung der Ergebnisse

1. Das Budgetrecht ist das Recht des Bundestages, den Haushaltsplan durch Gesetz festzustellen (Art. 110 Abs. 2 Satz 1 GG) und dessen Vollzug zu kontrollieren (Art. 114 Abs. 1 GG). Es wird abgesichert in Art. 115 Abs. 1 GG, nach dem die Aufnahme von Krediten sowie die Übernahme von Bürgschaften, Garantien und sonstigen Gewährleistungen einer gesetzlichen Ermächtigung in Form eines Bundesgesetzes bedürfen.

Diese besondere Stellung des Bundestages im Bundeshaushaltsverfahren ist historisch bedingt und der verfassungsrechtlichen Funktion der Haushaltshoheit des Parlaments im parlamentarischen Regierungssystem geschuldet. Denn die Funktion des parlamentarischen Budgetrechts im Gewaltenteilungssystem liegt insbesondere in einer effektiven Regierungskontrolle sowie der politischen Steuerung exekutivischen Handelns durch das Parlament.

2. Die deutsche Rechtsordnung öffnet sich durch die Übertragung von Hoheitsrechten (Art. 23 Abs. 1 Satz 2 GG) für Einwirkungen des Unionsrechts auf das nationale Recht. Die Übertragung von Hoheitsrechten berechtigt die Europäische Union zur Rechtsetzung mit unmittelbarer Geltung, Anwendbarkeit und Wirkung in der mitgliedstaatlichen Rechtsordnung und es gilt im Grundsatz ein Anwendungsvorrang übertragener Hoheitsrechte sowie auf ihrer Grundlage erlassener Regelungen vor nationalem Recht. Diese Prinzipien kennzeichnen den Rechtscharakter der Europäischen Union als supranationale Organisation und bewirken, dass die Mitgliedstaaten in übertragenen Kompetenzbereichen eigene Hoheitsgewalt einbüßen, wenn die Europäische Union von ihren Rechtsetzungskompetenzen Gebrauch macht.

Insbesondere Art. 121 und Art. 126 AEUV berechtigen die Europäische Union zur Aufsicht über die Haushalte der Mitgliedstaaten. Es werden unionale Vorgaben für die Staatshaushalte statuiert, deren Einhaltung in präventiven und korrektiven Überwachungs- und Sanktionsverfahren eingefordert werden kann.

3. Art. 79 Abs. 3 GG, der der Übertragbarkeit von Hoheitsrechten entgegenstehen kann (Art. 23 Abs. 1 Satz 3 GG), gewährleistet über seinen Wortlaut hinaus den Schutz der Staatlichkeit der Bundesrepublik Deutschland. Art. 79 Abs. 3 GG untersagt dem verfassungsändernden Gesetzgeber daher, die

souveräne Staatlichkeit im europäischen Integrationsprozess aufzugeben. Der Souveränitätsbegriff stellt jedoch keinen hinreichend konkreten Maßstab für die Frage dar, inwiefern dem verfassungsändernden Gesetzgeber in der Übertragung budgetärer Gesetzgebungszuständigkeiten verfassungsrechtliche Grenzen gezogen sind.

4. Das parlamentarische Prinzip fordert, dass die Ausübung der Budgethoheit im Grundsatz einem unmittelbar demokratisch legitimierten Parlament vorbehalten ist. Der Parlamentarismus wiederum stellt einen parlamentarischen Vorbehaltsbereich dar, der zu dem von Art. 79 Abs. 3 GG i.V.m. Art. 20 Abs. 1 und 2 GG erfassten Kernbereich des grundgesetzlichen Demokratieprinzips zählt und der gem. Art. 23 Abs. 1 Satz 3 GG auch nicht durch Übertragung von Hoheitsrechten auf die Europäische Union (Art. 23 Abs. 1 Satz 2 GG) aufgegeben werden darf. Das parlamentarische Prinzip begrenzt damit die Übertragung budgetärer Zuständigkeiten auf die unionale Ebene sowie deren Ausübung durch Institutionen der Europäischen Union. Insofern setzt das Demokratieprinzip des Grundgesetzes der Europäisierung budgetärer Zuständigkeiten verfassungsrechtliche Grenzen (Art. 23 Abs. 1 Satz 3 GG i.V.m. Art. 79 Abs. 3 GG i.V.m. Art. 20 Abs. 1 und 2 GG). Die grundlegenden Entscheidungen über Einnahmen und Ausgaben müssen in der Kompetenz des Bundestages verbleiben.

5. Demokratietheoretisch muss die budgetäre Eigenverantwortung des Bundestages erhalten bleiben. Der Bundestag darf sich daher haushaltsrechtlich keiner Fremdbestimmung unterwerfen und die Folgen finanzieller Verpflichtungen müssen stets beherrschbar sein. Weiterhin müssen haushaltswirksame Entscheidungen hinreichend bestimmt sein und die absolute Höhe finanzieller Belastungen ist zu begrenzen. Darüber hinaus sind automatische und dauerhafte Verpflichtungen zu verhindern.

6. Finanzielle Sanktionen der Mitgliedstaaten im präventiven Haushaltsaufsichtsverfahren sind nach geltendem Unionsrecht unionsrechtlich unzulässig. Das präventive Haushaltsaufsichtsverfahren des Art. 121 AEUV ist auf rechtlich unverbindliche Koordinierungsmaßnahmen begrenzt. Sanktionen dieser Art sind dem präventiven Teil des Haushaltsaufsichtsverfahrens hingegen fremd. Über die primärrechtlichen Vorgaben darf nicht durch den Erlass sekundärrechtlicher Konkretisierungen hinweggegangen werden, die auf Grundlage des Art. 121 Abs. 6 AEUV erlassen werden. Gleiches gilt für den Erlass von Rechtsakten gestützt auf Art. 136 Abs. 1 lit. b AEUV. Auch diese dürfen die in Art. 121 AEUV vorgesehenen Verfahrensschritte inhaltlich nicht missachten oder erweitern. Weiterhin ist es unionsrechtlich unzulässig, das in Art. 121 AEUV

normierte Verfahren durch die Anwendung der Vertragsabrundungskompetenz des Art. 352 AEUV zu umgehen.

Als unionsrechtlich zulässig stellen sich demgegenüber sekundärrechtliche Bestimmungen dar, in denen die Mitgliedstaaten zu einer Veröffentlichung ihrer Haushaltsplanentwürfe und zu einer Überarbeitung einer Übersicht über ihre Haushaltsplanung aufgefordert werden. Maßnahmen dieser Art entsprechen dem koordinierenden System des präventiven Haushaltsaufsichtsverfahrens im Sinne des Art. 121 Abs. 3 und 4 AEUV.

7. Ein Recht der Unionsorgane, den mitgliedstaatlichen Haushaltsplanentwurf zur Überarbeitung zurückzuweisen, wenn dieser die unionalen Vorgaben eines maximalen Finanzierungsdefizits überschreitet, berührt nicht den Kernbereich des Demokratieprinzips im Sinne des Art. 79 Abs. 3 GG i.V.m. Art. 20 Abs. 1 und 2 GG. Denn der Kernbereich des grundgesetzlichen Demokratieprinzips umfasst keinen unbegrenzten Handlungsspielraum des Haushaltsgesetzgebers bei der Aufnahme von Staatsschulden, wie insbesondere die verfassungsrechtlichen Regelungen einer maximalen Staatsverschuldung (Art. 109 Abs. 3 GG und Art. 115 Abs. 2 GG) zeigen.

Dagegen berührt ein Recht der Unionsorgane, in die einzelnen Haushaltsentscheidungen der Mitgliedstaaten mit rechtsverbindlicher Wirkung einzugreifen, den Kernbereich des Demokratieprinzips im Sinne des Art. 79 Abs. 3 GG i.V.m. Art. 20 Abs. 1 und 2 GG. Kernbereich der Budgethoheit des Bundestages sind die grundlegenden Entscheidungen über Einnahmen und Ausgaben des Staates. Erst in der Ausgestaltung des Haushalts, in den einzelnen Haushaltsinhalten erlangen die Legitimations- und Kontrollfunktion des Haushalts ihre Bedeutung. Insbesondere das Recht zur Ausgestaltung des Haushalts muss daher in parlamentarischer Verantwortung verbleiben.

8. Trotz der rechtlichen Unterschiede zwischen der Europäischen Union und dem deutschen Bundesstaat ist Art. 109a GG als Orientierungsmaßstab für die Vertiefung des europäischen Integrationsprozesses im Sinne einer verstärkten Präventivaufsicht der Europäischen Union über die mitgliedstaatlichen Haushalte heranzuziehen. Denn die Grundsätze des Art. 109a GG spiegeln die verfassungsrechtlichen Voraussetzungen präventiver Haushaltsaufsicht über den Bundeshaushalt wider: Zum einen ergehen bundesrechtliche Vorgaben für das haushaltspolitische Handeln der Länder im Falle einer drohenden Haushaltsnotlage in den Ländern. Festgestellt wurde, dass auch auf Bundesebene der Kernbereich des demokratischen Prinzips einer Begrenzung des parlamentarischen Handlungsspielraums bei der Aufnahme von Staatsschulden im Grundsatz nicht entgegensteht. Zum anderen wird auf rechtsverbindliche Eingriffe in die

konkrete Ausgestaltung der Haushalte in den Ländern verzichtet. Das entspricht den Anforderungen des demokratischen Prinzips im Sinne des Art. 79 Abs. 3 GG i.V.m. Art. 20 Abs. 1 und 2 GG, das die konkrete Ausgestaltung des Staatshaushalts im Sinne der einzelnen Haushaltsinhalte dem Parlament vorbehält.

Schlussbetrachtung und Ausblick

Die politische Idee, dem Entstehen eines Haushaltsdefizits in den Mitgliedstaaten der Europäischen Union präventiv entgegenzuwirken, ist richtig, weil eine Kontrolle der mitgliedstaatlichen Haushalte, die dem Entstehen eines Haushaltsdefizits zeitlich vorgelagert ist, effektiver wirkt als nachträgliche Sanktionen. Das Ziel der Untersuchung bestand darin, die unions- und verfassungsrechtlichen Grenzen zu verdeutlichen, die einer Reform der Wirtschafts- und Währungsunion (Art. 119 - Art. 144 AEUV) im Sinne einer intensiveren Präventivkontrolle des Bundeshaushalts durch die Europäische Union entgegenstehen können.

Aufgezeigt wurde, dass das Unionsrecht nach geltendem Recht im Grundsatz ausschließlich zur Koordinierung der mitgliedstaatlichen Haushaltspolitik berechtigt und eine Vertiefung der europäischen Integration im Sinne einer intensivierten präventiven Haushaltskontrolle demnach Änderungen der europäischen Verträge erfordert.

Vertragsänderungen der europäischen Verträge sind an den Maßstäben des Grundgesetzes zu messen (Art. 23 Abs. 1 Sätze 2 und 3 GG). Im Grundgesetz ist das Recht, den Bundeshaushaltsplan festzustellen (Art. 110 GG) sowie dessen Vollzug zu kontrollieren (Art. 114 GG), dem Bundestag zugewiesen. Festgestellt wurde, dass einer Verlagerung dieser parlamentarischen Kompetenz zur Bestimmung der grundlegenden Entscheidungen über Einnahmen und Ausgaben auf die Europäische Union das grundgesetzliche Demokratieprinzip (Art. 20 Abs. 1 und 2 GG) entgegensteht. Als verfassungsrechtlich zulässig wurde jedoch eine Begrenzung des parlamentarischen Entscheidungsspielraums im Hinblick auf die Staatsverschuldung erkannt, weil das Demokratieprinzip des Grundgesetzes keine unbegrenzte staatliche Verschuldung durch das Parlament gewährleistet. Verpflichtungen des Bundestages in dieser Beziehung können demnach sowohl von verfassungsrechtlicher als auch von unionsrechtlicher Ebene ausgehen.

Der europäische Integrationsprozess ist in diesem Bereich staatlichen Handelns an kein Ende gelangt. Ganz im Gegenteil zeigt die Mitteilung der Europäischen Kommission „Ein Konzept für eine vertiefte und echte Wirtschafts- und Währungsunion – Auftakt für eine europäische Diskussion“ vom 28.11.2011 [Mitteilung COM (2012) 777 final], dass aus politischer Sicht die vertiefte haushaltspolitische Integration nur einen Baustein einer noch viel weitergehenden europäischen Integration im finanzpolitischen Bereich bildet. Die Untersuchung stellt klar, dass im haushaltsrechtlichen Bereich sowohl unions- als auch verfassungsrechtlich Reformmöglichkeiten bestehen. Gleichzeitig verdeutlichen die Maßstäbe aber auch, dass eine Umgestaltung der Wirtschafts- und Währungsunion, die den Bundeshaushalt unter intensivere Präventivkontrolle der Europäischen Union stellt, nur dann zulässig ist, wenn sie die Haushaltshoheit bewahrt, die dem Bundestag als eines seiner vornehmsten Rechte zusteht.

Literaturverzeichnis

Achterberg, Norbert, Parlamentsrecht, Tübingen 1984 [zitiert: *Achterberg*, Parlamentsrecht, 1984].

Antpöhler, Carolino, Emergenz der europäischen Wirtschaftsregierung, Das Six Pack als Zeichen supranationaler Leistungsfähigkeit, in: Zeitschrift für ausländisches öffentliches Recht und Völkerrecht 2012, 353 ff.

Arndt, Hans-Wolfgang, Staatshaushalt und Verfassungsrecht, in: Juristische Schulung 1990, 343 ff.

von Arnim, Hans Herbert, Grundprobleme der Staatsverschuldung, in: Bayerische Verwaltungsblätter 1981, 514 ff.

Arnold, Rainer, Verfassungsidentität und Letztentscheidungsrecht, in: *Müller-Graff, Peter-Christian / Schmahl, Stefanie / Skouris, Vassilios* (Hrsg.), Europäisches Recht zwischen Bewährung und Wandel, Festschrift für Dieter H. Scheuing, Baden-Baden 2011, S. 17 ff. [zitiert: *Arnold*, in: FS Scheuing, 2011, S. 17].

Badura, Peter, Die Entscheidung über die Staatsaufgaben und ihre Finanzierung in der parlamentarischen Demokratie, in: *Osterloh, Lerke / Schmidt, Karsten / Weber, Herrmann* (Hrsg.), Staat, Wirtschaft, Finanzverfassung; Festschrift für Peter Selmer zum 70. Geburtstag, Berlin 2004, S. 19 ff. [zitiert: *Badura*, in: FS Selmer, 2004, S. 19].

Badura, Peter, Die parlamentarische Demokratie, in: *Isensee, Josef / Kirchhof, Paul* (Hrsg.), Handbuch des Staatsrechts der Bundesrepublik Deutschland, Band II, Verfassungsstaat, 3. Auflage, Heidelberg 2004, § 25 [zitiert: *Badura*, in: *Isensee/Kirchhof*, HdBdStR, Band II, 3. Auflage 2004, § 25].

Badura, Peter, Staatsrecht, Systematische Erläuterung des Grundgesetzes für die Bundesrepublik Deutschland, 4. Auflage, München 2010 [zitiert: *Badura*, Staatsrecht, 4. Auflage 2010].

Badura, Peter, Wirtschaftsverfassung und Wirtschaftsverwaltung, Ein exemplarischer Leitfaden, 4. Auflage, Tübingen 2011 [zitiert: *Badura*, Wirtschaftsverfassung und Wirtschaftsverwaltung, 4. Auflage 2011].

Baldus, Manfred, Zur Relevanz des Souveränitätsproblems für die Wissenschaft vom Öffentlichen Recht, in: Der Staat 36 (1997), 381 ff.

Bast, Jürgen / Rödl, Florian, Jenseits der Koordinierung? Zu den Grenzen der EU-Verträge für eine Europäische Wirtschaftsregierung, in: Europäische Grundrechte-Zeitschrift 2012, 269 ff.

Beaud, Olivier, Föderalismus und Souveränität, Bausteine zu einer verfassungsrechtlichen Lehre der Föderation, in: Der Staat 35 (1996), 45 ff.

Beljin, Saša, Die Zusammenhänge zwischen dem Vorrang, den Instituten der innerstaatlichen Beachtlichkeit und der Durchführung des Gemeinschaftsrechts, in: Europarecht 2002, 351 ff.

Bergmoser, Ulrich, Beitrag der Verwaltungsreform zu einem funktionsgerechten parlamentarischen Budgetrecht, in: Die Öffentliche Verwaltung 2012, 741 ff.

Birk, Dieter (Hrsg.), Handbuch des Europäischen Steuer- und Abgabenrechts, Herne/Berlin 1995 [zitiert: *Birk*, Handbuch des Europäischen Steuer- und Abgabenrechts, 1995].

Birk, Dieter / Wernsmann, Rainer, Volksgesetzgebung über Finanzen, in: Deutsches Verwaltungsblatt 2000, 669 ff.

Birk, Dieter / Wernsmann, Rainer, Der Anspruch eines Landes auf Sanierungshilfen des Bundes, Zur Stellung der Bundesergänzungszuweisungen im System des Länderfinanzausgleichs, in: Die Öffentliche Verwaltung 2004, 868 ff.

Birk, Dieter / Wernsmann, Rainer, Beteiligungsrechte des Parlaments bei der Veräußerung von Staatsvermögen, insbesondere Unternehmensbeteiligungen, in: Deutsches Verwaltungsblatt 2005, 1 ff.

Blanke, Herrmann-Josef, Der Unionsvertrag von Maastricht – Ein Schritt auf dem Weg zu einem europäischen Bundesstaat?, in: Die Öffentliche Verwaltung 1993, 412 ff.

Böckenförde, Ernst-Wolfgang, Die Organisationsgewalt im Bereich der Regierung, 1964 [zitiert: *Böckenförde*, Organisationsgewalt, 1964].

Böckenförde, Ernst-Wolfgang, Demokratie als Verfassungsprinzip, in: *Isensee, Josef / Kirchhof, Paul* (Hrsg.), Handbuch des Staatsrechts der Bundesrepublik Deutschland, Band II, Verfassungsstaat, 3. Auflage, Heidelberg 2004, § 24 [zitiert: *Böckenförde*, in: *Isensee/Kirchhof*, HdBdStR, Band II, 3. Auflage 2004, § 24].

von Bogdandy, Armin, Der Euro zwingt zur politischen Union – und vielleicht zu einer neuen Gemeinschaft, in: Europäische Zeitschrift für Wirtschaftsrecht 2001, 449 ff.

Böhm, Monika, Fortentwicklung des Haushaltsrechts, in: Neue Zeitschrift für Verwaltungsrecht 1998, 934 ff.

Böll, Sven / Reiermann, Christian, Ausgebremst, in: Der Spiegel 50/2013, 78.

Bosco, Giacinto, La primauté du droit communautaire dans les ordres juridiques des Etats membres de l'Union européenne, in: *Due, Ole / Lutter, Marcus / Schwarze, Jürgen* (Hrsg.), Festschrift für Ulrich Everling, Band I, Baden-Baden 1995, S. 149 ff. [zitiert: *Bosco*, in: FS Everling, Band I, 1995, S. 149].

Braams, Beate, Koordinierung als Kompetenzkategorie, Tübingen 2013 [zitiert: *Braams*, Koordinierung als Kompetenzkategorie, 2013].

Brenner, Michael, Das Prinzip Parlamentarismus, in: *Isensee, Josef / Kirchhof, Paul* (Hrsg.), Handbuch des Staatsrechts der Bundesrepublik Deutschland, Band III, Demokratie – Bundesorgane, 3. Auflage, Heidelberg 2005, § 44 [zitiert: *Brenner*, in: *Isensee/Kirchhof*, HdBdStR, Band III, 3. Auflage 2005, § 44].

Breuer, Rüdiger, Die Sackgasse des neuen Europaartikels (Art. 23 GG), in: Neue Zeitschrift für Verwaltungsrecht 1994, 417 ff.

Britz, Gabriele, Vom kulturellen Vorbehalt zum Kulturvorbehalt in der bundesverfassungsgerichtlichen Demokratietheorie des Lissabon-Urteils?, in: Europarecht Beiheft 1 2010, 151 ff.

Buchwald, Delf, Zur Rechtsstaatlichkeit der Europäischen Union, in: Der Staat 37 (1998), 189 ff.

Calliess, Christian, Auswärtige Gewalt, in: *Isensee, Josef / Kirchhof, Paul* (Hrsg.), Handbuch des Staatsrechts der Bundesrepublik Deutschland, Band IV, Aufgaben des Staates, 3. Auflage, Heidelberg u.a. 2006, § 83 [zitiert: *Calliess*, in: *Isensee/Kirchhof*, HdBdStR, Band IV, 3. Auflage 2006, § 83].

Calliess, Christian, Die neue Europäische Union nach dem Vertrag von Lissabon, Ein Überblick über die Reformen unter Berücksichtigung ihrer Implikationen für das deutsche Recht, Tübingen 2010 [zitiert: *Calliess*, Die neue Europäische Union, 2010].

Calliess, Christian, Absicherung der parlamentarischen Integrations- und Budgetverantwortung auf europäischer und nationaler Ebene, in: *Pechstein, Matthias* (Hrsg.), Integrationsverantwortung, Baden-Baden 2012, S. 53 ff. [zitiert: *Calliess*, in: *Pechstein*, Integrationsverantwortung, 2012, S. 53].

Calliess, Christian, Der Kampf um den Euro: Eine „Angelegenheit der Europäischen Union" zwischen Regierung, Parlament und Volk, in: Neue Zeitschrift für Verwaltungsrecht 2012, 1 ff.

Calliess, Christian, Finanzkrisen als Herausforderung der internationalen, europäischen und nationalen Rechtsetzung, in: Veröffentlichungen der Vereinigung der Deutschen Staatsrechtslehrer 71 (2012), 113 ff.

Calliess, Christian, Die Reform der Wirtschafts- und Währungsunion als Herausforderung für die Integrationsarchitektur der EU – Europa- und verfassungsrechtliche Überlegungen, in: Die Öffentliche Verwaltung 2013, 785 ff.

Calliess, Christian / Ruffert, Matthias (Hrsg.), EUV/AEUV, Das Verfassungsrecht der Europäischen Union mit Europäischer Grundrechtecharta, Kommentar, 4. Auflage, München 2011 [zitiert: *Bearbeiter*, in: *Calliess/Ruffert*, EUV/AUEV, 4. Auflage 2011].

Calliess, Christian / Schoenfleisch, Christopher, Auf dem Weg in die europäische „Fiskalunion"? – Europa- und verfassungsrechtliche Fragen einer Reform der Wirtschafts- und Währungsunion im Kontext des Fiskalvertrages, in: Juristenzeitung 2012, 477 ff.

Classen, Claus Dieter, Legitime Stärkung des Bundestages oder verfassungsrechtliches Prokrustesbett?, in: Juristenzeitung 2009, 881 ff.

Cromme, Franz, Vom ESM und Fiskalpakt zu einem makroökonomischen Rechtssystem der EU, in: Die Öffentliche Verwaltung 2013, 594 ff.

Daiber, Birgit, Die Umsetzung des Lissabon-Urteils des Bundesverfassungsgerichts durch Bundestag und Bundesrat, in: Die Öffentliche Verwaltung 2010, 293 ff.

Dederer, Hans-Georg, Durchführung von Vereinbarungen der europäischen Sozialpartner, Korporative Ausübung von Rechtsetzungsgewalt und ihr demokratisches Defizit, in: Recht der Arbeit 2000, 216 ff.

Dederer, Hans-Georg, Korporative Staatsgewalt, Integration privat organisierter Interessen in die Ausübung von Staatsfunktionen, Zugleich eine Rekonstruktion der Legitimationsdogmatik, Tübingen 2004 [zitiert: *Dederer*, Korporative Staatsgewalt, 2004].

Dederer, Hans-Georg, Zur Gewaltenteilung in der Union: Checks und Balances, institutionelles Gleichgewicht oder Konfusion?, in: *Hofmann, Klaus / Naumann, Kolja* (Hrsg.), Europäische Demokratie in guter Verfassung?, Tagungsband zum Kolloquium von Mehr Demokratie e.V. und der Demokratie-Stiftung an der Universität zu Köln, Baden-Baden 2010, S. 89 ff. [zitiert: *Dederer*, in: *Hofmann/Naumann*, Europäische Demokratie in guter Verfassung?, 2010, S. 89].

Degenhart, Christoph, Euro-Rettung und Verfassungsrecht, in: Bayerische Verwaltungsblätter 2012, 517 ff.

Degenhart, Christoph, Missachtung rechtlicher Vorgaben bei der Umsetzung der Währungsunion, in: *Möllers, Thomas M. J. / Zeitler, Franz-Christoph* (Hrsg.), Europa als Rechtsgemeinschaft – Währungsunion und Schuldenkrise,

Tübingen 2013, S. 85 ff. [zitiert: *Degenhart*, in: *Möllers/Zeitler*, Europa als Rechtsgemeinschaft, 2013, S. 85].

Denninger, Erhard, Vom Ende nationalstaatlicher Souveränität in Europa, in: Juristenzeitung 2000, 1121 ff.

Di Fabio, Udo, Der neue Art. 23 des Grundgesetzes, Positivierung vollzogenen Verfassungswandels oder Verfassungsneuschöpfung?, in: Der Staat 32 (1993), 191 ff.

Di Fabio, Udo, Das Recht offener Staaten, Grundlinien einer Staats- und Rechtstheorie, Tübingen 1998 [zitiert: *Di Fabio*, Das Recht offener Staaten, 1998].

Doehring, Karl, Staat und Verfassung in einem zusammenwachsenden Europa, in: Zeitschrift für Rechtspolitik 1993, 98 ff.

Doehring, Karl, Allgemeine Staatslehre, Eine systematische Darstellung, 3. Auflage, Heidelberg 2004 [zitiert: *Doehring*, Allgemeine Staatslehre, 3. Auflage 2004].

Dolde, Klaus-Peter / Porsch, Winfried, Die globale Minderausgabe zwischen Budgethoheit des Parlaments, Haushaltsgrundsätzen und flexiblem Haushaltsvollzug, in: Die Öffentliche Verwaltung 2002, 232 ff.

Dolzer, Rudolf / Graßhof, Karin / Kahl, Wolfgang / Waldhoff, Christian (Hrsg.), Bonner Kommentar zum Grundgesetz, Loseblatt, 157. Aktualisierung Juni 2012, Heidelberg 2012 [zitiert: *Bearbeiter*, in: Bonner Kommentar, GG, Loseblatt (Juni 2012)].

Dreier, Horst, Souveränität, in: *Görres-Gesellschaft* (Hrsg.), Staatslexikon, Recht – Wirtschaft – Gesellschaft, Vierter Band, 7. Auflage, Freiburg 1988, Sp. 1203 ff. [zitiert: *Dreier*, in: Staatslexikon, Band IV, 7. Auflage 1988, Sp. 1203].

Dreier, Horst, Der Kampf um das Budgetrecht als Kampf um die staatliche Steuerungsherrschaft – Zur Entwicklung des modernen Haushaltsrechts, in: *Hoffmann-Riem, Wolfgang / Schmidt-Aßmann, Eberhard* (Hrsg.), Effizienz als Herausforderung an das Verwaltungsrecht, Schriften zur Reform des Verwaltungsrechts, Band 5, Baden-Baden 1998, S. 59 ff. [zitiert: *Dreier*, in: *Hoffmann-Riem/Schmidt-Aßmann*, Verwaltungsrecht, 1998, S. 59].

Dreier, Horst (Hrsg.), Grundgesetz, Kommentar, Band II, 2. Auflage, Artikel 20-82, Tübingen 2006 [zitiert: *Bearbeiter*, in: *Dreier*, GG, Band II, 2. Auflage 2006].

Dreier, Horst (Hrsg.), Grundgesetz, Kommentar, Band III, 2. Auflage, Artikel 83-146, Tübingen 2008 [zitiert: *Bearbeiter*, in: *Dreier*, GG, Band III, 2. Auflage 2008].

Dreier, Horst (Hrsg.), Grundgesetz, Kommentar, 2. Auflage, Supplementum 2010, Neukommentierung der Artikel 45d, 87d, 91c, 91d, 91e, 106b, 109, 109a, 115 und 143d, Ergänzende Einfügungen zu den Artikeln 20 (Bundesstaat), 23, 45, 93, 104b, 106, 107 und 108, Tübingen 2010 [zitiert: *Bearbeiter*, in: *Dreier*, GG, Supplementum, 2. Auflage 2010].

Dürig, Günter / Rudolf, Walter (Hrsg.), Texte zur deutschen Verfassungsgeschichte, vornehmlich für den Studiengebrauch, 3. Auflage, München 1996 [zitiert: *Dürig/Rudolf*, Texte zur deutschen Verfassungsgeschichte, 3. Auflage 1996].

Ehlers, Dirk, Verhältnis des Unionsrechts zu dem Recht der Mitgliedstaaten, in: *Schulze, Reiner / Zuleeg, Manfred / Kadelbach, Stefan* (Hrsg.), Europarecht, Handbuch für die deutsche Rechtspraxis, 2. Auflage, Baden-Baden 2010, § 11 [zitiert: *Ehlers*, in: *Schulze/Zuleeg/Kadelbach*, Europarecht, 2. Auflage 2010, § 11].

Eilert, Hergen, Anmerkung zum Urteil des BVerfG vom 09.11.2011 - 2 BvC 4/10, 6/10, 8/10 = DVBl 2011, 1540-1545, in: Deutsches Verwaltungsblatt 2012, 234 ff.

Enders, Christoph, Offene Staatlichkeit unter Souveränitätsvorbehalt - oder: Vom Kampf der Rechtsordnungen nach Maastricht, in: *Grawert, Rolf / Schlink, Bernhard / Wahl, Rainer / Wieland, Joachim* (Hrsg.), Offene Staatlichkeit, Festschrift für Ernst-Wolfgang Böckenförde zum 65. Geburtstag, Berlin 1995, S. 29 ff. [zitiert: *Enders*, in: FS Böckenförde, 1995, S. 29].

Engels, Andreas, Die Integrationsverantwortung des Deutschen Bundestags, in: Juristische Schulung 2012, 210 ff.

Epping, Volker / Hillgruber, Christian (Hrsg.), Beck'scher Online-Kommentar, Grundgesetz, 18. Auflage (15.5.2013), München 2013 [zitiert: *Bearbeiter*, in: *Epping/Hillgruber*, GG, 18. Auflage 2013].

Everling, Ulrich, Überlegungen zur Struktur der Europäischen Union und zum neuen Europa-Artikel des Grundgesetzes, in: Deutsches Verwaltungsblatt 1993, 936 ff.

Everling, Ulrich, Richterliche Rechtsfortbildung in der Europäischen Gemeinschaft, in: Juristenzeitung 2000, 217 ff.

Fassbender, Bardo, Eigenstaatlichkeit und Verschuldungsfähigkeit der Länder, Verfassungsrechtliche Grenzen der Einführung einer „Schuldenbremse" für die Länder, in: Neue Zeitschrift für Verwaltungsrecht 2009, 737 ff.

Faßbender, Kurt, Der europäische „Stabilisierungsmechanismus" im Lichte von Unionsrecht und deutschem Verfassungsrecht, in: Neue Zeitschrift für Verwaltungsrecht 2010, 799 ff.

Fink, Udo, Garantiert das Grundgesetz die Staatlichkeit der Bundesrepublik Deutschland?, in: Die Öffentliche Verwaltung 1998, 133 ff.

Flint, Thomas, Die Übertragung von Hoheitsrechten, Zur Auslegung der Art. 23 Abs. 1 Satz 2 und Art. 24 Abs. 1 GG, Berlin 1998 [zitiert: *Flint*, Die Übertragung von Hoheitsrechten, 1998].

Frenz, Walter, Grundgesetzliche Rechtsschutzgarantie gegen Europäische Rechtsakte?, in: Der Staat 34 (1995), 586 ff.

Friauf, Karl Heinrich, Der Staatshaushaltsplan im Spannungsfeld zwischen Parlament und Regierung, Band 1, Bad Homburg u.a. 1968 [zitiert: *Friauf*, Der Staatshaushaltsplan, 1968].

Friauf, Karl Heinrich / Höfling, Wolfram (Hrsg.), Berliner Kommentar zum Grundgesetz, Loseblatt, 38. Lieferung August 2012, Berlin 2012 [zitiert: *Bearbeiter*, in: *Friauf/Höfling*, Berliner Kommentar, GG, Loseblatt (August 2012)].

Frotscher, Werner / Pieroth, Bodo, Verfassungsgeschichte, 9. Auflage, München 2010 [zitiert: *Frotscher/Pieroth*, Verfassungsgeschichte, 9. Auflage 2010].

Frömel, Roland, Der Haushaltsplan im Kräftefeld von Parlament und Regierung, in: Deutsches Verwaltungsblatt 1974, 65 ff.

Funke, Andreas, Der Anwendungsvorrang des Gemeinschaftsrechts, in: Die Öffentliche Verwaltung 2007, 733 ff.

Gaitanides, Charlotte, Der Nationale Stabilitätspakt nach der Föderalismusreform – eine Fiktion?, in: Neue Juristische Wochenschrift 2007, 3112 ff.

Gärditz, Klaus Ferdinand / Hillgruber, Christian, Volkssouveränität und Demokratie ernst genommen – Zum Lissabon-Urteil des BVerfG, in: Juristenzeitung 2009, 872 ff.

Geerlings, Jörg / Hamacher, Andreas, Der Wegfall der Fünf-Prozent-Klausel bei Europawahlen, in: Die Öffentliche Verwaltung 2012, 671 ff.

Geiger, Rudolf / Kahn, Daniel-Erasmus / Kotzur, Markus, EUV/AEUV, Vertrag über die Europäische Union und Vertrag über die Arbeitsweise der Europäischen Union, Kommentar, 5. Auflage, München 2010 [zitiert: *Bearbeiter*, in: *Geiger/Kahn/Kotzur*, EUV/AEUV, 5. Auflage 2010].

Geis, Max-Emanuel, Parlamentsausschüsse, in: *Isensee, Josef / Kirchhof, Paul* (Hrsg.), Handbuch des Staatsrechts der Bundesrepublik Deutschland, Band III, Demokratie – Bundesorgane, 3. Auflage, Heidelberg 2005, § 54 [zitiert: *Geis*, in: *Isensee/Kirchhof*, HdBdStR, Band III, 3. Auflage 2005, § 54].

Grabitz, Eberhard, Gemeinschaftsrecht bricht nationales Recht, Hamburg 1966 [zitiert: *Grabitz*, Gemeinschaftsrecht bricht nationales Recht, 1966].

Grabitz, Eberhard (Begr.) / *Hilf, Meinhard* (Fortg.) / *Nettesheim, Martin* (Hrsg.), Das Recht der Europäischen Union, Loseblatt, EUV/AEUV, 50. Ergänzungslieferung Mai 2013, München 2013 [zitiert: *Bearbeiter*, in: *Grabitz/Hilf/Nettesheim*, Recht der EU, Loseblatt (Mai 2013)].

Grawert, Rolf, Staatsvolk und Staatsangehörigkeit, in: *Isensee, Josef / Kirchhof, Paul* (Hrsg.), Handbuch des Staatsrechts der Bundesrepublik Deutschland, Band II, Verfassungsstaat, 3. Auflage, Heidelberg 2004, § 16 [zitiert: *Grawert*, in: *Isensee/Kirchhof*, HdBdStR, Band II, 3. Auflage 2004, § 16].

Grawert, Rolf, Homogenität, Identität, Souveränität; Positionen jurisdiktioneller Begriffsdogmatik, in: Der Staat 51 (2012), 189 ff.

Griller, Stefan, Mehr Pragmatismus in der Europäischen Verfassungsdebatte, bitte!, in: Europäische Zeitschrift für Wirtschaftsrecht 2002, 33.

Grimm, Dieter, Das Grundgesetz als Riegel vor einer Verstaatlichung der Europäischen Union, Zum Lissabon-Urteil des Bundesverfassungsgerichts, in: Der Staat 48 (2009), 475 ff.

Grimm, Dieter, Souveränität, Herkunft und Zukunft eines Schlüsselbegriffs, Berlin 2009 [zitiert: *Grimm*, Souveränität, 2009].

Gröpl, Christoph, Haushaltsrecht und Reform; Dogmatik und Möglichkeiten der Fortentwicklung der Haushaltswirtschaft durch Flexibilisierung, Dezentralisierung, Budgetierung, Ökonomisierung und Fremdfinanzierung, Tübingen 2001 [zitiert: *Gröpl*, Haushaltsrecht und Reform, 2001].

Gröpl, Christoph, Finanzautonomie und Finanzverflechtung in gestuften Rechtsordnungen, in: Deutsches Verwaltungsblatt 2006, 1079 ff.

Gröpl, Christoph, Staatseinnahmen und Staatsausgaben im demokratischen Verfassungsstaat, in: Archiv des öffentlichen Rechts 133 (2008), 1 ff.

Gröpl, Christoph (Hrsg.), Bundeshaushaltsordnung/Landeshaushaltsordnung (BHO/LHO), Staatliches Haushaltsrecht, Kommentar, München 2011 [zitiert: *Bearbeiter*, in: *Gröpl*, BHO/LHO, 2011].

Gröpl, Christoph, Nachhaltiges Haushaltsrecht im Bundesstaat, in: *Kahl, Wolfgang* (Hrsg.), Nachhaltige Finanzstrukturen im Bundesstaat, Tübingen 2011, S. 125 ff. [zitiert: *Gröpl*, in: *Kahl*, Nachhaltige Finanzstrukturen, 2011, S. 125].

Gröpl, Christoph, Schritte zur Europäisierung des Haushaltsrechts, in: Der Staat 52 (2013), 1 ff.

Groß, Thomas, Zwei-Kammer-Parlamente in der Europäischen Union, in: Zeitschrift für ausländisches öffentliches Recht und Völkerrecht 2003, 29 ff.

Grussmann, Wolf-Dietrich, Grundnorm und Supranationalität – Rechtsstrukturelle Sichtweisen der europäischen Integration, in: *von Danwitz, Thomas / Heintzen, Markus / Jestaedt, Matthias / Korioth, Stefan / Reinhardt, Michael* (Hrsg.), Auf dem Wege zu einer Europäischen Staatlichkeit, 33. Tagung der Wissenschaftlichen Mitarbeiterinnen und Mitarbeiter der Fachrichtung „Öffentliches Recht", Stuttgart u.a. 1993, S. 47 ff. [zitiert: *Grussmann*, in: *von Danwitz* u.a., Auf dem Wege zu einer Europäischen Staatlichkeit, 1993, S. 47].

Gumboldt, Nico, Zur Verfassungsmäßigkeit kreditfinanzierter Rücklagen in öffentlichen Haushalten, in: Neue Zeitschrift für Verwaltungsrecht 2005, 36 ff.

Grzeszick, Bernd, Die Europäisierung des Rechts und die Demokratisierung Europas. Zu den genuin demokratischen Grenzen der Integration nach dem BVerfG-Urteil über den Vertrag von Lissabon, in: *Axer, Peter / Grzeszick, Bernd / Kahl, Wolfgang / Mager, Ute / Reimer, Ekkehart* (Hrsg.), Das Europäische Verwaltungsrecht in der Konsolidierungsphase, Systembildung – Disziplinierung – Internationalisierung, Die Verwaltung, Beiheft 10, Berlin 2010, S. 95 ff. [zitiert: *Grzeszick*, in: *Axer* u.a., Das Europäische Verwaltungsrecht, 2010, S. 95].

Haack, Stefan, Verlust der Staatlichkeit, Tübingen 2007 [zitiert: *Haack*, Verlust der Staatlichkeit, 2007].

Haack, Stefan, L'ÉTAT – Qu'EST-CE QUE C'EST?, Die Wissenschaft vom öffentlichen Recht und ihre Methoden nach sechzig Jahren Arbeit mit dem Grundgesetz, in: Der Staat 49 (2010), 107 ff.

Häde, Ulrich, Finanzausgleich; Die Verteilung der Aufgaben, Ausgaben und Einnahmen im Recht der Bundesrepublik Deutschland und der Europäischen Union, Tübingen 1996 [zitiert: *Häde*, Finanzausgleich, 1996].

Häde, Ulrich, Europäische Haushaltsdisziplin als rechtlicher Maßstab innerstaatlicher Schuldenschranken, in: *Junkernheinrich, Martin / Scheller, Henrik / Woisin, Matthias* (Hrsg.), Zwischen Reformidee und Funktionsanspruch, Konzeptionen und Positionen zur deutschen Finanzverfassung, Berlin 2007, S. 133 ff. [zitiert: *Häde*, in: *Junkernheinrich/Scheller/Woisin*, Zwischen Reformidee und Funktionsanspruch, 2007, S. 133].

Häde, Ulrich, Der verfassungsrechtliche Schutz des Geldwertes, in: Wertpapiermitteilungen, Zeitschrift für Wirtschafts- und Bankenrecht 2008, 1717 ff.

Häde, Ulrich, Haushaltsdisziplin und Solidarität im Zeichen der Finanzkrise, in: Europäische Zeitschrift für Wirtschaftsrecht 2009, 399 ff.

Häde, Ulrich, Die Wirtschafts- und Währungsunion im Vertrag von Lissabon, in: Europarecht 2009, 200 ff.

Häde, Ulrich, Die europäische Währungsunion in der internationalen Finanzkrise – An den Grenzen europäischer Solidarität?, in: Europarecht 2010, 854 ff.

Häde, Ulrich, Art. 136 AEUV – eine neue Generalklausel für die Wirtschafts- und Währungsunion?, in: Juristenzeitung 2011, 333 ff.

Häde, Ulrich, Das Recht zur Kreditaufnahme und das Hausgut der Länder, in: *Peine, Franz-Joseph / Wolff, Heinrich Amadeus* (Hrsg.), Nachdenken über Eigentum, Festschrift für Alexander v. Brünneck zur Vollendung seines siebzigsten Lebensjahres, Baden-Baden 2011, S. 130 ff. [zitiert: *Häde*, in: FS Brünneck, 2011, S. 130].

Häde, Ulrich, Rechtsfragen der EU-Rettungsschirme, in: Zeitschrift für Gesetzgebung 2011, 1 ff.

Häde, Ulrich, Das Verständnis des Bundesverfassungsgerichts vom Kompetenzgefüge zwischen der EU und den Mitgliedstaaten, in: *Möllers, Thomas M. J. / Zeitler, Franz-Christoph* (Hrsg.), Europa als Rechtsgemeinschaft – Währungsunion und Schuldenkrise, Tübingen 2013, S. 245 ff. [zitiert: *Häde*, in: *Möllers/Zeitler*, Europa als Rechtsgemeinschaft, 2013, S. 245].

Halberstam, Daniel / Möllers, Christoph, The German Constitutional Court says "Ja zu Deutschland!", in: German Law Journal No. 9 (2009), 1241 ff.

Haltern, Ulrich, Was bedeutet Souveränität?, Tübingen 2007 [zitiert: *Haltern*, Souveränität, 2007].

Hancke, Johannes, Defizitbegrenzung im Bundesstaat – Verfassungsmäßigkeit einer verbindlichen Verschuldungsregel für die Bundesländer, in: Deutsches Verwaltungsblatt 2009, 621 ff.

Hanebeck, Alexander, Der demokratische Bundesstaat des Grundgesetzes, Berlin 2004 [zitiert: *Hanebeck*, Der demokratische Bundesstaat, 2004].

Haratsch, Andreas / Koenig, Christian / Pechstein, Matthias, Europarecht, 8. Auflage, Tübingen 2012 [zitiert: *Haratsch/Koenig/Pechstein*, Europarecht, 8. Auflage 2012].

Hartmann, Uwe, Europäische Union und die Budgetautonomie der deutschen Länder, Haushaltsdisziplin im Rahmen der EWWU nach Art. 104c EGV und deren innerstaatliche Umsetzung im Geltungsbereich des Grundgesetzes, Baden-Baden 1994 [zitiert: *Hartmann*, Budgetautonomie der deutschen Länder, 1994].

Hatje, Armin, Demokratische Kosten souveräner Staatlichkeit im europäischen Verfassungsverbund – zu den Perspektiven der Demokratie in der Europäischen Union nach dem Urteil des Bundesverfassungsgerichts zum Vertrag von Lissabon, in: Europarecht Beiheft 1 2010, 123 ff.

Haug, Volker, Über Partizipation zu einer postgrundgesetzlichen Verfassung, Zum Potential des Art. 146 GG im Licht der europäischen Integration, in: Archiv des öffentlichen Rechts 138 (2013), 435 ff.

Heintzen, Markus, Die „Herrschaft" über die Europäischen Gemeinschaftsverträge – Bundesverfassungsgericht und Europäischer Gerichtshof auf Konfliktkurs?, in: Archiv des öffentlichen Rechts 119 (1994), 564 ff.

Heintzen, Markus, Staatshaushalt, in: *Isensee, Josef / Kirchhof, Paul* (Hrsg.), Handbuch des Staatsrechts der Bundesrepublik Deutschland, Band V, Rechtsquellen, Organisation, Finanzen, 3. Auflage, Heidelberg u.a. 2007, § 120 [zitiert: *Heintzen*, in: *Isensee/Kirchhof*, HdBdStR, Band V, 3. Auflage 2007, § 120].

Henseler, Paul, Verfassungsrechtliche Aspekte zukunftsbelastender Parlamentsentscheidungen, in: Archiv des öffentlichen Rechts 108 (1983), 489 ff.

Hentschelmann, Kai, Der Stabilitäts- und Wachstumspakt, Baden-Baden 2009 [zitiert: *Hentschelmann*, Der Stabilitäts- und Wachstumspakt, 2009].

Herbst, Tobias, Legale Abschaffung des Grundgesetzes nach Art. 146 GG?, in: Zeitschrift für Rechtspolitik 2012, 33 ff.

Herdegen, Matthias, Europäische Bankenunion: Wege zu einer einheitlichen Bankenaufsicht, in: Wertpapiermitteilungen, Zeitschrift für Wirtschafts- und Bankenrecht 2012, 1889 ff.

Herrmann, Christoph, Richtlinienumsetzung durch die Rechtsprechung, Berlin 2003 [zitiert: *Herrmann*, Richtlinienumsetzung 2003].

Herrmann, Christoph, Examens-Repetitorium Europarecht, Staatsrecht III, 4. Auflage, Heidelberg 2013 [zitiert: *Herrmann*, Staatsrecht III, 4. Auflage 2013].

Herrmann, Christoph, Währungshoheit, Währungsverfassung und subjektive Rechte, Tübingen 2010 [zitiert: *Herrmann*, Währungshoheit, Währungsverfassung und subjektive Rechte, 2010].

Herrmann, Christoph, Die Bewältigung der Euro-Staatsschulden-Krise an den Grenzen des deutschen und europäischen Währungsverfassungsrechts, in: Europäische Zeitschrift für Wirtschaftsrecht 2012, 805 ff.

Herrmann, Christoph, Die Folgen der Finanzkrise für die europäische Wirtschafts- und Währungsunion, in: *Kadelbach, Stefan* (Hrsg.), Nach der Finanzkrise, Rechtliche Rahmenbedingungen einer neuen Ordnung, Baden-Baden

2012, S. 79 ff. [zitiert: *Herrmann*, in: *Kadelbach*, Nach der Finanzkrise, 2012, S. 79].

Herrmann, Christoph, Wirtschaftsverfassung und Wirtschaftsregierung, in: *Giegerich, Thomas* (Hrsg.), Herausforderungen und Perspektiven der EU, Berlin 2012, S. 51 ff. [zitiert: *Herrmann*, in: *Giegerich*, Herausforderungen und Perspektiven der EU, 2012, S. 51].

Hettlage, Karl, Finanzpolitik und Finanzrecht – Grundsätzliche Überlegungen zur Neuordnung des Bundesfinanzrechts (I), in: Die Öffentliche Verwaltung 1955, 1 ff.

Heun, Werner, Staatshaushalt und Staatsleitung, Das Haushaltsrecht im parlamentarischen Regierungssystem des Grundgesetzes, Baden-Baden 1989 [zitiert: *Heun*, Staatshaushalt und Staatsleitung, 1989].

Heun, Werner / Thiele, Alexander, Verfassungs- und europarechtliche Zulässigkeit von Eurobonds, in: Juristenzeitung 2012, 973 ff.

Hill, Hermann, Zur Sicherung des parlamentarischen Budgetrechts im Neuen Steuerungsmodell, in: Die Öffentliche Verwaltung 2001, 793 ff.

Hillgruber, Christian, Souveränität – Verteidigung eines Rechtsbegriffs, in: Juristenzeitung 2002, 1072 ff.

Hillgruber, Christian, Der Nationalstaat in der überstaatlichen Verflechtung, in: *Isensee, Josef / Kirchhof, Paul* (Hrsg.), Handbuch des Staatsrechts der Bundesrepublik Deutschland, Band II, Verfassungsstaat, 3. Auflage, Heidelberg 2004, § 32 [zitiert: *Hillgruber*, in: *Isensee/Kirchhof*, HdBdStR, Band II, 3. Auflage 2004, § 32].

Hobe, Stephan, Der offene Verfassungsstaat zwischen Souveränität und Interdependenz, Eine Studie zur Wandlung des Staatsbegriffs der deutschsprachigen Staatslehre im Kontext internationaler institutionalisierter Kooperation, Berlin 1998 [zitiert: *Hobe*, Verfassungsstaat, 1998].

Höfling, Wolfram, Staatsschuldenrecht, Rechtsgrundlagen und Rechtsmaßstäbe für die Staatsschuldenpolitik in der Bundesrepublik Deutschland, Heidelberg 1993 [zitiert: *Höfling*, Staatsschuldenrecht, 1993].

Hölscheidt, Sven, Die Verantwortung des Bundestags für die europäische Integration, in: Die Öffentliche Verwaltung 2012, 105 ff.

Huber, Peter Michael, Bundesverfassungsgericht und Europäischer Gerichtshof als Hüter der Gemeinschaftsrechtlichen Kompetenzordnung, in: Archiv des öffentlichen Rechts 116 (1991), 210 ff.

Huber, Peter Michael, Maastricht – ein Staatsstreich?, Jenaer Schriften zum Recht, Band 1, Stuttgart u.a. 1993 [zitiert: *Huber*, Maastricht – ein Staatsstreich?, 1993].

Huber, Peter Michael, Der Staatenverbund der Europäischen Union, in: *Ipsen, Jörn / Rengeling, Hans-Werner / Mössner, Jörg Manfred / Weber, Albrecht* (Hrsg.), Verfassungsrecht im Wandel; Wiedervereinigung Deutschlands, Deutschland in der Europäischen Union, Verfassungsstaat und Föderalismus; Zum 180jährigen Bestehen der Carl Heymanns Verlag KG, Köln u.a. 1995, S. 349 ff. [zitiert: *Huber*, in: FS Carl Heymanns Verlag, 1995, S. 349].

Huber, Peter Michael, Die Rolle der nationalen Parlamente bei der Rechtsetzung der Europäischen Union, Zur Sicherung und zum Ausbau der Mitwirkungsrechte des Deutschen Bundestages, aktuelle analysen 24, Hanns-Seidel-Stiftung, München 2001 [zitiert: *Huber*, Die Rolle der nationalen Parlamente, 2001].

Huber, Peter Michael, Recht der Europäischen Integration, 2. Auflage, München 2002 [zitiert: *Huber*, Recht der Europäischen Integration, 2. Auflage 2002].

Ipsen, Hans Peter, Europäisches Gemeinschaftsrecht, Tübingen 1972 [zitiert: *Ipsen*, Gemeinschaftsrecht, 1972].

Ipsen, Hans-Peter, Über Supranationalität, in: *Ehmke, Horst / Kaiser, Joseph Heinrich / Kewenig, Wilhelm Alexander / Meessen, Karl Matthias / Rüfner, Wolfgang*, Festschrift für Ulrich Scheuner zum 70. Geburtstag, Berlin 1973, S. 211 ff. [zitiert: *Ipsen*, in: FS Scheuner, 1973, S. 211].

Ipsen, Hans-Peter, Die Bundesrepublik Deutschland in den Europäischen Gemeinschaften, in: *Isensee, Josef / Kirchhof, Paul* (Hrsg.), Handbuch des Staatsrechts der Bundesrepublik Deutschland, Band VII, Normativität und Schutz der Verfassung – Internationale Beziehungen, Heidelberg 1992, § 181 [zitiert: *Ipsen*, in: *Isensee/Kirchhof*, HdBdStR, Band VII, 1992, § 181].

Isensee, Josef, Staat, in: *Görres-Gesellschaft* (Hrsg.), Staatslexikon, Recht – Wirtschaft – Gesellschaft, Fünfter Band, 7. Auflage, Freiburg 1989, Sp. 133 ff. [zitiert: *Isensee*, in: Staatslexikon, Band V, 7. Auflage 1989, Sp. 133].

Isensee, Josef, Schlussbestimmung des Grundgesetzes: Art. 146, in: *Isensee, Josef / Kirchhof, Paul* (Hrsg.), Handbuch des Staatsrechts der Bundesrepublik Deutschland, Band VII, Normativität und Schutz der Verfassung – Internationale Beziehungen, Heidelberg 1992, § 166 [zitiert: *Isensee*, in: *Isensee/Kirchhof*, HdBdStR, Band VII, 1992, § 166].

Isensee, Josef, Vom Beruf unserer Zeit für Steuervereinfachung, in: Steuer und Wirtschaft 1994, 3 ff.

Isensee, Josef, Integrationsziel Europastaat?, in: *Due, Ole / Lutter, Marcus / Schwarze, Jürgen* (Hrsg.), Festschrift für Ulrich Everling, Band I, Baden-Baden 1995, S. 567 ff. [zitiert: *Isensee*, in: FS Everling, Band I, 1995, S. 567].

Isensee, Josef, Schuldenbarriere für Legislative und Exekutive – Zu Reichweite und Inhalt der Kreditkautelen des Grundgesetzes, in: *Wendt, Rudolf / Höfling, Wolfram / Karpen, Ulrich / Oldiges, Martin* (Hrsg.), Staat, Wirtschaft, Steuern; Festschrift für Karl Heinrich Friauf zum 65. Geburtstag, Heidelberg 1996, S. 705 ff. [zitiert: *Isensee*, in: FS Friauf, 1996, S. 705].

Isensee, Josef, Vorrang des Europarechts und deutsche Verfassungsvorbehalte – offener Dissens, in: *Burmeister, Joachim / Nierhaus, Michael / Püttner, Günter / Sachs, Michael / Siekmann, Helmut / Tettinger, Peter Josef* (Hrsg.), Verfassungsstaatlichkeit, Festschrift für Klaus Stern zum 65. Geburtstag, München 1997, S. 1239 ff. [zitiert: *Isensee*, in: FS Stern, 1997, S. 1239].

Isensee, Josef, Idee und Gestalt des Föderalismus im Grundgesetz, in: *Isensee, Josef / Kirchhof, Paul* (Hrsg.), Handbuch des Staatsrechts der Bundesrepublik Deutschland, Band IV, Finanzverfassung – Bundesstaatliche Ordnung, 2. Auflage, Heidelberg 1999, § 98 [zitiert: *Isensee*, in: *Isensee/Kirchhof*, HdBdStR, Band IV, 2. Auflage 1999, § 98].

Isensee, Josef, Volksgesetzgebung – Vitalisierung oder Störung der parlamentarischen Demokratie? – Zu den Grenzen der Weitung des plebiszitären Potenzials in der Thüringer Verfassung, in: Deutsches Verwaltungsblatt 2001, 1161 ff.

Isensee, Josef, Damoklesschwert über der Finanzverfassung: der Staatsbankrott, in: *Osterloh, Lerke / Schmidt, Karsten / Weber, Herrmann* (Hrsg.), Staat, Wirtschaft, Finanzverfassung; Festschrift für Peter Selmer zum 70. Geburtstag, Berlin 2004, S. 19 ff. [zitiert: *Badura*, in: FS Selmer, 2004, S. 19].

Isensee, Josef, Staat und Verfassung, in: *Isensee, Josef / Kirchhof, Paul* (Hrsg.), Handbuch des Staatsrechts der Bundesrepublik Deutschland, Band II, Verfassungsstaat, 3. Auflage, Heidelberg 2004, § 15 [zitiert: *Isensee*, in: *Isensee/Kirchhof*, HdBdStR, Band II, 3. Auflage 2004, § 15].

Isensee, Josef, Budgetrecht des Parlaments zwischen Schein und Sein, in: Juristenzeitung 2005, 971 ff.

Isensee, Josef, Integrationswille und Integrationsresistenz des Grundgesetzes, Das Bundesverfassungsgericht zum Vertrag von Lissabon, in: Zeitschrift für Rechtspolitik 2010, 33 ff.

Jahndorf, Christian, Grundlagen der Staatsfinanzierung durch Kredite und alternative Finanzierungsformen im Finanzverfassungs- und Europarecht, Formenstrenge und Gestaltungsspielräume im Haushalts- und Staatsschuldenrecht sowie Reformüberlegungen unter Einbeziehung der Haushaltssysteme Frankreichs und Englands, Heidelberg 2003 [zitiert: *Jahndorf*, Grundlagen der Staatsfinanzierung, 2003].

Janssen, Albert, Die verfassungsrechtliche Bedeutung des Volkswillens für die Legitimation der Staatsgewalt, Ein Beitrag zur Auslegung des Art. 20 Abs. 2 GG, in: Die Öffentliche Verwaltung 2010, 949 ff.

Jarass, Hans Dieter, Der Vorbehalt des Gesetzes bei Subventionen, in: Neue Zeitschrift für Verwaltungsrecht 1984, 473 ff.

Jarass, Hans Dieter, Konflikte zwischen EG-Recht und nationalem Recht vor den Gerichten der Mitgliedstaaten, in: Deutsches Verwaltungsblatt 1995, 954 ff.

Jarass, Hans Dieter / Pieroth, Bodo, Grundgesetz für die Bundesrepublik Deutschland, Kommentar, 12. Auflage, München 2012 [zitiert: *Bearbeiter*, in: *Jarass/Pieroth*, GG, 12. Auflage 2012].

Jellinek, Georg, Allgemeine Staatslehre, 3. Auflage, Kronberg 1976 [zitiert: *Jellinek*, Allgemeine Staatslehre, 3. Auflage 1976].

Jestaedt Matthias, Bundesstaat als Verfassungsprinzip, in: *Isensee, Josef / Kirchhof, Paul* (Hrsg.), Handbuch des Staatsrechts der Bundesrepublik Deutschland, Band II, Verfassungsstaat, 3. Auflage, Heidelberg 2004, § 29 [zitiert: *Jestaedt*, in: *Isensee/Kirchhof*, HdBdStR, Band II, 3. Auflage 2004, § 29].

Jestaedt, Matthias, Warum in die Ferne schweifen, wenn der Maßstab liegt so nah?, Verfassungshandwerkliche Anfragen an das Lissabon-Urteil des BVerfG, in: Der Staat 48 (2009), 497 ff.

Joerges, Christian, Europas Wirtschaftsverfassung in der Krise, in: Der Staat 51 (2012), 357 ff.

Kahl, Wolfgang, Staatsziel Nachhaltigkeit und Generationengerechtigkeit, in: Die Öffentliche Verwaltung 2009, 2 ff.

Kahl, Wolfgang, Bewältigung der Staatsschuldenkrise unter Kontrolle des Bundesverfassungsgerichts – ein Lehrstück zur horizontalen und vertikalen Gewaltenteilung, in: Deutsches Verwaltungsblatt 2013, 197 ff.

Kemmler, Iris, Schuldenbremse und Benchmarking im Bundesstaat, Neuregelungen aufgrund der Arbeit der Föderalismuskommission II, in: Die Öffentliche Verwaltung 2009, 549 ff.

Kirchhof, Ferdinand, Der notwendige Ausstieg aus der Staatsverschuldung, in: Deutsches Verwaltungsblatt 2002, 1569 ff.

Kirchhof, Paul, Die Steuerung des Verwaltungshandelns durch Haushaltsrecht und Haushaltskontrolle, in: Neue Zeitschrift für Verwaltungsrecht 1983, 505 ff.

Kirchhof, Paul, Der deutsche Staat im Prozeß der europäischen Integration, in: *Isensee, Josef / Kirchhof, Paul* (Hrsg.), Handbuch des Staatsrechts der Bundesrepublik Deutschland, Band VII, Normativität und Schutz der Verfassung – Internationale Beziehungen, Heidelberg 1992, § 183 [zitiert: *Kirchhof*, in: *Isensee/Kirchhof*, HdBdStR, Band VII, 1992, § 183].

Kirchhof, Paul, Europäische Einigung und der Verfassungsstaat der Bundesrepublik Deutschland, in: *Isensee, Josef* (Hrsg.) / *Kirchhof, Paul / Schäfer, Hermann / Tietmeyer, Hans*, Europa als politische Idee und rechtliche Form, Berlin 1993, S. 63 ff. [zitiert: *Kirchhof*, in: *Isensee*, Europa als politische Idee, 1993, S. 63].

Kirchhof, Paul, Die Mitwirkung Deutschlands an der Wirtschafts- und Währungsunion, in: *Kirchhof, Paul / Offerhaus, Klaus / Schöberle, Horst* (Hrsg.), Steuerrecht, Verfassungsrecht, Finanzpolitik; Festschrift für Franz Klein, Köln 1994, S. 61 ff. [zitiert: *Kirchhof*, in: FS Klein, 1994, S. 61].

Kirchhof, Paul, Die Staatenvielfalt. Ein Wesensgehalt Europas, in: *Hengstschläger, Johannes / Köck, Heribert Franz / Korinek, Karl / Stern, Klaus / Tyruyol y Serry, Antonio* (Hrsg.), Für Staat und Recht, Festschrift für Herbert Schambeck, Berlin 1994, S. 947 ff. [zitiert: *Kirchhof*, in: FS Schambeck, 1994, S. 947].

Kirchhof, Paul, Mittel staatlichen Handelns, in: *Isensee, Josef / Kirchhof, Paul* (Hrsg.), Handbuch des Staatsrechts der Bundesrepublik Deutschland, Band III, Das Handeln des Staates, 2. Auflage, Heidelberg 1996, § 59 [zitiert: *Kirchhof*, in: *Isensee/Kirchhof*, HdBdStR, Band III, 2. Auflage 1996, § 59].

Kirchhof, Paul, Die Einheit des Staates in seinen Verfassungsvoraussetzungen, in: *Depenheuer, Otto / Heintzen, Markus / Jestaedt, Matthias / Axer, Peter* (Hrsg.), Die Einheit des Staates, Symposium aus Anlaß der Vollendung des 60. Lebensjahres von Josef Isensee, Heidelberg 1998, S. 51 ff. [zitiert: *Kirchhof*, in: *Depenheuer* u.a., Die Einheit des Staates, 1998, S. 51].

Kirchhof, Paul, Der Staat als Organisationsform staatlicher Herrschaft und rechtlicher Bindung – Kontinuität und Erneuerung des deutschen Verfassungsstaates in Freiheitlichkeit, Weltoffenheit und demokratischer Solidarität, in: Deutsches Verwaltungsblatt 1999, 637 ff.

Kirchhof, Paul, Demokratie ohne parlamentarische Gesetzgebung?, in: Neue Juristische Wochenschrift 2001, 1332 ff.

Kirchhof, Paul, Das Parlament als Mitte der Demokratie, in: *Brenner, Michael / Huber, Peter Michael / Möstl, Markus* (Hrsg.), Der Staat des Grundgesetzes – Kontinuität und Wandel, Festschrift für Peter Badura zum siebzigsten

Geburtstag, Tübingen 2004, S. 237 ff. [zitiert: *Kirchhof*, in: FS Badura, 2004, S. 237].

Kirchhof, Paul, Die Identität der Verfassung, in: *Isensee, Josef / Kirchhof, Paul* (Hrsg.), Handbuch des Staatsrechts der Bundesrepublik Deutschland, Band II, Verfassungsstaat, 3. Auflage, Heidelberg 2004, § 21 [zitiert: *Kirchhof*, in: *Isensee/Kirchhof*, HdBdStR, Band II, 3. Auflage 2004, § 21].

Kirchhof, Paul, Entparlamentarisierung der Demokratie?, in: *Kaiser, André / Zittel, Thomas* (Hrsg.), Demokratietheorie und Demokratieentwicklung, Festschrift für Peter Graf Kielmannsegg, Wiesbaden 2004, S. 359 ff. [zitiert: *Kirchhof*, in: FS Kielmansegg, 2004, S. 359].

Kirchner, Christian / Haas, Joachim, Rechtliche Grenzen für Kompetenzübertragungen auf die Europäische Gemeinschaft, in: Juristenzeitung 1993, 760 ff.

Kisker, Gunter, Staatshaushalt, in: *Isensee, Josef / Kirchhof, Paul* (Hrsg.), Handbuch des Staatsrechts der Bundesrepublik Deutschland, Band IV, Finanzverfassung – Bundesstaatliche Ordnung, 2. Auflage, Heidelberg 1999, § 89 [zitiert: *Kisker*, in: *Isensee/Kirchhof*, HdBdStR, Band IV, 2. Auflage 1999, § 89].

Kluth, Winfried, Demokratie, in: *Schulze, Reiner / Zuleeg, Manfred / Kadelbach, Stefan* (Hrsg.), Europarecht, Handbuch für die deutsche Rechtspraxis, 2. Auflage, Baden-Baden 2010, § 5 [zitiert: *Kluth*, in: *Schulze/Zuleeg/Kadelbach*, Europarecht, 2. Auflage 2010, § 5].

Koemm, Maxi, Eine Bremse für die Staatsverschuldung?, Tübingen 2011 [zitiert: *Koemm*, Staatsverschuldung, 2011].

Kokott, Juliane, Deutschland im Rahmen der Europäischen Union – zum Vertrag von Maastricht, in: Archiv des öffentlichen Rechts 119 (1994), 207 ff.

Kokott, Juliane, Die Staatsrechtslehre und die Veränderung ihres Gegenstandes: Konsequenzen von Europäisierung und Internationalisierung, in: Veröffentlichungen der Vereinigung der Deutschen Staatsrechtslehrer, Band 63 (2004), 7 ff.

Kokott, Juliane, Souveräne Gleichheit und Demokratie im Völkerrecht, in: Zeitschrift für ausländisches öffentliches Recht und Völkerrecht 64 (2004), 517 ff.

Kolms, Heinz, Finanzwissenschaft, Band 1, 4. Auflage, Berlin u.a. 1974 [zitiert: *Kolms*, Finanzwissenschaft, Band 1, 1974].

König, Doris, Das Urteil des Bundesverfassungsgerichts zum Vertrag von Maastricht – ein Stolperstein auf dem Weg in die europäische Integration?, in: Zeitschrift für ausländisches öffentliches Recht und Völkerrecht 54 (1994), 17 ff.

König, Doris, Die Übertragung von Hoheitsrechten im Rahmen des europäischen Integrationsprozesses – Anwendungsbereich und Schranken des Art. 23 des Grundgesetzes, Berlin 2000 [zitiert: *König*, Die Übertragung von Hoheitsrechten, 2000].

König, Doris, Gesetzgebung, in: *Schulze, Reiner / Zuleeg, Manfred / Kadelbach, Stefan* (Hrsg.), Europarecht, Handbuch für die deutsche Rechtspraxis, 2. Auflage, Baden-Baden 2010, § 2 [zitiert: *König*, in: *Schulze/Zuleeg/Kadelbach*, Europarecht, 2. Auflage 2010, § 2].

Korioth, Stefan, Europäische und nationale Identität: Integration durch Verfassungsrecht?, in: Veröffentlichungen der Vereinigung der Deutschen Staatsrechtslehrer 62 (2003), 117 ff.

Korioth, Stefan, Das neue Staatsschuldenrecht – zur zweiten Stufe der Föderalismusreform, in: Juristenzeitung 2009, 729 ff.

Korioth, Stefan, Das Rechtsregime für die Unterstützung notleidender Staaten des Euro-Raums – Analyse nach Maßgabe des nationalen und des Unionsrechts, in: *Pache, Eckhard / Schwarz, Kyrill-Alexander* (Hrsg.), Grundlagen, aktuelle Entwicklungen und Perspektiven der Europäischen Währungsunion, Baden-Baden 2012, S. 61 ff. [zitiert: *Korioth*, in: *Pache/Schwarz*, Perspektiven der Europäischen Währungsunion, 2012, S. 61].

Kottmann, Matthias / Wohlfahrt, Christian, Der gespaltene Wächter?, Demokratie, Verfassungsidentität und Integrationsverantwortung im *Lissabon*-Urteil, in: Zeitschrift für ausländisches öffentliches Recht und Völkerrecht 2009, 443 ff.

Kotulla, Michael, Deutsche Verfassungsgeschichte, Vom Alten Reich bis Weimar (1495-1934), Berlin u.a. 2008 [zitiert: *Kotulla*, Deutsche Verfassungsgeschichte, 2008].

Kotzur, Markus, Die Rolle der Kommission als Hüterin der Verträge, in: *Möllers, Thomas M. J. / Zeitler, Franz-Christoph* (Hrsg.), Europa als Rechtsgemeinschaft – Währungsunion und Schuldenkrise, Tübingen 2013, S. 45 ff. [zitiert: *Kotzur*, in: *Möllers/Zeitler*, Europa als Rechtsgemeinschaft, 2013, S. 45].

Kramer, Urs / Hinrichsen, Tim / Lauterbach, Theresa, Die Schuldenbremse des Grundgesetzes, in: Juristische Schulung 2012, 896 ff.

Krebs, Walter, Verwaltungsorganisation, in: *Isensee, Josef / Kirchhof, Paul* (Hrsg.), Handbuch des Staatsrechts der Bundesrepublik Deutschland, Band III, Das Handeln des Staates, 2. Auflage, Heidelberg 1996, § 69 [zitiert: *Krebs*, in: *Isensee/Kirchhof*, HdBdStR, Band III, 2. Auflage 1996, § 69].

Kriele, Martin, Einführung in die Staatslehre, Die geschichtlichen Legitimitätsgrundlagen des demokratischen Verfassungsstaates, 6. Auflage, Stuttgart u.a. 2003 [zitiert: *Kriele*, Staatslehre, 6. Auflage 2003].

Krüger, Herbert, Allgemeine Staatslehre, 2. Auflage, Stuttgart u.a. 1966 [zitiert: *Krüger*, Allgemeine Staatslehre, 2. Auflage 1966].

Kruis, Konrad, Finanzautonomie und Demokratie im Bundesstaat, in: Die Öffentliche Verwaltung 2003, 10 ff.

Kube, Hanno, Neue Steuerung im Haushaltsrecht – Ein Kompetenzengefüge außer Balance?, in: Die Öffentliche Verwaltung 2000, 810 ff.

Kube, Hanno, Nationale Budgethoheit und Europäische Integration, in: Archiv des öffentlichen Rechts 137 (2012), 205 ff.

Kube, Hanno, Rechtsfragen der völkervertraglichen Euro-Rettung, in: Wertpapiermitteilungen, Zeitschrift für Wirtschafts- und Bankenrecht 2012, 245 ff.

Kube, Hanno, Rechtliche Verfasstheit des Euroraums, in: *Gesellschaft für Rechtspolitik, Trier und Institut für Rechtspolitik an der Universität Trier* (Hrsg.), Fiskalunion Europa – Weg oder Irrweg?, Bitburger Gespräche in München, Band 3, Tübingen 2013, S. 31 ff. [zitiert: *Kube*, in: Fiskalunion Europa, 2013, S. 31].

Kube, Hanno / Reimer, Ekkehart, Grenzen des Europäischen Stabilisierungsmechanismus, in: Neue Juristische Wochenschrift 2010, 1911 ff.

Leisner, Walter, Sparzwang als staatsrechtlicher Destabilisierungsfaktor?, in: Die Öffentliche Verwaltung 2012, 533 ff.

Lenz, Carl Otto / Borchardt, Klaus-Dieter (Hrsg.), EU-Verträge, Kommentar, EUV – AEUV – GRCh, 6. Auflage, Köln 2013 [zitiert: *Bearbeiter*, in: *Lenz/ Borchardt*, EU-Verträge, 6. Auflage 2013].

Lenz, Christofer / Burgbacher, Ernst, Die neue Schuldenbremse im Grundgesetz, in: Neue Juristische Wochenschrift 2009, 2561 ff.

Lepsius, Oliver, Braucht das Verfassungsrecht eine Theorie des Staates?, in: Europäische Grundrechte-Zeitschrift 2004, 370 ff.

Lerche, Peter, Europäische Staatlichkeit und die Identität des Grundgesetzes, in: *Bender, Bernd / Breuer, Rüdiger / Ossenbühl, Fritz / Sendler, Horst* (Hrsg.), Rechtsstaat zwischen Sozialgestaltung und Rechtsschutz, Festschrift für Konrad Redeker zum 70. Geburtstag, München 1993, S. 131 ff. [zitiert: *Lerche*, in: FS Redeker, 1993, S. 131].

Lerche, Peter, „Kompetenz-Kompetenz" und das Maastricht-Urteil des Bundesverfassungsgerichts, in: *Ipsen, Jörn / Rengeling, Hans-Werner / Mössner, Jörg*

Manfred / Weber, Albrecht (Hrsg.), Verfassungsrecht im Wandel; Wiedervereinigung Deutschlands, Deutschland in der Europäischen Union, Verfassungsstaat und Föderalismus; Zum 180jährigen Bestehen der Carl Heymanns Verlag KG, Köln u.a. 1995, S. 409 ff. [zitiert: *Lerche*, in: FS Carl Heymanns Verlag, 1995, S. 409].

Lorz, Alexander / Sauer, Heiko, Ersatzunionsrecht und Grundgesetz – Verfassungsrechtliche Zustimmungsgrundlagen für den Fiskalpakt, den ESM-Vertrag und die Änderung des AEUV, in: Die Öffentliche Verwaltung 2012, 573 ff.

Magiera, Siegfried, Das Europäische Parlament als Garant demokratischer Legitimation in der Europäischen Union, in: *Due, Ole / Lutter, Marcus / Schwarze, Jürgen* (Hrsg.), Festschrift für Ulrich Everling, Band I, Baden-Baden 1995, S. 789 ff. [zitiert: *Magiera*, in: FS Everling, Band I, 1995, S. 789].

von Mangoldt, Hermann, Kommentar zum Grundgesetz, fortgeführt von *Klein, Friedrich*, herausgegeben von *Stark, Christian*, 6. Auflage, Band 2: Artikel 20 bis 82, München 2010 [zitiert: *Bearbeiter*, in: *von Mangoldt/Klein/Starck*, GG, Band 2, 6. Auflage 2010].

von Mangoldt, Hermann, Kommentar zum Grundgesetz, fortgeführt von *Klein, Friedrich*, herausgegeben von *Stark, Christian*, 6. Auflage, Band 3: Artikel 83 bis 146, München 2010 [zitiert: *Bearbeiter*, in: *von Mangoldt/Klein/Starck*, GG, Band 3, 6. Auflage 2010].

Maunz, Theodor / Dürig, Günter, Grundgesetz, Kommentar, fortgeführt von *Herzog, Roman / Scholz, Rupert / Herdegen, Matthias / Klein, Hans* (Hrsg.), Bände I - VII, Loseblatt, 69. Ergänzungslieferung Mai 2013, München 2013 [zitiert: *Bearbeiter*, in: *Maunz/Dürig*, GG, Loseblatt (Mai 2013), Band].

Maurer, Hartmut, Staatsrecht I; Grundlagen, Verfassungsorgane, Staatsfunktionen, 6. Auflage, München 2010 [zitiert: *Maurer*, Staatsrecht I, 6. Auflage 2010].

Mestmäcker, Ernst-Joachim, Herausforderungen der Wirtschafts- und Währungsunion, in: Europarecht Beiheft 2 2011, 7 ff.

Meyer, Hans, Wahlgrundsätze, Wahlverfahren, Wahlprüfung, in: *Isensee, Josef / Kirchhof, Paul* (Hrsg.), Handbuch des Staatsrechts der Bundesrepublik Deutschland, Band III, Demokratie – Bundesorgane, 3. Auflage, Heidelberg 2005, § 46 [zitiert: *Meyer*, in: *Isensee/Kirchhof*, HdBdStR, Band III, 3. Auflage 2005, § 46].

Möller, Franz / Limpert, Martin, Die Parlamentarisierung der politischen Willensbildung in europäischen Angelegenheiten, in: Zeitschrift für Gesetzgebung 2013, 44 ff.

Möllers, Christoph, Staat als Argument, 2. Auflage, Tübingen 2011 [zitiert: *Möllers*, Staat als Argument, 2. Auflage 2011].

Möllers, Christoph / Reinhardt, Jörn, Verfassungsrechtliche Probleme bei der Umsetzung des Europäischen Fiskalvertrages, in: Juristenzeitung 2012, 693 ff.

Morlok, Martin / Hientzsch, Christina, Das Parlament als Zentralorgan der Demokratie – Eine Zusammenschau der einschlägigen parlamentsschützenden Normen, in: Juristische Schulung 2011, 1 ff.

Mosler, Herrmann, Die Übertragung von Hoheitsgewalt, in: *Isensee, Josef / Kirchhof, Paul* (Hrsg.), Handbuch des Staatsrechts der Bundesrepublik Deutschland, Band VII, Normativität und Schutz der Verfassung – Internationale Beziehungen, Heidelberg 1992, § 175 [zitiert: *Mosler*, in: *Isensee/Kirchhof*, HdBdStR, Band VII, 1992, § 175].

Mückl, Stefan, „Auch in Verantwortung für die künftigen Generationen", in: *Depenheuer, Otto / Heintzen, Markus / Jestaedt, Matthias / Axer, Peter* (Hrsg.), Staat im Wort, Festschrift für Josef Isensee, Heidelberg u.a. 2007, S. 183 ff. [zitiert: *Mückl*, in: FS Isensee, 2007, S. 183].

Müller, Lothar, Verfassungsrechtliche Fußnoten zum Maastrichter Vertrag über eine Wirtschafts- und Währungsunion, in: Deutsches Verwaltungsblatt 1992, 1249 ff.

Müller-Franken, Sebastian, Plebiszitäre Demokratie und Haushaltsgewalt, Zu den verfassungsrechtlichen Grenzen finanzwirksamer Volksgesetzgebung, in: Der Staat 44 (2005), 19 ff.

Müller-Franken, Sebastian, Die demokratische Legitimation öffentlicher Gewalt in den Zeiten der Globalisierung, Zur unhintergehbaren Rolle des Staates in einer durch Europäisierung und Internationalisierung veränderten Welt, in: Archiv des öffentlichen Rechts 134 (2009), 542 ff.

Müller-Franken, Sebastian, Der Schuldentilgungsfonds aus Sicht des Europarechts wie des Verfassungsrechts, in: Neue Zeitschrift für Verwaltungsrecht 2012, 1201 ff.

Müller-Franken, Sebastian, Eurobonds und Grundgesetz, in: Juristenzeitung 2012, 219 ff.

Müller-Graff, Peter-Christian, Euroraum-Budgethilfenpolitik im rechtlichen Neuland, in: integration 4/2011, 289 ff.

von Münch, Ingo / Kunig, Philip (Hrsg.), Grundgesetz-Kommentar, Bände 1 und 2, 6. Auflage, München 2012 [zitiert: *Bearbeiter*, in: von *Münch/Kunig*, GG, Band, 6. Auflage 2012].

Murswiek, Dietrich, Maastricht und der Pouvoir Constituant, Zur Bedeutung der verfassungsgebenden Gewalt im Prozeß der europäischen Integration, in: Der Staat 32 (1993), 161 ff.

Mußgnug, Reinhard, Der Haushaltsplan als Gesetz, Göttingen 1976 [zitiert: *Mußgnug*, Der Haushaltsplan, 1976].

Neidhardt, Hilde, Staatsverschuldung und Verfassung; Geltungsanspruch, Kontrolle und Reform staatlicher Verschuldungsgrenzen, Tübingen 2010 [zitiert: *Neidhardt*, Staatsverschuldung und Verfassung, 2010].

Nettesheim, Martin, Normhierarchien im EU-Recht, in: Europarecht 2006, 737 ff.

Nettesheim, Martin, Die Integrationsverantwortung – Vorgaben des BVerfG und gesetzgeberische Umsetzung, in: Neue Juristische Wochenschrift 2010, 177 ff.

Nettesheim, Martin, Die Karlsruher Verkündigung – Das BVerfG in staatsrechtlicher Endzeitstimmung, in: Europarecht Beiheft 1 2010, 101 ff.

Nettesheim, Martin, „Euro-Rettung" und Grundgesetz, Verfassungsrechtliche Vorgaben für den Umbau der Währungsunion, in: Europarecht 2011, 765 ff.

Nettesheim, Martin, Bundesverfassungsgericht und Staatsschuldenkrise: Parlamentarisierung und Repolitisierung der „Eurorettung", in: *Europäisches Zentrum für Föderalismus-Forschung Tübingen* (Hrsg.), Jahrbuch des Föderalismus 2012; Föderalismus, Subsidiarität und Regionen in Europa, Baden-Baden 2012, S. 259 ff. [zitiert: *Nettesheim*, in: Jahrbuch des Föderalismus, 2012, S. 259].

Nettesheim, Martin, „Integrationsverantwortung" – Verfassungsrechtliche Verklammerung politischer Räume, in: *Pechstein, Matthias* (Hrsg.), Integrationsverantwortung, Baden-Baden 2012, S. 11 ff. [zitiert: *Nettesheim*, in: *Pechstein*, Integrationsverantwortung, 2012, S. 11].

Nettesheim, Martin, Der Umbau der europäischen Währungsunion: Politische Aktion und rechtliche Grenzen, in: *Kadelbach, Stefan* (Hrsg.), Nach der Finanzkrise, Rechtliche Rahmenbedingungen einer neuen Ordnung, Baden-Baden 2012, S. 31 ff. [zitiert: *Nettesheim*, in: *Kadelbach*, Nach der Finanzkrise, 2012, S. 31].

Nettesheim, Martin, Wo „endet" das Grundgesetz? – Verfassungsgebung als grenzüberschreitender Prozess, in: Der Staat 51 (2012), 313 ff.

Neumark, Fritz, Der Reichshaushaltsplan, Jena 1929 [zitiert: *Neumark*, Reichshaushaltsplan, 1929].

Nicolaysen, Gert, Das Lissabon-Urteil des Bundesverfassungsgerichts im Kontext der Europarechtsprechung des Bundesverfassungsgerichts, in: Europarecht Beiheft 1 2010, 9 ff.

Niedobitek, Matthias, Kollisionen zwischen EG-Recht und nationalem Recht, in: Verwaltungsarchiv 2001, 58 ff.

Oeter, Stefan, Souveränität und Demokratie als Probleme in der „Verfassungsentwicklung" der Europäischen Union; Fragen aus Verfassungstheorie und Verfassungsgeschichte an die deutsche Debatte um Souveränität, Demokratie und die Verteilung politischer Verantwortung im geeinten Europa, in: Zeitschrift für ausländisches öffentliches Recht und Völkerrecht 1995, 659 ff.

Ohler, Christoph, Die fiskalische Integration in der Europäischen Gemeinschaft, Baden-Baden 1997 [zitiert: *Ohler*, Die fiskalische Integration in der EG, 1997].

Ohler, Christoph, Maßstäbe der Staatsverschuldung nach der Föderalismusreform II, in: Deutsches Verwaltungsblatt 2009, 1265 ff.

Ohler, Christoph, Die zweite Reform des Stabilitäts- und Wachstumspaktes, in: Zeitschrift für Gesetzgebung 2010, 330 ff.

Ohler, Christoph, Herrschaft, Legitimation und Recht in der Europäischen Union – Anmerkungen zum Lissabon-Urteil des BVerfG, in: Archiv des öffentlichen Rechts 135 (2010), 153 ff.

Ohler, Christoph, Die Finanzkrise als Herausforderung für die Nachhaltigkeit staatlicher Verschuldungspolitik, in: *Kahl, Wolfgang* (Hrsg.), Nachhaltige Finanzstrukturen im Bundesstaat, Tübingen 2011, S. 208 ff. [zitiert: *Ohler*, in: *Kahl*, Nachhaltige Finanzstrukturen, 2011, S. 208].

Ohler, Christoph, Gemeinschaftssolidarität und finanzpolitische Eigenverantwortung, in: *Möllers, Thomas M. J. / Zeitler, Franz-Christoph* (Hrsg.), Europa als Rechtsgemeinschaft – Währungsunion und Schuldenkrise, Tübingen 2013, S. 277 ff. [zitiert: *Ohler*, in: *Möllers/Zeitler*, Europa als Rechtsgemeinschaft, 2013, S. 277].

Ossenbühl, Fritz, Maastricht und das Grundgesetz – eine verfassungsrechtliche Wende?, in: Deutsches Verwaltungsblatt 1993, 629 ff.

Pache, Eckhard, Europäische und nationale Identität: Integration durch Verfassungsrecht?, in: Deutsches Verwaltungsblatt 2002, 1154 ff.

Pache, Eckhard, Grundfreiheiten, in: *Schulze, Reiner / Zuleeg, Manfred / Kadelbach, Stefan* (Hrsg.), Europarecht, Handbuch für die deutsche Rechtspraxis, 2. Auflage, Baden-Baden 2010, § 10 [zitiert: *Pache*, in: *Schulze/Zuleeg/Kadelbach*, Europarecht, 2. Auflage 2010, § 10].

Patzig, Werner, Haushaltsrecht des Bundes und der Länder, Grundriß, Baden-Baden 1981 [zitiert: *Patzig*, Haushaltsrecht, 1981].

Pechstein, Matthias / Koenig, Christian, Die Europäische Union, 3. Auflage, Tübingen 2000 [zitiert: *Pechstein/Koenig*, EU, 3. Auflage 2000].

Pernice, Ingolf, Maastricht, Staat und Demokratie, in: Die Verwaltung 1993, 449 ff.

Pernice, Ingolf, Deutschland in der Europäischen Union, in: *Isensee, Josef / Kirchhof, Paul* (Hrsg.), Handbuch des Staatsrechts der Bundesrepublik Deutschland, Band VIII, Die Einheit Deutschlands - Entwicklung und Grundlagen, Heidelberg 1995, § 191 [zitiert: *Pernice*, in: *Isensee/Kirchhof*, HdBdStR, Band VIII, 1995, § 191].

Pernice, Ingolf, Kompetenzabgrenzung im Europäischen Verfassungsverbund, in: Juristenzeitung 2000, 866 ff.

Pernice, Ingolf, Der Schutz nationaler Identität in der Europäischen Union, in: Archiv des öffentlichen Rechts 136 (2011), 185 ff.

Pernice, Ingolf, Solidarität in Europa, Eine Ortsbestimmung im Verhältnis zwischen Bürger, Staat und Europäischer Union, in: *Calliess, Christian* (Hrsg.), Europäische Solidarität und nationale Identität, Überlegungen im Kontext der Krise im Euroraum, Tübingen 2013, S. 25 ff. [zitiert: *Pernice*, in: *Calliess*, Europäische Solidarität und nationale Identität, 2013, S. 25].

Pfeffer, Robert, Das Verhältnis von Völkerrecht und Landesrecht, Eine kritische Betrachtung alter und neuer Lehren unter besonderer Berücksichtigung der europäischen Menschenrechtskonvention, Tübingen 2009 [zitiert: *Pfeffer*, Das Verhältnis von Völkerrecht und Landesrecht, 2009].

Piduch, Erwin Adolf, Bundeshaushaltsrecht, Kommentar zu den Artikeln 91a, 91b, 91c, 91d, 91e, 104a, 104b, 109 bis 115, 125c, 143c, 143d des Grundgesetzes und zur Bundeshaushaltsordnung mit rechtsvergleichenden Hinweisen auf das Haushaltsrecht der Länder und ihrer Gemeinden fortgeführt von *Heller, Karl-Heinz / Keilmann, Ulrich / Knörzer, Thomas / Nebel, Andreas / Nöhrbaß, Karl-Heinz / Helm, Claus*, Loseblatt, 45. Lieferung der 1. Auflage, 14. Lieferung der 2. Auflage Januar 2011, Stuttgart 2011 [zitiert: *Bearbeiter*, in: *Piduch*, Bundeshaushaltsrecht, Loseblatt (Januar 2011)].

Piecha, Sebastian, BVerfG, Urt. v. 7.9.2011 - 2 BvR 987/10, 2 BvR 1485/10, 2 BvR 1099/10, Entscheidungsbesprechung, in: Zeitschrift für das Juristische Studium 2011, 544 ff.

Pieroth, Bodo, Das Demokratieprinzip des Grundgesetzes, in: Juristische Schulung 2010, 473 ff.

Pilz, Stefan / Dittmann, Heidi, Economic Governance, Rechtliche und ökonomische Implikationen zur Reform der Wirtschafts- und Währungsunion, in: Zeitschrift für Europarecht, Internationales Privatrecht und Rechtsvergleichung 2012, 102 ff.

Pötters, Stephan / Traut, Johannes, Die *ultra-vires*-Kontrolle des BVerfG nach „Honeywell" – Neues zum Kooperationsverhältnis von BVerfG und EuGH?, in: Europarecht 2011, 580 ff.

Proelß, Alexander, Zur verfassungsgerichtlichen Kontrolle der Kompetenzmäßigkeit von Maßnahmen der Europäischen Union: Der „ausbrechende Rechtsakt" in der Praxis des BVerfG – Anmerkung zum Honeywell-Beschluss des BVerfG v. 6. Juli 2010, in: Europarecht 2011, 241 ff.

Puhl, Thomas, Budgetflucht und Haushaltsverfassung, Tübingen 1996 [zitiert: *Puhl*, Budgetflucht und Haushaltsverfassung, 1996].

Puhl, Thomas, Entparlamentarisierung und Auslagerung staatlicher Entscheidungsverantwortung, in: *Isensee, Josef / Kirchhof, Paul* (Hrsg.), Handbuch des Staatsrechts der Bundesrepublik Deutschland, Band III, Demokratie – Bundesorgane, 3. Auflage, Heidelberg 2005, § 48 [zitiert: *Puhl*, in: *Isensee/Kirchhof*, HdBdStR, Band III, 3. Auflage 2005, § 48].

Pünder, Herrmann, Staatsverschuldung, in: *Isensee, Josef / Kirchhof, Paul* (Hrsg.), Handbuch des Staatsrechts der Bundesrepublik Deutschland, Band V; Rechtsquellen, Organisation, Finanzen, 3. Auflage, Heidelberg u.a. 2007, § 123 [zitiert: *Pünder*, in: *Isensee/Kirchhof*, HdBdStR, Band V, 3. Auflage 2007, § 123].

Pünder, Hermann, Gerechte Lastenverteilung zwischen den Generationen: Maßnahmen zur Reform des Staatsschuldenrechts und zur Vermeidung eines übermäßigen öffentlichen Defizits im Bundesstaat, in: Deutsches Verwaltungsblatt 2008, 946 ff.

Püttner, Günter, Staatsverschuldung als Rechtsproblem, Ein verfassungsrechtliches Plädoyer gegen die Kreditfinanzierung der öffentlichen Haushalte, Berlin u.a. 1980 [zitiert: *Püttner*, Staatsverschuldung, 1980].

Quaritsch, Helmut, Souveränität im Ausnahmezustand, Zum Souveränitätsbegriff im Werk Carl Schmitts, in: Der Staat 35 (1996), 1 ff.

Randelzhofer, Albrecht, Staatsgewalt und Souveränität, in: *Isensee, Josef / Kirchhof, Paul* (Hrsg.), Handbuch des Staatsrechts der Bundesrepublik Deutschland, Band II, Verfassungsstaat, 3. Auflage, Heidelberg 2004, § 17 [zitiert: *Randelzhofer*, in: *Isensee/Kirchhof*, HdBdStR, Band II, 3. Auflage 2004, § 17].

Rath, Christian, Die „unionswärtige" Gewalt des Deutschen Bundestages. Zur verfassungsrechtlichen Legitimation des gemeinschaftlichen Rechtssetzungsprozesses, in: *Steffani, Winfried / Thaysen, Uwe* (Hrsg.), Demokratie in Europa: Zur Rolle der Parlamente, Opladen 1995, S. 114 ff. [zitiert: *Rath*, in: *Steffani/Thaysen*, Demokratie in Europa, 1995, S. 114].

Rathke, Hannes, Von der Stabilitäts- zur Stabilisierungsunion: Der neue Art. 136 Abs. 3 AEUV, in: Die Öffentliche Verwaltung 2011, 753 ff.

Rathke, Hannes, „Umgekehrte Abstimmung" in der Fiskalunion: neue Stabilitätskultur oder halbautomatischer Vertragsbruch?, in: Die Öffentliche Verwaltung 2012, 751 ff.

Reimer, Ekkehart, Nachhaltigkeit durch Begrenzung der Staatsverschuldung – Bilanz und Perspektiven, in: *Kahl, Wolfgang* (Hrsg.), Nachhaltige Finanzstrukturen im Bundesstaat, Tübingen 2011, S. 147 ff. [zitiert: *Reimer*, in: *Kahl*, Nachhaltige Finanzstrukturen, 2011, S. 147].

Ronellenfitsch, Michael, John C. Calhoun und die Europäische Staatengemeinschaft, Nullifikation und Sezession im Bundesstaat, in: *Classen, Claus Dieter / Dittmann, Armin / Fechner, Frank / Gassner, Ulrich M. / Kilian, Michael* (Hrsg.), „In einem vereinten Europa dem Frieden der Welt zu dienen…", Liber amicorum Thomas Oppermann, Berlin 2001, S. 65 ff. [zitiert: *Ronellenfitsch*, in: FS Oppermann, 2001, S. 65].

Röper, Erich, Der Souveränitäts- und Volksbegriff des Bundesverfassungsgerichts, in: Die Öffentliche Verwaltung 2010, 285 ff.

Ruffert, Matthias, Entformalisierung und Entparlamentarisierung politischer Entscheidungen als Gefährdungen der Verfassung?, in: Deutsches Verwaltungsblatt 2002, 1145 ff.

Ruffert, Matthias, An den Grenzen des Integrationsverfassungsrechts: Das Urteil des Bundesverfassungsgerichts zum Vertrag von Lissabon, in: Deutsches Verwaltungsblatt 2009, 1197 ff.

Ruffert, Matthias, Aufgaben europarechtlicher Theoriebildung nach Lissabon, in: Europarecht Beiheft 1 2010, 83 ff.

Ruffert, Matthias, Die europäische Schuldenkrise vor dem Bundesverfassungsgericht – Anmerkung zum Urteil vom 7. September 2011, in: Europarecht 2011, 842 ff.

Ruffert, Matthias, Mehr Europa – eine rechtswissenschaftliche Perspektive, in: Zeitschrift für Gesetzgebung 2013, 1 ff.

Rumler-Korinek, Elisabeth, Kann die Europäische Union demokratisch ausgestaltet werden? Eine Analyse und Bewertung aktueller Beiträge zur „europäischen Demokratiedebatte", in: Europarecht 2003, 327 ff.

Rupp, Hans Heinrich, Muss das Volk über den Vertrag von Maastricht entscheiden?, in: Neue Juristische Wochenschrift 1993, 38 ff.

Rupp, Hans Heinrich, Europäische „Verfassung" und demokratische Legitimation, in: Archiv des öffentlichen Rechts 120 (1995), 269 ff.

Rupp, Hans Heinrich, Wahlrechtsgleichheit bei der Verteilung der Sitze im Europäischen Parlament auf die Mitgliedstaaten, in: Neue Juristische Wochenschrift 1995, 2210 ff.

Sachs, Michael, Grundgesetz, Kommentar, 6. Auflage, München 2011 [zitiert: *Bearbeiter*, in: *Sachs*, GG, 6. Auflage 2011].

Sauer, Heiko, Europas Richter Hand in Hand? – Das Kooperationsverhältnis zwischen BVerfG und EuGH nach Honeywell, in: Europäische Zeitschrift für Wirtschaftsrecht 2011, 94 ff.

Schäuble, Wolfgang, Europa auf dem Weg zur Politischen Union, in: *Gesellschaft für Rechtspolitik, Trier und Institut für Rechtspolitik an der Universität Trier* (Hrsg.), Fiskalunion Europa – Weg oder Irrweg?, Bitburger Gespräche in München, Band 3, Tübingen 2013, S. 55 ff. [zitiert: *Schäuble*, in: Fiskalunion Europa, 2013, S. 55].

Schilling, Theodor, Die deutsche Verfassung und die europäische Einigung, in: Archiv des öffentlichen Rechts 116 (1991), 32 ff.

Schlief, Ludger / Schulte, Bernd, Anmerkungen zur innerstaatlichen Umsetzung des Fiskalvertrages, Analyse einer verfassungsrechtlichen und föderalistischen Herausforderung, in: Zeitschrift für Gesetzgebung 2013, 121 ff.

Schliesky, Utz, Souveränität und Legitimität von Herrschaftsgewalt, Die Weiterentwicklung von Begriffen der Staatslehre und des Staatsrechts im europäischen Mehrebenensystem, Tübingen 2004 [zitiert: *Schliesky*, Souveränität, 2004].

Schmidhuber, Peter M., Föderalistische und demokratische Grundlagen des Europäischen Unionsrechts, in: *Due, Ole / Lutter, Marcus / Schwarze, Jürgen* (Hrsg.), Festschrift für Ulrich Everling, Band II, Baden-Baden 1995, S. 1265 ff. [zitiert: *Schmidhuber*, in: FS Everling, Band II, 1995, S. 1265].

Schmidt, Rolf, Die neue Schuldenregel und die weiteren Finanzthemen der zweiten Föderalismusreform, in: Deutsches Verwaltungsblatt 2009, 1274 ff.

Schmidt-Bleibtreu, Bruno / Klein, Franz (Begr.), *Hofmann, Hans / Hopfauf, Axel* (Hrsg.), Kommentar zum Grundgesetz, 12. Auflage, Köln 2011 [zitiert: *Bearbeiter*, in: *Schmidt-Bleibtreu/Hofmann/Hopfauf*, GG, 12. Auflage 2011].

Schmitt, Carl, Politische Theologie, Vier Kapitel zur Lehre von der Souveränität, Neusatz auf Basis der 1934 erschienenen zweiten Auflage, 8. Auflage, Berlin 2004 [zitiert: *Carl Schmitt*, Politische Theologie, 1934].

Schneider, Hans-Peter, Die verfassungsgebende Gewalt, in: *Isensee, Josef / Kirchhof, Paul* (Hrsg.), Handbuch des Staatsrechts der Bundesrepublik Deutschland, Band VII, Normativität und Schutz der Verfassung – Internationale Beziehungen, Heidelberg 1992, § 158 [zitiert: *Schneider*, in: *Isensee/Kirchhof*, HdBdStR, Band VII, 1992, § 158].

Schönberger, Christoph, Die Europäische Union zwischen „Demokratiedefizit" und Bundestaatsverbot, Anmerkungen zum Lissabon-Urteil des Bundesverfassungsgerichts, in: Der Staat 48 (2009), 535 ff.

Schorkopf, Frank, Finanzkrisen als Herausforderung der internationalen, europäischen und nationalen Rechtsetzung, in: Veröffentlichungen der Vereinigung der Deutschen Staatsrechtslehrer 71 (2012), 183 ff.

Schulze-Steinen, Mathias, Rechtsfragen zur Wirtschaftsunion, Möglichkeiten der gemeinschaftlichen Gestaltung mitgliedstaatlicher Wirtschaftspolitik nach dem EG-Vertrag, Baden-Baden 1997/1998 [zitiert: *Schulze-Steinen*, Rechtsfragen zur Wirtschaftsunion, 1997/1998].

Schwarz, Kyrill-Alexander / Reimer, Ekkehart, Schwerpunktbereich – Einführung in das Finanz- und Haushaltsverfassungsrecht (Art. 104a bis 115 GG), in: Juristische Schulung 2007, 119 ff. und 219 ff.

Schwarze, Jürgen / Becker, Ulrich / Hatje, Armin / Schoo, Johann (Hrsg.), EU-Kommentar, 3. Auflage, Baden-Baden 2012 [zitiert: *Bearbeiter*, in: *Schwarze*, EU-Kommentar, 3. Auflage 2012].

Schweitzer, Michael, Staatsrecht III; Staatsrecht, Völkerrecht, Europarecht, 10. Auflage 2010 [zitiert: *Schweitzer*, Staatsrecht III, 10. Auflage 2010].

Seifert, Achim, Mangold und kein Ende – die Entscheidung der Großen Kammer des EuGH v. 19.1.2010 in der Rechtssache *Kücükdeveci*, in: Europarecht 2010, 802 ff.

Seiler, Christian, Konsolidierung der Staatsfinanzen mithilfe der neuen Schuldenregel, in: Juristenzeitung 2009, 721 ff.

von Selle, Dirk, Parlamentarisches Budgetrecht und Haushaltsuntreue in Zeiten „Neuer Steuerungsmodelle", in: Juristenzeitung 2008, 178 ff.

Selmayr, Martin, Das Recht der Wirtschafts- und Währungsunion, Erster Band, Die Vergemeinschaftung der Währung, Baden-Baden 2002 [zitiert: *Selmayr*, Das Recht der Wirtschafts- und Währungsunion, 2002].

Senf, Paul, Kurzfristige Haushaltsplanung, in: *Neumark, Fritz* (Hrsg.), Handbuch der Finanzwissenschaft, Band I, 3. Auflage, Tübingen 1977, S. 371 ff. [zitiert: *Senf*, in: *Neumark*, HdbFW, Band I, 1977, S. 371].

Siekmann, Helmut, Staat und Staatlichkeit am Ende des 20. Jahrhunderts, in: *Burmeister, Joachim / Nierhaus, Michael / Püttner, Günter / Sachs, Michael / Siekmann, Helmut / Tettinger, Peter Josef* (Hrsg.), Verfassungsstaatlichkeit, Festschrift für Klaus Stern zum 65. Geburtstag, München 1997, S. 341 ff. [zitiert: *Siekmann*, in: FS Stern, 1997, S. 341].

Siekmann, Helmut (Hrsg.), Kommentar zur Europäischen Währungsunion, Tübingen 2013 [zitiert: *Bearbeiter*, in: *Siekmann*, Kommentar zur EWU, 2013].

Siekmann, Helmut, Missachtung rechtlicher Vorgaben des AEUV durch die Mitgliedstaaten und die EZB in der Schuldenkrise, in: *Möllers, Thomas M. J. / Zeitler, Franz-Christoph* (Hrsg.), Europa als Rechtsgemeinschaft – Währungsunion und Schuldenkrise, Tübingen 2013, S. 101 ff. [zitiert: *Siekmann*, in: *Möllers/Zeitler*, Europa als Rechtsgemeinschaft, 2013, S. 101].

Sommermann, Karl-Peter, Verfassungsperspektiven für die Demokratie in der erweiterten Europäischen Union: Gefahr der Entdemokratisierung oder Fortentwicklung im Rahmen europäischer Supranationalität?, in: Die Öffentliche Verwaltung 2003, 1009 ff.

Sommermann, Karl-Peter, Integrationsgrenzen des Grundgesetzes und europäischer Verfassungsverbund: Brauchen wir eine neue Verfassung?, in: Die Öffentliche Verwaltung 2013, 708 ff.

Sonder, Nicolas, Was ist Integrationsverantwortung?, Kritische Überlegungen zu den verfassungstheoretischen Vorgaben des Bundesverfassungsgerichts und der Umsetzung im IntVG, in: Kritische Vierteljahresschrift für Gesetzgebung und Rechtswissenschaft 2011, 214 ff.

Soppe, Martin, Parlamentarische Selbstentmachtung als faktische Wahlrechtsbeeinträchtigung, Ein Beitrag zum subjektiven Recht auf Demokratie aus Art. 38 Abs. 1 GG, Berlin 2002 [zitiert: *Soppe*, Parlamentarische Selbstentmachtung, 2002].

Stark, Christian, Allgemeine Staatslehre in Zeiten der Europäischen Union, in: *Dicke, Klaus / Hobe, Stephan / Meyn, Karl-Ulrich / Peters, Anne / Riedel, Eibe / Schütz, Hans-Joachim / Tietje, Christian* (Hrsg.), Weltinnenrecht, Liber amicorum Jost Delbrück, Berlin 2005, S. 711 ff. [zitiert: *Stark*, in: FS Delbrück, 2005, S. 711].

Stollberg-Rilinger, Barbara, Das Heilige Römische Reich Deutscher Nation, Vom Ende des Mittelalters bis 1806, 3. Auflage, München 2007 [zitiert: *Stollberg-Rilinger*, Das Heilige Römische Reich, 2007].

Steinberger, Helmut, Der Verfassungsstaat als Glied einer europäischen Gemeinschaft, in: Veröffentlichungen der Vereinigung der Deutschen Staatsrechtslehrer 50 (1991), 9 ff.

Stern, Klaus, Das Staatsrecht der Bundesrepublik Deutschland, Band II; Staatsorgane, Staatsfunktionen, Finanz- und Haushaltsverfassung, Notstandsverfassung, München 1980 [zitiert: *Stern*, Staatsrecht, Band II, 1980].

Stern, Klaus, Das Staatsrecht der Bundesrepublik Deutschland, Band I, Grundbegriffe und Grundlagen des Staatsrechts, Strukturprinzipien der Verfassung, 2. Auflage, München 1984 [zitiert: *Stern*, Staatsrecht, Band I, 2. Auflage 1984].

Streifthau, Klaus (Hrsg.), Walter Bagehot, Die englische Verfassung, Neuwied u.a. 1971 [zitiert: *Bagehot*, Die englische Verfassung, 1867].

Streinz, Rudolf, Das Maastricht-Urteil des Bundesverfassungsgerichts, Anmerkungen zu BVerfG, EuZW 1993, 667, in: Europäische Zeitschrift für Wirtschaftsrecht 1994, 329 ff.

Streinz, Rudolf, Europarecht, 8. Auflage, Heidelberg u.a. 2008 [zitiert: *Streinz*, Europarecht, 8. Auflage 2008].

Streinz, Rudolf, EUV/AEUV, Vertrag über die Europäische Union und Vertrag über die Arbeitsweise der Europäischen Union, Kommentar, 2. Auflage, München 2012 [zitiert: *Bearbeiter*, in: *Streinz*, EUV/AEUV, 2. Auflage 2012].

Streinz, Rudolf / Herrmann, Christoph, Der Anwendungsvorrang des Gemeinschaftsrechts und die „Normverwerfung" durch deutsche Behörden, in: Bayerische Verwaltungsblätter 2008, 1 ff.

Streinz, Rudolf / Ohler, Christoph / Herrmann, Christoph, Totgesagte leben länger – oder doch nicht? Der Stabilitäts- und Wachstumspakt nach dem Beschluss des Rates vom 25.11.2003 über das Ruhen der Defizitverfahren gegen Frankreich und Deutschland, in: Neue Juristische Wochenschrift 2004, 1553 ff.

Strube, Sonia, Die Geschichte des Haushaltsrechts vom Mittelalter bis zur Gegenwart, Eine ökonomische Analyse im Lichte der Budgetfunktionen, Berlin 2002 [zitiert: *Strube*, Die Geschichte des Haushaltsrechts, 2002].

Tappe, Henning, Das Haushaltsgesetz als Zeitgesetz, Zur Bedeutung der zeitlichen Bindungen für das Haushalts- und Staatsschuldenrecht, Berlin 2008 [zitiert: *Tappe*, Haushaltsgesetz als Zeitgesetz, 2008].

Tappe, Henning, Die neue „Schuldenbremse" im Grundgesetz, in: Die Öffentliche Verwaltung 2009, 881 ff.

Terhechte, Jörg Philipp, Grundwissen – Öffentliches Recht: Der Vorrang des Unionsrechts, in: Juristische Schulung 2008, 403 ff.

Terhechte, Jörg Philipp, Souveränität, Dynamik und Integration – making up the rules as we go along? Anmerkungen zum Lissabon-Urteil des Bundesverfassungsgerichts, in: Europäische Zeitschrift für Wirtschaftsrecht 2009, 724 ff.

Terhechte, Jörg Philipp, Europäischer Bundesstaat, supranationale Gemeinschaft oder Vertragsunion souveräner Staaten? – Zum Verhältnis von Staat und Union nach dem Lissabon-Urteil des BVerfG, in: Europarecht Beiheft 1 2010, 135 ff.

Thedieck, Franz, Demokratietheorien und Grundgesetz, in: Juristische Arbeitsblätter 1991, 345 ff.

Thürer, Daniel, Demokratie in Europa: Staatsrechtliche und europarechtliche Aspekte, in: *Due, Ole / Lutter, Marcus / Schwarze, Jürgen* (Hrsg.), Festschrift für Ulrich Everling, Band II, Baden-Baden 1995, S. 1561 ff. [zitiert: *Thürer*, in: FS Everling, Band II, 1995, S. 1561].

Thym, Daniel, Europäische Integration im Schatten souveräner Staatlichkeit, Anmerkungen zum Lissabon-Urteil des Bundesverfassungsgerichts, in: Der Staat 48 (2009), 559 ff.

Thym, Daniel, Anmerkung zum Urteil des BVerfG vom 07.09.2011 (2 BvR 987/10; JZ 2011, 1004) – Zur Frage der Bedeutung der Haushaltssouveränität bei Rettungsmaßnahmen zur Stabilisierung der Eurozone, in: Juristenzeitung 2011, 1011 ff.

Tomuschat, Christian, Die Europäische Union unter der Aufsicht des Bundesverfassungsgerichts, in: Europäische Grundrechte-Zeitschrift 1993, 489 ff.

Uhrig, Stephanie, Die Schranken des Grundgesetzes für die europäische Integration, Grenzen der Übertragung von Hoheitsrechten nach dem Grundgesetz am Beispiel des Vertrages von Maastricht, Berlin 2000 [zitiert: *Uhrig*, Die Schranken des Grundgesetzes für die europäische Integration, 2000].

Umbach, Dieter / Clemens, Thomas (Hrsg.), Grundgesetz, Mitarbeiterkommentar und Handbuch, Band II, Heidelberg 2002 [zitiert: *Bearbeiter*, in: *Umbach/Clemens*, GG, Band II, 2002].

Vedder, Christoph / Heintschel von Heinegg, Wolff (Hrsg.), Europäisches Unionsrecht, EUV/AEUV/Grundrechte-Charta, Handkommentar, Baden-Baden 2012 [zitiert: *Bearbeiter*, in: *Vedder/Heintschel von Heinegg*, Europäisches Unionsrecht, 2012].

Graf Vitzthum, Wolfgang, Die Bedeutung gliedstaatlichen Verfassungsrechts in der Gegenwart, in: Veröffentlichungen der Vereinigung der Deutschen Staatsrechtslehrer 46 (1988), 7 ff.

Graf Vitzthum, Wolfgang, Staatsgebiet, in: *Isensee, Josef / Kirchhof, Paul* (Hrsg.), Handbuch des Staatsrechts der Bundesrepublik Deutschland, Band II, Verfassungsstaat, 3. Auflage, Heidelberg 2004, § 18 [zitiert: *Graf Vitzthum*, in: *Isensee/Kirchhof*, HdBdStR, Band II, 3. Auflage 2004, § 18].

Vogel, Klaus, Der Finanz- und Steuerstaat, in: *Isensee, Josef / Kirchhof, Paul* (Hrsg.), Handbuch des Staatsrechts der Bundesrepublik Deutschland, Band I, Grundlagen von Staat und Verfassung, Heidelberg 1987, § 27 [zitiert: *Vogel*, in: *Isensee/Kirchhof*, HdBdStR, Band I, 1987, § 27].

Vogel, Klaus / Waldhoff, Christian, Grundlagen des Finanzverfassungsrechts, Sonderausgabe des Bonner Kommentars zum Grundgesetz (Vorbemerkungen zu Art. 104a bis 115 GG), Heidelberg 1999 [zitiert: *Vogel/Waldhoff*, Grundlagen des Finanzverfassungsrechts, 1999].

Voßkuhle, Andreas, Die Renaissance der „Allgemeinen Staatslehre“ im Zeitalter der Europäisierung und Internationalisierung, in: Juristische Schulung 2004, 2 ff.

Voßkuhle, Andreas, Grundwissen – Öffentliches Recht: Der Grundsatz des Vorbehalts des Gesetzes, in: Juristische Schulung 2007, 118 ff.

Voßkuhle, Andreas, Der europäische Verfassungsgerichtsverbund, in: Neue Zeitschrift für Verwaltungsrecht 2010, 1 ff.

Voßkuhle, Andreas, Die Integrationsverantwortung des Bundesverfassungsgerichts, in: *Axer, Peter / Grzeszick, Bernd / Kahl, Wolfgang / Mager, Ute / Reimer, Ekkehart* (Hrsg.), Das Europäische Verwaltungsrecht in der Konsolidierungsphase, Systembildung – Disziplinierung – Internationalisierung, Die Verwaltung, Beiheft 10, Berlin 2010, S. 229 ff. [zitiert: *Voßkuhle*, in: *Axer* u.a., Das Europäische Verwaltungsrecht, 2010, S. 229].

Wahl, Rainer, Erklären staatstheoretische Leitbegriffe die Europäische Union?, in: *Dreier, Horst* (Hrsg.), Rechts- und staatstheoretische Schlüsselbegriffe: Legitimität – Repräsentation – Freiheit, Symposion für Hasso Hofmann zum 70. Geburtstag, Berlin 2005, S. 113 ff. [zitiert: *Wahl*, in: FS Hofmann, 2005, S. 113].

Waigel, Theodor, Rechtliche Vorgaben und politische Praxis der Währungsunion – Der Europäische Stabilitätspakt im Spiegel der Kritik, in: *Möllers, Thomas M. J. / Zeitler, Franz-Christoph* (Hrsg.), Europa als Rechtsgemeinschaft – Währungsunion und Schuldenkrise, Tübingen 2013, S. 71 ff. [zitiert: *Waigel*, in: *Möllers/Zeitler*, Europa als Rechtsgemeinschaft, 2013, S. 71].

Waldhoff, Christian, Die Zwecksteuer, Verfassungsrechtliche Grenzen der rechtlichen Bindung des Aufkommens von Abgaben, in: Steuer und Wirtschaft 2002, 285 ff.

Waldhoff, Christian, Grundzüge des Finanzrechts des Grundgesetzes, in: *Isensee, Josef / Kirchhof, Paul* (Hrsg.), Handbuch des Staatsrechts der Bundesrepublik Deutschland, Band V; Rechtsquellen, Organisation, Finanzen, 3. Auflage, Heidelberg u.a. 2007, § 116 [zitiert: *Waldhoff*, in: *Isensee/Kirchhof*, HdBdStR, Band V, 3. Auflage 2007, § 116].

Waldhoff, Christian / Dieterich, Peter, Die Föderalismusreform II – Instrument zur Bewältigung der staatlichen Finanzkrise oder verfassungsrechtliches Placebo?, in: Zeitschrift für Gesetzgebung 2009, 97 ff.

Waldhoff, Christian / Dieterich, Peter, Einführung einer gemeinsamen Bankenaufsicht auf EU-Ebene – ein Überblick über die Rechtsprobleme, in: Europäisches Wirtschafts- und Steuerrecht 2013, 72 ff.

Weber, Albrecht, Zur künftigen Verfassung der Europäischen Gemeinschaft, Föderalismus und Demokratie als Strukturelemente einer Europäischen Verfassung, in: Juristenzeitung 1993, 325 ff.

Weber, Albrecht, Die Wirtschafts- und Währungsunion nach dem Maastricht-Urteil des BVerfG, in: Juristenzeitung 1994, 53 ff.

Weber, Albrecht, Die Reform der Wirtschafts- und Währungsunion in der Finanzkrise, in: Europäische Zeitschrift für Wirtschaftsrecht 2011, 935 ff.

Wendt, Rudolf / Elicker, Michael, Staatsverschuldung und intertemporäre Lastengerechtigkeit, in: Deutsches Verwaltungsblatt 2001, 497 ff.

Wernsmann, Rainer, Die Deutschengrundrechte des Grundgesetzes im Lichte des Europarechts, in: Juristische Ausbildung 2000, 657 ff.

Wernsmann, Rainer, Bindung Privater an Diskriminierungsverbote durch Gemeinschaftsrecht, in: Juristenzeitung 2005, 224 ff.

Wernsmann, Rainer, Das demokratische Prinzip und der demographische Wandel, Brauchen wir ein Familienwahlrecht?, in: Der Staat 44 (2005), 43 ff.

Wernsmann, Rainer, Verhaltenslenkung in einem rationalen Steuersystem, Tübingen 2005 [zitiert: *Wernsmann*, Verhaltenslenkung in einem rationalen Steuersystem, 2005].

Wernsmann, Rainer, Steuerrecht, in: *Schulze, Reiner / Zuleeg, Manfred / Kadelbach, Stefan* (Hrsg.), Europarecht, Handbuch für die deutsche Rechtspraxis, 2. Auflage, Baden-Baden 2010, § 30 [zitiert: *Wernsmann*, in: *Schulze/Zuleeg/Kadelbach*, Europarecht, 2. Auflage 2010, § 30].

Wernsmann, Rainer, BVerfGE 116, 327 – Berliner Haushaltsnotlage, in: *Menzel, Jörg / Müller-Terpitz, Ralf* (Hrsg.), Verfassungsrechtsprechung, Ausgewählte Entscheidungen des Bundesverfassungsgerichts in Retrospektive, 2. Auflage,

Tübingen 2011, S. 809 ff. [zitiert: *Wernsmann*, in: *Menzel/Müller-Terpitz*, Verfassungsrechtsprechung, 2. Auflage 2011, S. 809].

Wernsmann, Rainer, Die Einnahmenautonomie der Länder, in: *Junkernheinrich, Martin / Korioth, Stefan / Lenk, Thomas / Scheller, Henrik / Woisin, Matthias* (Hrsg.), Jahrbuch für öffentliche Finanzen 2011, Berlin 2011, S. 417 ff. [zitiert: *Wernsmann*, in: *Junkernheinrich/Korioth/Lenk/Scheller/Woisin*, Jahrbuch für öffentliche Finanzen 2011, S. 417].

Wernsmann, Rainer, Grundrechtsschutz nach Grundgesetz und Unionsrecht vor dem BVerfG, in: Neue Zeitschrift für Gesellschaftsrecht 2011, 1241 ff.

Wernsmann, Rainer, Verfassungsfragen der Drei-Prozent-Sperrklausel im Europawahlrecht, in: Juristenzeitung 2014, 23 ff.

Wernsmann, Rainer / Sandberg, Marcel, Parlamentarische Mitwirkung bei unionaler Sekundärrechtsetzung, in: Die Öffentliche Verwaltung 2014, 49 ff.

Wiesner, Herbert / Leibinger, Bodo / Müller, Reinhard, Öffentliche Finanzwirtschaft, 12. Auflage, Heidelberg 2008 [zitiert: *Wiesner/Leibinger/Müller*, Öffentliche Finanzwirtschaft, 12. Auflage 2008].

Willoweit, Dietmar, Deutsche Verfassungsgeschichte, Vom Frankenreich bis zur Wiedervereinigung Deutschlands, 5. Auflage, München 2005 [zitiert: *Willoweit*, Deutsche Verfassungsgeschichte, 2005].

Winkler, Daniela, Vergangenheit und Zukunft der Flexibilitätsklausel im Spannungsfeld von unionalem Integrations- und mitgliedstaatlichem Souveränitätsanspruch – Eine Analyse von Artikel 352 AEUV unter dem Eindruck des BVerfG-Urteils zu „Lissabon“, in: Europarecht 2011, 384 ff.

Wolff, Heinrich Amadeus, „Das Bundesverfassungsgericht als Hüter der Integrationsverantwortung“, in: *Pechstein, Matthias* (Hrsg.), Integrationsverantwortung, Baden-Baden 2012, S. 151 ff. [zitiert: *Wolff*, in: *Pechstein*, Integrationsverantwortung, 2012, S. 151].

Wollenschläger, Ferdinand, Völkerrechtliche Flankierung des EU-Integrationsprogramms als Herausforderung für den Europa-Artikel des Grundgesetzes (Art. 23 GG), Am Beispiel von ESM-Vertrag und Fiskalpakt, in: Neue Zeitschrift für Verwaltungsrecht 2012, 713 ff.

Zuleeg, Manfred, Das Recht der Europäischen Gemeinschaften im innerstaatlichen Bereich, Köln u.a. 1969 [zitiert: *Zuleeg*, Das Recht der Europäischen Gemeinschaften, 1969].

Index

Finanz- und Steuerrecht in Deutschland und Europa

Herausgegeben von Klaus-Dieter Drüen, Hanno Kube
und Rainer Wernsmann

Band 1 Gordon Dreher: Das Alterseinkünftegesetz. Systematische Darstellung und verfassungsrechtliche Zweifelsfragen. 2007.

Band 2 Nils Meyer-Sandberg: Die Duale Einkommensteuer als Modell ungleicher Besteuerung von Arbeit und Kapital. 2008.

Band 3 Alexander Pfab: Die Behandlung von Bildungsaufwendungen im deutschen Einkommensteuerrecht. 2008.

Band 4 Christian Johannes Müller: Einnahmeverzicht im Einkommensteuerrecht – insbesondere durch verbilligte Wohnungsüberlassung an nahe Angehörige. 2009.

Band 5 Melanie Falkner: Die Einkunftserzielungsabsicht als subjektives Besteuerungsmerkmal. Eine Analyse subjektiver Tatbestandsmerkmale im Steuerrecht. Zugleich ein Beitrag zur Liebhaberei im Steuerrecht. 2009.

Band 6 Steffen Ott: Die Vertreterbetriebsstätte nach OECD-MA. 2009.

Band 7 Christoph Wagner: Steuergleichheit unter Standortvorbehalt? Verfassungsrechtliche Grenzen einer ungleichen Einkommensbesteuerung von Kapital und Arbeit. 2010.

Band 8 Andreas Goetze: Die Ersetzung der sieben Einkunftsarten des EStG durch eine einzige. Zur Gleichheit aller Erwerbsgrundlagen in einem vereinfachten Steuerrecht. 2010.

Band 9 Hanno Kube: Der bundesstaatliche Finanzausgleich. Verfassungsrechtlicher Rahmen, aktuelle Ausgestaltung, Entwicklungsperspektiven. 2011.

Band 10 Katharina Brauer: Abgrenzung der Lebensmittellieferung von der Restaurationsdienstleistung im Umsatzsteuerrecht. 2011.

Band 11 Marc Schubert: Die Verfassungswidrigkeit der Erbschaft- und Schenkungsteuer und die verfassungsrechtlichen Anforderungen an eine Neuregelung. 2011.

Band 12 Martin Rehberg: Der Zuzug und Wegzug von Kapitalgesellschaften in gesellschafts- und steuerrechtlicher Hinsicht. 2011.

Band 13 Dirk Wünschig: Perspektiven eines europarechtskonformen Gemeinnützigkeits- und Zuwendungsrechts. Eine Untersuchung nach „Stauffer" und „Persche" bei gleichzeitiger Kritik an der Neufassung des Gemeinnützigkeitsrechts nach dem Jahressteuergesetz 2009. 2011.

Band 14 Sebastian Grimm: Die negative Konkurrentenklage im Steuerrecht. 2011.

Band 15 Arne von Freeden: Minder- und Mehrabführungen nach § 14 Abs. 4, § 27 Abs. 6 KStG. Ausgleichspostenlösung und Einlagelösung. 2011.

Band 16 Anne Keller: Rechtsschutz gegen Maßnahmen der steuerlichen Außenprüfung. 2011.

Band 17 Larissa Maier-Bledjian: Sondervermögen des Bundes. 2011.

Band 18 Philipp Riedl: Die internationale Doppelbesteuerung im EU-Binnenmarkt. 2012.

Band 19 Anna Schwarz: Die Pensionszusage an den Mitunternehmer der Personengesellschaft im Einkommensteuerrecht. 2012.

Band 20 Carsten Höink: Nichtsteuerbare Vermögensübertragungen im Umsatzsteuerrecht. Eine rechtssystematische Analyse der Entwicklung des Rechtsinstituts der Geschäftsveräußerung im Ganzen. 2013.

Band 21 Christian Kniese: Europarechtlicher Rahmen einer steuerlichen Förderung von Forschung und Entwicklung. 2013.

Band 22 Katarina Günther: Vertrauensschutz bei Angaben Dritter im Umsatzsteuerrecht. 2013.

Band 23 Andreas Königer: Ertragsteuerrechtliche Behandlung grenzüberschreitender Spaltungen von Rechtsträgern. Unter besonderer Beachtung der Vorgaben des Unionsrechts. 2014.

Band 24 Matthias Diete: Das obligatorische Schiedsverfahren in der deutschen DBA-Praxis. Erweiterung des zwischenstaatlichen Rechtsschutzes bei Doppelbesteuerungskonflikten. 2014.

Band 25 Friederike Grube: Der Einfluss des unionsrechtlichen Beihilfenverbots auf das deutsche Steuerrecht. Dargestellt an den Beispielen der sogenannten Sanierungsklausel und der Steuervergünstigungen für gemeinnützige Unternehmen. 2014.

Band 26 Tobias Loscher: Präventive Aufsicht der Europäischen Union über den Bundeshaushalt. 2014.

www.peterlang.com